Napoleón

Stendhal

Napoleón

Traducción de Manuel Serrat Crespo

verticales de bolsillo ensayo

Barcelona, Bogotá, Buenos Aires, Caracas, Guatemala, Lima,
México, Panamá, Quito, San José, San Juan, San Salvador, Santiago

Nota del editor

Los manuscritos de Stendhal que se refieren a la vida de Napoleón comprenden dos ensayos sucesivos, escrito uno de ellos en Milán, en 1817-1818 (*Vida de Napoleón*), y el otro en París en 1836-1837 (*Memorias sobre Napoleón*).

La redacción del primero acontece tras un período de la vida de Stendhal que parece caracterizado por una especie de supremo desprendimiento hacia los grandes acontecimientos políticos con los que sus funciones le han relacionado. En apariencia los acepta para desempeñar en ellos un papel de testigo más que de actor y preservar celosamente su independencia de pensamiento con respecto al emperador.

El proyecto apenas ha florecido en su espíritu cuando advierte sus dificultades. De hecho, se limita a reunir, a resumir, a poner a punto los materiales de una historia. Un primer esbozo destinado a ser revisado y refundido el día en que lo entregue a la imprenta (el momento no parece en absoluto oportuno en plena reacción monárquica). Así pues, Stendhal lo deja de lado para que pruebe suerte en tiempos mejores.

En 1836, retoma su proyecto en una nueva forma, pero que también dejará inconclusa. Ambos manuscritos sólo consiguieron ver la luz mucho tiempo después de la muerte del autor. El primero, de modo parcial, en 1897. El segundo, *Memorias sobre Napoleón*, título encontrado entre los papeles de Beyle y que permite diferenciarlo del primero, apareció por primera vez en 1876, editado por Calmann-Lévy, dentro de la colección de las obras completas de Stendhal que Romain Colomb perseguía desde hacía años. Colomb trabajó en la obra desde 1854 e incluso publicó algunos de sus pasajes en varias revistas.

Vida de Napoleón

Introducción de Michel Wassiltchikov

Introducción

BÚSQUEDA DE IMPERIO

Sócrates: ¿pero qué sucede con un alma de caballo? Mejor será tener un caballo cuya alma nos permita ser de buena gana mal jinete, que un caballo con cuya alma eso sucediera a pesar de todo.

PLATÓN

Vi al emperador, esa alma del mundo, cruzando a caballo las calles de la ciudad [...] Es un prodigioso sentimiento el de ver a semejante individuo que, concentrado en un punto, sentado en un caballo, se extiende sobre el mundo y lo domina.

HEGEL

«Nap[oleón]...».
¿A qué jugáis entre las sombras?
El paisaje (el fondo del cuadro), las arenas, las arcillas, las margas del camino tienen como dibujo un recorrido de herradura flanqueado por obuses. El trazo continuo del destino se quiebra con nombres de batallas. Inútil nimbo, el polvo se extiende por encima de la carretera que desaparece en una curva, olvidando el rumor de las ruedas. El viento ha amainado, abandonando a la oscuridad las brasas del incendio. Ya sólo volverán a encenderlas la magia y el calor de las palabras.
En esta misma materia, pólvora y humo, dos siluetas de perfil se avecinan, se plantan cara, se enfrentan, mudas y ciegas, como quiere ese medio de expresión, pero las manos

admirables de las sombras chinescas sólo hablan a la imaginación.

«Nap[oleón] no hablaba...».

Como entrada, una disposición arbitraria reúne algunos objetos del tiempo, que componen una figura de estilo visible, una escala de seda entre el sujeto y el objeto. En primer lugar una tabaquera de asta. Para que nada se preste a engaño, el ingenuo cuchillo que ha grabado una flaca silueta vista de espaldas, apuntando el cañón o también encendiendo la mecha, no ha dejado de precisar: «El emperador en Montereau». Luego, el modelo reducido de una boca de fuego montada sobre su cureña, de aquellas a las que una costumbre popular y arcaica ya llamaba «brutales», fundida en bronce en dos partes. Símbolo rudimentario más que recuerdo, impropio para usar como juguete, ese objeto es bastante corriente entre los chamarileros de provincias y existen imitaciones modernas que sirven de encendedor. También un estuche de cuero, dorado y rojo, que contiene un juego completo de mapas de estado mayor para la campaña de Rusia. A continuación un nombramiento de ascenso a capitán, documento administrativo como los que tienen todos los coleccionistas, que, no obstante, ofrece cierto interés por la firma, herramienta y expresión de la administración, signo de poder legal («Un oficial sin poder no es nada». N.). Sólo las más minuciosas investigaciones permitirían encontrar el nombre del ascendido en una losa sepulcral. Además, un puntero de metal, negro y dorado, con estilizado follaje. En su interior, una vez levantada la tapa redonda y rolliza como una seta, el pequeño recipiente de cristal está recubierto por un apagado depósito violeta (¿de época?). Lo siguiente lleva por nombre Life; dos registros encuadernados en semibadana, numerados R 292 en la biblioteca de Grenoble, el primero de doscientas hojas, el segundo de ciento cuarenta. Papel vitela con la filigrana de Napoleón emperador y de María Luisa, emperatriz y reina. El manuscrito de *La vida de Napoleón* (título póstumo).

Cada hilo de la trama sirve de guía. El espíritu se devora y se reparte entre las mil circunstancias que daban a esas obras y chucherías un significado inmediato, una función precisa, un lenguaje monovalente, antes de liberarse de él por el regreso al puro secreto de su presente, rico en mil olvidos. Alrededor de estas cosas, dispares, antañonas, cerradas en su soledad, aunque tal vez, una serie ya suficiente, el sueño, su débil luz, nos conducirá hasta el vientre de las palabras, por la claridad del asentimiento interior, alejada y sensible simpatía hacia los cuidados rumores de un pasado desgarrado, entre los colores y las razones.

Asimismo, palabras, frases que un día se formularon en un punto, en una circunstancia precisa serán citadas más adelante, sin más invención que la del ensamblaje.

«Nap[oleón] no hablaba con los locos de mi especie».

S., *Vida de Henri Brulard*

La piedra y el hierro colado han sembrado la confusión, han devuelto a las cosas y a los hombres la sola perfección de lo adquirido, la consumación de la muerte y la apariencia vacía de una forma ya pasada. Entonces, la imaginación colectiva de los vivos se apodera de los símbolos recién nacidos y reconstruye sus propios castillos, las más sólidas y confortables prisiones, aquellas de las que no te evades, a menos que tiemble el cielo conceptual. Un nuevo orden de marcha, reglas y leyes invisibles y distintas gobernarán en adelante la sucesión de las imágenes y de las situaciones, los colores y los valores presentados de otro modo en forma de solitario mitológico, y a eso se llamará realidad hasta nueva orden.

Hay ahí un ritmo que la marcha del tiempo modifica y que se expresa a través de él. Hoy como entonces. Mecanismos elementales pero eficaces, como la guillotina, presidiendo las separaciones, llevan a un mundo de secretas correspondencias presentidas, donde forma y función dejan de coincidir, donde las reinas de las que hablan las gacetas aparecen más amenazadas que sus imágenes en los naipes, establecidas en el respeto a una convención precisa. «Realidades» intangibles y sólidas como los conceptos parecen compartir de pronto la fragilidad de las combinaciones.

Advenimiento de los tiempos modernos, Europa de los cuatro vientos. Vosotros que sabéis, olvidadme, dice la historia. Escuchadme. Jugad.

> No pongáis más algodón en los oídos
> No vale ya la pena.
> Pero llamad pues a Napoleón en la torre:
> Hola
>
> APOLLINAIRE

El tiempo de una generación verá cómo se elimina una monarquía, una república, un consulado, un imperio, una dinastía. Olvidemos. «Ved, ved cómo gira la máquina», singular máquina que absorbe todo el producto de una sociedad, incluido el material humano, para que una idea pueda cambiar en algunos cerebros, empecinada en transformar lo más difícil, que algunos llaman conciencia y otros sensibilidad. Es decir, lo real. Toda conciencia es conciencia de otro, y real por eso mismo, pero también conciencia de sí, infinitamente vulnerable, sujeta a mutación, voluntariamente dolorosa y empeñada al mismo tiempo en no dejar que nada se advierta. La máquina gira y saja en vivo, el sueño y la razón amañan a voluntad, en cuanto han sido trazadas, las pistas se pierden. Vínculos y rupturas danzan como los dedos del tejedor, la metáfora organiza mundos incomunicables, luego los deshace al albur de la danza política. Los torreones feudales se convierten en castillos de naipes y la terrible faz del poder gotea, con su perfil de cera, al tembleqeante calor de una vela.

Nos encontramos ya en pleno corazón de un paisaje de categorías destruidas. Ningún objeto ofrecido a la percepción es ya idéntico a sí mismo, sin que nunca la corrosión más o menos rápida, profunda y activa desemboque, abiertamente, en otra parte que no sea la necesidad, esa lengua extraña a la mayoría. El poder para quien escucha. Casi imperceptible al principio, una tensión deforma el espacio cerrado del tablero, se ancla en un punto único, y la geometría del Estado imita a una tela de araña.

La organización gobernante con la que cubrí el suelo requería una furiosa tensión, una prodigiosa fuerza de elasticidad, si se deseaba lograr que rebotaran a lo lejos los terribles golpes que nos dirigían sin cesar. Así, la mayoría de esos resortes eran sólo, en mi pensamiento, instituciones de dictadura, armas de guerra.

N.

¿El movimiento, el cambio, el quebranto sería lo bastante profundo para regresar, remontar, con los ojos desorbitados, como una promesa presente de nueva mutación, llamada presentida, palabra no formulada, eco de qué pared? Genial medida por venir, cuando la palabra contiene como un vaso, primer esbozo del espacio transparente.

Memoria, deseo, visión, lo que ha sido dado se sustrae, opción suspendida en lo indeterminado, indefinidamente diferida. La conciencia privada se instala en la diferencia entre el objeto y la palabra, lo percibido y el devenir verbal, el destello sensorial y la lengua de lo comunicado.

Vemos perfectamente a B[onaparte], pasa a quince pasos de nosotros, cabalgando; monta su hermoso caballo blanco, con una bella guerrera nueva, sombrero liso, uniforme de coronel de sus guardias, cordones. Saluda mucho y sonríe. La sonrisa de teatro, en la que se muestran los dientes pero los ojos no sonríen...

S., Diario, 14 de julio de 1804*

En esta obra única que Stendhal no dejará de escribir durante toda su vida, cartas, diarios íntimos, novela, cualquier cosa, Napoleón entra a caballo, como una visión de objeto, pero también como un rey biselado.

Comedia, tragedia, drama, el presente se expone enmascarado. Lo real del tiempo que necesita ser formulado apela a las fuentes de la acción, es decir, al teatro. Los hombres «son» actores o protagonistas, los rostros se instalan en la expresión inmóvil del parecer, las ceremonias se ofrecen como espec-

---

* Henri Beyle/Stendhal nació en 1783. Napoleón en 1769.

táculo y el ritual salta a la vista. La pamema de los títulos equivale a los penachos del circo. La estación de las coronaciones coincide en exceso con la de los bailes de máscaras para tener un estatuto distinto al de la consagración disfrazada y fuerzas en exceso visibles palian las súbitas insuficiencias del derecho divino. Lo ingenuo es un empleo en la corte y la soberanía un tipo de propiedad amenazado. Las medallas de los unos adornan la cola de los perros de los otros. También el espacio es un dato tabicado; en el vocabulario corriente (y eso para todos los que ya no ven sino que saben) el lugar, la sala de espera para los dueños y los perros se encuentra entre los bastidores (de la historia).

Verdad del vacío, boca abierta de la máscara que aúlla la muerte. En la guerra. En estos tiempos, la guerra organiza los juegos de la imaginación, los simulacros y las muecas de las ferias. Espectáculo en general grosero, inesperado a veces:

> Ante el general asombro de los espectadores, se veían, en una gran mesa de mármol blanco sin manchas, algunas pulgas que arrastraban pequeños cañones, arcones, cureñas; otras que saltaban a lo largo del convoy, con el fusil en los brazos, la cartuchera al hombro y el sable al costado. Tras la palabra, a una orden del artista, ejecutaban las más difíciles evoluciones, y parecían más vivas y más animadas que las de nuestros soldados...
>
> E. T. A. HOFFMANN

Cuando aparece el concepto de nación o, más bien, cuando se encarna, la Europa de la buena vida, la Europa de las Luces se apaga bajo el paso de los soldados antes de renacer en brasero y el pan que mastica es un chusco cuartelero. Unos hombres se ponen en marcha en prietas filas a las que se hace marchar con mayor rapidez de lo que preveía el juego tradicional, llevando consigo su propia muerte, y la victoria en la balanza. El ruido de succión, cuando una rueda improvisada, una pesada rueda se arranca del lodo de la primavera despierta como un eco una exhalación de ópera en una guarnición provisional. Ascuas en la colmena. El crepitar de modestos incendios prendidos en los cuatro puntos cardinales acompaña un desabrido olor a sangre, a estiércol y a carne calcinada. Los cementerios de las aldeas aguardan en la bota de los regimientos y el alcalde es el mal mensajero. La ley de los grandes números permite aún ciertas oportunidades, como el sorteo para saber quién partirá, la afición y el sentido del riesgo levantan el absurdo de una bayoneta en el vientre sin que la más sutil de las tiradas —recoger los dados antes de que hayan podido escoger—, esté al alcance de todos. No importa, ninguna voz asciende para decretar que la guerra es absurda cuando es la única presencia de destino visible que se ajusta bastante bien a las reglas del gran juego.*

Las naciones nacen para ordenar. Por la boca de cien cañones, en alguna parte cerca de un río gris, con labios redondos, la muerte habla y los fulgores se suceden en la niebla matinal. En los mapas del estado mayor se alargan las líneas de la vida, las hojas de servicio de los afortunados. El azar se divierte, y también algunas leyes aún desconocidas. Los hay que intentan calcular. En coche, a caballo y sobre todo a pie,

> Debía de tratarse de un principio, decía, que siendo representada por I. la infantería de un ejército, la caballería fuera un cuarto, que podría reducirse a un quinto, a causa de las regiones de montaña; la artillería a un octavo, las tropas de ingenieros a un cuarentavo, los equipamientos militares a un treintavo.
>
> Las Cases

los caminos cruzados llevan todos a la batalla. La hierba mortal y el arado van borrando los caminos que el hollar de las columnas traza en el tablero abstracto y el agua de las estaciones arrastra los puentes abandonados por el pensamiento de los generales. Los ríos de uniformes se alargan y se alejan bajo el viento llevándose su pólvora, la avena de los caballos y los sueños de los hombres hasta el brutal atascamiento, cuando el momento de violencia calculado se resuelve en recuerdos. El poder de decisión, arma del pensar, vela sobre aquellos cam-

---

* Sin embargo, aquel general prusiano («el país de la filosofía y de la imaginación») se pregunta: «¿Tiene un pueblo derecho a cambiar el modo íntimo y racional en que otro pueblo quiere regular su existencia material y moral?» (S. Mina de Vanghen).

bios de estado que jalonan el paseo entre el antes y el después y las conciencias embarcadas en la historia ya sólo conocen el paso rítmico del ser escatimado al aniquilamiento.

> Yo era toda la clave de un edificio completamente nuevo y de muy leves fundamentos. Su duración dependía de cada una de mis batallas.
>
> N.

Cada una es una apuesta sobre la última camisa. El ejército, la guerra, la suerte del país, el estatuto político, todo está en el tapete del prado y el aplazamiento que cada una concede incita a ganar la siguiente.

> Las mías, continuaba, no podían juzgarse aisladamente. No tenían la menor unidad de lugar, de acción, de intención. Nunca eran más que una partida de muy vastas combinaciones. Así pues, sólo debían ser juzgadas por su resultado.
>
> L. C.

Como si el último azar diera sentido a la sucesión de los azares precedentes, como una frase inconclusa. La interpretación depende de la última palabra. Estrategia: concepción de un esquema del futuro.

> Los príncipes no deben trabajar día tras día, hermano mío, sino que deben fijar sus ojos en el porvenir.
>
> N. a Luis

Naturaleza forzada entre el presente y el porvenir, función antaño sagrada de prever, estrategia: magia. El poder de los príncipes, hermano mío, tiene otro nombre, que les discute un doble en la noche, en busca de un caballo.

> Milán* necesita imaginación para representarse las circunstancias en las que se encontrará la comitiva a la que he podido observar con detalle esta mañana.

---

* Milán. «Milán me ofrece muy tiernos recuerdos. Pasé allí los dulces años de la adolescencia. Allí fue donde más amé. Allí también formé mi

Pero la sensibilidad perjudicaría y haría perder tiempo. Tomadas las debidas precauciones, hay que pensar en otra cosa y no divertirse sintiendo si se tiene o no se tiene éxito. El mocenigo, por el contrario, necesita sentirlo.

S., *Diario*, 20 de enero de 1812

¿Acaso la imaginación tiene un poder mayor por conquistar que el de las comitivas, o tal vez la bifurcación aguarda en algún lugar?

La ruleta se acelera, a la buena de Dios la suerte y la cruz, atada o plantada, objeto de azar, encrucijada de la pasión de vivir. Los objetos que resumen, confundidos, la permanencia, la estabilidad de las relaciones sociales, del orden interior y de la realidad, que no se cuestiona, pierden su poder de significar, regresando al rango de las cosas comunes. Otras las sustituyen

Al morir, le había legado su cruz de la Legión de honor...

El rojo y el negro

y estos juegos en el nivel de los significantes revelan un desasosiego profundo, o lo provocan. Debacle de las costumbres rotas, las acciones ya no se dejan integrar en un esquema coherente cuando las conductas acusan una difícil separación entre los destinos particulares y las representaciones generales, los valores y las normas admitidas que aseguran la osamenta de la conciencia. En este campo mental asolado, podría edificarse una nueva novela, recuperando los materiales. Llamamos campo mental a esa dimensión de la conciencia que deja de denominarse «real» y de sentirse como dada de inmediato para caer en las categorías de lo imaginario, porque se entrega a imágenes que al mismo tiempo ya no tienen sentido. Esta novela que cada cual vive queda por escribir y busca sus pilares.

---

carácter». (S. a su hermana, el 10 de septiembre de 1811) Milano: ave rapaz (los diccionarios). En el código stendhaliano, una máscara de Napoleón. Mostrémonos sensibles a la ambivalencia. Mocenigo = el pintor Myself = Beyle = x = Stendhal.

Individual y colectivo a la vez, el ritmo mental y moral de la sociedad oscilaba imperceptiblemente, bailando sobre las mesetas del bien y del mal, sin cesar, en pequeños impactos. La espada golpea de pronto la balanza, y entonces se rompe el equilibrio. A falta de asegurar la unidad del ser, falta mortal, el Estado no existe ya para nadie. Este sueño de poeta ya sólo ofrece justificación personal a costa de las más desordenadas gestiones.

El Imperio es el lugar donde se consuma la separación: las imágenes cristalizadas (símbolos), el presente sensorial y los conceptos recuperan su independencia. La «naturaleza de las cosas», construida y solicitada por un uso secular, desemboca en la negación de valores que se descubren verbales a la luz de lo real desgarrado. Sólo lo inmediato es accesible y está sometido al cálculo. Sólo las estructuras de pensamiento particulares permiten a los psiquismos sobrevivir y resistir.

> La religión del juramento, la fidelidad a las funciones o el servicio que te han encargado, ese sentimiento de honor que hace que no traicionemos a aquel a quien servimos, no era nada, según el Emperador, para aquellos hombres, siendo esa religión, esa fidelidad, sentimientos que a su juicio faltaban en su organización.
>
> CAULAINCOURT

Valores temporales, pilares podridos, ácidos y termitas invisibles.

En tiempos de los barones y de la Virgen reina, cuando la fuerza de los príncipes era sopesada a diario, aunque nunca su soberanía, cuando las guerras contra todos se deshilachaban sin terminar nunca, los caminos que jalonaban las lanzas rotas en las primeras novelas eran los de la búsqueda interior. El enfrentamiento y la victoria encendían otra claridad en los crisoles del alma. La debilidad de «corazón», defecto de una coraza invisible, se hinchaba, como un dragón monstruoso, a las puertas de la revelación. Los dioses habían huido ante un solo Dios, y habían abandonado la naturaleza. En el espacio mágico de la gran escena cristiana, amenazada, amenazando sus propias raíces, el árbol subía hasta el cielo, árbol del mundo interpretado, figurativo, ilustrado, obligatorio y común, y qué voluptuosidad retorcía en el mismo abrazo el concepto del Diablo unido a su imagen. En el vientre de la conciencia, el miedo hacía ver.

En el punto donde el mundo exterior roza el infinito, bisagra, objetos bautizados, poseedores de un nombre, se convierten en símbolos sin que se rompa el parentesco con sus correspondientes cotidianos. La espada Excalibur y el cáliz Grial desempeñan su papel, mediadores privilegiados, y dan sentido a la persona que se remite a lo absoluto. Tal como lo vive la conciencia medieval, el mundo exterior es sólo la metáfora de un vitral. Tras cada apariencia se oculta lo eterno, aquello a lo que uno se remite en un esfuerzo constante, ese mundo distinto que toda prueba promete y que la muerte revela. La persona era fija, definida, limitada en su inserción jerárquica en el mundo, en su condición, pero en cuanto cambiaba el ángulo y el mundo era pensado como creación la persona devenía móvil en su relación con Dios. Simultáneamente punto y camino. Su aventura,

>
> el egoísta heroísmo del absurdo poder feudal.
>
> S.

se desarrollaba entonces en el espacio permanente de la alta soledad, totalidad vivida, preñada de sentido interior y suficiente para ir hacia su crecimiento en los límites del ser. La palabra era acto, y el lenguaje un valor absoluto.

Luego llegó *Don Quijote*, ese libro nacido un día en la imaginación de un niño triste y que leerá otro niño triste.

> Así pues, yo era muy solapado, muy malo, cuando en la hermosa biblioteca de Claix descubrí un *Don Quijote* en francés. El libro contenía ilustraciones pero tenía un aspecto viejo y yo aborrecía todo lo viejo, pues mis padres me impedían ver a los jóvenes y ellos mismos me parecían extremadamente viejos. [...] D. Q. me hizo morir de risa. Dígnense pensar que desde la muerte de mi pobre madre no me había reído, era víctima de la educación aris-

> tocrática y religiosa más metódica. [...] ¡Júzguese el efecto de D.
> Q. entre tan horrible tristeza! El descubrimiento de aquel libro, leído bajo el segundo tilo de la avenida del lado del parterre donde el terreno se hundía un pie, y allí me sentaba yo, y tal vez sea la mejor época de mi vida.
> ¿Quién podría creerlo? Mi padre, al verme reventar de risa, venía a reñirme, amenazándome con quitarme el libro, y lo hizo varias veces...
>
> S., *Vida de H. B.*

Se establece ya un límite, indeciso, entre los gigantes y los molinos de viento.

Eso es lo que se va, primero entre líneas, a hurtadillas, después muy deprisa, eco del último galope. La sangre abandona la libra de carne jurídica, la persona ya no da el peso, la oscilación del fiel se inmoviliza para siempre. Ya sólo se pesa en los colmados y en los hospitales ambulantes de Larrey. La economía del pensamiento pasa por una mutación, así como la idea de realidad.

En adelante, ninguna correspondencia trascendente se asigna ya a la conciencia que se aventura en lo cotidiano. Sin duda, la vida es vivida aún (no por todos) como un riesgo solitario y aceptado, pero el mantillo mental que daba a lo imaginario sacralizado la caución de lo vivido cotidiano no ofrece ya a cada cual un lugar y una raíz que pueda aceptarse de buenas a primeras.

> Todo lo que era el resultado de los acontecimientos que se habían sucedido desde Clodoveo dejó de serlo.
>
> N.

Las instituciones reanudadas acarreaban la ruina de las representaciones colectivas, desecadas de pronto, abarquilladas como una corteza de abedul y devoradas por su invierno.

Ante el postrer aliento de las certidumbres, la crítica sigue el caso con atención mientras legiones de filósofos con uniforme viven en la duda día tras día. Distribuidas y recibidas, las ideas-consigna muestran la fragilidad de un maquillaje, su longevidad y su naturalidad. Las razones de los actos lucen al sol la elegancia y la brillantez de un uniforme de desfile, en el que no se combate.

Entonces, imagina los ropajes más azules y mejor cortados...

Teatro de mimo, teatro desierto donde el conocimiento empecinado hasta el dolor en su propio movimiento ha dejado de encontrarse. La conciencia de ese tiempo lleva sus valores fuera de ella misma, diferentes, alejados y abstractos, como el deber, esa búsqueda de conformidad funcional.

Entonces yo tenía el convencimiento, siguiendo el estribillo de una canción que tarareaba cuando no temía ser escuchado por mi padre o mi tía Séraphie, de que morir por la patria cuando fuese necesario era de obligado cumplimiento...
S., *Vida de H. B.*

La máscara, el rostro y la función se ajustan bajo la presión contraria del imperativo del momento, ese envite que es sólo una relación (pero que a su vez es pensamiento del poder), y de la necesidad de perdurar.

La persona, apartada de la escala social, permanece circunscrita a un conjunto de determinaciones fijas y mesurables, un código, pero ya no tiene otro fin: el cielo ha temblado.

Los hombres me parecen hasta tal punto una variable que mientras observo a los ridículos, los mejores en apariencia, al final acabo por no encontrarlos ridículos.
S., *Diario*, 1810

Entre la aventura vital y las constelaciones se derrumba un puente, que a su vez ahora resulta visible gracias a sus ruinas. Ante la conciencia del mundo «real» se degrada y se hace exterior, como decorados que se suceden y caen con excesiva rapidez para que la tragedia pueda anudar su imposibilidad de ser dos dioses a la vez en la misma «alma».

Las palabras pierden su poder, inútiles infantes al borde de un foso. ¿Qué me sucede entonces? Sólo lo sabré más tarde, al final, al final de la carrera, ¿qué final?

> Hizo la campaña de Rusia y se distinguió por su sangre fría; supo a su regreso que aquella retirada había sido algo terrible.
>
> S., *Autobiografía*, 1837

Ya *El sobrino de Rameau* contaba esta historia. La separación de la conciencia, la dificultad que el hombre experimenta al pensarse pertenecen a todos los tiempos, como hoy, la aceleración del movimiento sólo acrecienta la ruptura. Pero aquí, ejemplar y nueva, es también general.

La nostalgia del dominio perdido dará en llamarse absurdo. Ironía del estilo Imperio, la acción debe ser colectiva para que la aventura tenga sentido, para que la nación, esa nueva conquista de lo imaginario (y del lenguaje) pueda devolver el eco.

Lustre y riesgo, águilas y abejas, el blasón permanece, pero un blasón para todos.

Instante, instante de amargo sabor en la boca, idéntico para todos los guerreros. El miedo superado en los límites del poder (sobre uno mismo),

> Leyendo a Madame de Staël. —Staël: Influencia de las Pasiones—. Intento traducir los pensamientos de Madame de Staël al francés, para que me resulten útiles. [...] Un hombre puede proponerse como felicidad la independencia moral más perfecta, es decir, el sometimiento de todas sus pasiones.
>
> S., *Diario*, 1806

Es el espíritu que tiende por completo a dominar el caballo cuerpo, el caballo bestia a fuerza de espuelas, estremecimiento reprimido, lúcido frenesí de angustia, paralogismo del sable contra la imaginación, esa moza vulgar (y si en ese instante fuera yo quien...). Aquí aún es posible lograr el equilibrio entre la sujeción y la libertad, pero el ser otro y la justicia ya sólo tienen curso a este lado de la muerte.

> Imagina, pues, los ropajes más azules y mejor cortados, los más brillantes bordados, las botas mejor lustradas que hayas visto nunca, rostros bobos, fríos y sin parecido alguno al extremo de esos ropajes, he aquí 1.030 de los 1.200 cuadros.
>
> S., *Diario*, Exposición de 1810

El soldado de las mañanas y del rocío, el de Gros y de Gérard, el caracoleante, el lustrador de correajes durante la víspera, de pronto tan íntimamente cercano a lo sensible porque tal vez tenga que abandonar sin contrapartidas, ebrio de alcohol o de una más noble (?) excitación, pero, en cierto momento, ya no apena dejar de decidir lo que se ejecuta, cuando el espíritu se refugia por entero en el fulgor del metal, ese soldado pierde cualquier poder sobre el espacio interior. Emparedado en el exterior, en un paisaje duro y vacilante, poblado de garras, de garfios y ángulos abstractos, descuartizamiento de ningún mensaje.

Aventurada, la conciencia regresa y se transforma en valores sociales y estables, en títulos (¿de nobleza?) de sangre nueva, en bienes,

> El asunto de los bienes nacionales es uno de los primeros arbotantes del espíritu y del partido nacional.
>
> Las Cases

grados, recompensas, posiciones. El decorado en condecoraciones.

> La propia patria sólo era para ellos una palabra vacía de sentido si el interés de ésta no coincidía con el suyo.
>
> N.

Este acceso a la propiedad por el heroísmo concreto, acompañado por una aproximación psicolingüística que el Maestro intenta, no es contado en el libro de Cervantes sino en otro semejante, hasta el punto de ser también «retirado», aunque con mayor brutalidad:

> Un violento golpe hizo caer al arroyo el libro que Julien llevaba... [...] Al pasar, miró tristemente al riachuelo donde había caído aquel libro. Era el que más le gustaba, el *Memorial de Santa Helena* [...] El libro única regla de su conducta y objeto de sus transportes. Encontraba en él, a la vez, felicidad, éxtasis y consuelo en los momentos de desaliento. [...] Fortalecerse con la lectura del libro inspirado que templaba de nuevo su alma.
>
> *El rojo y el negro*

Stendhal vivió ese libro para la conquista del poder. La dialéctica del furor de vivir, que Hegel denomina juego de las causalidades, la acción y la reacción recíprocas, se denomina más bien avance y ese juego devuelve a la nada la fidelidad al hombre y al principio, no valores irrisorios que nada apoya ya.

> Desde 1789, los acontecimientos combaten a favor de lo *útil* o de la sensación individual contra el *honor* o el imperio de la opinión.
>
> S., *Del amor*

La violencia escapa, sin embargo, a las previsiones. Los objetivos, los fines y los resultados de las guerras no se cruzan nunca con los que el pensamiento les asigna sin coincidir tampoco con la persona, sus necesidades, sus aspiraciones. Nunca en la historia la separación habrá sido más profunda entre la acción y los espíritus, y cómo no dar su peso al plural cuando sólo el poder secreta la razón colectiva, expoliada o asumida, como se quiera. El lenguaje pasa, entre los salones y el boletín.

La pequeña historia de cada cual se instala en el meollo de la grande, en el mismo espacio, definiendo el campo privilegiado de la tensión de vivir. El mundo de los objetos proporciona una trama común y el individuo se inscribe en la diferencia.

> El hecho es que, conmigo, ya sólo había en Francia opiniones, sentimientos individuales.
>
> N.

La imaginación busca refugio en lo sensible, pero de forma que lo sensible pueda hablar por sí solo. Las posiciones proporcionan símbolos provisionales, águilas de campanario en campanario, paradigmas funcionales entre los que la lengua de la época realizará su elección. Ruge el cañón. La prisión en tierra. El caballo galopa. El pelotón fusila. Los corazones arden, las ciudades se rinden. O tal vez se rinden los corazones y arden las ciudades. Signos del tiempo. El lenguaje reduce la sociedad a un barco-asiento, a una silla para todos arrastrada por la tormenta.

> El mundo ha experimentado un gran desplazamiento e intenta asentarse de nuevo; he aquí, en dos palabras, concluía, toda la clave de la agitación universal que nos atormenta. Se ha desestibado el navío, se ha desplazado el lastre de la proa a la popa y de ahí esas furiosas oscilaciones que pueden provocar el naufragio a la primera tormenta, si nos obstinamos en querer maniobrar como de costumbre, sin haber obtenido un equilibrio nuevo.
>
> L. C.

Esta mutación del nivel del ser político en su relación con el mundo y con la historia opera en una época de guerras continuas que exigen pasión y violencia de la conciencia social. Gotas, gotas de lluvia, de lluvia en devenir...
Luego el Imperio.

> Si un Richelieu no detiene el torrente del juicio personal...
>
> S.

Pero no estamos todavía tras el Imperio. Entretanto, ¿qué «hace» el artesano de las metáforas, el príncipe, el primer cónsul, el capitán, el emperador, qué «hace» el poder, en los cerebros, claro, lugar único e innumerable ofrecido aquí a la exploración? Todas las analogías ofrecidas por la química de las transformaciones y la física de la ruptura pueden realizarse. ¿Qué queda en el centro de la tela? La destrucción de la sociedad en su presentación monolítica coincide con otro escándalo liberador: mi padre político nació después que yo, hombre y función juntos. Algo nunca visto. El poder pierde, al mismo tiempo que la sociedad, su entidad de cosa que pertenece a todos los tiempos, línea infinita antes y después de la breve emergencia de las conciencias individuales. Ningún rito de conjura podrá enmascararlo.

Milagro de la presencia para sí, la conciencia, sometida a las discontinuidades del ser, devorada por el hambre, el deseo y el miedo, ínfima tensión entre la insatisfacción y la saciedad, frágil aventura de lo que está siendo, la conciencia se sabía finita y caduca al presentarse ante la continuidad abstracta del poder, esa ventana siempre iluminada bajo los sueños del reino. Por un súbito cambio, la idea pura se encarna, empuja la puerta de lo finito y su entrada en lo temporal la libra a esa verdad establecida desde Anaximandro: lo que nace será aniquilado.

Fiel, ingenuo y hábil, Las Cases admira

> Esa época tan brillante, donde una nación en disolución se vio mágicamente recompuesta, en pocos instantes, en sus leyes, su religión, su moral, en los verdaderos principios, los prejuicios honestos y brillantes; todo ante los aplausos y la admiración universal de la asombrada Europa.

Todavía cree en ello. Lo repite, lapicero en una isla lejana, cuando el antiguo Estado soy yo deplora

> Nuestra poca aptitud nacional para cerrar una revolución, para entregarse a la firmeza...

Y es que ese tiempo ve nacer otras divinidades, más poderosas si cabe, a las que llama las ideas generales: felicidad, libertad, justicia, etc., y que se encarnan y adquieren apariencia sensible por la sangre derramada.

Mientras que el respeto al soberano deja de responder a la voluntad de Dios (eso se separa) y la nación parece recuperar una parte de soberanía, el gobierno de los hombres para con sus semejantes parece encontrar un fin natural e inmanente en la felicidad de la mayoría, aunque se trate de una felicidad individual. Entonces descubre la existencia de esa parte de decisión que el súbdito entregaba al Estado, hombre o máquina, al mismo tiempo que la posibilidad de recuperarla, incluso de pensarla como necesidad. Por este camino que lleva de la ilusión destruida a la reivindicación, la soledad acompaña la independencia, pero aún permanece oculta y se ignora a sí misma. El Estado aparece entonces como doblemente culpable, por la excesiva concentración de la fuerza, llamada despotismo, y por su excesiva debilidad, llamada ambición de uno solo.

En 1821, en el espíritu de su dramática adolescencia, Stendhal transpone la oposición entre lo *útil* y el *honor* en la Edad Media italiana:

> Qué lástima que el autor no haya tenido que pintar la Edad Media de esa admirable Italia. Habría encontrado los primeros pasos del alma humana hacia la libertad. En vez del egoísta heroísmo del absurdo poder feudal, hubiera encontrado ante sus pasos la pintura de todo lo que el alma humana podía hacer *entonces* por la felicidad de todos.
>
> Carta a Walter Scott

Felicidad y libertad, las ideas generales regresan, las palabras que organizan el pensamiento están ahí, efectivamente. La situación del poder será función. En el secreto de su habitación, un joven intelectual de izquierdas, un funcionario del Imperio soñando con ambición se propone examinar «si Napoleón ha sido útil a Francia». Entre la conciencia y el poder se buscan relaciones, un lenguaje que permita pensarlos juntos. Testimonio de ultra-frontera, del lado del enemigo, un corneta de dieciocho años formado también por una lectura del siglo XVIII nos proporcionará un término de comparación, disecando la realidad presente en su diario íntimo:

> ¿No somos acaso los instrumentos de una voluntad arbitraria, de empresas y proyectos injustos? Nosotros, pobres miserables, somos siempre los ejecutores de las sanguinarias voluntades de los grandes. Entonces se utilizan los nombres sagrados de fe, de honor, de patria, y se cubren las ambiciones con un velo religioso o con cualquier otro, que es hermoso a la vista, pero que oculta un cuadro horrendo o indignante. ¿Por qué no se degüellan ellos, como en tiempos de los antiguos, esos grandes que creen ser dioses terrenales, por quienes nos vemos obligados a inmolarlo todo: nuestra felicidad, nuestra vida?...[*]

Por parte de la Santa Alianza tampoco se trata de felicidad ni de libertad. También ahí, exterior a la conciencia, lo real aparece dividido, pero la organización del pensamiento acusa una dife-

---

[*] Boris Uxkull, *Amours parisiennes*, 1812-1819; París, 1968.

rencia. Fe, honor, patria, las ideas en cuestión son las del absurdo feudalismo. El concepto de nación está por nacer, y la grandeza, virtud de lo grande, nada tiene de peyorativo. Preciosa luz para definir esa no-identidad de uno mismo a uno mismo que nos entrega la contradicción. Como Stendhal cambia, en efecto, para escribir:

> Este pueblo esclavo de la moda, al que un gran hombre había llamado la gran nación, olvidando que sólo era grande a condición de tenerle por jefe.

Proyecto de prefacio para el Amor, 1842

Pero en el lenguaje de Europa (este modo que tenemos de hablar), la realidad del poder se afirma como una relación de familia. En madame de Staël. En las proclamas torturadas y simplistas de Blücher:

> Napoleón se llama vuestro soberano. Un soberano es un padre. ¿Qué padre haría degollar hasta el último de sus hijos para asegurarse ventajas personales?

En su diario, Stendhal habla en términos similares:

> Las naciones son educadas por sus gobiernos, como los hijos por la autoridad de su padre.
> Las naciones no corren la suerte del azar, está calculada de antemano, un padre puede fácilmente fallar en su objetivo.

Diario, 1806

Lenguaje del tiempo, tópico, pero como tenemos necesidad de descansar en alguien, de respirar... y enseguida...

A falta de poder hacer nada, tanto la infancia como la izquierda identifican la arbitrariedad del poder y las exigencias de la necesidad. El juego infinitamente complejo de las fuerzas que modelan, trastornan y a veces desgarran el devenir de las sociedades humanas desaparece bajo la máscara de la representación. ¿Cómo la rebelión, la revuelta, la negación interior podrían desembocar en la condición del adulto, o del hombre de Estado, ese ser de una «complexión» tan rara, para utilizar una palabra de Napoleón? Prisioneras de su «interior», libres de responsabilidad, de elegir y de decidir, la infancia y la izquierda son un hecho mental y su visión del mundo es un elemento de diagnóstico.

> Su vida transcurrió así de 1803 a 1806, sin hacer confidencias a nadie de sus proyectos y detestando la tiranía del emperador que robaba la libertad a Francia.
>
> S., *Autobiografía*, 1837

Emperador de tarot en el juego de todos, un hombre se encarga de someter el caos (la disolución en el interior) con el orden de la guerra (amenaza exterior), definiendo las innumerables angustias con un trazo preciso, círculo inflamado y terrorífico, pensamiento y tensión absolutos de esa relación entre lo interno y lo externo.

> El exterior en armas se arrojaba sobre nuestros principios; y precisamente en su nombre el interior me atacaba en sentido opuesto...
>
> N.

El hombre de la madurez juzgará un día, al otro lado del espejo:

> De regreso a París, Napoleón, con prudentes decretos, salvaba la revolución desde el interior como la había salvado en Marengo contra los extranjeros.

Entretanto, la infancia y la izquierda imaginan, es su único poder que, en apariencia al menos, no está sujeto a dependencias, y la realidad que reconstruyen tiene la maravillosa solidez de una quimera, de una ficción inconsciente aún de sí misma. La conciencia ya sólo se deja aprehender en las cadenas causales de lo novelesco.

> Me habláis de la ambición como conjugadora del tedio, decía Kamensky, mientras yo cabalgaba dos leguas todas las tardes para ir

a ver a la princesa, en Kolich, mantenía una estrecha relación con un déspota al que respetaba,* que tenía en su poder toda mi felicidad y la satisfacción de todos mis deseos posibles.

WILNA, 1812**

Las comillas son de Stendhal. Este fragmento, como un fósil, se cita en *Del amor* (1820). Por lo que se refiere a ese nombre, Kamensky, fue el de un lacayo de Stendhal. Otra máscara de un psiquismo dependiente. Vocabulario manifiesto: yo, caballo, princesa, déspota, felicidad, poder, deseo. Gramática... Una gramática mecánica e inconsciente organiza con arbitrariedad lo real, la libertad de la conciencia se resuelve en la indecisión, en la no percepción de sus límites. El maestro interior de Platón, el gendarme interior de Marx, el superyo castrador de Freud cruzan sin tregua sus bayonetas en cuanto el animal político revela su ser de placer. En el exterior se otorga la ciudadanía como si se aboliera la servidumbre, mientras que la libertad del súbdito es sentida como el polo opuesto de la libertad del dueño. Nada en las manos, todo en lo mental. La imaginación suscita una estatua interior que aquélla se esfuerza por abatir sin poder adivinar el enigma: la estatua es de ella misma. Su obra. Su materia.

Inevitable contradicción, el que encierra, el Único en su caballo, el domador es al mismo tiempo el que impide dar vueltas en redondo (potencia de esa imagen), el que rompe el círculo vicioso, el que obliga a salir a fuerza de espuelas.

Sonoro y pesado galope en el destino de los demás, el poder (todo poder) no podría permanecer y mantenerse más que a caballo. Tampoco se detiene la imaginación viviente. El dueño de las potencias muere en la leyenda cuando no está de

---

* Amó a Cimarosa, Shakespeare, Mozart, al Corregio. Amó apasionadamente a V..., M..., A..., Ange, M..., C..., y aunque no fuese muy apuesto, fue amado, y mucho, por cuatro o cinco de esas iniciales. [...]

«Respetó a un solo hombre: NAPOLEÓN». (*Autobiografía*, 1837).

** Aunque me portaba bien, yo era un niño en la corte de Napoleón y en Moscú. Cumplía con mi deber, pero ignoraba esa sencillez heroica, fruto de un sacrificio pleno y de buena fe.» (*Del amor*)

regreso a un equilibrio definitivamente comprometido y el movimiento interior muere en la imagen, tensión invisible e inmóvil.

Sin duda, allí ya no hay noche ni fin, nada se opone, nada sucede. Sólo que la bestia no tiene sentido. Desgarrón desgarrado, cavidad inmóvil, sin ruido, ningún silencio aún, viaje finito, cólera cerrada. Devorado el sonido, la llama se extingue. La duración elige entre las sucesiones de signos un caballo a su paso, sin nombre y sin freno. Marcha, la cosa cabalga, el deseo es una brida y la voluntad lo sujeta.

De pronto, otro jinete, y sólo es un húsar en el ejército, o un dragón, ejército de sombras ciegas cabalgando y marchando en la confusión de lo innombrable. ¿Cómo nacerá la imagen, y su peligroso poder de significar de ese pisoteo? Un accidente imprevisible definirá el marco, y la forma del mensaje, luz descompuesta, atrapada por las aristas del prisma. Entrada en Rusia:

> Galopando por los trigales, una liebre brincó entre las patas del caballo del Emperador y le hizo describir un pequeño movimiento de costado. El Emperador, que se sostenía muy mal sobre el caballo, rodó por los suelos pero se levantó tan deprisa que estaba en pie antes de que yo pudiera llegar a él para ayudarle. Volvió a montar sin decir una palabra. El terreno era muy blando, sólo tenía la parte baja de la cadera un poco contusionada. De inmediato pensé que aquello era un mal augurio y no fui el único, por cierto, pues el príncipe de Neuchâtel me tomó al instante por la mano y me dijo:
>
> —Haríamos mejor no pasando por el Niemen. Esta caída es un mal augurio.
>
> El Emperador, que había mantenido en los primeros momentos el más profundo silencio y que, sin duda, no reflexionaba sobre cosas más alegres que las nuestras, [...] fingió estar sereno e hizo todo lo que pudo para alejar los pensamientos que sentía que a todos nos podían asaltar, pues en tan grandes circunstancias y en vísperas de tan grandes acontecimientos se es supersticioso a pesar de uno mismo. Cada cual hablaba de esa caída y unos cuantos rostros del cuartel general decían que los romanos, que creían en los augurios, no cruzarían el Niemen.

CAULAINCOURT

Literal y simbólica, la separación anuncia la metáfora por venir. Cuando la muerte de la esperanza se ha llevado el sentido del itinerario, ya sólo quedan los gestos del riesgo y la fatiga, la práctica de la equitación. Pero qué hacer con la bestia interior, rebelde a la inteligencia y a la que no osaríamos montar. Todavía no. El deseo engendra miedo y el corazón del imperio, en el corazón de muchos, late como si palpitara una angustia sin deseo.

Será mañana. Miedos, presencias pesadas y ciertas, negras ojeras. Miedo de los que lo tienen, miedo de volver atrás, no es un procedimiento de novela sino genial maquinaria de la historia. Esa obra donde se ha actuado, esa novela cuyas palabras se han vivido, ¿habrá que recomenzarlo todo? Todavía no habla el espectro sino, y con qué peso, las instituciones, cuando veinte años de vivencias están amenazados, todo lo que has soñado, todo aquello en lo que te has convertido. Todo ha pasado por esa puerta de la que sólo se habla en el secreto de uno mismo: la sangre al margen de la justicia.

> El terror en Francia comenzó el 4 de agosto, cuando se abolieron la nobleza, los diezmos, los feudalismos, y se arrojaron todos esos desechos al pueblo. Se los repartió, ya no quiso perderlos, y mató. Sólo entonces comprendió la revolución, y se interesó realmente por ella. Hasta entonces, entre ellos existía bastante moral y dependencia religiosa para que muchos dudaran de que, sin el rey y los diezmos, la cosecha pudiera llegar como de costumbre.
>
> N.

Precisa la voz de la infancia en la frase de la izquierda:

> Por lo que a mí respecta, tendría mucha más compasión de un asesino condenado a muerte sin pruebas del todo suficientes que de un K[ing] que se hallara en el mismo caso. La *death of a K* culpable es siempre útil *in terrorem* para impedir los extraños abusos a los que la *extremada locura* producida por el poder absoluto aboca a esa gente.
>
> *Vida de H. B.*

Tras la ida de quienes lo han perdido todo, aquellos que entretanto han acabado preguntándose si la hora de su vuelta no llega. La libertad, esa idea general que hoy consideramos abstracta, ¿no exigirá más sangre para matarla que la que había hecho correr la muerte de un símbolo familiar y caduco? ¿Quién no siente Waterloo en un destello de lucidez como una complicada carnicería expiatoria? Organizada y mecánica, la violencia de las guerras imperiales sólo parece ya, de pronto, un esfuerzo desesperado por mantener la estabilidad de lo adquirido, y sus ideas.

Todo aquello que no te atreves a pensar. El miedo, como el dolor, quiere permanecer adormecido, y que se cante por él. Ensalmo a lo profundo, búsqueda de olvido. Nana, anestesia.

> Era la época en la que, enojado por nuestras desgracias, tan grandes y recientes, la literatura no parecía tener más ocupación que consolar nuestra desgraciada vanidad: hacía rimar gloria con victoria, corceles con laureles, etc. La aburrida literatura de aquella época parece no buscar nunca las verdaderas circunstancias de los temas que parece tratar; sólo desea una ocasión de felicitar al pueblo esclavo de la moda que un gran hombre...

La angustia de la imagen premonitoria se ha resuelto en la única caída que mencionan los manuales. Sólo nos interesa la separación, que transforma un padre ecuestre en peatón. Para comenzar, en hombre. Entre el sueño y lo real, entre la necesidad y el azar, entre el sueño y la razón, lugar geométrico del juego conceptual, tensiones contradictorias, azote de Dios y de la balanza, más o menos imagen apuntando el cañón... Napoleón se convierte en un doble signo (de un modo más completo de lo que sugiere el uso que de él hacen los partidos que sueñan con gobernar), señal de señal en el lenguaje de Pavlov, apariencia de apariencia según Nietzsche, es decir, un sueño, una imagen que habla. ¿Pero qué lenguaje? Todo ello ya opera, y la grandeza ya no es nacional sino un privilegio del caído solitario.

En el espacio oscuro del hombre, un jinete ha descabalgado, por un instante aún, el tiempo de vivir algunos dolores y algunos descubrimientos. Plenitud, comprensión, conocimiento, fusión de simultaneidades, cuando la llama sube hacia arriba y, lentamente, cuando un secreto, desconocido tanto para quien habla como para quien escucha es revelado y la caverna se abre a la luz, lo que Hölderlin llama Belleza, esa otra cosa que significa es, por ello mismo, soporte, mediador, término medio entre la epopeya colectiva y la aventura del yo profundo. Se propaga un sonido que de lo contrario faltaría. En los límites del lenguaje, el jefe omnipotente del ejecutivo (etc.) se convierte en representación de otra cosa.

Aquí hay que dejarlo todo. Comienza la verdadera historia de ese loco al que Napoleón no hablaba y al que su silencio protegía de todo, como conserva una prisión, la historia de un novelista en un nacimiento de espacio.

Hasta aquí, funcionario y jacobino, Henri Beyle ha pensado, como todo el mundo y como nadie al mismo tiempo, en el lenguaje de Montesquieu revisado por la Revolución, lo real que acontece.

> Sus pensamientos son nuevos porque ha rehecho por completo muchas ideas generales que sirven de medida, como gloria, grandeza, felicidad, etc.

Medida, un yo no aceptado (por quién) busca sus distancias, para sentirse distinto.

> Los demás mesuran lo que perciben en la naturaleza con una vara que tiene cuarenta y dos pulgadas. La que se hizo por mediación de Hel[vetius], de Tr[acy] y de la experiencia tiene treinta y nueve. No es en absoluto extraordinario que el resultado de la medida no sea el mismo. Es una tarea de albañil.
> S., *Diario*, 1812

Ese soñador en busca de una relación (medir la pasión) busca también, insatisfecho, el secreto de lo real en la exacta descripción, la pintura de las circunstancias, el pequeño hecho verdadero. El transeúnte intelectual avanza en la perspectiva de la razón, saber si Napoleón ha sido útil a Francia, prisionero de la gramática de su tiempo, de un circuito mental que organiza el pensamiento según el bien y el mal, en términos de causalidad. De pronto, con la singular complicidad de la máquina que da a la conciencia las ventajas del crimen sin las cegadoras penas de la transgresión, la prefectura acariciada en sueños se ha desvanecido, el tren imperial ha volcado. Llega la metáfora bajo una máscara:

> Para consolarse de la desgracia de vender sus caballos (mayo de 1814), el señor Darlincourt escribió la vida de Haydn, Mozart y Metastasio.
>
> S., *Autobiografía*, fragmento, 1831

Pero en el orden de los tiempos, el cambio de calidad, una transferencia interior de poder, como el secreto de una curva prometida, anuncia que hay otro caballo, otro sueño:

> ¿Me creerán? Llevaría una máscara de buen grado, cambiaría con delicia de nombre (de hecho, no dejó de jugar a ello durante toda su vida. M.W.). Las mil y una noches que adoro ocupan más de un cuarto de mi cabeza.
>
> S., *Recuerdos de egotismo*

Eso es lo que hablará de otro modo. Muerto Napoleón, de ser medido pasa a ser medida. Medida del crimen y de la grandeza:

> Probablemente todos los grandes hombres salgan ahora de la clase a la que pertenece el señor Lafargue. Napoleón reunió antaño las mismas circunstancias: buena educación, imaginación ardiente y extrema pobreza.
>
> *Paseos por Roma*, 1829

Se trata de un asesino. Medida también de la pequeñez del propio Tracy ante Destutt, cuya obra ha formado su pensamiento, a quien medirá con su hijo, pero con qué singular luz:

> Como su padre, estuvo mezquinamente celoso de Napoleón. Ahora que el héroe está bien muerto, regresa un poco, pero el héroe

> vivía aún cuando yo debuté en el salón de la calle de Anjou. Vi allí el gozo causado por su muerte. Las miradas querían decir: Bien habíamos dicho que un burgués convertido en rey no podía tener un buen fin.
>
> *Recuerdos de egotismo*

La vara de medir no es común, ni el juego de espejos, pero se trata de ideas generales:

> Observé que, en sus momentos de genio, lord Byron admiraba a Napoleón, como el propio Napoleón admiraba a Corneille. En los momentos ordinarios, cuando lord Byron se creía un gran señor, intentaba ridiculizar al exiliado de Santa Helena. Había envidia en lord Byron, por la parte brillante del carácter de Napoleón; sus sublimes palabras le vejaban, etc.
>
> *Correspondencia*, a Louise SW. – Belloc, 1824

No citaremos todos los ejemplos de esta función del Único como referencia.

Muerto Napoleón, un eslabón esencial para representar el mundo se romperá en cierto modo y ése será también el lenguaje de los tiempos. El padre de la patria y el déspota se convertirá en signo, bandera, punto de reunión, entrará en una red de palabras que se busca, de asociaciones (corceles-laureles), perderá su poder de explicación, sus dimensiones cronológicas y causales. Entonces se rompe ese diálogo imaginario entrecortado por silencios que Stendhal Henri Beyle mantiene con su patrón. Otra realidad sólo podría desembocar en el silencio: el amor. El nombre de la tumba donde Stendhal encerrará sus sueños.

El que se veía en su *Diario íntimo* de 1805, cuando odiaba al Emperador «que robaba la libertad a Francia», como

> Un alma grande y virtuosa, y formada en la soledad, y sin comunicación...

se presenta a su vez bajo la vara de medir, en una frase de orden general, donde una identificación implícita reemplaza la pasada rivalidad:

> ¿Acaso no vi a mujeres de la corte de Saint-Cloud afirmando que Napoleón tenía un carácter seco y prosaico? El gran hombre es como el águila; cuanto más se eleva, menos visible es, y es castigado por su grandeza con la soledad del alma.

Guardando su apariencia, las cosas visibles despiertan a otro significado. El que fue signo negativo en el lenguaje de la servidumbre interior cambia de circuito al mismo tiempo que de sentido. Al final de la metamorfosis, Napoleón se convierte en símbolo de la libertad, ese poder de reconstruir el mundo a su imagen, como si sólo hubiera ya, de pronto, dos antiguos subtenientes del ejército francés y que ambos hubieran comulgado en la embriaguez de la cima.

Alas del águila, libertad del hombre.

Esta figura de estilo no tiene el mérito de la originalidad. Se produce mediante un aparente azar, sin dar vida a nadie, esqueleto de tensiones, pero en la conciencia subterránea (proveniente de la imagen) del novelista actuará como caja de resonancia, algunos años más tarde, y cobrará fuerza. Por ella, el mundo exterior será muy distinto:

> Julien, de pie en su gran roquedal, contemplaba el cielo, encendido por el sol de agosto. Las cigarras cantaban en el campo sobre el roquedal. Cuando callaban, todo era silencio a su alrededor. Veía a sus pies veinte leguas de país. Divisaba, de vez en cuando, algún gavilán saliendo de las grandes rocas sobre su cabeza, describiendo en silencio sus inmensos círculos. Los ojos de Julien seguían maquinalmente el ave de presa.
>
> Sus movimientos tranquilos y poderosos le impresionaban; envidiaba aquella fuerza, envidiaba aquel aislamiento.
>
> Era el destino de Napoleón: ¿sería algún día el suyo?

Ni conquistar, ni mandar, aquí reina sólo el viento como dueño. Aquí también, como en la frase axial del Amor, la soledad del príncipe no procede ya de la dominación sino, por el contrario, de la libertad, cuando la omnipotencia es por un instante la del puro movimiento imaginario. El paisaje se ofrece como promesa y significado primero, hablando al destino encogido en sí mismo una lengua inteligible. Organizadas alrededor del hombre a caballo, todas las cosas despiertan a otro significado, afirmando la interioridad personal en lo temporal y lo visible. Nada pesa, todo está suspendido en el espacio de la conciencia representada como una simultaneidad de imágenes que anulan la función juzgadora y el pensamiento de las causalidades. Serenidad de la montaña, fugaz y maravilloso instante de equilibrio, promesa incomprendida, antes de que el miedo y el deseo vayan a resolverse en la más profunda serenidad de la obra concluida. Entre el interior y el exterior se suprime la oposición. La ruptura del compromiso por la muerte del delirio político conduce hacia lo más alto y la necesidad interior, la permanencia de esa imagen es tal que el ave regresará:

> De pronto, a una inmensa altura, a mi derecha, vi un águila, el ave de Napoleón; volaba majestuosamente en dirección a Suiza y, por consiguiente, hacia París. Y también yo, me dije de inmediato, cruzaré Suiza con la rapidez del águila e iré a ofrecer a ese gran hombre...

La cartuja de Parma

De nuevo el ave de Napoleón entra en una jaula con la suficiente conciencia para dar sentido a todo lo que le rodea, pero el mensaje que ofrece es doble y la ambigüedad responde como un estrato subterráneo a la varilla de un zahorí. El primero se deja alcanzar por los ojos de Julien o los de Fabrice. Espejismo, enigma o engaño, el segundo brinda al lector su parte de incógnita, revelando al mismo tiempo la distancia que separa al héroe de sí mismo. Yendo de un Napoleón a otro, «el señor barón de Stendhal, antiguo oficial de caballería», entró a caballo en el imperio de lo real.

MICHEL WASSILTCHIKOV

Prefacio

> Nam neque te regni summa ad fastigia vexit Lucinae favor et nascendi inglorius ordo, Vivida sed bello virtus tutataque ferro Libertas.
>
> ALDRICH,[1]* 1669, 50, 497

Los autores de esta *Vida* en 300 páginas in-8.º** son doscientos o trescientos. El redactor no ha hecho más que recoger las frases que le han parecido acertadas.

Como cada cual tiene una opinión formada sobre Napoleón, esta *Vida* no puede satisfacer por completo a nadie. Es igualmente difícil satisfacer a los lectores escribiendo sobre objetos o muy poco o demasiado interesantes.

Cada año que pase arrojará nueva luz. Morirán personajes célebres; se publicarán sus memorias. Lo que sigue es el extracto de cuanto se sabe el 1 de febrero de 1818.

Dentro de cuarenta años, habrá que reescribir la historia de Napoleón cada año, a medida que aparezcan las memorias de Fouché, Lucien, Réal, Regnault, Caulaincourt, Sieyès, Le Brun, etc.

---

* Las notas numeradas se disponen al final de la obra *Vida de Napoleón*.
** *In-8.º*, o bien «en octavo», se refiere al formato de encuadernación de la obra, esto es 11 × 16 aproximadamente. Se correspondía con el tamaño del papel de tina, que era de 32 × 44 cm. Como los libros normalmente eran más pequeños, la mitad (22 × 32) se llamaba *folio*, la mitad de este último (16 × 22) *cuarto*, la mitad *octavo*, y así sucesivamente. (*N. del e.*)

Capítulo I[2]

Escribo la historia de Napoleón para responder a un libelo. Es una empresa imprudente porque ese libelo lo lanza el primer talento del siglo contra un hombre que, desde hace cuatro años, es objeto de la venganza de todos los poderes de la tierra. Estoy encadenado por la expresión de mi pensamiento, me falta talento y mi noble adversario tiene como auxiliares a todos los tribunales de policía correccional. Por lo demás, al margen de su gloria, ese adversario gozaba de una gran fortuna, de un gran renombre en los salones de Europa y de todas las ventajas sociales. Halagó incluso a nombres oscuros, y su gloria póstuma no dejará de excitar el celo de todos esos nobles escritores, siempre dispuestos a enternecerse en favor de los infortunios del poder, del tipo que sea. El compendio que sigue no es una historia propiamente dicha, es una historia escrita para los testigos contemporáneos de los hechos.

El 15 de agosto de 1769 Napoleón nació en Ajaccio de Charles Bonaparte y de Letitia Ramolini. Su padre, que no carecía de talento, sirvió a las órdenes de Paoli, y cuando Francia ocupó la isla de Córcega,[3] fue diputado de la nobleza en varias ocasiones. La familia es originaria de Toscana, concretamente de la pequeña ciudad de San Miniato, donde permaneció establecida durante varios siglos. El historiador Mazzucchelli menciona a varios Bonaparte que se distinguieron en las letras.[4] En 1796 existía aún un Bonaparte en San Miniato; era un caballero de San Esteban, rico y muy considerado, que se vanagloriaba de su parentesco con el joven conquistador de Italia. Cuando Napoleón era poderoso, algunos halagadores encontraron o fabricaron pruebas que le convertían en descendiente de los tiranos de Treviso en la Edad Media; pretensión probablemente tan poco fundada como la de los emigrados que intentaban que se le contemplase como salido de las últimas filas del pueblo. Su hermana mayor fue educada en Saint-Cyr. Este simple hecho prueba que la familia pertenecía a la antigua nobleza.

El nombre de Napoleón es común en Italia; es uno de los nombres adoptados por la familia de los Orsini y fue introducido en la familia Bonaparte tras la alianza contraída en el siglo XVI con la casa Lomellini.*

El conde de Marbeuf era el gobernador de Córcega y se encariñó con la señora Letitia Bonaparte. Obtuvo para Napoleón una plaza en el colegio de Brienne; Napoleón entró allí muy joven. Se distinguió por sus aptitudes para las matemáticas y por una singular afición a la lectura, pero ofendió a sus maestros por la tozudez con la que se negó a aprender latín según los métodos ordinarios. En vano quisieron forzarle a aprender de memoria los versos latinos y las reglas rudimentarias; nunca quiso traducir a esa lengua ni hablarla. Como castigo por su obstinación le retuvieron en el colegio uno o dos años más que a los demás alumnos.[6] Pasó esos años en soledad y silencio; nunca se mezclaba en los juegos de sus compañeros; nunca les dirigía la palabra. Soñador, silencioso, solitario, era conocido entre ellos por su manía de imitar los modos y hasta el lenguaje de los grandes hombres de la Antigüedad. Adoptaba sobre todo las frases cortas y sentenciosas de los lacedemonios. Una de las desgracias de Europa es que Napoleón fuera educado en un colegio real, es decir, en un lugar donde se imparte una educación sofisticada, por lo general a cargo de sacerdotes y siempre con cincuenta años de retraso con respecto al siglo. Educado en un

---

* El siguiente pasaje de la historia de la casa Orsini por Sansovino puede divertir por un momento:

«Ma molti più furono i Napoleoni, perche in tutti i tempi gli orrecchi italiani, o nella pace, o nella guerra, udirono questa nobilissima voce in uomini segnalati», Lib. II, pág. 20.[5]

establecimiento ajeno al gobierno, tal vez hubiera estudiado a Hume y a Montesquieu; tal vez hubiera comprendido la fuerza que la opinión pública da al gobierno.

Napoleón fue admitido en la Escuela Militar. En los diarios de la época consta que, en una de las primeras ascensiones en globo que realizó Blanchard, en el Campo de Marte, un joven de la Escuela Militar quiso saltarse las normas e hizo cuanto pudo para subir a la barquilla: era Bonaparte.

Hasta el momento no se han recogido más que unas pocas anécdotas sobre aquel período de su vida. Se hablaba de Turenne; una dama decía: «Preferiría que no hubiera quemado el Palatinado. «Qué importa», respondió él rápidamente, «si el incendio era necesario para sus designios». Por entonces Napoleón sólo tenía catorce años.[7]

En 1785 aprobó el examen de acceso al cuerpo de artillería. De 36 plazas de oficiales vacantes, acreditó la número 12 y fue subteniente en el regimiento de La Fère.[8] Junto a su nombre, en la lista de los datos proporcionados por los profesores, encontramos: «Corso de carácter y de nación, este joven llegará lejos si las circunstancias le favorecen».[9]

Aquel mismo año, Napoleón perdió a su padre que murió en Montpellier. Aquella desgracia fue, en cierto modo, reparada por la extremada ternura que le prodigó su tío abuelo Lucien, archidiácono de Ajaccio. Aquel venerable anciano unía una rara bondad a un gran conocimiento de los hombres. Se dice que descubrió el extraordinario talento de su pequeño sobrino y que pronosticó muy pronto su futura grandeza. Al parecer, durante los primeros años que Napoleón estuvo en el servicio, distribuía su tiempo entre sus deberes de teniente y las frecuentes visitas que hacía a su familia. Escribió una historia de Córcega y la mandó al abate Raynal, en Marsella; el célebre historiador aprobó la obra del joven oficial, le aconsejó que la imprimiera y añadió que el libro permanecería. Cabe añadir que Napoleón dio a su trabajo la forma de una memoria para el gobierno; aunque esa memoria fue presentada, probablemente se haya perdido para siempre (1790).[10]

La Revolución comenzaba; destruyeron Saint-Cyr. Napoleón fue a buscar a su hermana para llevarla a Córcega; cuando pasaban por el muelle de Toulon, estuvieron a punto de ser arrojados al mar por el populacho que les perseguía al grito de «¡Abajo los aristócratas! ¡Abajo la escarapela negra!». Napoleón, advirtiendo que era una cinta negra en el sombrero de su hermana lo que aquellos dignos patriotas consideraban una escarapela negra, se detuvo, arrancó la cinta y la arrojó por encima del parapeto. En 1791, fue nombrado segundo capitán en el cuarto regimiento de artillería. En invierno de aquel mismo año, regresó a Córcega y formó allí un regimiento de voluntarios cuyo mando le permitieron tomar sin renunciar a su plaza de capitán. Tuvo ocasión de mostrar sangre fría y valor en una riña que se produjo entre su regimiento y la guardia nacional de Ajaccio; hubo algunos hombres muertos y muchos disturbios en la ciudad. Francia declaró la guerra al rey de Cerdeña; el joven capitán dio las primeras muestras de su audacia militar al tomar posesión de las pequeñas islas que se encuentran entre Córcega y Cerdeña.[11]

Capítulo II

Napoleón trabó íntima amistad con el célebre Paoli y con Pozzo di Borgo, un joven corso lleno de talento y de ambición. Luego, ambos se profesaron un odio mortal. Los amigos de Napoleón afirman que, adivinando por las órdenes que veía dar a Paoli, la intención del viejo general era rebelarse contra Francia, se permitió combatir ese designio con reproches tan osados que le llevaron a prisión. Escapó, huyó a las montañas, pero topó con un grupo de campesinos afectos al partido contrario y éstos lo devolvieron a Pozzo di Borgo. Éste decidió deshacerse de un rival peligroso y lo entregó a los ingleses. Esa orden, que podía empujar a Napoleón a la cárcel durante parte de su juventud, no tuvo efecto porque los campesinos que le custodiaban, por compasión o porque él los convenció, permitieron que se escapase. Aquella segunda huida tuvo lugar la misma noche del día en que debía ser llevado a bordo de un navío inglés que patrullaba ante la costa. Esta vez consiguió llegar a la ciudad de Calvi. Allí encontró a dos comisarios franceses a quienes reveló los designios de Paoli y de Pozzo di Borgo. Muy pronto abandonó Córcega y se unió al ejército de Niza, del que su regimiento formaba parte.[12]

Capítulo III

Le encargaron supervisar las baterías entre San Remo y Niza. Poco después, tuvo una misión en Marsella y las ciudades vecinas; hizo llegar al ejército diversas municiones de guerra. Le mandaron con el mismo objeto a Auxonne, La Fère y París.[13] Cuando cruzaba el Mediodía de Francia, se encontró con una guerra civil entre los departamentos y la Convención (1793). Parecía difícil obtener de unas ciudades que estaban en abierta revuelta contra el gobierno las municiones que necesitaban los ejércitos de ese mismo gobierno. Napoleón consiguió su objetivo, unas veces apelando al patriotismo de los insurrectos y otras aprovechando sus temores. En Aviñón, algunos federalistas le incitaron a unirse a ellos; respondió que jamás participaría en la guerra civil. Mientras las obligaciones de su misión lo retuvieron en aquella ciudad pudo observar la completa incapacidad de los generales de ambas partes, monárquicos y republicanos. Sabemos que Aviñón se rindió a Carteaux, que había pasado de ser un mal pintor a peor general. El joven capitán escribió un panfleto que ridiculizaba la historia de aquel asedio; lo tituló *Almuerzo de tres militares en Aviñón* (1793).[14]

A su regreso de París para unirse al ejército de Italia, Napoleón fue destinado en el sitio de Toulon. El ejército de asedio también estaba a las órdenes de Carteaux, un general ridículo, celoso de todo el mundo y tan incapaz como tozudo.

La llegada de Dugommier y de algunos refuerzos cambió el cariz del asedio. En una carta de aquel hábil general de la Convención, prodiga elogios al ciudadano Bonaparte,* que mandaba la artillería, por su conducta en el episodio donde fue capturado el general O'Hara.[15]

Toulon cayó y Bonaparte fue ascendido al grado de jefe de batallón. Poco después, mostraba a su hermano Luis las obras del asedio; le hacía observar un terreno donde un torpe ataque de Carteaux había causado al ejército republicano pérdidas tan considerables como poco necesarias. El suelo aún estaba sembrado de balas; las frecuentes elevaciones de tierra recién removida mostraban la cantidad de cuerpos que se habían enterrado; restos de gorras, de uniformes, de armas, apenas les permitían caminar: «Mirad, joven, le dijo Napoleón a su hermano, aprended de esta escena que para un militar, estudiar profundamente su oficio es tanto un asunto de conciencia como de prudencia. Si el miserable que lanzó al ataque a esos valientes hubiera sabido su oficio,[16] gran número de ellos gozarían aún de la vida y servirían a la República. Su ignorancia les hizo perecer, a ellos y a otros cientos, en la flor de la juventud y cuando iban a alcanzar gloria y felicidad».

Pronunció esas palabras con emoción y casi con lágrimas en los ojos. Es extraño que un hombre que albergaba por naturaleza esos vivos sentimientos de humanidad, pudiera labrarse, a continuación, el corazón de un conquistador.

Bonaparte era jefe de batallón y comandante de artillería del ejército de Italia. Con esa graduación participó en el asedio de Oneglia (1794). Propuso al general en jefe Dugommier un plan para la invasión de Italia; era el plan cuya ejecución le había reservado para sí.

Fue ascendido a general de brigada; pero, poco después, puesto que su carácter y su talento ofuscaban a todos los generales del ejército, escribieron a París e hicieron que lo nombraran para un mando en la Vendée. Napoleón sentía horror por la guerra civil, donde la energía siempre adquiere sus tintes más bárbaros. Corrió a París; allí se encontró con que no sólo lo habían cambiado de ejército sino que, además, lo ha-

* *Moniteur* del 7 de diciembre de 1793. Es la primera vez que *Moniteur* nombra a Bonaparte, cuyo nombre imprime así: el ciudadano Bona-parte.

bían apartado de la artillería en el frente. Aubry, presidente del comité militar, no quiso escuchar sus reclamaciones. Le negaron incluso el permiso para ir a Oriente. Permaneció varios meses en París sin empleo y sin dinero. Entonces trabó amistad con el célebre Talma, que también comenzaba su carrera y que le daba entradas para los espectáculos cuando podía obtenerlas.

Napoleón estaba en el zenit de su desgracia. Fue rescatado de aquella ociosidad sin esperanza, tan contraria a su carácter, por Barras, que había apreciado sus cualidades en el sitio de Toulon. Aquel director le dio el mando de las tropas que debían defender la Convención contra las secciones de París. Las disposiciones adoptadas por el joven general aseguraron a la Convención una fácil victoria. Intentó asustar a los ciudadanos de París y evitó matarlos (5 de octubre de 1795, 13 de vendimiario). Recompensaron su importante servicio con un puesto de segundo general del ejército del Interior.* En casa de Barras conoció a la señora de Beauharnais; ella dispensó algunas alabanzas a su conducta; él se enamoró perdidamente de ella. Era una de las mujeres más amables de París; pocas personas han poseído más gracia, y a Napoleón no le echaba a perder su éxito con las mujeres. Se casó con Josefina (1796) y, muy poco después, a comienzos de la primavera, Barras y Carnot promovieron su nombramiento a general en jefe del ejército de Italia.

---

* Véase el informe de Barras a la Convención, *Moniteur*.

Capítulo IV

Sería demasiado laborioso seguir al general Bonaparte por los campos de Montenotte, de Arcole y de Rivoli. Aquellas victorias inmortales deben ser contadas con detalle para poder comprender toda su espectacularidad.* Es una época grande y hermosa para Europa, la de esas victorias de una joven República sobre el antiguo despotismo; para Bonaparte es la época más pura y más brillante de su vida. En un año, con un pobre y pequeño ejército que carecía de todo, expulsó a los alemanes de las riberas del Mediterráneo hasta el corazón de Carintia, dispersó y aniquiló los ejércitos enviados a Italia por la casa de Austria, que crecían sin cesar, y trajo la paz al continente. Ningún general de tiempos antiguos o modernos ganó tan grandes batallas en tan poco tiempo, con medios tan escasos y contra tan poderosos enemigos.** De ese modo, un joven de 26 años borró en un año a los Alejandro, los César, los Aníbal, los Federico. Y, como para consolar a la humanidad por aquellos sangrientos éxitos, unió a los laureles de Marte el olivo de la civilización.[19] Lombardía estaba envilecida y se sentía enojada por siglos de catolicismo y despotismo.*** No era más que un campo de batalla al que acudían los alemanes para disputársela a los franceses. El ge

---

* Entretanto, véase la *Historia de la guerra*, del general Dumas, la *Historia de las campañas de Italia*, del general Servan, y sobre todo el *Moniteur* y el *Annual Register*.[17]

** Véase *Tito Livio*,[18] Lib. IX, pág. 242 (en la trad. francesa de Dureau de La Malle, t. IV, ed. de Michaud, 1810).

*** Ver el *cómo* de todo ello en el tomo XVI del señor de Sismondi, pág. 414.

neral Bonaparte devuelve la vida a esa zona, la más hermosa del imperio romano, y parece que, en un abrir de ojos, también le haya devuelto su antigua virtud. La convierte en la más fiel aliada de Francia. La constituye en república y, gracias a las instituciones que sus jóvenes manos intentan conferirle, consuma al mismo tiempo lo que habría de resultar más útil para Francia y lo que sería más útil para la felicidad del mundo.[20]

Actúa en toda ocasión como un afectuoso y sincero amigo de la paz. Se hizo merecedor de aquella alabanza que nunca se le ha otorgado: ser el primer hombre destacado de la República francesa que puso límite a su engrandecimiento y no intentó otra cosa más que devolver la tranquilidad al mundo. Fue una falta, sin duda, pero nacía de un corazón demasiado confiado y demasiado tierno para los intereses de la humanidad, y ésa fue la causa de sus mayores faltas. La posteridad que perciba esta verdad con toda claridad no querrá creer, en honor de la especie humana, que la envidia de los contemporáneos haya podido transformar a ese gran hombre en monstruo de inhumanidad.*

La nueva república francesa sólo podía vivir rodeándose de repúblicas, la indulgencia que el general Bonaparte mostró con el Papa cuando, teniendo Roma completamente en su poder, se limitó al tratado de Tolentino y al sacrificio de cien cuadros y algunas estatuas, le granjeó muchos enemigos en París. Se vio obligado a llevar a cabo, nueve años más tarde y con grandes riesgos, lo que entonces hubiera podido hacer con seis mil hombres. El duque de Lodi (Melzi),[21] vicepresidente de la República italiana, hombre íntegro y que amó realmente la libertad, decía que Napoleón firmó la paz de Campoformio en abierta oposición con las órdenes secretas del Directorio. Era quimérico creer en una paz sólida entre la nueva República y las viejas aristocracias de Europa.[22]

---

* Véanse todos los libros ingleses, incluso los más estimados de 1800 a 1810 y, lo que resulta menos generoso aún, las *Consideraciones* de Madame de Staël, escritas tras las matanzas de Nîmes.

Capítulo V

¿Vale la pena mencionar las objeciones de gente que se cree delicada y que sólo es débil? Dicen que el tono con que el general Bonaparte ofreció la libertad a los italianos era el de Mahoma predicando el Corán con el sable en la mano. Los conversos eran alabados, protegidos, colmados de ventajas; los infieles entregados sin compasión al pillaje, a las ejecuciones militares, a todos los estragos de la guerra. Eso es como reprocharle haber empleado la pólvora para disparar sus cañones. Se le objeta la destrucción de Venecia. Entonces ¿acaso fue una república lo que destruyó? Fue un gobierno inicuo y envilecedor, una aristocracia de débil cabeza, mientras que los demás gobiernos de Europa son aristocracias de cabeza fuerte. Aquel pueblo amable fue lastimado en sus costumbres; pero la generación siguiente hubiera sido mil veces más feliz bajo el reino de Italia. Es bastante probable que la cesión de los Estados de Venecia a la casa de Austria fuese un artículo secreto de los preliminares de Leoben, y que las causas que fueron alegadas a continuación para hacer la guerra a la República sólo fuesen pretextos.[23] El general francés entró en negociaciones con algunos descontentos, para poder ocupar la ciudad sin un solo disparo. A su modo de ver, a Francia le era útil estar en paz con Austria. Era dueño de Venecia, puesto que la tomó. No era su cometido lograr la felicidad de Venecia. La patria ante todo. En todo ello sólo se le puede hacer un reproche al general Bonaparte: no veía las cosas desde tan arriba como el Directorio.*

* Para ver a Napoleón en Italia desde un ángulo justo, es preciso templar el alma con un volumen de Tito Livio. Así, uno puede purificarse de todas las ínfimas ideas modernas y falsas.

Capítulo VI

Se reprocha a Napoleón haber corrompido durante su campaña de Italia, no la disciplina, sino el carácter moral de su ejército. Alentó entre sus generales el pillaje más escandaloso.* Olvidando el desinterés de los ejércitos republicanos, muy pronto fueron tan rapaces como los comisarios de la Convención. La señora Bonaparte viajaba con frecuencia a Génova y puso, dicen, a buen recaudo cinco o seis millones. En eso, Bonaparte fue criminal ante Francia. Por lo que a Italia se refiere, ni siquiera unos saqueos cien veces más indignantes no habrían supuesto un precio excesivo por el inmenso beneficio del renacimiento de todas las virtudes. El de los crímenes que una revolución acarrea es un argumento de aristócratas. Olvidan los crímenes que se cometían en silencio antes de la Revolución.

El ejército de Italia dio el primer ejemplo de soldados que accedían al gobierno. Hasta entonces, los ejércitos de la República se habían limitado a vencer a sus enemigos. Se sabe que en 1797, se formó en el consejo de los Quinientos un partido opuesto al Directorio.** Los proyectos de los cabecillas podían ser inocentes, pero sin duda su conducta les exponía a sospecha. Algunos eran monárquicos, no puede dudarse; la mayoría tal vez no tenía más intención que poner

* La fortuna de Masséna, de Augereau, de..., etc. Un jefe de batallón llega a Bolonia, dispuesto a llevar a cabo una expedición a los Apeninos; ni siquiera tenía caballo; regresa quince días después, llevaba diecisiete carretas cargadas que le pertenecían y tres coches con dos amantes. Las tres cuartas partes de las sumas rapiñadas fueron devoradas en el país.

** Memorias de Carnot.

fin al gobierno arbitrario y a la escandalosa corrupción del Directorio. La estrategia que adoptaron fue arrebatar los impuestos al gobierno y someter sus gastos a una rígida investigación. El Directorio, por su lado, aprovechando los efectos de ese plan de ataque, hizo correr por los ejércitos que todas las privaciones que sufrían eran efecto de la traición del Cuerpo Legislativo, que intentaba destruir a los defensores de la patria para a continuación poder restaurar con total libertad a los Borbones. El general en jefe del ejército de Italia alentó de forma pública esos rumores en una proclama a sus tropas. Este ejército se atrevió a enviar memoriales al gobierno. Se permitía algunos reproches, tan poco mesurados como inconstitucionales, contra la mayoría del Cuerpo Legislativo. El designio secreto de Bonaparte era seguir esos memoriales y marchar sobre París con parte de su ejército, pretextando defender al Directorio y la República pero, en realidad, para arrogarse un papel principal en el gobierno. Sus proyectos fueron aniquilados por la Revolución del 18 de fructidor, que tuvo lugar antes y más fácilmente de lo que se creía (el 4 de septiembre de 1797, 18 de fructidor del año V). Esta jornada, que destruyó por completo el partido opuesto al Directorio, le arrebató cualquier pretexto para cruzar los Alpes. Siguió hablando de los Directores con el mismo desprecio. La incuria, la corrupción y las groseras faltas de aquel gobierno eran el tema habitual de sus conversaciones. Las solía terminar haciendo observar a los generales que le rodeaban que si un hombre podía conciliar el nuevo modo de ser de Francia en su interior con el gobierno militar, fácilmente podría lograr que la República desempeñara el papel de la antigua Roma.

Capítulo VII

Aunque Napoleón dijera en la isla de Elba que siguió siendo buen republicano hasta su expedición a Egipto, algunas anécdotas contadas por el conde de Merveldt demuestran que en la época de la que hablamos su republicanismo era ya muy vacilante. Merveldt fue uno de los negociadores austriacos en Leoben y, más tarde, en Campo-Formio. Puesto que su primer interés era hacer que cayese la República, dejó entrever que el general Bonaparte estaba en condiciones de ponerse a la cabeza de Francia o de Italia. El general no respondió, pero no pareció en absoluto indignado; incluso habló del intento de gobernar Francia mediante cuerpos representativos e instituciones republicanas como si se tratase de un simple experimento. Alentado por estas disposiciones, Meerfeldt se aventuró, con la aprobación de su corte, a ofrecerle un principado en Alemania. El general respondió que la oferta le halagaba, pues sólo podía proceder de la distinguida opinión que benévolamente se tenía de su talento y su importancia, pero que le resultaba poco razonable aceptarla. Semejante ajuste iba a propiciar la primera guerra de Austria contra Francia. Si Austria cargaba con un fardo inútil y Francia triunfaba, proscribiría a un pérfido ciudadano que hubiera aceptado el socorro del extranjero. Añadió con franqueza que su objetivo era obtener un lugar en el gobierno de su patria y que, si alguna vez podía poner el pie en el estribo, no dudaría en llegar muy lejos.

Capítulo VIII

Si Napoleón no hubiera firmado la paz de Campo-Formio, hubiese podido aniquilar Austria y evitar a Francia las conquistas de 1805 y 1809.[24] Al parecer, por aquel entonces, el gran hombre no era más que un soldado emprendedor, dotado de un prodigioso genio, pero sin ningún principio fijo en política. Agitado por mil ambiciosos pensamientos, no había decidido plan alguno para satisfacer su ambición. «Por lo demás era imposible», decía el señor de Merveldt, «mantener con él diez minutos de conversación sin advertir que era un hombre de grandes aspiraciones y de sorprendente capacidad».[25]

«Su lenguaje, sus ideas, sus maneras», decía Melzi, «todo en él era sorprendente y original. En una conversación, como en la guerra, era fértil, estaba lleno de recursos, se mostraba rápido en discernir y presto en atacar el lado débil de su adversario. De una rapidez de concepción sorprendente, debía pocas de sus ideas a los libros y, a excepción de las matemáticas, había hecho pocos progresos en las ciencias. De todas sus cualidades», proseguía Melzi, «la más notable era la sorprendente facilidad para concentrar su atención, a voluntad, en un tema cualquiera y mantenerla fija varias horas seguidas sin descanso y como atada hasta haber encontrado la mejor opción que se pudiera adoptar en aquellas circunstancias. Sus proyectos eran vastos, además de gigantescos, concebidos con ingenio, pero impracticables a veces; eran abandonados a menudo de mal humor, o convertidos en impracticables por su propia impaciencia. Naturalmente impulsivo, resolutivo, impetuoso, violento por naturaleza, tenía el sorprendente poder de volverse encantador y, mediante unas deferencias bien administradas y una halagadora jovialidad, lograba conquistar a la gente a la que quería ganarse. Aunque por lo general secreto y reservado, a veces en un acceso de cólera su orgullo dejaba al descubierto los proyectos que más importaba mantener ocultos. Es probable que nunca abriera su alma dejándose llevar por unos sentimientos afectuosos». Por lo demás, el único ser al que amó fue Josefina, y ésta nunca le traicionó. No creo que debiese algo de sus ideas a los libros. Tenía pocas ideas literarias, lo que habrá ilusionado al duque de Lodi, hombre muy instruido en literatura y, por consiguiente, algo débil.

«La bala que me mate llevará mi nombre» era una de sus frases habituales. Confieso que no la comprendo. Todo lo que veo en ella es un primer matiz de ese fatalismo tan natural en los hombres expuestos día tras día a los obuses o al mar.

Esa alma tan fuerte estaba vinculada a un cuerpecillo pálido, flaco y casi enclenque. La actividad de aquel hombre y su fuerza para soportar las fatigas con un físico tan limitado creaban en su ejército la sensación de que podía superar los límites de lo posible. Ése fue uno de los fundamentos del increíble entusiasmo que inspiraba al soldado.

Capítulo IX

Ése era el general en jefe Bonaparte cuando regresó a Francia, tras la conquista de Italia; objeto, por lo demás, del entusiasmo de Francia, de la admiración de Europa y de los celos del gobierno a quien había servido. Fue recibido por aquel gobierno suspicaz con todas las muestras de confianza y consideración, e incluso antes de su llegada a París, fue nombrado comisario plenipotenciario en el congreso reunido en Rastadt para la pacificación general. Se libró muy pronto de un papel que no le convenía. El Directorio, que se veía a la cabeza de una república joven y fuerte, rodeada de enemigos debilitados pero irreconciliables era demasiado prudente para desear la paz. Bonaparte se libró también del mando del ejército de Inglaterra, para el que fue nombrado. El Directorio no era lo bastante fuerte para llevar a buen fin semejante empresa. Entretanto, el joven general veía, y todo el mundo lo veía también, que en Francia no había un lugar que pudiera convenirle. Su misma vida privada estaba llena de peligros; su gloria y su propio modo de ser tenían algo en exceso novelesco y en exceso arrebatador. Ese momento de la historia se complace en el elogio de la probidad de los Directores y muestra el camino que ya hemos recorrido desde los tiempos de María de Médicis.

A menudo, por aquel entonces, y en otros momentos de desaliento, Bonaparte deseó con pasión el descanso de la vida privada. Creía poder encontrar la felicidad en la campiña.[26]

Capítulo X

En 1796 le habían hecho llegar un proyecto para la invasión de Egipto; lo examinó y lo devolvió al Directorio con su opinión. Encontrándose en mortal apuro, el Directorio recordó aquella idea y le ofreció el mando de la expedición. Rechazar por tercera vez los ofrecimientos del poder ejecutivo era dar motivos para creer que algo se tramaba en Francia y, muy probablemente, buscarse su propia perdición. Por lo demás, la conquista de Egipto estaba hecha para deslumbrar a un alma elevada, llena de planes novelescos y apasionada por las empresas extraordinarias. «Pensad que, desde lo alto de estas Pirámides, treinta siglos nos contemplan», diría a su ejército unos meses más tarde.

Como todas las guerras de Europa, esa agresión se basaba muy poco en la justicia. Los franceses estaban en paz con el Gran Turco, soberano nominal de Egipto, y los beys, dueños reales del país, eran unos bárbaros que no conocían el derecho de gentes y, por tanto, no podían quebrantarlo en absoluto. Por lo demás, las consideraciones de esa naturaleza no estaban hechas para ejercer gran influencia en las decisiones del joven general que, asimismo, tal vez creyera ser el bienhechor del país al llevar allí la civilización. La expedición largó amarras y, por una fortuna que debería suscitar muchas reflexiones, pudo llegar a Alejandría tras la toma de Malta sin encontrarse con Nelson.

Capítulo XI[27]

No debe esperarse encontrar aquí esa sucesión de grandes acciones militares que sometieron Egipto a Bonaparte. Para ser comprendidas, las batallas de El Cairo, de las Pirámides, de Aboukir necesitan una descripción de Egipto, y habría que aportar una idea general del sublime valor de los mamelucos. La mayor dificultad radicaba en enseñar a nuestras tropas a resistirlos.*

En Egipto, Napoleón hizo la guerra con los mismos principios que en Italia, aunque en un estilo más oriental y más despótico. Se las veía aún con los más orgullosos y más feroces de los hombres, con gentes a las que sólo les faltaba la aristocracia para ser romanos. Castigó sus perfidias con una crueldad tomada de ellos mismos. Los habitantes de El Cairo se rebelan contra la guarnición; él no se limita a dar un ejemplo con quienes fueron sorprendidos con las armas en la mano. Sospecha que sus sacerdotes son los instigadores secretos de la insurrección y hace arrestar a doscientos, que serán fusilados.

Los burgueses que escriben la historia componen frases sobre este tipo de acciones, los bobos a medias las excusan por la crueldad y la brutalidad de aquellos turcos que, no contentos con masacrar a los enfermos de los hospitales y a algunos prisioneros, tomados en circunstancias demasiado indignantes para ser contadas, también se ensañaron mutilando los cadáveres del modo más salvaje.

---

* Descripción de Egipto en Volney; historia militar: el débil Martin, Berthier, Denon, Wilson, por aquel entonces muy digno de ser uno de los escritores de influencia.[28]

Hay que buscar la razón de esas desgraciadas necesidades en las consecuencias del principio «Salus populi suprema lex esto». El incontestable despotismo ha envilecido hasta tal punto a los orientales que no conocen más principios de obediencia que el temor.[29] La matanza de El Cairo les llenó de terror; y «desde aquel tiempo», decía Napoleón, «han sentido por mí mucho apego, pues bien veían que no había blandura en mi modo de gobernar».

Capítulo XII

La mezcla de catolicismo y aristocracia que allana nuestras almas desde hace dos siglos, nos vuelve ciegos a las consecuencias del principio que acabo de recordar. Sin entrar en las pequeñas objeciones que se han hecho a Napoleón sobre su conducta en Egipto, se suelen contemplar como sus mayores crímenes:

1.º La matanza de sus prisioneros en Jaffa.
2.º El envenenamiento de sus enfermos en San Juan de Acre.
3.º Su supuesta conversión al mahometismo.
4.º Su deserción del ejército.

Napoleón compuso el siguiente relato del acontecimiento de Jaffa a lord Ebrington,[30] uno de los viajeros más ilustrados y más dignos de credibilidad de los que viera en la isla de Elba: «Por lo que se refiere a los turcos de Jaffa, cierto es que hice fusilar a unos dos mil.[31] Eso os parece un poco fuerte; pero yo les había concedido una capitulación en El Arisch; la condición era que regresaran a Bagdad. Rompieron esa capitulación, entraron en Jaffa y yo la tomé por asalto. No podía llevar los prisioneros conmigo, pues me faltaba pan, y eran unos diablos muy peligrosos para soltarlos en el desierto por segunda vez. Así pues, no me quedó otro remedio que matarlos».

Cierto es, según las leyes de la guerra, que un prisionero que ha faltado una vez a su palabra no tiene ya derecho a recibir cuartel,* pero el horrendo derecho del vencedor raras

* Martens: *Lois des Nations*, pág. 291.

veces se ha ejercido, y nunca, o eso me parece, en nuestros tiempos modernos, sobre tan gran número de hombres a la vez. Si los franceses hubieran negado cuartel en el ardor del asalto, nadie les hubiera condenado: los muertos habían faltado a su palabra; si el general vencedor hubiera sabido que gran parte de la guarnición consistía en prisioneros devueltos bajo palabra a El Arisch, muy probablemente hubiera ordenado pasarlos por el filo de la espada. No creo que la historia ofrezca algún ejemplo de una guarnición respetada en pleno asalto y, enviada más tarde a la muerte. Pero eso no es todo, es probable que sólo un tercio de la guarnición de Jaffa estuviera compuesta por prisioneros de El Arisch.[32]

¿Para salvar a su ejército, tiene derecho un general a acabar con sus prisioneros o a colocarlos en una situación que les haga perecer necesariamente, o a entregarlos a unos bárbaros, de los que no pueden esperar cuartel alguno? Entre los romanos, eso no se hubiera planteado;* por lo demás, de la respuesta depende no sólo la justificación de Napoleón en Jaffa, sino también la de Enrique V en Azincourt, la de lord Anson en las islas del mar del Sur, y la del bailío de Suffren en la costa de Coromandel. Lo más seguro es que la necesidad debe de ser clara y urgente, y no puede negarse que existiera esa necesidad en el caso de Jaffa. No hubiera sido prudente liberar a los prisioneros bajo palabra. La experiencia demostraba que esos bárbaros se meterían sin escrúpulos en la primera plaza fuerte que encontraran, o que, pegándose al ejército mientras avanzaba por Palestina, hostigarían sin cesar sus flancos y su retaguardia.[33]

El general en jefe no debe cargar a solas con la responsabilidad de esa espantosa acción. El asunto se decidió en un consejo de guerra en el que estuvieron Berthier, Kléber, Lannes, Bon, Caffarelli y varios generales más.[34]

---

* Véase a Tito Livio condenando, con razón, a los samnitas por no haber acabado con los romanos en las Horcas caudinas. Libro IX, pág. 221, 4.º volumen de la traducción francesa de La Malle.

Capítulo XIII[35]

El propio Napoleón contó a varias personas que tuvo la intención de hacer que se administrara opio para envenenar a algunos enfermos de su ejército. Para quien lo conoció, es evidente que esa idea procedía de un error de juicio, en absoluto de un mal corazón y menos aún de la indiferencia ante la suerte de sus soldados. Todos los relatos coinciden* sobre los cuidados que prodigó en su campaña de Siria a los enfermos y a los heridos. Hizo lo que ningún general ha hecho aún: visitó los hospitales de los apestados. Conversaba con los enfermos, escuchaba sus quejas, comprobaba personalmente si los cirujanos cumplían con su deber.** A cada movimiento de su ejército y, en particular, en la retirada de San Juan de Acre, su mayor solicitud se dirigió a su hospital. La prudencia de las medidas que se adoptaron para llevar a los enfermos y los heridos, y los cuidados que se les prodigaron, le valieron las alabanzas de los ingleses. El señor Desgenettes,[36] que era médico en jefe del ejército de Siria, es hoy un monárquico pronunciado pero, ni siquiera después del regreso de los Borbones, nunca ha hablado de la conducta de Napoleón para con sus enfermos sin los mayores elogios.

El célebre Assalini,[37] médico en Munich, se encontraba también en Siria y aunque no ama a Napoleón, habla de él como Desgenettes. En el momento de la retirada de San Juan de Acre, después de que Assalini hiciera un informe al gene-

---

* Incluso la calumniosa historia del general Robert Wilson.
** Quiso incitar al señor Desgenettes a afirmar públicamente que la peste no era contagiosa. La vanidad de éste le impidió hacerlo.

ral en jefe, del que se desprendía que los medios de transporte para los enfermos eran insuficientes, recibió la orden de dirigirse a la carretera, detener todos los caballos de carga e incluso descabalgar a los oficiales. Esa penosa medida se llevó a cabo sin excepción, y no se abandonó a uno solo de los enfermos que a juicio de los médicos tuviera alguna esperanza de curación. En la isla de Elba el emperador, que creía que la nación inglesa cuenta entre sus ciudadanos con las cabezas más sanas de Europa, invitó varias veces a lord Ebrington a que le preguntara sin ambages sobre los acontecimientos de su vida.[38] Haciendo uso de esa autorización, cuando al lord le llegó el rumor del envenenamiento, Napoleón respondió de inmediato y sin la menor vacilación: «Hay en ello un fondo de verdad. Algunos soldados del ejército tenían la peste; no podían vivir veinticuatro horas; yo estaba a punto de marchar; consulté a Desgenettes sobre los medios para llevarlos; respondió que se corría el riesgo de contagiar la peste al resto del ejército y que, por otra parte, aquel cuidado sería inútil para los enfermos, pues no tenían cura. Le dije que les diera una dosis de opio y que aquello era mejor que dejarles a merced de los turcos.[39] Me respondió, como hombre honesto que era, que su oficio era curar y no matar. Tal vez tuviera razón, aunque yo sólo le pidiera para ellos lo que habría pedido para mí a mis mejores amigos en una situación semejante. Desde entonces he reflexionado a menudo sobre este aspecto moral, he pedido su opinión a varias personas, y *creo que en el fondo, siempre es mejor soportar que un hombre acabe su destino, sea cual sea*. Lo juzgué así más tarde, cuando murió mi pobre amigo Duroc que, mientras sus entrañas se le caían al suelo ante mis ojos, me pidió varias veces y con insistencia que pusiera fin a sus dolores; yo le dije: Os compadezco, amigo mío, pero no hay remedio; es preciso sufrir hasta el final».

Por lo que se refiere a la apostasía de Napoleón en Egipto, comenzaba todas sus proclamas con estas palabras: «Dios es Dios y Mahoma es su profeta». Este supuesto crimen sólo causó efecto en Inglaterra. Los demás pueblos entendieron que era preciso ponerlo en la misma línea que el mahometismo del mayor Horneman y de los demás viajeros que la sociedad de África emplea para descubrir los secretos del desierto. Napoleón quiso atraerse a los habitantes de Egipto.[40] Tenía razón al esperar que gran parte de ese pueblo siempre supersticioso se quedaría atónito de terror ante sus frases religiosas y proféticas, y que éstas incluso imprimirían sobre su persona un barniz de irresistible fatalidad. La idea de que quisiera hacerse pasar seriamente por un segundo Mahoma es digna de un emigrado.* Su conducta tuvo el más completo éxito. «No podríais imaginar», le decía a lord Ebrington, «lo que gané en Egipto fingiendo adoptar su culto». A los ingleses, siempre dominados por sus puritanos prejuicios que, por lo demás, se alían muy bien con las más indignantes crueldades, aquel artificio les pareció bajo. La historia observará que hacia la época del nacimiento de Napoleón las ideas católicas ya estaban azotadas por el ridículo.

---

* Véanse sus libros.

Capítulo XIV

Por lo que se refiere a la acción mucho más grave de abandonar a su ejército en Egipto, en primer lugar se trataba de un crimen contra el gobierno, que ese gobierno podía castigar con legitimidad. Pero no fue un crimen contra su ejército, al que dejó en un estado floreciente, como prueba la resistencia que opuso a los ingleses. Sólo puede reprochársele la torpeza de no haber previsto que Kléber podía resultar muerto, circunstancia que a continuación dejó al ejército en las ineptas manos del general Menou.

El tiempo nos hará saber si, como creo, Napoleón fue llamado a Francia por la opinión de algunos hábiles patriotas, o si se decidió a emprender esa decisiva andadura sólo como resultado de sus propias reflexiones.[41] Es agradable para los corazones generosos considerar lo que debió de ocurrir entonces en aquella alma: por un lado, la ambición, el amor a la patria, la esperanza de dejar un gran nombre para la posteridad; por el otro, la posibilidad de ser capturado por los ingleses o fusilado.[42] Y tomar un partido tan decisivo sólo basándose en conjeturas, ¡qué firmeza de juicio! La vida de ese hombre es un himno en favor de la grandeza de alma.

Capítulo XV

Napoleón, al saber los desastres de los ejércitos, la pérdida de Italia, la anarquía y el descontento en el interior llegó a la conclusión, en vista de aquel triste cuadro, de que el Directorio ya no podía resistir. Fue a París para salvar a Francia y asegurarse un lugar en el nuevo gobierno. Si regresaba de Egipto, le sería útil a la patria y a sí mismo; es cuanto puede pedirse a los débiles mortales.[43]

Es seguro que, tras su desembarco, Napoleón no sabía cómo iba a ser tratado, y a pesar de la entusiasta recepción de los lioneses pareció que no estaba claro si su audacia sería recompensada con el trono o con el cadalso. Ante la primera noticia de su regreso, el Directorio ordenó a Fouché, que por aquel entonces era ministro de policía, que lo detuviera. Ese célebre traidor respondió: «No es hombre que se deje detener, no seré yo quien lo detenga».*[45]

---

* Cada día se encontraban nuevos[44] a las puertas del Luxembourg; por ejemplo, cierto día pudo verse un gran cartel que representaba muy bien una lanceta, una lechuga y una rata (El año siete los matará) —*Lancette* suena en francés como *L'an sept* («el año siete»); *laitue* y *rat* puede sonar como *les tuera* («los matará»). *(N. del t.)*

Capítulo XVI[46]

Cuando el general Bonaparte acudió desde Egipto al auxilio de la patria, el director Barras, hombre excelente, dando un golpe de mano vendía Francia por doce millones a la familia exiliada. Ya se habían enviado letras patentes a ese objeto. Hacía dos años que Barras seguía ese proyecto. Sieyès lo había descubierto cuando era embajador en Berlín.* Este ejemplo y el de Mirabeau muestran a la perfección que una República nunca debe confiarse a los nobles. Siempre sensible a la seducción de los títulos, Barras se atrevió a confiar sus designios a su antiguo protegido.

Napoleón había encontrado en París a su hermano Luciano; discutieron ambos de las siguientes posibilidades: era evidente o que los Borbones o él iban a subir al trono, o bien era preciso reconstruir la República.

El proyecto de restaurar a los Borbones era ridículo; el pueblo sentía aún demasiado horror por los nobles, y a pesar de los crímenes del Terror seguía amando la República. Los Borbones necesitaban un ejército extranjero en París. En cuanto a rehacer la República, es decir, promulgar una constitución que pudiera sostenerse por sí misma, Napoleón no disponía de los medios para resolver ese problema. Los hombres que habría que emplear le parecían demasiado despreciables y demasiado vendidos a sus intereses. Finalmente, no

---

* Los intermediarios de Barras eran los señores David, Mounier, Tropès de Guérin, el duque de Fleury. Véase la *Biografía moderna* de Michaud, valiosa rapsodia sobre tales confesiones. El *Moniteur* describe muy bien el envilecimiento y el desorden.

veía un lugar asegurado para sí mismo, y si aún existía un traidor dispuesto a vender a Francia a los Borbones o a Inglaterra, su muerte era la primera medida que debía tomarse. Ante la duda prevaleció la ambición, como es natural; y, poniéndose del lado del honor, Napoleón se dijo: «Soy mejor para Francia que los Borbones». Por lo que se refiere a la monarquía constitucional por la que se inclinaba Sieyès, carecía de los medios para establecerla, y por entonces su rey aún era demasiado desconocido. Se necesitaba un remedio enérgico y rápido.[47]

Esta desgraciada Francia, desorganizada en el interior, veía cómo todos sus ejércitos caían uno tras otro; y sus enemigos eran reyes que debían de carecer de compasión por ella, puesto que la República, mientras mostraba a sus súbditos la felicidad, tendía a hacerles caer del trono. Si tras haberla vencido, aquellos reyes irritados se habían dignado devolverla a la familia exiliada, lo que esa familia hizo o dejó de hacer en 1815,* sólo da una débil idea de lo que podía esperarse de ellos en 1800.[48] Francia sumida en el postrer grado del desaliento y el envilecimiento moral, infeliz por el gobierno que había elegido con tanto orgullo, más infeliz aún por las derrotas de sus ejércitos, no habría inspirado temor alguno a los Borbones, y sólo al miedo del Monarca pueden atribuirse las apariencias liberales del gobierno.

Pero es más probable que los reyes vencedores se hubieran repartido Francia. Era prudente destruir aquel foco de jacobinismo. El manifiesto del duque de Brunswick se habría consumado y todos los nobles escritores que poblaban las academias habrían proclamado la imposibilidad de la libertad. Desde 1793, nunca las nuevas ideas habían corrido tan grandes peligros. La civilización del mundo estuvo a punto de retroceder varios siglos. El infeliz peruano seguiría gimiendo aún bajo el férreo yugo del español, y los reyes vencedores se habrían entregado a las delicias de la crueldad, como en Nápoles.[49]

* Misión del marqués de Rivière en el Mediodía; matanzas de Nîmes; historia de Trestaillon.

Así, desde todas partes Francia estaba a punto de desaparecer en los insondables abismos donde últimamente hemos visto desaparecer a Polonia.

Si nunca, bajo ninguna circunstancia podían prescribir los derechos eternos que todo hombre tiene a la libertad más ilimitada, el general Bonaparte podía decir a cada francés: «Gracias a mí, aún eres francés; gracias a mí, no estás sometido a un juez prusiano, o a un gobernador piamontés; gracias a mí, no eres esclavo de algún dueño irritado que debe vengar su miedo. Entonces, soporta que sea tu emperador».

Tales eran los principales pensamientos que agitaban al general Bonaparte y a su hermano la víspera del 18 de brumario (9 de noviembre de 1799); el resto se refería a los medios de ejecución.[50]

Capítulo XVII

Mientras Napoleón adoptaba su estrategia y sus medidas, era cortejado por las distintas facciones que desgarraban una república agonizante. Aquel gobierno caía, porque no había un senado conservador para mantener el equilibrio entre la cámara de los Comunes y el Directorio ni para nombrar a sus miembros, y en modo alguno porque la República sea imposible en Francia. En el caso que nos ocupa, era preciso un dictador, pero el gobierno legítimamente establecido nunca se habría resuelto a nombrarlo. Las almas de lodo que se encontraban en el Directorio, formadas bajo una vieja monarquía, sólo veían, entre las desgracias de la patria, su pequeño egoísmo y sus intereses. Todo lo que fuera algo generoso les parecía engaño.

El profundo y virtuoso Sieyès había defendido siempre el gran principio de que para asegurar las instituciones conquistadas por la Revolución se precisaba una dinastía traída por la Revolución. Ayudó a Bonaparte a hacer el 18 de brumario. Si no hubiera sido con él, lo habría hecho con otro general. Más tarde, Sieyès dijo: «Hice el 18 de brumario, pero no el 19». Se dice que el general Moreau se había negado a secundar a Sieyès, y el general Joubert, que aspiraba a ese papel, murió al inicio de su primera batalla, en Novi.

Sieyès y Barras eran los dos primeros hombres del gobierno. Barras vendía la República a un Borbón, sin preocuparse por las consecuencias, y pedía al general Bonaparte que dirigiera el movimiento. Sieyès quería instaurar una monarquía constitucional; el primer artículo de su constitución hubiera nombrado rey a un duque de Orleans, y pedía al general Bonaparte que dirigiera el movimiento. El general que necesitaban ambos bandos se acercó a Lefèvre, general más conocido por su bravura que por sus luces y que por entonces mandaba París y la 17.ª división.[51] Actuaba de acuerdo con Barras y Sieyès, pero muy pronto se ganó a Lefèvre para sí mismo. Desde aquel momento, Bonaparte tuvo a su favor las tropas que ocupaban París y sus alrededores, y a partir de entonces ya no se trató de la forma que debía darse a la revolución.

Capítulo XVIII

El 18 de brumario (9 de noviembre de 1799) por la noche, Bonaparte hizo convocar súbitamente, mediante cartas particulares, a los miembros del Consejo de los Ancianos con los que podía contar. Aprovecharon un artículo de la Constitución que permitía al Consejo trasladar el Cuerpo Legislativo fuera de París, y proclamó un decreto que, al día siguiente, el 19, convocaba la sesión del Cuerpo Legislativo en Saint-Cloud, encargaba al general Bonaparte que tomase todas las medidas necesarias para la seguridad de la representación nacional y ponía bajo sus órdenes las tropas de línea y las guardias nacionales. Bonaparte, llamado al estrado para escuchar ese decreto, pronunció un discurso. Como no podía hablar de las dos conspiraciones que desbarataba, ese discurso es una suma de frases. El 19, el Directorio, los generales y una multitud de curiosos se dirigieron a Saint-Cloud. Los soldados ocupaban todas las avenidas. El Consejo de Ancianos se reunió en la galería. El Consejo de los Quinientos, del que Luciano acababa de ser nombrado presidente, se reunió en la Orangerie.

Bonaparte entró en la sala de los Ancianos y habló entre interrupciones y gritos de los diputados fieles a la Constitución o, para decirlo mejor, de aquellos que no iban a permitir que triunfase un movimiento del que no formaban parte. Durante esos decisivos momentos, una escena más tormentosa aún se desarrollaba en el Consejo de los Quinientos. Varios miembros pidieron que se ocupasen del examen de los motivos que habían determinado el traslado de los consejos a Saint-Cloud. Luciano intentó calmar en varias ocasiones los espíritus inflamados por aquella proposición y, cuando los franceses llegaron a ese extremo, el interés enmudeció o, más bien, ya no hubo otro interés que el de ser héroe por vanidad. El grito general era: «¡No al dictador! ¡Abajo el dictador!».

En aquel momento, el general Bonaparte entra en la sala, escoltado por cuatro granaderos. Una multitud de diputados grita: «¿Qué significa eso? ¡Nada de sables aquí! ¡Nada de hombres armados!». Otros, juzgando mejor la circunstancia, se lanzan al centro de la sala, rodean al general, lo toman por las solapas y lo sacuden fuertemente, gritando: «¡Fuera de la ley! ¡Abajo el dictador!». Puesto que el valor es muy escaso en las salas legislativas francesas, la historia debe conservar el nombre del diputado Bigonnet de Macôn. Aquel valiente diputado debió de haber matado a Bonaparte.

El resto del relato es menos seguro. Se pretende que Bonaparte, al escuchar el terrible grito de *Fuera de la ley*, palideció y no encontró ni una sola palabra que decir en su defensa.[52] El general Lefèvre fue a socorrerlo y le ayudó a salir. Parece ser que Bonaparte montó a caballo y, convencido de que el golpe fracasaba en Saint-Cloud, galopó hacia París. Aún estaba en el puente cuando Murat consiguió alcanzarlo y le dijo: «Quien abandona la plaza, la pierde». Napoleón, que ha vuelto en sí gracias a esas palabras, regresa a la calle de Saint-Cloud, apela a los soldados en armas y manda un piquete de granaderos a la sala de la Orangerie. Los granaderos, dirigidos por Murat, entran en la sala. Luciano, que había aguantado en la tribuna, recupera el sillón y declara que los representantes que han querido asesinar a su hermano son audaces bandidos, a sueldo de Inglaterra. Decreta que el Directorio queda disuelto, que el poder ejecutivo será puesto en manos de tres cónsules provisionales: Bonaparte, Sieyès y Roger-Ducos. Una comisión legislativa, elegida en ambos consejos, se reunirá con los cónsules para redactar una constitución.

Hasta la publicación de las *Memorias* de Luciano,* los detalles del 18 de brumario no quedarán bien esclarecidos.

---

* Esas memorias existen en la casa Colburn de Londres. Pueden ver la luz de un momento a otro, así como las de Carnot y de Tallien.[53]

Entretanto, la gloria de esa gran revolución sigue correspondiendo al presidente del Consejo de los Quinientos que mostró un resuelto valor en la tribuna cuando su hermano flaqueaba. Tuvo una gran influencia en la constitución que se instituyó a toda prisa. Esta constitución, que no era mala en absoluto, designaba a tres cónsules: Bonaparte, Cambacérès y Lebrun.

Se creó un *Senado* compuesto por gente que no podía aspirar a puesto alguno. Designaba el *Cuerpo Legislativo*. El Cuerpo Legislativo sólo votaba la ley y no podía discutirla. Esa potestad quedaba reservada a un cuerpo, llamado *Tribunado*, que discutía la ley pero no la votaba.

El Tribunado y el poder ejecutivo hacían que sus proyectos de ley fueran defendidos ante aquel Cuerpo Legislativo mudo.

Esa constitución podía funcionar muy bien, si la felicidad de Francia hubiera querido que el primer cónsul fuera suprimido por una bala, tras dos años de reinado. Lo que se habría visto de la monarquía hubiera acabado de asquearlos. Se aprecia fácilmente que el defecto de esta constitución del año 18 es que el senado nombra el Cuerpo Legislativo. Éste hubiera debido ser elegido directamente por el pueblo, y el Senado encargarse de nombrar cada año un nuevo cónsul.

Capítulo XIX

El gobierno de una docena de ladrones cobardes y traidores, fue sustituido por el despotismo militar; pero, sin el despotismo militar, Francia hubiera sufrido en 1800 los acontecimientos de 1814 o el Terror.

Napoleón tenía ahora el pie en el estribo, como decía en sus campañas de Italia. Y es preciso reconocer que nunca un general o un monarca tuvo años tan brillantes como lo fue, para Francia y para sí mismo, el último año del siglo XVIII. Cuando se puso a la cabeza de los asuntos públicos, el primer cónsul encontró los ejércitos de Francia derrotados y desorganizados. Sus conquistas en Italia se habían reducido a las montañas y a la costa de Génova; la mayor parte de Suiza acababa de escapar. La injusticia y la rapacidad de los agentes de la República* habían rebelado a los suizos; así, la aristocracia prevaleció en aquel país; Francia no tuvo enemigos más encarnizados; su neutralidad sólo fue una palabra y la frontera más vulnerable quedó por completo al descubierto.

Los recursos de Francia de todo tipo se habían agotado por completo y, lo que es peor que todo lo demás, el entusiasmo de los franceses se había apagado. Todos los intentos de establecer una constitución libre habían fracasado.[54] Los jacobinos eran despreciados y detestados a causa de sus crueldades y de la extravagancia de querer establecer una república de acuerdo con el modelo antiguo. Los moderados eran despreciados a causa de su incapacidad y su corrupción. Los

---

* Casualmente, el más pillastre de esos bribones se llamaba Rapinat.

monárquicos, agitados en el Oeste, se mostraban en París, como de costumbre, tímidos, intrigantes y, sobre todo, cobardes.[55] A excepción de Moreau, ningún hombre, después del general que regresaba de Egipto, gozaba de reputación y popularidad; y Moreau, por aquel entonces, quería seguir el torrente, y en ningún período fue capaz de conducirlo.

Capítulo XX

El propio Washington se hubiera sentido confuso sobre el grado de libertad que podía confiarse sin peligro a un pueblo soberanamente niño, para quien la experiencia no era nada y que, en el fondo de su corazón, aún albergaba todos los tontos prejuicios producidos por una vieja monarquía.* Pero ninguna de las ideas que hubieran ocupado a Washington distrajo la atención del primer cónsul o, cuando menos, las consideró demasiado fácilmente quiméricas en Europa (en 1800). El general Bonaparte era ignorante en extremo en el arte de gobernar.[56] Alimentado por ideas militares, la deliberación siempre le pareció insubordinación. La experiencia iba a probarle día tras día su inmensa superioridad, y despreciaba en exceso a los hombres para permitirles que deliberasen sobre las medidas que él había considerado saludables. Imbuido de ideas romanas, siempre creyó que la primera de las desgracias no era ser mal gobernado y vejado en su propia casa, sino ser conquistado.

Aunque su espíritu hubiera tenido más luces, aunque hubiera conocido la invencible fuerza del gobierno de la opinión pública, no dudo de que el hombre no hubiese prevalecido y de que, a la larga, hubiese aparecido el déspota. No se le ha concedido a un solo ser humano tener todos los talentos a la vez, y era demasiado sublime como general para ser bueno como político y legislador.

* Los generales de 1814 prefieren los títulos de teniente general y de mariscal de campo al de general de división y general de brigada santificados por tantas victorias.

En los primeros meses de su consulado[57] ejercía una verdadera dictadura, indispensable en vista de los acontecimientos. Espoleado en el interior por los jacobinos y los monárquicos, y por el recuerdo de las recientes conspiraciones de Barras y de Sieyès, acuciado en el exterior por los ejércitos de los reyes, dispuestos a inundar el suelo de la República, la primera ley era existir. Esta ley justifica, a mi entender, todas las medidas arbitrarias del primer año de su consulado.

Poco a poco, la teoría unida a lo que se veía hizo creer que sus proyectos eran del todo personales. De inmediato, la turba de los halagadores se apoderó de él; se les vio exagerando, como de costumbre, todas las opiniones que al Dueño* se le suponían. Los Regnault y los Maret fueron ayudados por una nación acostumbrada a la esclavitud y que sólo se siente cómoda cuando es conducida.

Dar de buenas a primeras al pueblo francés tanta libertad como podía soportar y, gradualmente, aumentar la libertad a medida que las facciones hubieran perdido su ardor y la opinión pública se hubiera convertido en más calmada y más ilustrada, no fue en absoluto el objetivo de Napoleón. No consideraba cuánto poder podía confiarse al pueblo sin imprudencia, sino que intentaba adivinar con cuán poco poder se contentaría. La Constitución que otorgó a Francia estaba calculada, si es que fue calculada, para devolver insensiblemente ese hermoso país a la monarquía absoluta, y no para acabar de moldearlo en la libertad.[59] Napoleón tenía una corona ante los ojos y se dejaba deslumbrar por el esplendor de ese anticuado sonajero. Habría podido establecer la República** o, cuando menos, el gobierno de las dos Cámaras; fundar una dinastía de reyes era toda su ambición.

---

* Carrion-Nisas en 1801 o Ferrand, en 1815.[58]

** Cinco directores renovados por quintos y nombrados por un Senado Conservador; dos cámaras elegidas directamente por el pueblo, la primera entre gente que pagase mil francos de impuestos; la segunda, entre gente que pagase diez mil, y renovadas por quintos. Semejante gobierno es una receta segura contra la conquista.

Capítulo XXI

Las primeras medidas del dictador fueron grandes, prudentes y saludables. Todos reconocían la necesidad de un gobierno fuerte: se estableció un gobierno fuerte. Todo el mundo gritaba contra la corrupción y la falta de equidad de los últimos gobiernos: el primer cónsul impidió los robos y prestó la fuerza de su brazo a la administración de justicia. Todo el mundo deploraba la existencia de los partidos que dividían y debilitaban Francia. Napoleón puso a la cabeza de los asuntos públicos a hombres de talento de todos los partidos. Todo el mundo temía una reacción: Napoleón detuvo con férrea mano cualquier intento de reacción. Su gobierno protegió por igual a todos los que obedecieron las leyes, y castigó implacablemente a todos los que quisieron transgredirlas. La persecución había reanimado las últimas chispas del catolicismo: Napoleón tomó el culto bajo su protección y devolvió los sacerdotes a sus altares. Los departamentos del Oeste estaban asolados por la guerra civil que la ley de los rehenes había hecho renacer: Napoleón abolió la ley de los rehenes, cerró la lista de los emigrados y, con una juiciosa mezcla de suavidad y severidad, devolvió al Oeste una calma perfecta. Toda Francia se reunía para desear la paz: Napoleón ofreció la paz a sus enemigos. Después de que su oferta hubiera sido rechazada con desdén por Inglaterra y por Austria, sometió a esa potencia con la admirable campaña de Marengo, y luego la perdonó con loca generosidad. El gabinete inglés, esa venenosa oligarquía que emplea las fuerzas y las luces que obtiene de la libertad,[60] en la desgracia del mundo y en remachar las cadenas de los esclavos, el gabinete inglés, el más formidable y más ilustrado de los enemigos del primer cónsul, abandonado por todos sus aliados, se vio, por fin, obligado a aceptar la paz y a reconocer la República.

Capítulo XXII[61]

Napoleón no tenía ya rivales entre los grandes hombres de los tiempos modernos; había llegado a la cima de su gloria, y si hubiera querido dar la libertad a su patria ya no habría encontrado obstáculos.

Le alababan sobre todo por haber devuelto la paz a la Iglesia y por su concordato. Fue una gran falta que hará retroceder un siglo la liberación de Francia; hubiera debido limitarse a hacer que cesara cualquier persecución.[62] Los particulares deben pagar a su sacerdote, como a su panadero.

Mantuvo siempre la más perfecta tolerancia para con los franceses protestantes; en su tiempo, el hombre que hubiese hablado de la posible violación de ese primer derecho de los hombres hubiera pasado por loco. Metiendo el dedo en la llaga que impide que el catolicismo se alce, había pedido al Papa el matrimonio de los sacerdotes; pero encontró pocas luces en la corte de Roma. Como dijo a Fox, si hubiera insistido en ese objetivo, «habrían gritado que era puro protestantismo».

Había introducido más equidad y más rapidez en la administración de justicia; estaba ocupado en su más noble obra, el Código Napoleón. Así, ejemplo único en la historia, Francia debe a su más grande capitán haber remediado la confusión y las contradicciones del dédalo de leyes que la regía.[63] Finalmente, ante el aspecto de esos gendarmes que eligió entre sus mejores soldados, el crimen desapareció.

Capítulo XXIII[64]

Pero, al pasar de su administración a sus instituciones, el cuadro cambia de color. Allí, todo es luz, todo es felicidad, todo es franqueza, aquí todo es incertidumbre, todo es mezquindad, todo es hipocresía.

Sus faltas en política pueden explicarse en dos palabras: siempre tuvo miedo al pueblo y nunca tuvo un plan.[65] No obstante, guiado sin darse cuenta por el acierto natural de su espíritu y por el respeto que tuvo siempre por la Asamblea Constituyente, sus instituciones fueron liberales. Es cierto, un Cuerpo Legislativo mudo, un Tribunado que puede hablar, pero no votar, un Senado que delibera en secreto son ridículos, pues un gobierno no puede ser el gobierno de la opinión pública sólo a medias. «Pero, como decíamos, se necesitan Rómulos para fundar Estados, y luego llegan los Numa». Era fácil, a su muerte, perfeccionar estas instituciones y hacer que produjeran la libertad. Por lo demás, para los franceses tenían la inmensa ventaja de hacer olvidar todo lo que era antiguo. Necesitan ser curados de su respeto por la antigualla, y Napoleón, mejor aconsejado, hubiera restablecido los parlamentos. En medio de tantos milagros producidos por su genio, el primer cónsul sólo veía un trono vacante; y hay que hacerle la justicia de que ni sus costumbres militares ni su temperamento eran adecuados para guiar la mesura de una autoridad limitada. La prensa, que se había atrevido a arrojar inoportuna luz, fue perseguida y subyugada. Los individuos que le desagradaban eran amenazados, detenidos, desterrados sin juicio. La libertad personal no tenía otra seguridad contra las órdenes arbitrarias de su ministro de policía que la profundidad de su genio, que le hacía ver que toda inútil vejación disminuía la fuerza de la Nación y, por ello, la del príncipe. Y era tal la fuerza de ese freno que, reinando sobre cuarenta millones de súbditos y sucediendo a unos gobiernos que, por así decirlo, habían alentado todos los crímenes, las prisiones del Estado estaban menos llenas que bajo el reinado del buen Luis XVI. Había un tirano, pero también había poca arbitrariedad. Ahora bien, el verdadero grito de la civilización es ¡No a la arbitrariedad!

Actuando día tras día, y tras los exabruptos de su mal humor que eran terribles, contra los cuerpos políticos, porque sólo ellos hicieron conocer el miedo a aquella alma intrépida, un buen día, después de que el Tribunado se hubiese atrevido a razonar acertadamente contra los proyectos de leyes preparados por sus ministros, expulsó de ese cuerpo a todos los que valían algo, y poco después los suprimió por entero. El Senado, lejos de ser conservador, experimentaba perpetuas mutaciones y se envilecía sin cesar, pues Bonaparte no quería que ninguna institución arraigara en la opinión. Era preciso que aquel pueblo tan receptivo sintiera, entre frases de *estabilidad*, de *posteridad*, que sólo su poder era estable, que sólo su autoridad era progresiva. «Los franceses», dijo por aquel tiempo, «son indiferentes a la libertad; no la comprenden ni la aman; la vanidad es su única pasión, y la igualdad política, que permite a todos la esperanza de llegar a todos los puestos, es el único derecho político al que hacen caso».

Nunca se ha dicho nada más acertado sobre la nación francesa.[66]

Bajo el emperador, la teoría hacía gritar a los franceses: *Por la libertad*, mucho más que la necesidad que de ella sentían en realidad. He aquí por qué la supresión de la libertad de prensa estaba tan bien calculada. La nación se mostró perfectamente indiferente cuando el primer cónsul le arrebató la libertad de prensa y la libertad individual. Hoy, sufre de manera profunda por su ausencia. Para ser justos, no debe de sentir con su susceptibilidad de hoy los acontecimientos de entonces. Entonces, la espada de Federico (del vencedor de

Rosbach), llevada a los Inválidos, la consolaba de la pérdida de un derecho. Muy a menudo la tiranía se ejercía por interés general: véase la fusión de los partidos, el arreglo de las finanzas, el establecimiento de los Códigos, las obras de puentes y calzadas. Se puede concebir, por el contrario, un gobierno que resulte poco molesto para el individuo porque es débil, pero que emplee toda su pequeña fuerza en turbar el interés general.

El primer cónsul se convenció de que en Francia la vanidad era la pasión nacional. Para satisfacer esta pasión de todos y su propia ambición a la vez, se mostró atento a engrandecer Francia y a aumentar su influencia en Europa. El parisino, al encontrar cierta mañana en su *Moniteur* un decreto que empezaba con estas palabras: «Holanda se ha unido al Imperio», admiraba el poder de Francia, veía a Napoleón muy superior a Luis XIV, consideraba un honor obedecer a semejante dueño, olvidaba que el día anterior había sido vejado por el reclutamiento o los Derechos Reunidos, y pensaba en solicitar para su hijo un puesto en Holanda.

En la época de la que hablamos, el Piamonte, los Estados de Parma y la isla de Elba fueron anexionados sucesivamente a la República. Estas uniones parciales alimentaban la conversación. Cuando Melzi testimonió a Napoleón sus temores por la unión del Piamonte, el primer cónsul respondió sonriente: «Este brazo es fuerte, sólo pide carga».[67] España le cedió Luisiana. Acabó poseyendo Santo Domingo tras unas gestiones que no son bien conocidas, pero que parecen del todo dignas de la perfidia y la atrocidad de un Felipe II. Reunió en Lyon a los ciudadanos más destacados de aquella República Cisalpina, la única creación hermosa de su genio político. Les arrebató los sueños de libertad y les forzó a nombrarle presidente. La aristocracia de Génova, más despreciable que la de Venecia, se salvó durante algún tiempo por la habilidad de uno de sus nobles que, siendo amigo de Napoleón primero, después sufriría varios años de persecución a consecuencia de ese rasgo de patriotismo. Helvecia se vio obligada a aceptar su mediación. Pero mientras impedía la libertad de nacer en Italia, quiso llevarla a Suiza. Creó el cantón de Vaud y arrancó aquella hermosa región, donde la libertad sigue subsistiendo hoy, a la envilecedora[68] tiranía de la aristocracia de Berna. Alemania fue dividida y vuelta a dividir entre sus príncipes, de acuerdo con sus proyectos, los de Rusia y la venalidad de su ministro.

Ésas fueron las acciones de aquel gran hombre en un solo año.

Los libelistas y madame de Staël ven en ello una desgracia para el ser humano: es todo lo contrario. Desde hace un siglo, no son precisamente buenas intenciones lo que ha faltado en Europa, sino la energía necesaria para remover la enorme masa de las costumbres. Todo gran movimiento ya no puede darse más que en pro de la moral, es decir, de la felicidad del género humano. Cada golpe que reciben todas esas antiguallas las acerca al verdadero equilibrio.*

Se afirma que, a su regreso de los comicios de Lyon, al Primer Cónsul se le había ocurrido la idea de hacerse declarar emperador de los galos. El ridículo hizo justicia. En el bulevar se vio una caricatura que representaba a un niño conduciendo algunos pavos con una vara (*gaule*, es decir, «galo» en francés), y debajo estas palabras: «El Imperio de los Galos». La guardia de los cónsules le demostró con sus murmuraciones que no había olvidado aún sus gritos de «Viva la República», que tan a menudo le habían llevado a la victoria. Lannes, el más valiente de sus generales, que en Italia le había salvado la vida en dos ocasiones y cuya amistad llegaba a la pasión, le hizo una escena de republicanismo.

Pero un Senado servil y un pueblo despreocupado le hicieron cónsul vitalicio, con el poder de designar a su sucesor. Ya sólo le quedaba desear un vano título. Los extraordinarios acontecimientos, de los que vamos a dar cuenta más adelante, lo investirían muy pronto con la púrpura imperial.[69]

---

* Véanse los Estados que se reorganizan tras la caída de Napoleón, compárense con lo que eran antes de la conquista; Ginebra, Francfort, etc. El tesoro de un pueblo son sus costumbres.

Capítulo XXIV[70]

La moderación del primer cónsul, tan distinta a la violencia de los gobiernos precedentes, llenó a los monárquicos de locas e ilimitadas esperanzas. El Cromwell de la Revolución acababa de aparecer; fueron lo bastante simples para ver en él a un general Monk. Fuera ya de su error, intentaron vengar sus esperanzas truncadas y apareció la maquinaria infernal. Un desconocido confió a un niño un tonel en una pequeña carreta. Fue a la entrada de la calle Saint-Nicaise, era de noche; cuando el desconocido vio el coche del primer cónsul saliendo de las Tullerías para dirigirse a la Ópera se alejó enseguida. El cochero del cónsul, en vez de detenerse ante la pequeña carreta que impedía de forma parcial el paso, no vaciló en lanzar sus caballos al galope, a riesgo de derribar la carreta.[71] Dos segundos más tarde, ésta estalló con un espantoso estruendo, lanzando muy lejos los miembros del infeliz niño y de unos treinta peatones que se encontraban en la calle. El coche del cónsul, que sólo estaba a unos veinte pies de la carreta, se salvó porque había vuelto la esquina de la calle de Malte.[72] Napoleón siempre creyó que el ministro inglés Windhan había participado en esa empresa. Se lo dijo a Fox en la famosa conversación que estos dos grandes hombres mantuvieron en las Tullerías. Fox lo negó con ahínco, y a continuación se escudó en la conocida lealtad del gobierno inglés. Napoleón, que lo estimaba muchísimo, tuvo la cortesía de no reírse.*

---

* La verdad se sabrá más tarde. Entretanto, pueden leerse las *Memorias* del conde de Vauban, que fue el general Lannes de los emigrados, y los panfletos del señor de Montgaillard.[73]

La paz con Inglaterra, que se produjo en ese período, detuvo las maquinaciones de los monárquicos pero, muy poco después, cuando se reanudó la guerra, recomenzaron sus conspiraciones. Georges Cadoudal,* Pichegru y otros emigrados llegaron en secreto a París. El tranquilo Moreau, inducido por las palabras de los oficiales de su estado mayor que pretendían convertir a su general en un ambicioso, se convenció de que era enemigo del primer cónsul y entró en sus maquinaciones. Hubo algunas reuniones en París, donde se discutieron planes para el asesinato de Napoleón y el establecimiento de una nueva forma de gobierno.

---

* La familia Cadoudal acaba de ser ennoblecida por S. M. Luis XVIII.

Capítulo XXV[74]

Pichegru y Georges fueron detenidos. Pichegru se ahorcó en el Temple; Georges fue ejecutado; Moreau fue juzgado y condenado a prisión. Se le conmutó la pena y se marchó a América. El duque de Enghien, nieto del príncipe de Condé, que residía en el territorio de Bade, a pocas millas de Francia, fue detenido por gendarmes franceses, conducido a Vincennes, juzgado, condenado y ejecutado, como emigrado y conspirador. Algunos de los cómplices subalternos de esta conspiración fueron ejecutados; la mayor parte obtuvo el perdón. La pena de muerte fue conmutada por la de prisión. El capitán Wright, que había desembarcado a los conspiradores y que parecía haber tenido conocimiento de sus maquinaciones, fue apresado en las costas de Francia, encerrado durante más de un año en la torre del Temple y tratado con tanta dureza que puso fin a su propia existencia.

Para Napoleón, el descubrimiento de esta conspiración obtuvo el postrer y gran objetivo de su ambición; fue nombrado emperador de los franceses, y el imperio fue hereditario en su familia. «Ese tipo», decía uno de sus propios embajadores, «sabe sacarle partido a todo».

Ésa es, por lo que creo, la verdadera historia de estos grandes acontecimientos.[75] Observo de nuevo que toda la verdad sobre Bonaparte sólo podrá ser conocida dentro de cien años. Sobre si Pichegru o el capitán Wright terminaron de otro modo que no fuese por sus propios medios, nunca he encontrado prueba alguna que pueda resistir el menor examen.[76]

¿Cuál pudo ser el motivo de Napoleón para hacer perecer en secreto a Pichegru? Puesto que el férreo carácter del primer cónsul asustaba a Europa y Francia, lo menos político para él era dar un pretexto a sus enemigos para acusarle de un crimen. El amor del ejército hacia Pichegru se había visto debilitado por su larga ausencia y había sido destruido por completo por el crimen que la opinión pública no perdona jamás en Francia: la abierta vinculación con los enemigos de la patria. Sin duda, el consejo de guerra más imparcial habría condenado a muerte al general Pichegru, por traidor vinculado a los enemigos de Francia o por conspirador contra el gobierno establecido o, al fin, como deportado que había regresado al territorio de la República. Pero, según se dice, Pichegru había sido interrogado bajo tortura, le habían aplastado los pulgares con percutores de fusil y Napoleón temía que se revelara esa atrocidad. Observo que esa práctica atroz de torturar sólo quedó abolida en Francia desde la Revolución y que la mayoría de los reyes de Europa la utilizan aún en las conspiraciones contra su persona. En fin, más vale correr el riesgo de ser acusado de una crueldad que de un asesinato, y era fácil cargar aquélla en la cuenta de un subalterno al que se hubiese castigado.[77] Se podía hacer condenar a muerte a Pichegru en un juicio que pareciese justo a la Nación y conmutar su pena por la de prisión perpetua. Es preciso observar que la esperanza de obtener revelaciones por medio de interrogatorios con suplicio no ha sido calculada para almas del temple de la de Pichegru. Como al joven guerrero salvaje, ese cobarde recurso sólo hubiera alentado la intrepidez del general. Algunos ingleses y franceses detenidos en el Temple vieron el cuerpo de Pichegru, y ningún hombre digno de fe afirma haber visto marcas de tortura.

Por lo que se refiere al asunto del capitán Wright, exige algo más de discusión. No era traidor ni espía; servía abiertamente a su gobierno en guerra con Francia. Los ingleses dicen que cuando los Borbones ayudaron a los pretendientes de la casa Estuardo en sus reiteradas empresas contra la constitución y la religión de Inglaterra, ese gobierno nunca trató con excesiva dureza a los franceses empleados en ese servicio y que caían en sus manos. Cuando el feliz resultado de la batalla de Culloden, al contrario de la de Waterloo, extinguió las postreras esperanzas de los emigrados ingleses, los franceses, al servicio del pretendiente, fueron considerados prisioneros de guerra y tratados del mismo modo como los prisioneros hechos en Flandes o en Alemania. Yo respondo que lo más probable es que ninguno de esos oficiales franceses fuera apresado mientras estaba comprometido en un plan para asesinar al rey ilegítimo de Inglaterra. Podemos decir que Napoleón hizo encerrar a Wright en su prisión con excesiva dureza pero, tras lo que ha ocurrido en España y en Francia desde hace dos años, no es dudoso que los reyes legítimos hubieran tratado al infeliz capitán con una crueldad aún más indignante.

Una reflexión muy sencilla nos dará una prueba directa. Si el crimen fuera cierto, ¿estaríamos obligados a buscar sus pruebas en 1818?[78] ¿Acaso están muertos todos los carceleros que custodiaron a Pichegru y al capitán Wright? La policía de Francia ha depositado su confianza en un hombre de espíritu superior[79] y esa gente no ha sido interrogada en público en ningún momento. Lo mismo ocurre con los hombres que habrían sido empleados para asesinar a Pichegru y al capitán Wright. ¿Acaso el gobierno de los Borbones no emplea ese medio tan simple para cuidar la reputación de Napoleón? En el proceso al infeliz general Bonnaire hemos visto a unos soldados respondiendo con total libertad que recordaban muy bien haber fusilado a Gordon, ante jueces que podían, a su vez, hacerles fusilar.[80]

Capítulo XXVI

En Santa Helena, el cirujano Warden, que parece ser un verdadero inglés, es decir un hombre frío, limitado, honesto y que detestaba a Napoleón, le dijo un día que las propias verdades del Santo Evangelio no le habían parecido más evidentes que sus crímenes. Warden, arrastrado, muy a su pesar, por la grandeza de alma y la sencillez de su interlocutor, se abandonó a explayar sus sentimientos.* Napoleón pareció satisfecho, y en agradecimiento por su franqueza le preguntó, para su gran asombro, si recordaba la historia del capitán Wright. «Le respondí: perfectamente bien; y no hay ni una sola alma en Inglaterra que no crea que vos lo hicisteis matar en el Temple». Replicó con gran viveza: «¿Con qué objeto? Era, de todos los hombres, aquel cuya vida me resultaba más útil: ¿dónde podía encontrar yo más irrecusable testigo en el proceso que se instruía contra los conspiradores? Él era el que había desembarcado en las costas de Francia a los jefes de la conspiración. Escuchad», añadió Napoleón, «y vais a saberlo todo. Vuestro gobierno envió una bricbarca, al mando del capitán Wright, que desembarcó en las costas del oeste de Francia a asesinos y espías. Setenta de esos tipos habían conseguido llegar a París, y todo el asunto había sido llevado con tanta habilidad que, aunque el conde Réal, de la policía, me hubiera anunciado su llegada, nunca se pudo descubrir su escondrijo. Yo recibía todos los días nuevos informes de mis ministros que me anunciaban que iba a atentarse contra mi

---

* Pág. 128. 6.ª ed. en Ackerman.

vida, y aunque yo no creyera la cosa tan probable como ellos, tomé precauciones para mi seguridad.

»Sucedió que apresamos cerca de Lorient la bricbarca al mando del capitán Wright. Llevaron al oficial ante el prefecto de Morbihan, en Vanne. El general Julien, prefecto por aquel entonces, y que me había seguido a Egipto, reconoció de inmediato al capitán Wright. El general Julien recibió la orden de hacer que se interrogara por separado a cada marinero u oficial de la tripulación inglesa y enviar los interrogatorios al ministro de la Policía. De entrada, esos interrogatorios parecieron bastante insignificantes; sin embargo, al final, las declaraciones de un hombre de la tripulación proporcionaron lo que buscábamos. Decía que la bricbarca había desembarcado a varios franceses, y recordaba de manera especial a uno, un buen compañero, muy alegre, al que llamaban Pichegru. Esa palabra permitió descubrir una conspiración que, de haber tenido éxito, habría precipitado por segunda vez a la nación francesa en los azares de una revolución. El capitán Wright fue llevado al Temple; debía permanecer allí hasta el momento en que se juzgara adecuado iniciar el proceso contra los conspiradores. Las leyes francesas habrían conducido a Wright al cadalso. Sin embargo, el detalle no tenía la menor importancia. Lo esencial era capturar a los jefes de la conspiración». El emperador acabó asegurando en varias ocasiones que el capitán Wright había puesto fin a sus días con sus propias manos, como se afirma en el *Moniteur*, y mucho más temprano de lo que se suele creer.

Cuando, en la isla de Elba, lord Ebrington mencionó al emperador la muerte del capitán Wright, primero no recordó ese nombre inglés pero en cuanto le dijeron que era un compañero de sir Sydney Smith, dijo: «¿Así que murió en prisión?, he olvidado por entero las circunstancias». Rechazó cualquier idea de golpe de Estado, añadió que no había hecho matar a ningún hombre de modo clandestino y sin juicio previo. «Mi conciencia nada se reprocha en este punto; si yo hubiera sentido menos repugnancia por derramar sangre, tal vez no estaría aquí en este momento».

Las declaraciones del señor de Maubreuil podrían hacernos creer que esa repugnancia ante el asesinato no es tan general como se cree.*[82]

---

* Véanse las declaraciones del señor de Maubreuil, marqués de Aulay, estenografiadas y que corren, manuscritas, por París.[81]

Capítulo XXVII

El cirujano Warden cuenta, con gran asombro por su parte, que tras la historia del capitán Wright Napoleón comenzó a hablar de la muerte del duque de Enghien. Hablaba con vivacidad y se levantaba a menudo del sofá en el que estaba acostado. «En aquella época de mi vida tan llena de acontecimientos,* yo había conseguido devolver el orden y la tranquilidad a un imperio trastornado de un extremo al otro por las facciones y que nadaba en sangre. Un gran pueblo me había puesto a su cabeza. Observad que no llegué al trono como vuestro Cromwell o vuestro Ricardo III. Nada semejante: yo encontré una corona en el arroyo, limpié el lodo que la cubría y la puse en mi cabeza. Mi vida era indispensable para que durase el orden tan recientemente restablecido, y que yo había sabido mantener con tanto éxito, como reconocía en Francia la gente que encabezaba la opinión pública. Por aquel entonces, todas las noches me presentaban informes, y todos esos informes anunciaban que se tramaba una conspiración, que en París tenían lugar algunas reuniones en casas particulares. Y sin embargo no era posible obtener pruebas satisfactorias. Toda la vigilancia de una policía infatigable había sido puesta en jaque. Mis ministros llegaron a sospechar del general Moreau. Me incitaron a menudo a firmar la orden de su arresto; pero aquel general tenía por aquel entonces tan gran nombre en Francia que me parecía que podía perderlo todo sin ganar nada conspirando contra mí. Rechacé la orden de detenerle; le dije al ministro de la policía: «Vos

---

* Warden, pág. 144.

habéis nombrado a Pichegru, Georges y Moreau; dadme la prueba de que el primero está en París y haré que se detenga de inmediato al último». Una singular circunstancia llevó al descubrimiento de la conspiración. Cierta noche, mientras estaba agitado e insomne, abandoné el lecho y comencé a examinar la lista de los conspiradores. El azar, que a fin de cuentas es quien gobierna el mundo, hizo que mi vista se detuviera en el nombre de un cirujano que había regresado hacía poco de las prisiones de Inglaterra. La edad de aquel hombre, su educación, la experiencia que tenía de las cosas de la vida, me llevaron a creer que su conducta tenía un motivo muy distinto al entusiasmo de un joven partidario de los Borbones. Hasta donde las circunstancias me permitían juzgarlo, el dinero debía de ser el objetivo de aquel hombre. Fue detenido; se le hizo comparecer ante agentes de la policía disfrazados de jueces, por los que fue condenado a muerte, y se le anunció que la sentencia se ejecutaría en un plazo de seis horas. La estratagema surtió efecto: confesó.

Se sabía que Pichegru tenía un hermano, un viejo monje retirado en París. El monje fue detenido y, cuando los gendarmes se lo llevaban, se le escapó un lamento que por fin descubrió lo que tanto me interesaba conocer: «Soy tratado de este modo por haber dado asilo a un hermano».

El primer anuncio de la llegada de Pichegru a París lo había dado un espía de la policía que informó de una curiosa conversación que había oído entre Moreau, Pichegru y Georges en una casa del bulevar. Allí se había decidido que Georges se desharía de Bonaparte, que Moreau sería primer cónsul y Pichegru segundo cónsul. Georges insistió en ser el tercer cónsul, a lo que los demás objetaron que al ser un reconocido monárquico, cualquier intento de asociarle al gobierno los perdería a todos ante la opinión pública. Tras lo cual, el famoso Cadoudal exclamó: «Si no es a mi favor, entonces estoy a favor de los Borbones, y de no ser ellos o yo, azul por azul, lo mismo me da Bonaparte que vosotros». Cuando Moreau fue detenido e interrogado, al principio respondió con altivez, pero cuando le presentaron el acta de esa conversación se desvaneció.

«El objetivo de la conspiración», prosiguió Napoleón, «era mi muerte, y de no haber sido descubierta habría tenido éxito. La conspiración procedía de la capital de vuestro país. El conde de Angoumois encabezaba la empresa,* mandó al Oeste al duque de Borgoña[83] y al Este al duque de Enghien. Vuestros navíos soltaban en las costas de Francia los agentes subalternos de la conspiración. El momento podía ser decisivo contra mí; sentí que mi trono vacilaba. Decidí enviar el rayo contra los Barmakíes[84], aunque fuera en la propia metrópoli del imperio británico.

Los ministros me acuciaban para que ordenara detener al duque de Enghien, aunque viviese en un territorio neutral. Yo seguía vacilando. El príncipe de Bén[évent] me presentó dos veces la orden y me incitó a firmarla con toda la energía de la que es capaz. Yo estaba rodeado de asesinos que no podía descubrir. Sólo cedí cuando estuve convencido de esa necesidad.

Podía arreglar con facilidad el asunto con el duque de Bade. ¿Por qué tenía que aguantar yo que un individuo, residente en la frontera de mi imperio, pudiera cometer libremente un crimen que, una milla más cerca de mí, le hubiera conducido al cadalso? ¿Acaso no vi en esa circunstancia el principio según el cual actuó vuestro gobierno cuando ordenó la captura de la flota danesa? Me habían machacado los oídos con esa máxima de que la nueva dinastía nunca quedaría establecida mientras quedara un Borbón. Talleyrand nunca se desviaba de ese principio. Era el fundamento, la piedra angular de su credo político. Yo examiné esta idea con extremada atención y el resultado de mis reflexiones me hizo adoptar de manera incondicional la opinión de Talleyrand. El justo derecho de mi defensa personal, la justa preservación del orden público** me convencieron contra el duque de Enghien. Ordené que fuera detenido y juzgado. Fue condenado a muerte y fusilado, y lo mismo habría ocurrido aun-

---

* Warden, pág. 147.
** Véanse las matanzas de Nîmes. La mejor historia es la de un ministro protestante de Londres, M... Véase *Lyon en 1817*, por el coronel Fabvier.[85]

que hubiera sido el propio Luis IX.*[86] Desde Londres, habían soltado a los asesinos contra mí, encabezados por el conde de Angoumois. ¿No son legítimos todos los medios contra el asesinato?».

** Warden, 6.ª ed., pág. 149.

Capítulo XXVIII

Así la justificación de ese asesinato, en efecto, solamente puede salir de pruebas que muestren que el joven príncipe había entrado personalmente en la conspiración contra la vida de Napoleón. Esas pruebas se anuncian en la sentencia hecha pública en Vincennes, pero nunca fueron comunicadas al público. He aquí un segundo relato de este acontecimiento que Napoleón hizo a lord Ebrington: «El duque de Enghien se había comprometido en una conspiración contra mi vida. Había viajado dos veces a Estrasburgo, disfrazado. Ordené, por consiguiente, que fuera arrestado y juzgado por una comisión militar que le condenó a muerte. Me han dicho que solicitó hablar conmigo, lo cual me conmovió, pues yo sabía que era un joven de corazón y de méritos. Creo incluso que le habría visto, tal vez; pero el señor de Talleyrand me lo impidió, diciendo: "No vayáis a comprometeros con un Borbón. Ignoráis cuáles podrían ser las consecuencias. El vino se ha escanciado, hay que beberlo"». Al preguntar lord Ebrington si era cierto que el duque había sido fusilado a la luz del día, el emperador replicó con viveza: «Pues no, eso hubiera sido contra la ley; la ejecución tuvo lugar a la hora acostumbrada y ordené que el informe de la ejecución y la sentencia se colgaran de inmediato en todas las ciudades de Francia». Resulta notable que en esta conversación y en otras que tuvieron lugar sobre el mismo tema, Napoleón siempre parezca considerar que ver al duque de Enghien y perdonarle era una sola y misma cosa. Jacobo II, rey muy devoto, no pensaba lo mismo cuando concedió una audiencia al hijo favorito de su hermano, con la resolución, tomada de antemano, de hacerle cortar la cabeza cuando saliera de su gabinete. Y es que la clemencia sólo puede aliarse con un gran valor.

Capítulo XXIX[87]

«Vuestro país me acusa también de la muerte de Pichegru», prosiguió el emperador. «La inmensa mayoría de los ingleses está convencida de que vos lo hicisteis estrangular en el Temple». Napoleón respondió con ardor: «¡Qué tonta locura! Excelente prueba del modo en que la pasión puede oscurecer esa seguridad de juicio de la que tan orgullosos están los ingleses. ¿Por qué hacer perecer por medio de un crimen a un hombre a quien todas las leyes de su país llevaban al cadalso? Vuestra gente sería excusable si se tratara de Moreau. Si ese general hubiera encontrado la muerte en prisión, habría razones para no creer en el suicidio. Moreau era querido por el pueblo y el ejército, y su muerte en la oscuridad de una prisión, por muy inocente que yo hubiera sido con respecto a ese suceso, nunca me habría sido perdonada».

«Napoleón se detuvo», prosigue Warden, «yo repliqué: Podemos convenir con vos, general, que en aquella época de vuestra historia eran indispensables algunas medidas severas, pero nadie, creo, intentará justificar el precipitado modo en el que el joven duque de Enghien fue raptado, juzgado y ejecutado». Él respondió con ardor: «Me reafirmo en mi propia opinión y repito la declaración, que ya hice, de que habría ordenado con la misma sangre fría la ejecución de Luis IX.[88] ¿Por qué intentaban asesinarme? ¿Desde cuándo resulta que no puedes disparar al asesino que abre fuego contra ti? Afirmo con la misma solemnidad que ningún mensaje, ninguna carta del duque de Enghien me llegó después de su condena».

El señor Warden añade: «Se dice que Talleyrand tiene en

sus manos una carta dirigida a Napoleón por el joven príncipe, pero que ese ministro se encargó de entregársela sólo cuando la mano que la había escrito estaba ya helada por la muerte. He visto una copia de esa carta en manos del conde Las Cases. Me la mostró con frialdad, como si formara parte de la masa de documentos secretos que podrán probar algunos puntos misteriosos de la historia que escribe a dictado de Napoleón.

El joven príncipe solicitaba la vida. Dice que en su opinión la dinastía de los Borbones ha terminado. Que ésa es su firme creencia, que ya sólo considera Francia como su patria y que, como tal, la ama con el ardor del más sincero patriota; pero todos sus sentimientos son los de un simple ciudadano. La perspectiva de la corona no cuenta para nada en su conducta; está irremediablemente perdida para la antigua dinastía. Solicita por consiguiente el permiso de consagrar su vida y sus servicios a Francia, sólo a título de francés nacido en su seno. Está dispuesto a aceptar un mando cualquiera en el ejército francés, a convertirse en un valiente y leal soldado, totalmente sometido a las órdenes del gobierno, sean cuales sean las manos en las que pueda estar. Está dispuesto a prestar juramento de fidelidad. Acaba diciendo que si se le respeta la vida la consagrará, con valentía e inviolable fidelidad, a defender Francia contra sus enemigos».

Capítulo XXX

Napoleón siguió hablando de la familia de los Barmakíes.[89] «Si hubiera alimentado el deseo de tener en mi poder a todos los B... o a un miembro cualquiera de esa familia, habría podido hacerlo con facilidad. Vuestros contrabandistas marinos (*smugglers*) me ofrecían un B... por 40.000 francos; pero, cuando llegábamos a una explicación más precisa, en ningún caso respondían de entregar un B... vivo; aunque, a condición de entregarlo vivo o muerto, no dudaban en absoluto de poder cumplir sus compromisos. Pero mi objetivo no era sólo quitarles la vida. Las circunstancias se disponían a mi alrededor de tal modo que me sentía seguro de mi trono. Tenía conciencia de mi tranquilidad y concedía la tranquilidad a los B... Matar por matar, por mucho que se haya dicho de mí en Inglaterra, nunca ha sido una de mis máximas. ¿Con qué fin hubiera podido yo alimentar ese horrible modo de ver las cosas? Cuando sir Georges Rumbold y el señor Drake, que se dedicaban a mantener correspondencia con algunos conspiradores de París, fueron capturados, no fueron ejecutados».

Capítulo XXXI

No interrumpí el relato de Napoleón. Se me ocurrieron dos reflexiones. Sobre Pichegru podemos decir: toda esa justificación está basada en esta antigua máxima:

«Éste hace el crimen a quien el crimen sirve».

Pero ¿acaso el despotismo nunca tiene inexplicables manías? Todo ese razonamiento serviría también para probar que Napoleón nunca amenazó con hacer fusilar a los señores Laîné, Flaugergues y Renouard.

Sobre la muerte del duque de Enghien, dentro de diez años podrá preguntarse en qué medida es más injusta que la del duque de El[chingen].[90] En la época de la muerte del duque de Enghien, en la corte se decía que se trataba de una vida sacrificada a los temores de los adquisidores de dominios nacionales. Sé por el general Duroc que la emperatriz Josefina, para obtener la gracia del príncipe, se arrojó a las rodillas de Napoleón; él la rechazó de mal humor; salió de la habitación; ella se arrastró de rodillas hasta la puerta. Por la noche, le escribió dos cartas; su excelente corazón se sentía realmente torturado. Oí contar en la corte que el ayuda de campo del mariscal Moncey, que llevó la noticia de que el duque de Enghien había ido disfrazado a Estrasburgo, había sido inducido a error. El joven príncipe tenía una intriga en la región de Bade con una mujer a la que no quería comprometer y, para mantener sus citas con ella, desaparecía de vez en cuando, o vivía durante siete u ocho días en el sótano de la casa de esa dama. Se creyó que durante sus ausencias se dedicaba a conspirar en Estrasburgo. Esa circunstancia fue, sobre todo, la que decidió al emperador. Las memorias del conde Réal, del conde Lavalette y de los duques de Rovigo y de Vicenza aclararán todo esto.

En cualquier caso, Napoleón se habría ahorrado una penosa justificación ante la posteridad si hubiera aguardado a que el duque de Enghien fuera por tercera vez a Estrasburgo para ordenar su detención.

Podemos preguntarnos si alguna vez la libertad de prensa habría podido perjudicar tanto al primer Cónsul como le perjudicó su sometimiento en los asuntos de la conspiración de 1804. Nadie añadió la menor credibilidad a la historia de la conspiración; el primer cónsul fue contemplado como si hubiese asesinado de manera gratuita al duque de Enghien y como si se considerara lo bastante inseguro para haber tenido miedo de la influencia de Moreau. Pese a estos inconvenientes, creo que el Napoleón tirano hacía bien encadenando a la prensa.[91] La nación francesa tiene una afortunada particularidad: en ella, la inmensa mayoría pensante está formada por pequeños propietarios de veinte luises de renta. Esta clase es la única que hoy en día posee esa energía que la cortesía ha destruido en los rangos más elevados. Ahora bien, a la larga, esta clase sólo comprende y sólo cree lo que lee impreso; los rumores de sociedad expiran antes de llegar a ella o se borran muy pronto de su memoria. Sólo había en el mundo un medio de hacerla sensible a lo que no lee impreso; era alarmarla acerca de los bienes nacionales. Por lo que se refiere a Moreau, había que emplear a ese general, ponerlo en circunstancias en las que su debilidad se viera a plena luz. Por ejemplo, hacerle perder su gloria con alguna expedición como la de Masséna en Portugal.

Capítulo XXXII

Los proyectos de desembarco en Inglaterra fueron abandonados porque el emperador no encontró en la Marina los talentos, admirables para siempre, que la Revolución había hecho nacer en las tropas de tierra. Cosa singular, algunos oficiales franceses parecieron carecer de carácter. Por la leva, el emperador tenía «ochenta mil hombres de renta».*[92] Con las bajas de los hospitales basta para dar cuatro grandes batallones por año. En cuatro años era posible intentar ocho veces el desembarco en Inglaterra, y para quien conoce las extrañezas del mar, uno de esos desembarcos podía muy bien tener éxito. Véase la flota francesa zarpando de Toulon, capturando Malta y llegando a Egipto. Irlanda, oprimida por la más abominable y la más sanguinaria tiranía,** en un ataque de desesperación podía muy bien acoger al extranjero.

Al poner el pie en Inglaterra se distribuían entre los pobres los bienes de los trescientos pares; se proclamaba la constitución de los Estados Unidos de América, se organizaban las autoridades inglesas, se alentaba el jacobinismo, se declaraba que se había acudido al llamamiento de la parte oprimida de la nación, que sólo se había querido destruir un gobierno tan perjudicial para Francia como para la propia Inglaterra y que había intención de retirarse. Si, contra toda apa-

---

* En 1788, la antigua Francia tenía veinticinco millones de habitantes; en 1818, tiene más de veintinueve. Y es que el número de hombres siempre es proporcional al número de granos de trigo. Véase el apéndice de la obra del señor Le Sur sobre Francia. París, a fines de 1817:[93] este apéndice es proporcionado por los ministerios.

** Véase la *Edinburgh Review*, n.º 56 o 55.[94]

riencia, una nación, el tercio de la cual vive de limosnas, no escuchaba ese lenguaje, sincero en parte, se incendiaban las cuarenta ciudades más importantes. Era muy probable que quince millones de hombres, a una quinta parte de los cuales el gobierno tiene entre la espada y la pared, y que en su totalidad sólo cuentan con su valor y carecen de toda experiencia militar, no pudieran resistir durante dos o tres años a treinta millones de hombres obedeciendo con gusto a un déspota genial.

Todo eso falló porque no se encontró un Nelson en nuestra Marina.*[95] El ejército francés abandonó el campamento de Bolonia hacia una guerra continental que acabó dando nuevo brillo a la reputación militar del emperador y le elevó a un punto de grandeza que Europa no había visto en ningún soberano desde los tiempos de Carlomagno. Por segunda vez, Napoleón venció a la casa de Austria y cometió el error de respetarla; sólo le arrebató los Estados de Venecia y forzó al emperador Francisco a renunciar a su antiguo título imperial y a la influencia que aún le confería en Alemania. La batalla de Austerlitz es, tal vez, la obra maestra del género. El pueblo observó con asombro que esa victoria se obtuvo el 2 de diciembre, aniversario de la coronación. Desde entonces, nadie se escandalizó ya en Francia ante aquella ceremonia ridícula.

---

* Véase la historia del almirante Villeneuve.

Capítulo XXXIII

Al año siguiente, el emperador venció a Prusia, que no había tenido el valor de unirse a Austria y a Rusia. Fue algo que no tiene parangón en la historia, una sola batalla aniquiló un ejército de doscientos mil hombres y dio todo un gran reino al vencedor. Y es que Napoleón sabía aprovechar mejor aún la victoria que el simple hecho de vencer. El 16 de octubre atacó en Iéna, no sin cierto temor, a aquel ejército que parecía apoyado por la gran sombra de Federico; el 26, Napoleón entró en Berlín.[96] Para nuestro asombro, la música tocaba la melodía republicana: «Allons, enfants de la patrie». Napoleón, por primera vez con uniforme de general y sombrero bordado, iba a caballo veinte pasos por delante de sus tropas, en medio de la multitud. Nada más fácil que dispararle un tiro de fusil desde una de las ventanas del Unter den Linden.

Algo muy triste que añadir: la silenciosa multitud lo recibió sin un solo grito.

Por primera vez el emperador obtuvo dinero de sus conquistas. Además del mantenimiento del ejército y su equipamiento, Austria y Prusia pagaron alrededor de cien millones cada uno. El emperador fue severo con Prusia. Los alemanes le parecieron los primeros pueblos del mundo que debían ser conquistados. Cien alemanes están siempre de rodillas ante un uniforme.[97] He aquí lo que el minucioso despotismo de cuatrocientos príncipes ha hecho con los descendientes de Arminio y de Vitiking.

Fue entonces cuando Napoleón cometió el error que le hizo caer del trono.[98] Nada le era más fácil que poner a quien quisiera en los tronos de Prusia y de Austria; también podía dar a estos países el gobierno de las dos Cámaras y unas constituciones semiliberales. Abandonó el viejo principio de los jacobinos de buscar aliados contra los reyes en el corazón de sus súbditos. Como nuevo rey, alimentaba ya, en el corazón de los pueblos, el respeto por el trono.*

Las personas que estaban a su lado saben que la voz pública le indicaba a los príncipes que debía elevar a la corona; eso ya era mucho.[99] Los pueblos alemanes habrían disfrutado de la libertad, habrían gastado sus fuerzas en procurarse una constitución enteramente liberal y, al cabo de tres o cuatro años, habrían profesado hacia él un profundo sentimiento de agradecimiento. Entonces, nada de Tougendbund, nada de Landwehr, nada de entusiasmo. Los nuevos soberanos, por su lado, no habrían tenido ni la fuerza ni la voluntad de dejarse sobornar por Inglaterra para coaligarse contra Francia.

---

* Véanse en el *Moniteur* de 1809 las razones que dio para no haber entrado en Viena.

Capítulo XXXIV

En Tilsitt, Napoleón sólo exigió a Rusia que cerrara sus puertas a Inglaterra. Era dueño del ejército ruso, pues el propio emperador Alejandro dijo que había terminado la guerra porque le faltaban fusiles. El ejército ruso, tan imponente hoy, se encontraba entonces en un estado lamentable.* La suerte del zar fue que el emperador hubiera concebido el sistema continental en Berlín. Alejandro y Napoleón mantuvieron entre sí las conversaciones más íntimas, así como unas discusiones que habrían asombrado mucho a sus súbditos, si hubieran podido escucharlas. «Durante los quince días que pasamos los dos en Tilsitt», dijo Napoleón, «cenábamos juntos casi cada día; abandonábamos la mesa temprano para librarnos del rey de Prusia que tanto nos aburría.[101] A las nueve, el emperador venía a mi casa con traje burgués para tomar el té. Permanecíamos juntos, conversando indiferentemente sobre distintos temas, hasta las dos o las tres de la madrugada; por lo general hablábamos de política y filosofía. Está lleno de instrucción y de opiniones liberales; se lo debe todo al coronel Laharpe, su profesor. A veces, yo tenía dificultades para adivinar si los sentimientos que expresaba eran sus opiniones reales o el efecto de esa vanidad común, en Francia, de ponerse a contracorriente de la propia posición».

En uno de esos cara a cara, ambos emperadores discutieron de las ventajas comparadas de la monarquía hereditaria y la monarquía electiva. El déspota hereditario tomó partido por la monarquía electiva, y el soldado de fortuna de-

* Véase el panfleto del general Wilson publicado en 1806.[100]

fendió el orden del nacimiento. «Qué poco puede apostarse por que un hombre, a quien el azar del nacimiento llama al trono, tenga el talento necesario para gobernar». «Qué pocos hombres», replicaba Napoleón, «han poseído las cualidades que otorgan derechos a tan alta distinción: un césar, un Alejandro, de los que no hay uno por siglo; de modo que una elección, a fin de cuentas, es también cosa de azar y el orden sucesivo vale más, sin duda, que los dados».

Napoleón dejó el Norte con la plena convicción de que contaba con un amigo en el emperador Alejandro, lo cual resultaba un tanto absurdo; pero es una hermosa falta; es de un tipo que confunde mucho a sus calumniadores.[102] Prueba, al mismo tiempo, que no estaba hecho para la política. Siempre estropeó con la pluma en la mano lo que había hecho con la espada. Cuando pasó por Milán, discutió con Melzi sobre el sistema continental, que por entonces era, y con razón, su tema favorito. Esa idea vale más que toda la vida del cardenal de Richelieu. Estuvo a punto de tener éxito y toda Europa la recupera.[103]

Melzi le hizo ver que Rusia tenía materias primas y no manufacturas, y que no era probable que el zar permaneciera por mucho tiempo fiel a una medida que chocaba de forma tan directa con los intereses de los nobles, tan terribles en aquel país para el soberano. A lo que Napoleón respondió que contaba con la amistad personal que había inspirado a Alejandro.* Esta idea hizo retroceder un paso al italiano. Napoleón acababa de contarle una anécdota que probaba qué poco podía contar con el poder de Alejandro, aunque sus inclinaciones hubieran sido favorables a Francia. En Tilsitt, Napoleón mostraba particular consideración con el general Beningsen.[104] Alejandro lo advirtió y le preguntó la razón de ello. «Francamente», dijo Napoleón, «es para haceros la corte. Vos le habéis confiado vuestro ejército y basta con que tenga vuestra confianza para inspirarme consideración y amistad».**

---

* Todo eso no se garantiza, está literalmente traducido de la *Edinburgh Review*, n.º 54.
** El resto en la *Edinburgh Review*, n.º 54, pág. 486.

Capítulo XXXV[105]

Campaña de Wagram

Los dos emperadores, del Mediodía y del Norte, se vieron en Erfurt.* Austria comprendió el peligro y atacó Francia. Napoleón abandonó París el 13 de abril de 1809. El 18 estaba en Ingolstadt. En cinco días libra seis combates y obtiene seis victorias; el 10 de mayo está a las puertas de Viena. Sin embargo, el ejército, corrompido ya por el despotismo, no estuvo tan bien como en Austerlitz.

Si el general en jefe del ejército austriaco hubiera querido seguir una opinión que, según dicen, le brindó el general Bellegarde, Napoleón podía haber sido hecho prisionero al haberse lanzado con imprudencia más allá del Danubio, en Essling. Fue salvado por el mariscal Masséna. Le hizo príncipe pero, al mismo tiempo, pretendió humillarlo dándole el nombre de una batalla perdida, al nombrarle príncipe de Essling. Vemos ya la mezquindad de una corte. ¿Cómo queréis que los pueblos comprendan semejante honor?[106]

Austria tuvo un fulgor de buena política. Recurrió a la opinión pública y protegió la revuelta del Tirol. El general Chasteller se distinguió lo bastante para que el déspota le honrase con su impotente cólera. El *Moniteur* le llama el infame Chasteller; ese general preludió en 1809, en las montañas del Tirol, lo que las sociedades de la virtud iban a hacer en 1813, en los campos de Leipzig.

---

* No se sabe aún nada positivo acerca de los detalles de la entrevista de Erfurt.

De la batalla de Essling a la victoria de Wagram, el ejército francés estuvo concentrado en Viena.[107] La revuelta del Tirol le arrebataba los medios para subsistir. Tenía 70.000 enfermos o heridos. Hacerle vivir en esa posición fue la obra maestra del conde Daru, pero no se habló de esa hazaña, pues hubiera sido preciso reconocer el peligro. Durante aquel intervalo, que tan fatal podía resultar, Prusia no se atrevió a moverse.

Uno de los hechos que más justifican lo que ocurrió en Santa Helena, si es que algo injusto acaso puede ser justificado, es la muerte del librero Palm. El emperador le hizo asesinar cerca de Iéna tras un consejo de guerra; pero por mucho que haga el despotismo, no puede destruir la imprenta. Si se les proporcionaran los medios, el trono y el altar podrían esperar de nuevo los felices días de la Edad Media.

Un estudiante de Iéna, con un volumen de Schiller en el bolsillo, llegó a Schoenbrunn para asesinar a Napoleón. Iba de uniforme, con el brazo derecho en cabestrillo. En ese brazo llevaba un puñal. El estudiante se deslizó con facilidad entre la multitud de oficiales heridos que iban a pedir recompensas; pero mostró una insistencia muy sombría en su petición de hablar con el emperador y en su negativa a explicarse con el príncipe de Neuchâtel, que le interrogaba. El príncipe lo hizo detener. Lo confesó todo. Napoleón quería salvarle e hizo que le formularan esta pregunta: «¿Qué haríais si os devolviéramos la libertad?». «Intentaría repetirlo».

La batalla de Wagram fue hermosa: 400.000 hombres se batieron todo el día. Napoleón, impresionado por la bravura de los húngaros y recordando su espíritu nacional, tuvo ciertas tentaciones de convertir Hungría en un reino independiente; pero temía descuidar España y, por otra parte, nunca contempló esa idea en toda su magnitud.[108]

Sus halagadores[109] le hacían ver desde mucho tiempo atrás que debía elegir, pensando en su dinastía, entre las familias reales de Europa, una mujer que pudiera darle un hijo. En Schoenbrunn se les ocurrió la idea de hacer que se casara con una archiduquesa. Se sintió muy halagado. El 2 de abril de 1810 recibió la mano de la hija de los Césares. Aquel día, el más hermoso de su vida, fue sombrío como Nerón. Fue destrozado por las ocurrencias de los parisinos (nunca una archiduquesa se ha casado por lo civil [algo tan horrible]) y por la resistencia de los cardenales. El 20 de marzo de 1811, tuvo un hijo: Napoleón-Francisco-Carlos-José. Aquel acontecimiento le congratuló para siempre con la nación. El entusiasmo llegó al colmo en París con el vigesimoprimer cañonazo. Aquel pueblo, tan helado por el temor al ridículo, aplaudía con fuerza por las calles. En la campiña, se habló más que nunca de la estrella del emperador. Estaba investido con todas las galas de la fatalidad.

Puesto que renunciaba a ser *el hijo de la Revolución*, y ya sólo quería ser un soberano ordinario, rechazando el apoyo de la nación, hizo muy bien asegurándose el de la familia más ilustre de Europa.[110] ¡Qué diferencia para él si se hubiera aliado con Rusia!

Capítulo XXXVI

De España[111]

La noche de la batalla de Iéna, cuando Napoleón aún estaba en el campo de batalla, recibió una proclama del Príncipe de la Paz que llamaba a todos los españoles a tomar las armas.[112] Napoleón sintió muchísimo el peligro del que acababa de escapar; vio a qué alarma estaba sometido el Mediodía de Francia con cada nueva expedición que emprendía hacia el Norte. Decidió no dejar en su retaguardia a un amigo pérfido, dispuesto a atacarle en cuanto le creyera en dificultades. Recordó que en Austerlitz había encontrado al rey de Nápoles entre sus enemigos, quince días después de haber firmado la paz con esa corte. El modo en que el Príncipe de la Paz había proyectado atacar Francia es contrario al derecho de gentes tal como lo suscriben las naciones modernas. El señor de Talleyrand no dejaba de repetir a Napoleón que en su dinastía no habría seguridad hasta que no hubiera aniquilado a los Borbones. Destronarlos no bastaba; pero era preciso, aún, comenzar por destronarlos.

Rusia aprobó en Tilsitt los proyectos del emperador sobre España.

Aquellos proyectos consistían en dar un principado en los Algarves a don Manuel Godoy, tan conocido por el nombre de Príncipe de la Paz; por medio de lo cual el príncipe, el único autor de la proclama que perdía España, entregaba a Napoleón a su rey y bienhechor. En virtud del tratado de Fontainebleau, firmado por el príncipe de la Paz, España se vio inundada de tropas imperiales. Por fin, aquel favorito, tan poderoso como ridículo, advirtió que Napoleón se burlaba de él; se le ocurrió la idea de huir a México; el pueblo quiso retener a su rey; de ahí los acontecimientos de Aranjuez que llevaron a Fernando VII al trono y acabaron con el plan de Napoleón. El 18 de marzo de 1808, aquel pueblo tan estúpido y tan valiente, se alzó.[113] El príncipe de la Paz, tan aborrecido como se merecía, pasó del poder soberano a un calabozo. Un segundo movimiento obligó al rey Carlos IV a abdicar en favor de Fernando VII. Napoleón quedó muy sorprendido: había creído habérselas con prusianos o austriacos, y pensaba que disponer de la corte era disponer del pueblo. En cambio, se encontraba con una nación, y a su cabeza un joven príncipe adorado por aquella y ajeno en apariencia al envilecimiento que pesaba sobre España desde hacía quince años. Aquel príncipe podía disponer de las fáciles virtudes de su posición e iba a estar rodeado de hombres íntegros apegados a la patria, inaccesibles a las seducciones y apoyados por un pueblo inaccesible al temor. Todo lo que Napoleón sabía del príncipe de Asturias era que en 1807 se había atrevido a escribirle pidiéndole la mano de una de sus sobrinas, hija de Luciano Bonaparte.[114]

En España, tras los acontecimientos de Aranjuez, el entusiasmo reinaba en todas las clases. Sin embargo, el extranjero, en el seno del Estado, mandaba en la capital, ocupaba las plazas fuertes y era el verdadero juez entre Fernando VII y el rey Carlos IV, que acababa de revocar su abdicación y de invocar el socorro de Napoleón.

Desde esa posición única, gracias a un nuevo rasgo de esa ineptitud razonadora que caracteriza a los ministros de un pueblo ajeno desde hace tanto tiempo a los progresos de Europa, Fernando VII decidió salir al encuentro de Napoleón. El general Savary hizo dos incursiones en España para incitar a aquel príncipe a ir a Bayona, pero nunca le ofreció reconocer su título. Los consejeros del nuevo rey, que tenían miedo de la venganza de Carlos IV, contra quien habían conspirado, sólo veían seguridad junto a Napoleón y ardían en deseos de llegar a su lado con su príncipe.

Esos grandes acontecimientos parecen curiosos de lejos,

pero de cerca sólo pueden juzgarse repugnantes. Los ministros españoles son demasiado tontos y los agentes franceses demasiado fuertes. Es la vieja política estúpidamente pérfida de Felipe II luchando contra el genio tan moderno de Napoleón.* Hay dos rasgos que reposan el alma. El del señor Hervás, hermano de la duquesa de Friuli, quien, arriesgando algo más que su vida, llegó a Valladolid e hizo todo lo que pudo para abrir los ojos a la estúpida suficiencia de los ministros de Fernando VII.[115] El guarda general de las aduanas en la línea del Ebro, hombre sencillo y bravo, propuso raptar a aquel príncipe con dos mil hombres que tenía a su disposición: fue reprendido con severidad. He aquí España tal como iba a mostrarse durante seis años: estupidez, bajeza y cobardía en los príncipes; abnegación novelesca y heroica por parte del pueblo.

Fernando VII llegó a Bayona el 20 de abril por la mañana y fue recibido como rey. Por la noche, el general Savary fue a anunciarle que Napoleón había decidido colocar su propia dinastía en el trono de España. Napoleón exigía, por consiguiente, que Fernando VII abdicara en su favor. En ese mismo momento, el emperador tenía con el ministro Escoiquiz una curiosa conversación que ilustra muy bien su carácter y toda su política hacia España.**

El plan de Napoleón estaba viciado porque ofrecía Etrulia y Portugal a los príncipes expulsados de España: era ceder poder a unos enemigos.

Fernando VII, víctima de un vil favorito, de un par de ciegos, de un consejo imbécil y de un vecino poderoso, estaba, de hecho, prisionero en Bayona. ¿Cómo salir de aquel mal paso? A menos que se convirtiera en pájaro, no había ninguna posibilidad de evadirse, pues se habían tomado muchas precauciones. Aumentaban día tras día. Las murallas de la ciudad se encontraban, día y noche, cubiertas de soldados, las puertas custodiadas con el mayor cuidado, todos los ros-

---

  * Véase la obra del señor Escoiquiz.
  ** Véanse las obras de los señores Escoiquiz y de Pradt, de las que todo lo presente es sólo un extracto.[116]

tros eran examinados al entrar y al salir. Corrieron rumores de intento de evasión; la vigilancia adquirió una nueva actividad. Era un cautiverio declarado. Por ello, el consejo de Fernando no dejaba de negarse a aceptar Etrulia a cambio de España.

El emperador era presa de las más violentas agitaciones, incluso de remordimientos. Veía cómo Europa le reprochaba que retuviera prisionero a un príncipe que había ido a conferenciar con él. Era tan embarazoso retener a Fernando como soltarlo. Resultaba que había cometido un crimen y perdía sus frutos. Decía con gran verdad y energía a los ministros españoles: «Debierais adoptar ideas más liberales, ser menos susceptibles en el tema del honor y no sacrificar la prosperidad de España a los intereses de la familia Borbón».

Pero los ministros que habían llevado a Fernando VII hasta Bayona no estaban hechos para concebir ideas de semejante orden. Comparad España tal como está desde hace cuatro años, contenta con su abyección y objeto del desprecio o del horror de los demás pueblos, con la España provista de dos cámaras y con José como rey constitucional, y un rey mucho mejor, puesto que, al igual que Bernadotte, sólo tiene el mérito a su favor, y a la primera injusticia o tontería se le puede poner de patitas en la calle y llamar al soberano legítimo.

Nunca la cabeza de Napoleón se entregó a una actividad más sorprendente. A cada momento llegaba a una nueva idea que enviaba de inmediato en forma de propuesta a los ministros españoles. En tal estado de angustia un hombre no puede fingir: pudo verse hasta el fondo el alma y la cabeza del emperador. Tenía el alma de un soldado generoso, pero una pobre cabeza en política. Los ministros españoles, rechazando con la indignación de la generosidad, representaban el buen papel. Seguían partiendo del principio de que Fernando no tenía derecho alguno a disponer de España sin el consentimiento de la nación.* Sus negativas abocaban a Napoleón a la desesperación. Era la primera gran oposición que sufría, ¡y en qué circunstancias! Resultaba que el absur-

---

* Principio jacobino rechazado por el Congreso de Viena.

do consejo de España llevaba a cabo, por ceguera, el acto más ilustrado y más embarazoso para su adversario. En esa mortal ansiedad, el espíritu de Napoleón se lanzaba sobre toda clase de ideas al mismo tiempo, sobre toda clase de proyectos. Varias veces al día hacía llamar a sus negociadores; los enviaba a los ministros españoles; siempre la misma respuesta: ¡quejas y negativas! Cuando sus ministros regresaban, Napoleón examinaba con ellos, con la habitual rapidez de su imaginación y su elocución, todas las vertientes de aquella cuestión. Cuando se le decía que no había modo de convencer al príncipe de Asturias para que cambiara las monarquías de España y América por el pequeño reino de Etrulia, que tras haber visto que le quitaban el primer trono, la posesión del segundo debía de parecerle muy precaria, replicaba: «¡Pues bien, que me declare la guerra!».[117]

Un hombre capaz de semejante respuesta no es un Felipe II, como quisieran hacernos creer. Hay honor y mucho honor en semejante objeción. Había también mucha prudencia.

Se encuentra en la conversación impresa por el señor Escoiquiz. «Por lo demás, si mis proposiciones no convienen a vuestro príncipe, puede, si lo desea, regresar a sus Estados; pero, ante todo, fijaremos juntos un término para ese regreso; luego, entre nosotros comenzarán las hostilidades».

Uno de los negociadores empleados por Napoleón pretende, por su parte, haber puesto objeciones a la propia naturaleza de su empresa: «Sí, dijo, siento que lo que hago no está bien, ¡pero que me declaren la guerra!».

El emperador decía a sus ministros: «Tengo que juzgar esa empresa muy necesaria para mi tranquilidad, pues me hace mucha falta la Marina y esto va a costarme los seis navíos que tengo en Cádiz».

Otras veces: «Si esto debiera costarme ochenta mil hombres, no lo haría; pero ni siquiera se necesitarán doce mil; es una niñería. Esta gente no sabe qué es una tropa francesa. Los prusianos eran como ellos y ya se vio cómo se encontraron».

Sin embargo, tras ocho días de mortales angustias, la negociación no avanzaba. Había que salir de allí; Napoleón no estaba acostumbrado a la resistencia; era un espíritu estropeado por una sucesión inaudita de éxitos y por el despotismo; podía resultar feroz por su turbación. Cierto día, dicen, se le escapó la palabra fortaleza. Al día siguiente, pidió perdón a su ministro: «No tengáis en cuenta lo que ayer oísteis; seguramente no lo hubiera hecho».

Capítulo XXXVII[118]

Napoleón, viendo que ya no podía esperar nada del príncipe de Asturias, tuvo la excelente idea de buscarle las cosquillas sobre la validez de la abdicación de Carlos IV. Es evidente que esa abdicación había sido forzada; y había sido retirada.

El príncipe de la Paz salió de su prisión en Madrid y llegó a Bayona el 26 de abril. El 1 de mayo llegaron los *viejos soberanos*, como les llamaban los españoles. Aquella visión impresionó mucho. Se sentían desgraciados, y una etiqueta que viene de antiguo, preservada durante mucho tiempo, oculta el carácter a los ojos del vulgo.

En cuanto el rey y la reina de España hubieron entrado en sus aposentos, los franceses vieron a todos los españoles que se encontraban en Bayona, con el príncipe Fernando a la cabeza, haciendo la ceremonia del besamano que consiste en hincar la rodilla y besar la mano del rey y de la reina. Los espectadores que habían leído por la mañana, en la *Gazette de Bayonne*, los documentos referentes a los acontecimientos de Aranjuez y la protesta del rey, y que veían al infortunado monarca recibiendo así el homenaje de aquellos mismos hombres que habían urdido la conspiración del mes de marzo, se sintieron indignados ante tanta doblez y buscaron en vano el honor castellano. Los franceses cometieron la imprudencia de juzgar la nación española por las clases altas de la sociedad que, por lo que se refiere a los sentimientos, son las mismas por todas partes. Tras la ceremonia, el príncipe de Asturias quiso seguir a los viejos soberanos hasta sus aposentos interiores. El rey le detuvo diciéndole en español:

«Príncipe, ¿no habéis ultrajado bastante mis canas?». Esas palabras parecieron producir sobre el hijo rebelde el efecto de un rayo.*

* *Moniteur*, mayo de 1808.

Capítulo XXXVIII[119]

El rey y la reina relataron a Napoleón los ultrajes de los que habían sido víctimas. «No sabéis», decían, «lo que es tener que quejarse de un hijo». Hablaban también del desprecio que les inspiraban los guardias de corps, aquellos cobardes que les habían traicionado.

Los negociadores franceses hicieron comprender fácilmente al príncipe de la Paz que ya no tenía sentido continuar su reinado en España.

La víspera de la llegada del rey Carlos IV, Napoleón había hecho llamar al señor Escoiquiz y le había encargado que comunicara al príncipe de Asturias que cualquier negociación con él quedaba rota y que, en el futuro, sólo trataría con el rey de España.

Ahora bien, era dueño absoluto de la voluntad del rey de España por medio del príncipe de la Paz. Los ingleses han repetido mucho que hubo violencia, conspiración; la verdad es que no hubo maquinadores ni conspiradores, sino sólo, como de costumbre, imbéciles dirigidos y engañados por bribones. Como de costumbre, también, un soberano extranjero, actuando del modo más contrario al derecho de gentes, se aprovechó de todo aquello.[120]

Capítulo XXXIX[121]

Mientras, en Bayona, el rey Carlos IV ordenaba a su hijo Fernando VII que le devolviera la corona, el pueblo de Madrid, enojado por acontecimientos tan extraños, y que además, insultaban a toda la nación en la persona de los soberanos, se levantó el 2 de mayo. Perecieron unos 150 habitantes y 500 soldados franceses.[122] La noticia llegó muy exagerada a Francia el 5 de mayo. Carlos IV hizo llamar a su hijo. El rey, la reina y Napoleón estaban sentados. El príncipe, que permanecía de pie, fue abrumado con las más sucias injurias. Napoleón, asqueado, dijo: «Salgo de una escena de mozos de cuerda». El príncipe, intimidado, entregó su renuncia formal y definitiva.

Aquel mismo día, 5 de mayo de 1808, tuvo lugar la cesión por el rey Carlos a Napoleón de todos sus derechos sobre España. El príncipe de Asturias cedió también a Napoleón todos sus derechos en España, pero sólo fue, según dicen, tras haber sido amenazado de muerte varias veces por el rey, su padre. Estaba el ejemplo de don Carlos y, por lo demás, el príncipe, que había conspirado a todas luces contra su padre y su rey, hubiera sido condenado a muerte por el jurado más íntegro del mundo.

Se acusa a Napoleón de haber llegado a decirle: «Príncipe, hay que optar entre la cesión o la muerte».* Ya veremos cómo se prueban estas palabras a la posteridad.

Los Borbones de España se instalaron en distintas ciudades; por todas partes y en toda ocasión el rey Carlos hizo protestas de afecto y fidelidad a su augusto aliado. Nadie ha

---

* Çevalhos, pág. 52.[123]

acusado aún a Napoleón de haberle amenazado. Por lo que se refiere a Fernando VII, se fue a vivir en la hermosa tierra de Valençay.[124]

Aquí terminan las llamadas perfidias de Napoleón. Europa, al no poder concebir la pusilanimidad en sus enemigos, le ha imputado su imbecilidad como crimen.

Mandó al general Savary a ver al príncipe de Asturias para presionarle a fin de que llegara, pero nunca le prometió reconocerlo como rey.* El príncipe fue a Bayona porque en todo momento creyó que le interesaba ir. Pensaba, tal vez con razón, que sólo Napoleón podía salvarle de su padre y del príncipe de la Paz.

Un ministro español, el señor de Urquijo, coincidió en Vitoria, el 13 de abril de 1808, con el joven rey y su cortejo que se dirigían a Bayona. Escribió el mismo día al capitán general La Cuesta: «[...] Les dije [a los ministros de Fernando VII] que para Napoleón sólo se trataba de abolir la dinastía de los Borbones en España imitando el ejemplo de Luis XIV, y de establecer la de Francia... El Infantado, que siente el peso de mis reflexiones, me respondió: "¿Sería posible que un héroe como Napoleón fuera capaz de mancillarse con semejante acción, cuando el rey se pone en sus manos con la mejor de las intenciones?". Leed a Plutarco, le dije, y encontraréis que todos esos héroes de Grecia y de Roma sólo adquirieron su gloria trepando sobre miles de cadáveres, pero todo eso se olvida y sólo se ve el resultado con respeto y asombro.

Añadí que debía recordar las coronas que Carlos V había arrebatado, las crueldades que había ejercido contra los soberanos y contra los pueblos, y que, a pesar de todo ello, se le contaba entre los héroes; que no debía olvidar tampoco que lo mismo habíamos hecho nosotros con los emperadores y reyes de las Indias..., que podía aplicarlo al origen de todas las dinastías del universo, que, en nuestra antigua España, se habían cometido asesinatos de reyes a manos de usurpadores que luego se habían sentado en el trono; que, en los siglos

---

* «Aunque vuestros representantes sin duda se hayan negado a reconocerle como legítimo soberano». (Conversación de Escoiquiz.)

posteriores, teníamos el asesinato cometido por el bastardo Enrique II y la exclusión de la familia de Enrique IV, que las dinastías de Austria y de los Borbones derivaban de aquel incesto así como de aquellos crímenes... Dije que el lenguaje del *Moniteur* me hacía ver que Napoleón no reconocía a Fernando como rey, que decía que la abdicación de su padre, hecha entre armas y en un tumulto popular, era nula, que el propio Carlos IV lo confesaría, que, por no hablar de lo que le había sucedido al rey de Castilla, Juan I, había dos ejemplos de abdicación en la dinastía más moderna de los Austrias y los Borbones, una hecha por Carlos V, la otra por Felipe V, y que en estas dos abdicaciones se había procedido con la mayor calma, la más prudente deliberación e, incluso, con la cooperación de quienes representaban la nación».*

En la conversación con el señor Escoiquiz[125] que, hasta aquí, es el documento más curioso de este proceso y el más auténtico porque ha sido publicado por un enemigo, Napoleón dice muy bien: «Pero, en fin, la suprema ley de los soberanos, que es la del bien de sus Estados, me pone en la obligación de hacer lo que hago».

Hay que observar, con gran asombro de los tontos, que un soberano que sólo es un procurador creado no puede usar nunca la generosidad, hacer donaciones gratuitas. Encontraremos de nuevo esta cuestión en Italia, donde se pretendía que Napoleón, en oposición a lo que consideraba los intereses de Francia, hubiese regalado a los italianos una independencia total.

Napoleón, atacado de improviso por España, cuando ésta le creía en dificultades con Prusia, en Bayona iba a hacer con España lo que creía más útil para Francia. Si hubiera sido derrotado en Viena, ¿no podían los españoles, al mando de Lascy y los Porlier, llegar hasta Toulouse y Burdeos, mientras los prusianos hubieran ido a Estrasburgo y a Metz?

La posteridad decidirá si es un crimen en el *procurador fundado* de una nación aprovecharse de la extremada estu-

---

* Fielmente extraído del libro del señor Escoiquiz. Sólo se citan aquí obras publicadas por enemigos del emperador.

pidez de sus enemigos. Creo, al contrario que nuestro siglo, que la posteridad se conmoverá más por el daño hecho a España que por el daño hecho a sus supuestos dueños. Está el ejemplo de Noruega.[126]

Los libelistas acusan a Napoleón de despreciar demasiado a los hombres. Aquí le vemos cometer una gran falta porque siente demasiada estima por los españoles. Olvida que los orgullosos castellanos, envilecidos primero por Carlos V, son gobernados, desde el célebre emperador, por el más cobarde de los despotismos.[127]

El señor de Urquijo dice en su carta al general La Cuesta: «Por desgracia, desde Carlos V, la nación ya no existe, porque no hay en absoluto, de forma real, un cuerpo que la represente, ni un interés común que la una en la consecución de un mismo objetivo. Nuestra España es un edificio gótico compuesto por piezas y fragmentos con casi tantos privilegios, legislaciones, costumbres e intereses como provincias hay. El espíritu público no existe en absoluto».

Durante quince años,[128] la monarquía de España había alcanzado un grado de ridiculez inaudito en los anales de las cortes más envilecidas. La aristocracia de los nobles y los sacerdotes, que es la única que puede dar brillantez a la monarquía, se dejaba injuriar a placer. Un marido, un rey, concede sucesivamente al amante de su mujer:

1.º El mando supremo de todas las fuerzas de tierra y de mar;

2.º el nombramiento para casi todos los empleos del Estado;

3.º el derecho de hacer, por sí mismo, la paz y la guerra.*

Si ese favorito hubiera sido un Richelieu, un Pombal, un Ximenez, un malvado hábil, entenderíamos a los españoles. Pero resultó que era el más estúpido bribón de Europa. Ese pueblo, al que tan orgulloso se considera, se veía gobernado despóticamente por el objeto de sus desprecios. Pero dejemos al margen cualquier orgullo; ¡cuántas desgracias genera-

---

* Conversación publicada por Escoiquiz.

les y particulares iba a producir un gobierno tan infame! Nuestra aristocracia de Francia, antes de 1789, debía de ser una república en comparación con España. Y sin embargo, España rechazó una constitución liberal, y mucho más aún, una constitución garantizada por la vecindad del soberano legítimo y destronado.

Es preciso haber llegado muy lejos en la vida y sentir por los hombres casi tanto desprecio como merecen para concebir semejante conducta. Napoleón, que había vivido en Córcega y en Francia, entre naciones llenas de energía y de finura, con respecto a los españoles se dejó engañar por su corazón.

España, por su parte, perdió una ocasión que no volverá a presentársele por el resto de los siglos. Cada potencia tiene interés (mal entendido, es cierto) en ver a sus vecinos en un estado de debilidad y decadencia. Aquí, por un azar único, el interés de Francia y de la península resultó ser el mismo por un momento. España tenía el ejemplo de la Italia que Napoleón había tomado. Aunque la nación española se sienta muy contenta en su estercolero, tal vez dentro de doscientos años logrará arrancar una constitución, pero una constitución sin más garantía que ese viejo absurdo al que llamamos juramento, ¡y sabe Dios, además, con qué ríos de sangre habrá que comprarla! En cambio, al aceptar como rey a José, los españoles tenían a un hombre amable, lleno de luces, sin ambición, hecho adrede para ser rey constitucional, y adelantaban tres siglos la felicidad de su país.

Capítulo XL[129]

Supongamos que Fernando VII se entregara al emperador, como Napoleón se entregó a los ingleses en Rochefort. El príncipe español rechaza el reino de Etrulia; es conducido a Balençay, residencia agradable y sana, y Napoleón, que había apelado a la tan alabada generosidad del pueblo inglés, es confinado en una roca donde, por medios indirectos y evitando el odioso veneno, se intenta hacerle perecer. No diré que la nación inglesa sea más vil que otras; diré sólo que el cielo le brindó una infeliz ocasión de mostrar que era vil. ¿Qué reclamaciones se formularon, en efecto, contra ese gran crimen? ¿Qué generoso transporte de todo el pueblo, al oír esa infamia, desautorizó a su gobierno ante la mirada de las naciones? ¡Oh Santa Helena, roquedal tan célebre ahora, eres el escollo de la gloria inglesa! Inglaterra, poniéndose por encima de las naciones con engañosa hipocresía, se atrevía a hablar de sus virtudes; esta gran nación la ha desenmascarado; que no hable más que de sus victorias mientras siga lográndolas. Sin embargo, Europa permanece muda y acusa a Napoleón o, cuando menos, parece escuchar a sus acusadores. No puedo decir lo que pienso. Oh hombres cobardes y envidiosos, ¿es posible abandonarse a un exceso de desprecio hacia vosotros, y cuando no se consigue ser vuestro dueño, entonces no está nada bien divertirse con vosotros como si fuerais una vil presa?*

---

* Véase la carta del general Bertrand a sir Hudson Lowe. Documento referente al prisionero de Santa Helena, Londres, 1818. Véase el hipócrita discurso de lord Bathurst, las cartas del médico O'Meara.

Capítulo XLI[130]

Concluyamos en pocas palabras esos repugnantes asuntos de España.

En la conversación de Bayona, Escoiquiz dice a Napoleón:

> Escoiquiz: El pueblo desarmado de Madrid creía ser lo bastante fuerte para destruir el ejército francés y defender a Fernando. Hasta el punto de que se hubieran encontrado obstáculos invencibles en caso de que se hubiera querido emplear el único medio de poner en libertad a Fernando.
>
> Napoleón: ¿Cuál era ese medio, canónigo?
>
> Escoiquiz: El de hacer que, en secreto, el rey emprendiera la huida.
>
> Napoleón: ¿Y a qué parte del mundo lo habríais llevado?
>
> Escoiquiz: A Algeciras, donde teníamos ya algunas tropas y donde hubiéramos estado en la vecindad de Gibraltar.
>
> Napoleón: ¿Qué habríais hecho después?
>
> Escoiquiz: Siempre firmes en nuestra aspiración de mantener con Vuestra Majestad una alianza íntima, pero honorable al mismo tiempo, le habríamos propuesto perentoriamente continuarla, a condición de que nuestras plazas fronterizas nos fueran devueltas sin demora y que las tropas francesas salieran de España; y en el caso de que Vuestra Majestad se hubiera negado a suscribir estas proposiciones, le habríamos hecho la guerra con todas nuestras fuerzas hasta el último extremo. Ésa hubiera sido mi opinión, Sire, en caso de que hubiéramos tenido conocimiento, de un modo u otro, de vuestras verdaderas intenciones.

NAPOLEÓN: Pensáis muy bien; eso es todo lo mejor que hubierais podido hacer.[131]

Espíritus poco ilustrados gritarán: «Alabáis a Napoleón con respecto a España, como si hubiera sido un Washington».

Respondo: España conoció[132] el más feliz azar que pueda presentársele a un país corrompido hasta lo más hondo y, por consiguiente, sin posibilidad de darse a sí mismo la libertad. Dar a la España de 1808 el gobierno de los Estados Unidos les hubiera parecido a los españoles, que son los más despreocupados de los hombres, la más dura y la más penosa tiranía. La experiencia, que José y Joaquín llevaron a cabo en Nápoles, aclaró la cuestión; fueron reyes con casi todas las ridiculeces del oficio, pero fueron moderados y razonables. Eso bastó para hacer progresar con rapidez la felicidad y la justicia en esos países, y para comenzar a poner de relieve el trabajo. Observad que la penosa sensación que experimenta un individuo al romper unas costumbres viciosas también la siente un pueblo. La libertad demanda que se ocupen de ella durante los primeros años. Ese malestar enmascara, al modo de ver de los tontos, la felicidad que debe resultar de las nuevas instituciones.

Así, para España, Napoleón era mejor que Washington; lo que le faltaba en liberalidad lo tenía en energía. Hay un hecho palpable, incluso con respecto a gente para quien las cosas morales resultan invisibles: la población de España, que era de ocho millones cuando Felipe II entró en el país, aumentó a doce por el poco sentido común francés que los reyes de esa nación introdujeron. Ahora bien, España, mayor que Francia, debiera ser más fértil a causa de su sol; posee casi todas las ventajas de una isla. ¿Cuál es pues el poder secreto que impide el nacimiento de catorce millones de hombres? Se me responderá: «Es la falta de cultivo de las tierras». Replicaré a mi vez: «¿Cuál es el veneno secreto que impide el cultivo de las tierras?».

Tras la cesión de España por parte de los príncipes de la dinastía que la guerra había colocado allí noventa años antes, Napoleón quería reunir una asamblea, hacer que ésta reconociera sus derechos, establecer una constitución y, por medio del peso y el prestigio de su poder, poner en movimiento la nueva maquinaria. España era, tal vez, el país de Europa donde Napoleón era más admirado. Comparad ese sistema de conducta con el de Luis XIV en 1713; ved sobre todo las correspondencias de la gente subalterna de ambas épocas, ministros, mariscales, generales, etc.,* reconoceréis que la envidia es la principal fuente del éxito de madame de Staël y de los libelistas actuales, y los peligros y las ridiculeces que el innoble vulgo prodiga a los defensores del prisionero de Santa Helena.

Para hacer que el nuevo rey procediera[134] de los derechos del pueblo, Napoleón quiso formar en Bayona una *convención* de ciento cincuenta miembros elegidos de los distintos cuerpos de la monarquía. La mayoría de los diputados fueron nombrados por las provincias, las ciudades y las corporaciones; los otros fueron designados por el general francés que mandaba en Madrid (el gran duque de Berg Murat). En todo ello, como sucede en todas las revoluciones, nada fue del todo legal, pues las costumbres políticas de un pueblo, que aún siguen denominándose su constitución, ¿podrían establecer las reglas para un cambio? Eso implica una contradicción. Todo se resentía de la turbulencia y la rapidez de las circunstancias, pero en todo se era fiel a los verdaderos principios. Por ejemplo, ¿quién podía tener derecho a nombrar los diputados de América? Se recurrió a lo más aparente que se encontró entre los americanos residentes en Madrid, y la elección resultó muy buena. Aquella gente estaba menos aplastada por los prejuicios que los españoles.

El 15 de junio de 1808,[135] la junta abrió su sesión; contaba con 75 miembros que luego llegaron a 90. Esa asamblea había sido precedida por un decreto de Napoleón que declaraba que, con la representación de las principales autoridades de España, se había decidido, para poner fin al interregno, proclamar a su hermano José rey de las Españas y de las Indias garantizando la independencia de la monarquía y su integridad en las cuatro partes del mundo.** José llegó a Ba-

---

* Saint-Simon, el marqués de San Felipe,[133] *Memorias del mariscal de...*
** *Moniteur*, 18 de junio de 1808.

yona el 7 de junio;[136] abandonó con dolor la voluptuosa villa que se había construido en Nápoles. Valiente como Felipe V, no era mayor general que aquel príncipe.

Los diputados reunidos en Bayona reconocieron a José el 7 de junio por la noche. Puesto que el discurso del duque del Infantado no expresaba un reconocimiento formal, Napoleón gritó: «No hay que andar con vacilaciones, señor; reconocer francamente o rechazar del mismo modo. Hay que ser grande tanto en el crimen como en la virtud. ¿Queréis regresar a España, poneros a la cabeza de los insurrectos? Os doy mi palabra de haceros llegar allí con seguridad; pero, yo os lo digo, actuaréis de modo que lograréis que os fusilen en ocho días... No, en veinticuatro horas».*

Napoleón tenía demasiado genio y generosidad para ejecutar esta amenaza. En el lenguaje del ejército francés, a eso se llama «llevarse al hombre por la petaca», que significa deslumbrar a un carácter débil.

Tras doce sesiones, la convención concluyó sus trabajos el 7 de julio. Había redactado una constitución para España. El proyecto fue enviado desde Bayona a la junta de gobierno de Madrid. Devuelta a Bayona, el acta aumentó en un número de artículos mucho más considerable, pues de ochenta que tenía en Madrid se llegó a ciento cincuenta.

Primero, de acuerdo con los principios, aquí la convención encargada de hacer la constitución aparece por completo separada del cuerpo que gobierna. La ausencia de esa precaución perdió a Francia en 1792.

Los miembros de la convención de Bayona no tenían ninguna afición al martirio, como se ha visto por sus discursos al rey José; sin embargo procedieron con una delicadeza que parece anunciar mucha libertad. Al no considerarse competentes para pronunciar la expulsión de una dinastía y la entrada de otra, no hablaron de ese punto esencial.[137]

* Véase el discurso del duque del Infantado, *Moniteur* del 18 de junio. A los héroes castellanos, autores del señor duque, les habría costado un poco reconocerse.

Los diputados estuvieron de acuerdo en reconocer que no se había puesto traba alguna a la libertad de sus deliberaciones. La tozudez con que los grandes de España defendieron el tan poco liberal derecho de formar grandes mayorazgos, muestra hasta qué punto creían en la estabilidad del nuevo orden de cosas. Se discutió con pasión sobre la tolerancia religiosa, palabra muy singular en España, y sobre el establecimiento del jurado.

¿Cuál fue durante esas discusiones la conducta del déspota? No pareció desconocer ni un solo instante la insuficiencia de esa representación para sancionar tan gran cambio. Partía siempre del principio de que la *aceptación de la nación* supliría las formalidades que las circunstancias no permitían satisfacer.

La parte de la constitución que se refería a América era bastante liberal y capaz de seguir conteniendo por algún tiempo el impulso hacia la independencia que esa hermosa parte del mundo ha tomado desde entonces. Estos artículos de la constitución habían sido redactados por un joven canónigo de México, llamado El Moral, hombre lleno de ingenio, de conocimiento y de amor por su país. Por lo general, lo que de bueno hay en España es excelente, pero en ningún pueblo la gente ilustrada se encuentra en menor proporción. Cuanto más por detrás del siglo está el cuerpo de la nación más superioridad y verdadera grandeza se encuentra en los quince o veinte mil patriotas aislados en medio del populacho, y cuya gloria e infortunio llenan Europa. Nunca me encuentro con una de esas nobles víctimas sin asombrarme ante el prodigioso esfuerzo que ha debido hacer esa cabeza para lanzarse más allá de la despreocupación y las falsas virtudes* que han vuelto el indomable valor del resto del pueblo en su propia contra. Los Augusto Argüelles, los El Moral, los Porlier, los Llorente muestran a Europa lo que será España diez años después de haber arrancado a sus reyes el gobierno de dos cámaras y el final de la Inquisición.

---

* El mecanismo de la falsa moral, fruto del papismo, está muy bien desarrollado en el tomo XVI de la historia de Italia del señor de Sismondi.

José y la convención abandonaron Bayona el 7 de julio. Si no se hubiera juzgado lo que acababa de pasar sólo por el cortejo que le rodeaba, nunca se habría sospechado el sorprendente cambio que acababa de operarse. Se mostraba a los españoles entre ministros y oficiales que habían servido a sus antiguos dueños. De todo lo que había existido en la corte de los Borbones sólo había cambiado el rey. ¡Dígase después de eso que el sostén de los reyes está en su nobleza! La nobleza, por el contrario, es lo que hace odiosa la realeza.

José llegaba a un país poblado por menos de doce millones de habitantes cuyo ejército había sido cuidadosamente desacreditado, apartado, relegado a las partes alejadas de la monarquía. El país languidecía desde hacía ciento cincuenta años bajo un gobierno odiado y mucho más despreciado aún. Las finanzas conducidas con la misma ineptitud que todo lo demás y asimismo despilfarradas, estaban en el mayor desorden; ¿y cómo restablecerlas en una nación donde el trabajo está deshonrado? En las provincias más ilustradas el pueblo había sentido por sí mismo que era preciso cambiar de rey y había vuelto los ojos hacia el archiduque Carlos.* ¡Qué afortunadas las Españas si hubieran seguido esa idea! Ahora disfrutarían de la felicidad que procura siempre una administración prudente y honesta y una política exterior que nada tiene de novelesca. Cuánta diferencia entre su estado y el de los súbditos de la casa de Austria.

José compartía el error de su hermano; no despreciaba lo bastante al populacho. Creía que dar a los españoles la igualdad y toda la libertad que podían concebir era convertirlos en amigos. Lejos de ello, a los españoles les indignó que los 80.000 hombres que entraron en España no fueran tropas de élite; vieron en ello una muestra de desprecio. Y entonces, todo estuvo perdido. En efecto, ¿cómo hacerse con un pueblo ignorante, fanático, sobrio en medio de la abundancia, que obtiene de sus privaciones tanta vanidad como los demás la obtienen de su goce? El español no es avaricioso, incluso carece de esta fuente de actividad; es atesorador

---

* *Moniteur* del 22 de junio de 1808.

sin ser avaro; no quiere poseer oro como el avaro, pero no sabe qué hacer con su fortuna; se pasa la vida ocioso y triste, pensando en su orgullo, en el interior de un soberbio aposento. Sangre, costumbres, lenguaje, modo de vivir y de combatir, en España todo es africano. Si el español fuera mahometano, sería un africano completo. Consumido por los mismos ardores, condenado al mismo retiro, a la misma sobriedad, al mismo gusto por la meditación y el silencio; feroz y generoso a la vez, hospitalario e inexorable; perezoso e infatigable el día que se pone en movimiento, el español, abrasado por su sol y su superstición, presenta todos los fenómenos del temperamento bilioso llevado al extremo.[138] Por lo demás, como el pueblo hebreo, sin salir nunca de su casa y permaneciendo ajeno, por prejuicio nacional, a las naciones que le rodean. Todas las incursiones del español se limitaban a América, donde encontraba un despotismo más envilecedor aún que el de la península. El español no comparece en Europa; jamás hay desertor, artista, negociante español. Es poco conocido y, por su lado, no intenta conocer. El español tiene sólo una cualidad: sabe admirar.[139]

En Bayona, por lo general se sintió asombro ante la falta de conocimientos que las personas vinculadas a la corte de España mostraron sobre el estado de Francia; hombres y cosas, lo ignoraban todo. Sentían por los generales más célebres del ejército francés la curiosidad de los salvajes.

El español, como el turco, al que tan poco se parece por su religión, no sale de su país para llevar la guerra al de los demás, pero en cuanto ponen los pies en su casa, todo el mundo es su enemigo. La nación no piensa, como en Alemania, que su defensa es asunto de las tropas.

Se tiene tanto orgullo nacional, se es tan patriota en España que incluso los sacerdotes lo son. Hoy, la mitad de los generales que combaten en América por la libertad se han educado en las clases de los curas. Ése es otro parecido con los turcos. Tal vez la fisonomía del clero sea el rasgo que más separa a España del resto de Europa.

El clero *reside* en España; además es el único gran propietario que vive entre los pueblos. El resto habita en Madrid o las capitales de provincia; de ahí el antiguo proverbio para referirse a algo imposible: «hacer castillos en España». Esa perpetua presencia de los sacerdotes entre los pueblos, esa habitual restitución hecha a los propios lugares de los frutos que de ellos se ha obtenido, deben ejercer una influencia de la que los ausentes, los nobles, no pueden participar. Aunque el español escuche a sus sacerdotes como a su superior en sabiduría, le ama como a un igual en amor por la patria. Los sacerdotes aborrecen los principios liberales; no hay forma de prever cómo España saldrá de esa situación. Es un círculo vicioso; tal vez está destinada a dar a las generaciones futuras el útil y necesario espectáculo de una monarquía completa.*

España ardía desde hacía seis meses mientras Napoleón seguía creyendo que los beneficios del gobierno representativo iban a ganarse todos los corazones. Sabía que, de entre todos los pueblos de Europa, éste era el que había llevado más lejos la admiración por sus hazañas. El italiano y el español, al no tener nada frívolo en su carácter, al estar amasados con pasión y desconfianza, son mejores jueces de la grandeza de los jefes de las naciones.

Si Bonaparte hubiera hecho ahorcar al príncipe de la Paz, hubiera devuelto a Fernando VII a España con la constitución de Bayona, una de sus sobrinas como mujer, una guarnición de 80.000 hombres y un hombre de ingenio como embajador, hubiera obtenido de España todos los navíos y todos los soldados que podía proporcionar. ¿Quién puede establecer el grado de adoración al que se hubiera entregado un pueblo en el que la alabanza se convierte en himno y la admiración en éxtasis?

No cabe duda de que Napoleón se sintió seducido por el ejemplo de Luis XIV. Una vez provocado en Iéna, quiso hacer tanto como el gran rey. Cambió de rey precisamente en la única nación donde esa medida no convenía. Las amenazas,

---

* El despotismo atemperado por la aristocracia de los nobles y la de los sacerdotes, es decir tres poderes conjurados contra el ciudadano útil y productor, que lo desvalijan a su gusto.

renovadas sin cesar, del señor de Talleyrand, también tuvieron mucho que ver con su resolución.

Cuando José entraba en España[140] y Napoleón regresaba triunfal a París con sus remordimientos y sus falsas ideas, España ya se había levantado. Mientras el consejo de Castilla ordenaba una leva de 300.000 hombres, gran número de ayuntamientos se levantaban por sí mismos. No hubo pueblo que no tuviera su junta. España ofreció de pronto un espectáculo semejante al de Francia cuando, en 1793, se llenó de gente que deliberaba sobre los peligros de la patria. En Sevilla, en Badajoz, en Oviedo el levantamiento se produjo tras la noticia de los acontecimientos de Madrid, el 2 de mayo. Todas las Asturias se alzaron en insurrección al enterarse del cambio de dinastía. El populacho, en su furor, dio comienzo a una horrible sucesión de atentados contra todos aquellos a los que consideraban partidarios de los franceses o tibios ante la causa de la patria. Los personajes más relevantes fueron asesinados; de ello resultó un *terror* universal y surgió la necesidad por parte de todos los que gobernaban de materializar sin vacilaciones la voluntad del pueblo. Por el *terror*, España tuvo ejércitos.

En cuanto un ejército era derrotado, colgaba a su general. Los españoles eran un pueblo religioso y bravo, pero no militar. Tenían, por el contrario, la costumbre de detestar o despreciar todo lo que se refería a las tropas de línea. Es un contraste perfecto con Alemania. Consideraron la guerra como una cruzada religiosa contra los franceses. Una cinta roja con esta inscripción: «vincer o morir pro patria et pro Ferdinando VII (sic)», era la única distinción militar de la mayoría de los soldados.

La primera batalla entre estos fanáticos y los franceses dejó veintisiete mil cadáveres en los campos de Río Seco. Algunas mujeres se lanzaban con horribles aullidos sobre nuestros heridos, y se los disputaban para darles muerte entre los más crueles tormentos; les clavaban cuchillos y tijeras en los ojos y se saciaban, con feroz júbilo, viendo su sangre y sus convulsiones.*

* *Mém. de Rocca*, pág. 190.

Napoleón recibió en Burdeos la noticia de la batalla de Bailén, donde Castaños y Reding lograron que el general Dupont depusiera las armas. Era su primer revés; eso le desesperó. Ni Rusia, ni Waterloo produjeron nunca nada parecido en aquella alma altiva. «Robar vasos sagrados», gritó en su furor, «es concebible en un ejército poco disciplinado, ¡pero firmar que se ha robado!». E instantes después: «Conozco a mis franceses: había que gritarles: "¡Sálvese quien pueda!". Al cabo de tres semanas, todos habrían vuelto a mí». Interrogaba a los asistentes: «Pero ¿no hay una ley en algún código que permita fusilar a todos esos infames generales?».

Capítulo XLII[141]

Napoleón regresó a París, pero muy pronto fue necesario volver a España. Dejaremos, como de costumbre, la historia general de la guerra, pues exige mucho detalle. Pasó numerosas revistas a las puertas de Madrid. Como solía suceder, se encontró en medio de una gran multitud e incluso, una vez, en medio de una gran columna de prisioneros españoles. Aquellos fanáticos, vencidos, harapientos y abrasados por el sol tenían rostros horribles.

El señor de Saint-Simon, grande de España, antiguo miembro de la Asamblea Constituyente, había combatido en Madrid contra los franceses. Napoleón tenía decidida una política con respecto a los franceses que vuelven sus armas contra la patria. El señor de Saint-Simon fue arrestado y condenado a muerte por una comisión militar. El emperador no podía albergar ningún sentimiento de odio contra un hombre al que no conocía en absoluto y que no era uno de los personajes peligrosos. Sólo la política había marcado a la víctima.

El señor de Saint-Simon tenía una hija que endulzaba su exilio y las penas de su vejez con los más tiernos cuidados. Los peligros de su padre la llevaron hasta los pies de Napoleón. Todo estaba dispuesto para el suplicio; la abnegación de aquella hija piadosa prevaleció contra una decisión ya tomada que parecía irrevocable, pues no se apoyaba en las pasiones sino en la razón y en el recuerdo de San Juan de Acre.

Aquel hermoso acto de clemencia fue facilitado por el mayor general y por los generales Sebastiani y Laubarbière. A todo el ejército le parecía injusta la guerra de España; por aquel entonces aún no estaba irritado por los numerosos actos de traición.* En la retirada de Oporto, en 1809, un muy numeroso hospital francés fue masacrado en horribles circunstancias. En Coimbra, varios miles de enfermos y heridos acabaron también de un modo demasiado atroz para ser contado. En otra parte, en el Miño ahogaron a sangre fría a setecientos prisioneros franceses. Hay centenares de anécdotas de este tipo que comprometen a gente a la que todavía hay quien tiene la bondad de admirar. A medida que esas atrocidades irritaban al ejército francés, fue volviéndose cruel, aunque sin perder nunca las formas. Se fusilaba o se colgaba a quien era considerado rebelde.

En medio de su campaña de España, Napoleón supo que Austria, que se armaba desde hacía mucho tiempo, estaba a punto de atacar. Era preciso confiar España o Francia e Italia a algunos lugartenientes. No pudo vacilar; fue una falta obligada, pero desde aquel momento España estuvo perdida. Todo languideció en el ejército, que ya no era la *Grande Armée*, que ya no estaba santificado por la inmediata presencia del déspota. Desde aquel momento, por mucho que se realizaran grandes acciones, ya no hubo ascenso ni recompensa para el ejército de España.

Para acabar de hacer insostenible la posición, las marcadas diferencias entre José y Napoleón se acentuaron cada vez más. Al principio se basaba en dos causas: el abandono en que Napoleón había dejado a José y la insolencia con que lo trataban los mariscales; en segundo lugar, los nuevos proyectos de Napoleón sobre España.

José creía que, puesto que lo habían hecho rey, era preciso que lo pareciera, que relegarlo a la cola del ejército no era prepararlo para comparecer a la cabeza de la nación, que cuanto más orgullosa era, más debía desear los honores de su jefe. Luis XIV, que entendía de vanidad, no hubiera cometido ese error.

---

* «Nuestra máxima era que engañar con habilidad, sin disfrazar por entero la verdad, a un hombre tan falso como Napoleón, era una acción digna de elogios en vez de ser algo condenable», Escoiquiz, pág. 124.

Todo el dinero que se había conseguido en Prusia, unos cien millones, no parecía bastar para la guerra de España. Napoleón, acostumbrado a alimentar la guerra con la guerra, no se decidía a llevar su dinero a España. Quería que José pagase la guerra; España apenas habría podido hacerlo en tiempos de paz. Era el más alto grado del absurdo. Justo cuando las tropas francesas no eran, en sentido estricto, dueñas del terreno que ocupaban militarmente, y que estaban agotando a fondo.

Pero había más: en cuanto llegó a España comenzó a mirarla, la encontró hermosa y quiso un pedazo. Nada más contrario a las actas de Bayona. Su genio inquieto y ardiente, satisfecho por unos instantes en el momento de la creación, percibía sin cesar nuevas relaciones en los asuntos. La idea del día presente devoraba la de la víspera y se sentía con fuerzas para destruir todos los obstáculos, nada era inmutable para un espíritu ante el que los límites de lo posible se alejaban, como el horizonte ante el viajero. A menudo se ha juzgado pérfido a Napoleón, cuando sólo era cambiante.[142] He aquí la disposición que le hacía el príncipe de Europa menos apto para el gobierno constitucional. Había empezado cediendo, muy sinceramente, España a José: sin duda, en Bayona, no pensaba en apropiarse de una sola de sus provincias. Al regresar de Benavente, hasta donde a pesar de todos los obstáculos que la nieve, el invierno y las montañas pueden acumular, había perseguido a los ingleses, se detuvo en Valladolid y allí aguardó con impaciencia a los miembros de la diputación de la villa de Madrid. Hizo llamar a un hombre de su corte que viajaba con aquellos diputados. Ardía en deseos de partir hacia Francia. Era de noche, el tiempo era horrible. Abría la ventana cada instante para consultar el estado del tiempo y asegurarse de la posibilidad de partir. Se dirigía a la gente de su séquito, las preguntas se amontonaban, como de costumbre, inquiría con vivacidad qué se haría en Madrid, qué querían los españoles. Se le decía que estaban descontentos; entonces comenzó a demostrar que se equivocaban, que el descontento no era posible; que un pueblo razona siempre con acierto sobre sus intereses, que los españoles saldrían ganando con el diezmo, la igualdad, los derechos feudales, la disminución de la hidra del clero. Se le respondía que, en primer lugar, el español, al no saber nada de la situación de Europa, no tenía ojos para ver esas ventajas. Pero que, en cambio, tenía el orgullo de no querer verse obligado por nadie. Que, al final, ese pueblo era como la mujer de Sganarelle, que quería ser zurrada. Se rió y prosiguió con vehemencia, paseando a grandes zancadas: «No conozco España; es un país más hermoso de lo que yo pensaba. Con ella le hice un hermoso regalo a mi hermano; pero ya veréis cómo los españoles harán tonterías y la recuperaré; la dividiré en cinco grandes virreinatos». Estaba impresionado por la tendencia de España a aliarse con Inglaterra. No contaba en mayor medida con los reyes de España Napoleones que con los reyes de España Borbones. Intuía que tanto los unos como los otros aprovecharían la primera ocasión para independizarse, como intentaron hacer los reyes de Holanda y de Nápoles.

Abandonó Valladolid al día siguiente de haber cometido tan singular indiscreción, y recorrió en pocas horas de galope las treinta leguas que separan esa ciudad de Burgos. Llegó a París cuatro días después. La rapidez de esas incursiones, esa aptitud para desafiar todas las fatigas eran parte de la magia de su existencia; hasta el más humilde postillón, todo el mundo sentía que era un hombre superior al hombre.[143]

Capítulo XLIII[144]

Detengámonos unos instantes para penetrar en el interior de aquel palacio de las Tullerías de donde partían los destinos de Europa.

La guerra de España marca, a la vez, la época de la decadencia del poder de Napoleón y la época de la decadencia de su genio. La prosperidad había cambiado y viciado poco a poco su carácter. Cometía el error de asombrarse en exceso por sus éxitos, y de no despreciar bastante a los reyes, sus colegas.[145] Bebía a largos tragos el veneno del halago. Creyó que nada le era personalmente imposible; ya no pudo soportar la contradicción y muy pronto la menor observación le pareció una insolencia, además de una tontería. A consecuencia de sus malas elecciones, se había acostumbrado a creer que sólo tenían éxito las cosas que hacía él. Muy pronto, sus ministros no tuvieron que aparentar hacer otra cosa que redactar de modo servil sus ideas. Los hombres de verdadero talento se alejaron o fingieron que ya no pensaban, se burlaban de él en secreto.* Resulta imposible que en este siglo los verdaderos talentos no estén vinculados a ideas más bien liberales: el propio Napoleón es un ejemplo de ello, y ese crimen pasa por ser el mayor de todos.[146]

---

* El conde Réal, por ejemplo.

Capítulo XLIV[147]

La administración

El emperador tenía doce ministros* y más de cuarenta consejeros de Estado generales que le elaboraban informes sobre los asuntos que les remitían. Los ministros y directores de administración daban órdenes a ciento veinte prefectos. Cada ministro le presentaba cuatro o cinco veces por semana sesenta u ochenta proyectos de decreto: cada proyecto era desarrollado en un informe que el ministro leía al emperador. Para los asuntos poco importantes, el emperador daba su aprobación en el margen del informe.

Todos los decretos firmados eran entregados por los ministros al duque de Bassano, que guardaba los originales y enviaba a los ministros copias conformadas y firmadas por él.

Cuando el emperador estaba en el ejército o de viaje, los ministros, que no le seguían, enviaban sus carteras al duque de Bassano, que presentaba los decretos a Su Majestad y procedía a la lectura de los informes. Vemos el origen del crédito de este duque que al principio sólo era un simple secretario, que poco a poco se puso a la cola de los ministros en el almanaque imperial y que nunca tuvo departamento. El omnipotente crédito del duque de Bassano pasaba por encima de los ministros y prefectos, que le temían. Nadie tenía crédito sobre Napoleón en los asuntos que él podía comprender.

---

* En 1810, los señores duques de Massa, de Cadore, de Feltre, de Gaète, de Otranto, Montalivet, Mollien, Cessac, Decrès, Bigot-Préameneux y el duque de Bassano. Más tarde el ministro de comercio, Sussy.

Así, todos los decretos de organización, todo cuanto era del dominio de la razón pura, si puedo expresarme así, eran signo de un genio superior. Cuando había que conocer datos necesarios, si el ministro del departamento al que competía el asunto se ponía de acuerdo con el ministro secretario de Estado, lo engañaban en la primera exposición del asunto y, por orgullo y por pereza, nunca volvía sobre el tema.[148]

Por lo que se refiere a los decretos de personal, Napoleón había adoptado reglas generales basadas en un extremado desprecio por los hombres. Parecía decirse: «Con respecto a la gente que no conozco personalmente, me engañará menos su uniforme que, a mi modo de ver, les sitúa en determinada clase, que los propios ministros». A diario se le podía ver haciendo, las más ridículas elecciones. En su deseo de acostumbrar a un pueblo ingenioso y burlón a que lo respetase, había suprimido la conversación. Ya sólo podía conocer a los hombres que empleaba por sus éxitos destacados o por los informes de los ministros. Al abandonar Holanda dijo con encantadora ingenuidad: «Lo hacemos muy mal como prefectos en este país».

Capítulo XLV[149]

Trece años y medio de éxito convirtieron a Alejandro Magno en una especie de loco. Una suerte que duró exactamente lo mismo produjo la misma locura en Napoleón. La única diferencia es que el héroe macedonio tuvo la fortuna de morir. ¡Qué poca gloria hubiera dejado Napoleón como conquistador si hubiera recibido una bala, al anochecer, en la batalla del Moscova!

Inglaterra y sus escritos podían impedir la locura del héroe moderno. Tuvo la desgracia de ser demasiado bien obedecido en su furor contra la prensa inglesa. Hoy, ese enemigo tan aborrecido supone su único consuelo.

En 1808, debido a los cambios que un orgullo no contrariado durante ocho años y la *coronación* habían producido en el genio de Napoleón, sucedió que al menos ocho de sus doce ministros eran gente mediocre que no tenía más mérito que el de matarse trabajando.

El duque de Bassano que gozaba de la mayor influencia en los asuntos que no eran de ámbito militar, hombre amable y afectuoso en un salón, en el gabinete era de una mediocridad incurable. No sólo carecía de grandes aspiraciones sino que ni siquiera las comprendía. Todo se empequeñecía al pasar por aquella cabeza. Apenas tenía el talento de un periodista, oficio con el que había comenzado en París. Cierto es que su puesto le obligaba a permanecer noche y día con el dueño. Un hombre de carácter se hubiera ofendido ante los ataques de mal humor y las impaciencias del emperador y, por muy cortesano que hubiera sido, su fisonomía hubiese molestado al monarca.

El duque de Bassano eligió a todos los prefectos de Francia y no les pidió más talento que el de desplumar la gallina sin hacerla gritar. Los infelices, llenos de vanidad, matándose a trabajar y comiéndose todos sus honorarios en una loca representación, temblaban cada mañana, al abrir el *Moniteur*, por si encontraban su destitución.[150] Uno de sus principales medios de complacer era aniquilar hasta la última chispa de espíritu público que por aquel entonces, como hoy, reivindicaba su jacobinismo.

Capítulo XLVI[151]

Sigue la administración

En 1811, un pequeño ayuntamiento rural quiso emplear por 60 francos unos malos adoquines rechazados por el ingeniero que se encargaba de la gran carretera. Fueron necesarias catorce decisiones del prefecto, del subprefecto, del ingeniero y del ministro. Tras increíbles dificultades y una extremada actividad, la autorización necesaria llegó por fin, once meses después de la solicitud, y resultó que los malos adoquines habían sido empleados por los obreros para llenar algún agujero de la carretera. Un empleado, por fuerza ignorante, mantenido con grandes gastos en una esquina del ministerio, decidía, en París y a doscientas leguas de aquel ayuntamiento, un asunto que tres delegados del pueblo habrían resuelto del mejor modo y en dos horas.[152] No podía ignorarse un hecho tan palpable y que se producía quinientas veces al día.[153]

Pero lo primero era rebajar al ciudadano y, sobre todo, impedir que deliberara, abominable costumbre que los franceses habían contraído en los tiempos del jacobinismo.[154] Sin esas celosas precauciones, habría podido reaparecer ese otro monstruo aborrecido por todos los gobiernos sucesivos que han explotado Francia, y del que ya he hablado, me refiero al *espíritu público*.

Ahí se ve de dónde procedía el enorme trabajo que mataba a los ministros del emperador. París quería encargarse de *digerir* para Francia. Era preciso hacer que todos los asuntos de Francia pasaran por gente que, por muy perspicaz que fuera, los ignoraba por fuerza.[155]

Ahora bien, la existencia del empleado tiende necesariamente al embrutecimiento.[156] Su primera preocupación cuando debuta en una oficina es tener buena mano y saber emplear la sandáraca. El resto de su carrera tiende a hacerle utilizar siempre la forma por el fondo. Si consigue obtener cierto aire de importancia, nada le falta. Todos sus intereses le llevan a favorecer al hombre que habla sin haber visto. Testigo y víctima de las más miserables intrigas, el empleado une los vicios de las cortes a todas las malas costumbres de la miseria en la que vegeta durante dos tercios de su vida. Ésta es la gente a la que el emperador entregó Francia; pero podía despreciarlos. El emperador quería hacer administrar Francia por empleados con 1.200 francos de honorarios. El empleado hacía el proyecto, y el orgullo del ministro lo hacía pasar.

Algo que describe bien aquella época son las cuentas del vendedor de papel de cada ministerio; la cosa es increíble. E igual de increíble resulta, cuando menos, la cantidad de trabajo inútil y malo por fuerza que hacían aquellos infelices ministros y aquellos pobres prefectos. Por ejemplo, uno de sus mayores trabajos era escribir, de propia mano, todos los informes, incluso las distintas copias del mismo informe, para los distintos ministerios;[157] y, cuanto más trabajaban así, más se degradaba el departamento. El departamento que mejor funcionaba en Francia era el de Maguncia, cuyo prefecto era Jean Debry.[158] Éste se burlaba de forma abierta de la burocracia ministerial.[159]

Capítulo XLVII[160]

¿Cuál era entonces el mérito de esa administración imperial tan añorada por Francia, y por Bélgica, el Piamonte, los Estados de Roma y de Florencia?[161]

Eran reglas generales y decretos orgánicos dictados por la más sana razón. Era la completa extirpación de todos los abusos acumulados en la administración de cada país por dos o tres siglos de aristocracia y de astuto poder. Las reglas generales de la administración francesa sólo protegían dos cosas: el trabajo y la propiedad. Eso bastó para hacer que se adorara aquel régimen. Por lo demás, la decisión ministerial que llegaba de París después de seis meses, aunque a menudo resultara ridícula por la ignorancia de los datos, siempre era imparcial. Y hay cierto país, que no nombraré, donde el más humilde juez de paz no puede enviar una citación sin cometer una escandalosa injusticia en beneficio del rico contra el pobre.* Este régimen sólo se interrumpió con la aparición del gobierno francés. Cualquier hombre que quisiera trabajar tenía la seguridad de hacer fortuna. Se presentaba una multitud de compradores para todos los objetos. La justicia y el trabajo, puestos de relieve, hacían perdonar el reclutamiento y los derechos unidos.

El Consejo de Estado del emperador advertía muy bien que el único sistema razonable era que cada departamento pagase a su prefecto, su clero, sus jueces, sus carreteras departamentales y que sólo se enviara a París lo necesario para el soberano, los ejércitos, los ministros y, por fin, los gastos generales.[163]

* Consultas del señor Dalpozzo, Italia, 1817.[162]

Ese sistema tan sencillo era la bestia negra de los ministros. El emperador ya no habría podido robar a los ayuntamientos, y en Francia ése es el gran placer de los soberanos.* Cuando a la nación ya no le engañen las frases,** lo lograremos, e incluso el rey elegirá sólo a los prefectos y alcaldes de las grandes ciudades entre cierto número de candidatos nombrados por esas grandes ciudades,*** y las pequeñas nombrarán directamente a sus alcaldes, por un año. Hasta entonces, nada de verdadera libertad, y nada de verdadera escuela para los miembros del Parlamento. Todo lo bueno que hubo en nuestras asambleas legislativas había sido el administrador de departamento nombrado por el pueblo. En vez de hacer que los asuntos los digieran empleados, se hará que los digieran ricos ciudadanos, pagados en vanidad, como los administradores de los hospitales. Pero todo eso contraría la administración frasística y las fortunas de oficina, en una palabra: la fatal influencia de la egoísta París.****

---

* La gente se extrañaba de ver al duque de Choiseul resistir tanto tiempo contra madame Dubarry. Cuando parecía vacilar más, se procuró un trabajo con Luis XV y solicitó sus órdenes referentes a cinco o seis millones de economías que había hecho en los departamentos de la guerra, observando que no era conveniente enviarlos a las arcas del tesoro real. El rey entendía lo que eso quería decir y le respondía: «Hablad con Bertin, dadle tres millones en tales efectos, el resto os lo regalo». El rey no estaba seguro de que su sucesor le ofreciese las mismas facilidades.

** Es decir, cuando haya libertad de prensa.

*** Por la gente que pague cien francos de impuestos.

**** Todos los pequeños literatos que envilecen la literatura y sirven al partido vencedor para injuriar al partido vencido y exaltar su propia insolencia, viven de una oficina. Véanse las biografías Michaud (Villemain, Auger, Roger).

Capítulo XLVIII[164]

De los ministros

La gran desgracia de Napoleón es haber tenido en el trono tres de las debilidades de Luis XIV.

Le gustó hasta el infantilismo la pompa de la corte; tomó a los ministros por bobos y, aunque no creyera formarlos, como Luis XIV decía de Chanillard, al menos creyó que fuera cual fuese la ineptitud de los informes que le presentaban, él sabría desentrañar el auténtico sentido del asunto.[165] En fin, Luis XIV temió a los talentos; a Napoleón no le gustaban. Partía del principio de que en Francia nunca habría una facción más fuerte que los jacobinos.

Le vemos despedir a Luciano y a Carnot, hombres superiores que poseían, por cierto, las partes que le faltaban. Le vemos querer o aguantar a Duroc, al príncipe de Neuchâtel, al duque de Massa, al duque de Feltre, al duque de Bassano, al duque de Abrantes, a Marmont, al conde de Montesquiou, al conde de Cessac, etc., todos ellos absolutamente honestos y muy estimables entre todos los mortales, pero a quienes un público malicioso se ha obstinado siempre en encontrar algo ineptos.

Cuando el apestoso aire de la corte hubo corrompido por completo a Napoleón y exaltado su amor propio hasta un estado enfermizo, despidió a Talleyrand y a Fouché y los sustituyó por los más limitados de sus halagadores (Savary y Bassano).

El emperador llegó hasta el punto de poder desentrañar el más complejo asunto en veinte minutos. Se le veía haciendo increíbles esfuerzos de atención, imposibles en cualquier otro hombre, para intentar comprender un desordenado y prolijo informe, en una palabra, confeccionado por un bobo que a su vez no conocía el asunto.

Decía del conde de C[essac], uno de sus ministros: «Es una anciana», y lo mantenía. «Yo no soy un Luis XV», decía a sus ministros reunidos en consejo al regreso de uno de sus viajes, «yo no cambio de ministros cada seis meses». Partió de donde estaba para decirles todos los defectos que el público les reprochaba. Creía saberlo todo sobre todo y no necesitar otra cosa que secretarios redactores de sus pensamientos. Eso puede parecer acertado en el jefe de una República, cuando la cosa pública aprovecha la inteligencia del más humilde de sus ciudadanos, ¡pero en el jefe de un despotismo que no soporta la existencia de ninguna corporación, de ninguna regla!

El duque de Bassano obtenía sus mayores éxitos cuando adivinaba qué pensaba el emperador sobre un asunto que aquél no le había comunicado todavía. No era ése el papel de Sully ante Enrique IV, no sería ése el papel de un hombre sencillo y honesto ante un soberano, y sobre todo, ante un soberano cuya pavorosa actividad consistía en decidir por decreto hasta un gasto de cincuenta francos.

Capítulo XLIX[166]

Siguen los ministros

Desde hace dos siglos, un ministro, en Francia, es un hombre que firma cuatrocientos despachos por día, y que da de cenar; es una existencia absurda.

Bajo Napoleón, esa pobre gente se mataba a trabajar *sin pensamiento*, pero realizando un trabajo absurdo por fuerza. Para ser bien recibido por el emperador, siempre había que responder al problema que le preocupaba en el momento en que se entraba. Por ejemplo, ¿a cuánto asciende el mobiliario de todos mis hospitales militares? El ministro que no respondía con franqueza y como alguien que se hubiera ocupado sólo de esa idea durante toda la jornada, era vilipendiado, aun teniendo, por lo demás, las luces del duque de Otranto.[167]

Cuando Napoleón supo que Crétet, el mejor ministro del Interior que había tenido, iba a sucumbir a causa de una enfermedad mortal, dijo: «Nada es más justo; un hombre al que hago ministro ya no debe poder mear al cabo de cuatro años. Es un honor y una eterna fortuna para su familia».

Los pobres ministros acababan muy embrutecidos por ese sistema. En una ocasión, el estimable conde Dejean se vio obligado a solicitar su gracia. Calculaba los gastos de la guerra al dictado del emperador y estaba tan *ebrio* de cifras y cálculos que tuvo que interrumpirse y decirle que ya no entendía nada.

Otro ministro se cayó de sueño apoyado sobre su papel mientras el emperador le hablaba, y sólo despertó al cabo de un cuarto de hora sin dejar de hablar a su majestad y de responderle; y era uno de sus hombres más valiosos.

El favor de los ministros tenía fases de un mes o de seis semanas. Cuando uno de esos pobres tipos veía que ya no gustaba a su dueño, aumentaba el trabajo, se ponía amarillo y multiplicaba las complacencias con el duque de Bassano. De pronto, de forma imprevisible recuperaba su favor; sus esposas eran invitadas al círculo y se sentían ebrios de alegría. Esta vida mataba, pero no dejaba espacio para el tedio. Los meses pasaban como si fueran días.

Cuando el emperador estaba contento con ellos, les mandaba una asignación de diez mil libras de renta. Cierto día, habiendo descubierto un grave error que le había incitado a cometer el duque de Massa, lo derribó con su túnica roja en un sofá y le propinó algunos puñetazos; avergonzado por aquella salida de tono, al día siguiente le mandó sesenta mil francos. He oído afirmar a uno de sus más bravos generales (el conde Curial) que un bofetón del emperador no deshonraba, que era una simple muestra de descontento del jefe de Francia. Y es cierto, pero hay que estar muy libre de prejuicios. En otra ocasión, el emperador le propinó unos golpes de tenaza al príncipe de Neuchâtel.

El duque de Otranto, el único hombre de espíritu realmente superior que estuvo entre los ministros, se había liberado del enorme trabajo de pluma con el que los demás ministros buscaban el favor de su dueño. Benevento sólo fue el *primus inter pares*, y sus *pares*, los ministros de las demás cortes, no eran más que unos imbéciles. No tuvo que intervenir en ninguna cuestión difícil. El duque de Otranto supo salvar un gobierno rodeado de enemigos, ejerció la más suspicaz tiranía, saltándose muchas apariencias de libertad y no molestó en absoluto a la inmensa mayoría de los franceses. Los duques de Massa y de Feltre incluso eran incapaces de ese trabajo mecánico. El emperador, aburrido de las necedades del duque de Feltre, hacía examinar su trabajo por el conde de Lobau. Los ministros de Marina y del Interior, el conde Decrès y Montalivet, eran gente de ingenio que sólo hizo tonterías: no haber enviado doscientas fragatas armadas para actuar de corsarios contra el comercio inglés, no haber formado con la suficiente rapidez a los marineros en el Zuidersee, y mil necedades más. En el caso del segundo, los guardias de honor, que sólo debían arrestar a quinientos o seiscientos charlatanes que hablaban mal del gobierno en los cafés, y que en cambio sembraron la desolación, del modo más injusto y odioso, en miles de familias. Pero el conde Montalivet quería ser duque. ¡Y a pesar de todo era un hombre superior!

En 1810, la opinión pública señalaba al emperador a los señores Talleyrand, Fouché y Merlin para Justicia, a Soult para mayor general, a Carnot o al mariscal Daboust para la Guerra, a Daru para los gastos y comercio de guerra, a Chaptal para Interior, a Mollien y Gaudin para Hacienda, a Réal como secretario de Estado, a Bérenger, Français, Montalivet y Thibaudeau para las direcciones; a Le Voyer d'Argenson, Lezay-Marnezia, al conde de Lobau, a los señores Lafayette, Say y Merlin de Thionville para el Consejo de Estado; puede decirse que en parte siguió esa indicación. Sin embargo, había en su ministerio cuatro o cinco hombres de tal inferioridad que tener que soportarlos en aquel puesto indica con claridad su odio hacia el talento. Hubiera sido mucho peor después de unos años. La gente que durante la Revolución había adquirido verdadera experiencia de los asuntos públicos acabaría asqueándose o extinguiéndose, y los jóvenes que les habrían de sustituir sólo buscaban dar pruebas de su servilismo. Ser bien recibido por el señor duque de Bassano constituía la suprema felicidad. Si alguien quería perderse para siempre en la corte del tal duque, sólo había que mostrar ciertas aptitudes para pensar. Sus favoritos eran gente a la que podía acusarse de no saber leer.

Capítulo L[168]

Entonces ¿cómo funcionaba Francia con ministros que seguían un camino[169] tan absurdo? Francia funcionaba por la extremada emulación que Napoleón había inspirado en todos los estratos de la sociedad. La gloria era la verdadera legislación de los franceses. Allí donde se mostrara, recorriendo sin cesar su vasto imperio, si el verdadero mérito lograba penetrar la muralla de sus ministros y sus chambelanes tenía asegurada una inmensa recompensa. El más humilde mozo de botica que trabajaba en la trastienda de su dueño vivía espoleado por la idea que si hacía un gran descubrimiento ganaría la cruz y le harían conde.[170]

Los reglamentos de la Legión de Honor eran la única religión de los franceses; eran respetados tanto por el soberano como por los súbditos. Nunca, desde las coronas de roble de los antiguos romanos, una recompensa pública había sido distribuida con tanta sagacidad y había contado entre sus miembros con tal cantidad de gente de mérito.[171] Todos los hombres que habían demostrado ser útiles a la patria tenían la cruz. Al comienzo la habían prodigado con cierta generosidad, pero con el paso del tiempo, entre sus miembros apenas había una décima parte de gente sin méritos.*

---

* Hoy sucede lo contrario. Si se desea tener la lista de lo más inocente, más bobo y más soso que hay en Francia, sólo hay que mirar la de la gente que ha obtenido la legión de honor en los últimos tres años.

Capítulo LI[172]

Del Consejo de Estado

La mayoría de los decretos orgánicos distintos a los de personal eran remitidos al Consejo de Estado. En mucho tiempo ningún soberano podrá tener otro igual. Napoleón había heredado toda la gente de talento formada por la Revolución. Sólo era una excepción un pequeñísimo número que había destacado demasiado en un bando. Por desprecio hacia los hombres, indiferencia ante las distintas opciones y por dejarse llevar por las circunstancias, había enterrado en el Senado a varios hombres cuya probidad o talento hubieran sido más útiles en el Consejo de Estado. Entre ellos estaban el general Canclaus, los señores Boissy d'Anglas, el conde de Lapparent, Roederer, Garnier, Chaptal, François de Neuchateau, Semonville. El conde Sieyès, Volney y Lanjuinais habían destacado demasiado por unas opiniones liberales y peligrosas. El día del Concordato, Volney le había vaticinado todas las pesadumbres que el Papa habría de acarrearle.

Salvo por esos hombres, el Consejo de Estado era lo mejor que había en aquellas circunstancias.

Estaba dividido en cinco secciones:

Las secciones: de Legislación,
          de Interior,
          de Hacienda,
          de la Guerra,
          de la Marina.

El ministro de la Guerra presentaba un decreto, la organización de los Inválidos, por ejemplo, el emperador lo remitía a la sección de la Guerra, que sólo se interesaba en encontrar defectos al ministro.

Los decretos remitidos eran discutidos en la sección concerniente por seis consejeros de Estado y cuatro relatores. Había de siete a ocho auditores. La sección elaboraba un proyecto que se imprimía, a medio margen, con el del ministro; se distribuía la hoja impresa a los cuatro consejeros de Estado, y los dos proyectos eran discutidos en una sesión presidida por el emperador o por el archicanciller Cambacérès. Muy a menudo el decreto se devolvía a la sección y existían cuatro o cinco redacciones distintas, impresas y distribuidas, antes de que el emperador se decidiera a firmar.

Este es el excelente invento que el emperador aportó al despotismo. Es un digno poder que un ministro que conoce su tema no deja de obtener de manos de un soberano débil o que, cuando menos, conoce sólo el asunto a medias.

Las sesiones del Consejo de Estado resultaban brillantes para el emperador. Es imposible tener más ingenio. En los asuntos más ajenos a su oficio de general, en las discusiones sobre el código civil, por ejemplo, siempre sorprendía. Era de una sagacidad maravillosa, infinita, fulgurante de ingenio, arrobadora, creaba en todas las cuestiones relaciones no percibidas o nuevas; abundaba en vivas imágenes, pintorescas, en animadas expresiones y, por decirlo de algún modo, *asaeteadas*, más penetrantes en la propia incorrección de su lenguaje, siempre algo impregnado de rarezas, pues no hablaba bien el francés ni el italiano.[173]

Su encanto residía en su franqueza, su bondad. En una ocasión en que se discutía un asunto concerniente al Papa, dijo: «A vos os ha resultado muy fácil decirlo; pero si el Papa me dijese: "Esta noche el ángel Gabriel se me ha aparecido y me ha dicho tal cosa", estaría obligado a creerlo».

En el Consejo de Estado algunos prohombres del Mediodía que se encendían, llegaban muy lejos y, a menudo, no aceptaban malas razones: el conde Bérenger, por ejemplo. El emperador no guardaba por ello rencor alguno; muy al contrario, a menudo les animaba a hablar: «Bueno, barón Louis, ¿qué tenéis que decir sobre eso?». Su sentido común corregía en todo momento los viejos absurdos admitidos por prescripción en las penas. Era excelente al criticar la jurisprudencia contra el viejo conde Treillard. Varias de las más prudentes disposiciones del Código Civil proceden de Napoleón, en especial en el título del matrimonio.* Las sesiones del Consejo eran una fiesta.

Cambacérès lo presidía, tras él y en su ausencia. Mostraba en ello un talento superior, una razón profunda. Resumía muy bien. Calmaba las susceptibilidades y, recordando cada error, asintiendo a la prudencia, sabía obtener de él las luces que podía dar a la cuestión. [Al Consejo de Estado] le debemos la admirable administración de Francia, esa administración que a pesar del deterioro de las costumbres, Bélgica, Italia y las provincias del Rin todavía añoran.

El emperador no quería alentar entre los ciudadanos la peligrosa virtud de las repúblicas, ni hacer grandes escuelas, como la Escuela Politécnica, para los jueces y los talentos de la administración. Ved cuán lejos estaba de su ánimo; nunca fue a ver la Escuela Politécnica, gran establecimiento militar cuyo éxito, sobrepasando las esperanzas de los filósofos que la fundaron, había llenado ya el ejército de excelentes jefes de batallón y capitanes.

Con estas dos condiciones alternas, la administración francesa fue algo que nunca podrá hacerse mejor. Todo en ella fue firme, razonable, exento de tonterías. Tenía, dicen, demasiadas escrituras y burocracia. La gente que hace esta objeción olvida que el emperador no quería que permanecieran en absoluto incómodos restos de las repúblicas. El déspota decía a sus súbditos: «Cruzaos de brazos; mis prefectos se encargarán de hacerlo todo por vosotros. En precio de tan dulce reposo, sólo os pido hijos y dinero». La mayoría de los generales se había enriquecido robando, era preciso erradicar las bribonadas a fuerza de inspecciones y contra-inspecciones. Nunca déspota alguno tendrá administradores como el conde François de Nantes para los derechos reunidos, que producían 180 millones, y como el conde Montali-

* Véanse las discusiones en Locré, aunque Locré sea muy soso.[174]

vet en *Puentes y calzadas*, que costaban de 30 a 40. El conde Duchâtel, el implacable director de la administración de los dominios, aunque debiera su puesto a su mujer, era excelente. El conde Lavalette, director de postas, podía comprometer la mitad de Francia, al igual que el duque de Otranto; en ese tema, hizo sólo lo indispensable. Es una gran alabanza; depende de la honestidad del carácter. El conde Daru, el más probo de los hombres, tenía un talento superior para hacer vivir un ejército. El conde de Sussy era un buen director de aduanas. El emperador era enemigo mortal del comercio que permitía a la gente hacerse independiente, y el conde de Sussy era mil veces demasiado cortesano para defender el comercio contra el odio del dueño. Merlin, en el Tribunal de Casación; Pelet de la Lozère, en la Policía, eran excelentes. En manos del emperador, la prensa era un instrumento para envilecer o degradar a cualquier hombre que hubiera osado disgustarlo. Pero, aunque violento y sin freno en sus arrebatos, no era cruel ni vengativo. Ofendía mucho más que castigaba, dijo uno de los hombres que más sintieron el peso de su cólera. El conde Réal era, tal vez, un hombre superior a todos los demás, uno de esos hombres que debieran construir la sociedad del déspota.

Todo lo bueno que había en el Consejo de Estado eran viejos liberales, llamados jacobinos, que habían vendido su conciencia al emperador a cambio de títulos y de 25.000 francos anuales. La mayoría de esa gente de talento hincaba la rodilla ante un cordón,* casi con tanta unción como los condes Laplace y Fontane.

El Consejo fue excelente, hasta que el emperador se hubo forjado una corte, en 1810.

Entonces, los ministros aspiraron abiertamente a convertirse en lo que eran bajo Luis XIV. Resultó cándido y, por consiguiente, ridículo oponerse de un modo patente a los proyectos de decretos de un ministro. Unos años más y hubiera resultado escandaloso mantener una opinión opuesta a la del ministro en un informe de sección. Toda franqueza de

---

* El conde Français, por ejemplo.[175]

estilo quedó arrinconada; el emperador llamó al Consejo de Estado a varios hombres que, muy lejos de ser hijos de la Revolución, sólo habían adquirido en las prefecturas la costumbre de un exagerado servilismo y de un respeto ciego por los ministros.* El supremo mérito de un prefecto era imitar a un intendente militar en un país conquistado. El conde Regnault-de-Saint-Jean-d'Angely, el más corrupto de los hombres, se convirtió poco a poco en el tirano del Consejo de Estado. Se advirtió la falta de gente honesta; no porque se dejaran comprar (no había más probidad dudosa que la de Regnault), sino porque faltaba aquella gente honesta y algo brusca a la que nada puede impedir decir la verdad que disgusta a los ministros. Los hermanos Caffarelli tenían ese carácter, pero, día tras día, esa virtud se hacía más gótica y más ridícula. Sólo quedaban los condes de Fermon y Andreossy que, impulsados por su carácter quisquilloso, se atrevían a no hincar la rodilla ante los proyectos de los ministros. Puesto que éstos empeñaban su vanidad en hacer pasar los proyectos de decreto de sus despachos, poco a poco, los consejeros de Estado eran sustituidos por los empleados, y los proyectos de decreto ya sólo eran discutidos por el emperador en el momento de firmarlos.

Finalmente, a la caída del Imperio, ese Consejo de Estado que había creado el Código Civil y la administración francesa se había convertido en algo casi insignificante y quienes veían más allá de los proyectos de los ministros hablaban de destruirlo.

Hacia el final de su reinado, el emperador solía celebrar consejo de ministros o consejo de gabinete, donde convocaba a algunos senadores y algunos consejeros de Estado. Allí se resolvían los asuntos que no pueden confiarse a cincuenta personas. Era el verdadero Consejo de Estado. Esos consejos lo serían todo si en ellos se pudiera hacer valer la independencia, no digo con respecto al amo, sino con respecto a los ministros influyentes. ¿Quién se hubiera atrevido a decir ante el conde de Montalivet que la administración interior de-

---

* Molé, Chauvelin, Frédille y Néville.

clinaba día tras día? ¿Que cada día se perdía alguno de los beneficios de la Revolución?

Como consecuencia de la supresión de la conversación, en ocasiones el emperador tenía la necesidad de desahogarse, sobre todo por la noche. Iba a la caza de ideas. Entonces se le ocurrían algunas que no habrían aparecido gracias a la meditación. Para satisfacer ese gusto, sondeaba a la persona con quien hablaba; o, mejor dicho, al día siguiente, el político recordaba lo que el filósofo había escuchado la víspera. Así, cierto día, a las dos de la madrugada, le dijo a uno de sus oficiales: «¿Qué ocurrirá en Francia después de mí?». «Sire, vuestro sucesor, que con razón tendrá miedo de ser aplastado por vuestra gloria, intentará poner de relieve los defectos de vuestra administración. Se declarará un déficit por los 15 o 20 millones que vos no queréis que vuestro ministro de la administración de la Guerra pague a los infelices mercaderes de Lodève, etc.». El emperador discutía todo eso como el filósofo más franco, el más sencillo y, podemos añadir, el más profundo y el más amable. Dos meses después, en un consejo de gabinete se discutía una reclamación de proveedores. El oficial con quien había charlado del porvenir un mes antes estaba hablando: «¡Oh!», interrumpió el emperador, «ya sé que vos sois el amigo de los proveedores». Nada era más falso.

Capítulo LII[176]

De la corte

En 1785, había *sociedad*, es decir, algunos seres indiferentes los unos con respecto a los otros, reunidos en un salón, conseguían procurarse si no muy vivos goces, al menos placeres muy delicados y sin cesar renacientes. El *placer de la sociedad* se hizo incluso tan necesario que consiguió ahogar los grandes goces que dependen de la naturaleza íntima del hombre y de la existencia de las grandes pasiones y las altas virtudes. Todo lo que es fuerte y sublime dejó de encontrarse en los corazones franceses. Sólo el amor consiguió unas escasas excepciones;* pero, como las grandes emociones se encuentran sólo a intervalos muy alejados y los placeres de salón son de cada instante, la sociedad francesa tenía el atractivo que le procuraron el despotismo de la lengua y de los modos.

Sin que se sospechara, aquella extremada cortesía había destruido por entero la energía en las clases ricas de la nación. Quedaba ese coraje personal que tiene su fuente en la extrema vanidad, y que la cortesía tiende a irritar y a aumentar sin cesar en los corazones.[177]

Eso era Francia cuando la hermosa María Antonieta, deseando procurarse los placeres de una mujer hermosa, convirtió la corte en una sociedad. Ya no se era bien recibido en Versalles porque se fuera duque y par, sino porque madame

* No se habla de las nueve décimas partes de la sociedad, que no son educadas ni influyentes.

de Polignac se dignaba encontraros agradable.* Resultó que al rey y a la reina les faltaba ingenio. El rey, además, no tenía carácter; y así, accesible a todos los opinadores,** no supo arrojarse en brazos de un primer ministro o subirse al carro de la opinión pública.*** Desde hacía mucho tiempo no era en absoluto provechoso ir a la corte, pero las primeras reformas del señor de Necker, que cayó sobre los amigos de la reina,**** hicieron evidente a todas las miradas esa verdad. Desde entonces ya no hubo corte.*****

La Revolución comenzó por el entusiasmo de las almas buenas de todas las clases. El lado derecho de la Asamblea Constituyente presentó una inoportuna resistencia; fue necesario hacer acopio de energía para vencerla: era llamar al campo de batalla a todos los jóvenes de la clase media que no habían sido marchitados por la excesiva cortesía.****** Todos los reyes de Europa se coaligaron contra el jacobinismo. Entonces tuvimos el sublime impulso de 1792. Fueron necesarios un suplemento de energía y hombres de una clase menos elevada aún en la que gente muy joven se encontró a la cabeza de todos los asuntos.******* Nuestros mayores generales salieron de las filas de los soldados para mandar, como quien juega, ejércitos de 100.000 hombres.******** En aquel momento, el mayor en los anales de Francia, la cortesía fue proscrita por las leyes. Todo lo que tenía cortesía se volvió con justicia sospechoso para un pueblo envuelto en traidores

---

* *Memorias* de Bezenval.
** Incluso a un Pezay, que le dijo que sacara su pañuelo.
*** Apoyando al prudente Turgot.
**** El señor de Coigny.
***** Todo eso será, sin duda, admirablemente descrito en la obra póstuma de madame de Staël que está destinada, por su talento, a hacer el *Espíritu de las leyes* de la sociedad.
****** Los señores Barnave, Mounier, Thibaudeau, Bérenger, Boissy d'Anglas, los Merlin, etc.
******* Danton, Saint-Just, Collot d'Herbois, d'Églantine y toda la tan enérgica chusma de la Convención y de los Jacobinos.
******** El general Hoche, hijo de una frutera; Moreau, estudiante de derecho.

y traiciones, y podemos ver que no estaba tan equivocado al pensar en la contrarrevolución.*

Pero con una ley y con un impulso de entusiasmo un pueblo o un individuo no pueden renunciar a una antigua costumbre. Con la caída del Terror, se vio a los franceses regresar con furor a los placeres de la sociedad.** Fue en los salones de Barras donde Bonaparte entrevió por primera vez los delicados y encantadores placeres que puede proporcionar una sociedad perfeccionada. Pero, como aquel esclavo que se presentaba en el mercado de Atenas cargado de monedas de oro y sin monedas de cobre, su espíritu era de naturaleza demasiado elevada, su imaginación demasiado inflamada y demasiado rápida para que pudiera llegar a tener éxito en un salón. Por lo demás, aparecería allí a los 26 años, con un carácter formado e inflexible.

A su regreso de Egipto, en los primeros momentos, la corte de las Tullerías fue una velada de *vivaque*. Allí había franqueza, naturalidad, falta de ingenio. Sólo madame Bonaparte hacía que comparecieran las gracias, como a hurtadillas. El trato de su hija Hortensia y su propia influencia suavizaron poco a poco el férreo carácter del primer cónsul. Admiró la cortesía y las formas del señor de Talleyrand. Éste debió a sus maneras una sorprendente libertad.***

Bonaparte advirtió dos cosas: que, si quería ser rey, se necesitaba una corte para seducir a ese débil pueblo francés para el que la palabra corte resulta omnipotente. Se vio en manos de los militares. Una conspiración de los guardias pretorianos podía arrojarle del trono a la muerte.**** Un entorno de prefectos de palacio, de chambelanes, de escuderos, de ministros, de damas de palacio imponía respeto a los generales de la guardia

---

* Véanse los indicios de las conspiraciones de aquella época en la *Biografía de los vivos*, de Michaud.

** Los bailes de las víctimas, los salones de Tallien.

*** La anécdota de las cerezas. «Vuestra Majestad tiene las más hermosas cerezas de su imperio».[178]

**** Recuérdese la admirable conspiración del general Mallet, en octubre de 1812.

que, por su parte, eran también franceses y sentían un innato respeto por la palabra corte.

Pero el déspota era suspicaz; su ministro Fouché tenía espías incluso entre los mariscales. El emperador tenía cinco policías distintas* que se controlaban una a otra. Una frase que se apartara de la adoración, no diré ya hacia el déspota sino hacia el despotismo, podía perder a alguien para siempre.

Había excitado hasta el más alto grado la ambición de todos. Tratándose de un rey que había sido teniente de artillería, y con mariscales que habían comenzado siendo cómicos de la legua o maestros de armas,** no había auditor que no quisiera ser ministro*** ni subteniente que no aspirara a la espada de condestable. Finalmente el emperador quiso componer su corte en dos años. Nada esclaviza más;**** y, en cuanto lo logró, quiso buenas costumbres. La policía intervino de un modo muy grosero en la desgracia de una pobre dama de la corte.*****[179] En fin, esa corte se componía de generales o de gente que nunca había visto la cortesía, cuyo reinado cayó en 1789.******

No hacía falta tanto para impedir el renacimiento del espíritu de sociedad. Ya no hubo sociedad. Cada cual se encerró en su matrimonio; fue una época de virtud conyugal.

---

* Las del ministro, del primer inspector de la gendarmería, del prefecto de policía, del director general de las postas y, por fin, la policía secreta en contacto directo con el emperador.

** Victor, duque de Bellune, cómico de la legua en Valence. Augereau, maestro de armas en Nápoles, protegido por el embajador Talleyrand que, cuando estallaron los disturbios, le dio veinticinco luises para que fuera a hacer fortuna a Francia.

*** Siguiendo el ejemplo del señor Molé.

**** De 1808 a 1810. Hacía que le dijeran a un rico joyero de París que tenía tres hijas: «El general N... se casa con la mayor de vuestras tres hijas, a la que vos dais 50.000 escudos». El enloquecido padre, que tenía cierto acceso a las Tullerías, va a solicitar su gracia; él le repite las mismas palabras, añadiendo: «El general N... irá a hacer la corte mañana, y se casará pasado mañana». El matrimonio es muy feliz.

***** Madame Rapp.

****** El ministro Roland yendo a casa del rey sin hebillas en sus zapatos.

Un general amigo mío quería dar una cena de veinte cubiertos. Va a casa de Véry, en el Palais Royal. Tras escuchar sus órdenes, Véry le dice: «Sin duda sabéis, mi general, que estoy obligado a dar aviso de vuestra cena a la policía, para que haya alguien». El general se muestra muy asombrado y más enojado aún. Al anochecer, se encuentra al duque de Otranto en un consejo con el emperador, y le dice: «Carajo, ya es el colmo que yo no pueda dar una cena para veinte personas sin admitir a uno de los vuestros». El ministro se excusa, pero no deroga en absoluto la condición necesaria; el general se indigna. Al final, Fouché le dice, como en una inspiración: «Bueno, veamos vuestra lista». El general se la da. Y apenas el ministro ha llegado al primer tercio de los nombres comienza a sonreír, le devuelve la lista y dice: «No es necesario que invitéis a desconocidos». ¡Y los veinte invitados eran grandes personajes!

Después del espíritu público, lo que más aborrecía el monarca era el espíritu de sociedad. Proscribió furioso el *Intrigante*, comedia de un autor vendido a la autoridad:[180] pero sus chambelanes se atrevían a bromear sobre el tema; allí se burlaban de las damas de la corte que, bajo Luis XV, coleccionaban coroneles. Ese rasgo, tan alejado de él, le escandalizó sobremanera: osaban burlarse de una corte.

En un pueblo espiritual, donde se sacrifica con alegría la fortuna por el placer de decir una frase aguda, cada mes veía brotar alguna pulla maliciosa: y eso lo dejaba desolado. A veces el valor llegaba hasta la canción; entonces permanecía sombrío durante ocho días y maltrataba a los jefes de sus policías.* Lo que envenenaba aquella pesadumbre era que se sentía muy sensible al placer de tener una corte.

---

* La canción de Michaud:

Vale ese héroe su peso en oro,
en Francia nadie lo duda,
pero mucho más valdría aún
si valiera todo lo que nos cuesta (*bis*).

La canción de aquel soso de Martainville que le hizo soportar duchas en Charenton gracias a la especial protección del duque de Rovigo.[181]

Su segundo matrimonio descubrió una nueva debilidad en su carácter. Le cosquilleaba la idea de que él, teniente de artillería, había llegado a casarse con la nieta de María Teresa. La vana pompa y el ceremonial de una corte parecían complacerle tanto como si hubiera nacido príncipe. Llegó a ese punto de locura que supone olvidar su primera cualidad, la de hijo de la Revolución. Federico, rey de Wurtemberg y verdadero rey, le dijo en uno de esos congresos que Napoleón celebraba en París para justificar ante los franceses el título de emperador: «No veo en vuestra corte nombres históricos: yo haría colgar a toda esa gente o los pondría en mi antecámara». Tal vez ése sea el único consejo capital que Napoleón siguió en su vida y lo siguió con un respeto que resulta muy ridículo en sí mismo. De inmediato, las cien mayores familias de Francia fueron a rogar al señor de Talleyrand que las introdujera a toda costa en la corte. El emperador, asombrado, dijo: «Quise tener a la joven nobleza en mis ejércitos, y no pude encontrarla».

Napoleón recordó a las grandes familias que eran grandes sin él; ellas lo habían olvidado. Pero él estaba obligado, como reconoció más tarde, a ceder ante esa debilidad con la más extremada prudencia: «Pues cada vez que yo tocaba esa cuerda, los ánimos se estremecían como un caballo al que se aprieta demasiado la brida». Topaba con la única pasión del pueblo francés: la vanidad. Mientras sólo se limitó a topar con la libertad, todo el mundo le admiraba.

Napoleón, pobre y volcado por completo en cosas serias durante su juventud, sin embargo estaba muy lejos de sentirse indiferente ante las mujeres. Su aspecto flaco en extremo, su pequeña estatura, su pobreza no estaban hechos para procurarle osadía y éxitos. Ahí era preciso administrar el valor en pequeñas dosis. No me extrañaría pensar que fue tímido con las mujeres. Temía sus chanzas; y aquella alma inaccesible al temor se vengó de ellas, el día que tuvo poder, expresando sin cesar y con crudeza un desprecio del que no hubiese hablado si éste hubiera sido real. Antes de su grandeza, escribía a su amigo, el ordenante Rey, refiriéndose a una pasión que cautivaba a Luciano: «Las mujeres son palos embarrados; no pueden tocarse sin que uno se ensucie». Con una imagen tan poco elegante, quería indicar las faltas de conducta a las que ellas arrastran: era una predicción. Odiaba a las mujeres porque temía soberanamente el ridículo a que pueden inducir. Mientras cenaba con madame de Staël, a quien tan fácil le hubiera resultado ganarse, exclamó grosero que sólo le gustaban las mujeres que se ocupaban de sus hijos. Quiso tener y tuvo, según dicen, por su ayuda de cámara Constant,* a casi todas las mujeres de su corte. Una de ellas, recién casada, al segundo día de comparecer en las Tullerías, decía a sus vecinas: «Dios mío, no sé qué quiere de mí el emperador; he recibido una invitación para acudir, a las ocho, a sus aposentos». Al día siguiente, cuando las damas le preguntaron si había visto al emperador, enrojeció muchísimo.

El emperador, sentado ante una mesilla, con la espada al costado, firmaba decretos. La dama entraba; él le rogaba que se metiera en la cama sin molestarse. Muy pronto la acompañaba en persona con un candelabro y volvía a leer sus decretos, a corregirlos, a firmarlos. Lo esencial de la entrevista no duraba ni tres minutos. A menudo, su mameluco se encontraba detrás de un biombo.** Mantuvo dieciséis entrevistas de ese tipo con mademoiselle George, y en una de ellas le dio un puñado de billetes de banco. Había noventa y seis. El ayuda de cámara Constant arregló la cosa; a veces le rogaba a la dama que se quitara la camisa y, sin molestarse más, la despedía.

Con esta conducta el emperador desesperó a las mujeres de París. Despedirlas al cabo de dos minutos para firmar sus decretos, a menudo sin ni siquiera quitarse la espada, les pareció atroz. Era hacerles mascar su desprecio. Hubiera sido más amable que Luis XIV, si hubiese querido adoptar la mínima apariencia de un amante y arrojarle dos prefecturas,

---

* Exactamente traducido de las obras de Goldsmith.[182]
** Este mameluco y Constant recibieron veinte mil libras de renta de su señor, fueron ingratos y ni siquiera lo siguieron a la isla de Elba. Gozan de su fortuna en París.

veinte títulos de capitán y diez plazas de auditor para distribuir. ¿Qué le importaba eso? ¿Acaso ignoraba que en las presentaciones de sus ministros a veces nombraba a los protegidos de sus amantes?

Fue juguete de la apariencia de debilidad. Sucedía como en la religión; ¿debía un político llamar debilidad a lo que le habían dado todas las mujeres? No se vieron tantos pañuelos blancos en la entrada de los Borbones.

Pero odiaba, y el temor no razona. La mujer de uno de sus ministros comete una única falta: él tiene la desfachatez de decírselo. El pobre hombre, que adoraba a su mujer, cae desvanecido. «¿Y vos, Maret, creéis que no sois un c...? Vuestra mujer recibió el miércoles pasado al general Pir.»[183]

Nada había más insípido y, podemos afirmarlo, más tonto que sus preguntas a las mujeres en los bailes que daba a la ciudad. Aquel hombre encantador adquiría entonces un tono sombrío y aburrido. «¿Cómo os llamáis? ¿Qué hace vuestro marido? ¿Cuántos hijos tenéis?». Cuando quería colmar la medida de la distinción, pasaba a la cuarta pregunta: «¿Y cuántos hijos varones?».[184]

Para las damas de la corte, el colmo de la aceptación era ser invitadas al círculo de la emperatriz. Cuando lo del incendio en casa del príncipe Schwartz en Berg, quiso recompensar a algunas damas que habían mostrado cierta generosidad en aquel gran peligro que apareció de pronto, entre los encantos de un baile.

El círculo comenzó a las ocho, en Saint-Cloud, y estuvo compuesto, además de por el emperador y la emperatriz, por siete damas y los señores de Ségur, de Montesquiou y de Beauharnais. Las siete damas, en una estancia bastante pequeña y con grandes galas cortesanas, estaban alineadas contra la pared. El emperador examinaba unos papeles junto a una mesilla. Al cabo de un cuarto de hora de profundo silencio, se levantó y dijo: «Estoy cansado de trabajar. Que hagan entrar a Costaz; veré los planos de los palacios». El barón Costaz, el más hinchado de los hombres, entra con unos planos bajo el brazo. El emperador hace que le expliquen los gastos previstos en Fontainebleau para el siguiente año, que él quería acabar en cinco años. Lee primero el proyecto, interrumpiéndose para hacer observaciones al señor Costaz. No le parecen acertados los cálculos de terraplén que éste ha hecho para un estanque que había que llenar. Entonces comienza a hacer cálculos en el margen del informe; olvida añadir la arena en sus cifras; las borra y se hace un lío. Se equivoca; el señor Costaz le recuerda de memoria la suma. Entretanto, dos o tres veces, se vuelve hacia la emperatriz: «Bueno, ¡esas damas no dicen nada!». Entonces se susurran dos o tres frases en voz muy baja sobre el universal talento de su majestad, y se hace de nuevo el más profundo silencio. Pasan tres cuartos de hora, el emperador se vuelve otra vez: «Pero esas damas no dicen nada. Querida amiga, pide una lotería». Llaman; llega la lotería; el emperador sigue calculando. Ha ordenado que le den una hoja de papel blanco y ha vuelto a hacer todos los cálculos. De vez en cuando, su genio prevalece; se equivoca y se enfada. En esos difíciles momentos, uno de los hombres que saca los números de la bolsa baja más aún la voz. Su voz ya sólo es un agitar de labios. Las damas que le rodean apenas pueden adivinar los números que anuncia. Por fin dan las diez; la triste lotería se interrumpe y la velada acaba. Antaño habrían ido a París para decir que regresaban de Saint-Cloud. Eso hoy no basta; una corte es algo muy difícil de crear.

El emperador gozó de una singular fortuna: su buena estrella le hizo conocer a un personaje único para ponerse al frente de una corte. Era el conde de Narbona, hijo por partida doble de Luis XV.* Quiso nombrarle caballero de honor de la emperatriz María Luisa. Esa princesa tuvo el muy sorprendente valor de resistírsele: «No tengo queja alguna del actual caballero de honor, el conde de Beauharnais. ¡Pero es tan tonto! Es una reflexión que vuestra majestad podía haberse hecho al nombrarle. Pero una vez admitido a mi servicio, no es conveniente que lo abandone sin motivo y, sobre todo, que lo abandone sin mí».

---

* Aquel que, como ministro de la Guerra, declaró la guerra a todo el mundo cuando comenzó la Revolución, y emprendía sus giras militares seguido por madame de Staël.[185]

El emperador no tuvo el valor de decirle al conde de Narbona: «He aquí cinco millones al año, y un poder absoluto en el departamento de las bobadas; cread una corte agradable». La mera presencia de aquel hombre encantador hubiera bastado. El emperador sólo se habría limitado a hacerle escribir algunas respuestas amables. El ministro de la policía sólo pedía una frase que pudiera ponerla por las nubes. En vez de ello, el emperador parecía empeñado en formar su corte con los más aburridos rostros del mundo. El príncipe de Neuchâtel, escudero mayor, era nulo para la vida social, donde casi siempre exhibía un humor arisco. El señor de Ségur había sido amable;* no podía, es cierto, decirse lo mismo de los señores de Montesquiou, de Beauharnais, de Turenne, ni siquiera del pobre de Duroc que, por lo que se cree, tuteaba al emperador en la intimidad. Nada más insípido que la turba de escuderos y chambelanes. De éstos no se veían más de una docena en la antecámara de los palacios, y siempre los mismos rostros, y nada había allí que pudiera romper el tedio de la corte. No me extrañaría que el emperador, totalmente ajeno al espíritu de diversión, sólo sintiese alejamiento por la gente de ese carácter, tan indispensable en una corte si se quiere que ésta rivalice con la ciudad. Todos los hombres de la corte de Saint-Cloud eran la gente más honesta del mundo. No había negrura alguna en aquella corte devorada por la ambición; sólo había tedio, pero era abrumador. Desde siempre el emperador no era más que un hombre de carácter. Su naturaleza no contemplaba poder divertirse. Un espectáculo le aburría, o lo disfrutaba con tal pasión que escucharlo y gozar de él se convertía en el más exigente de los trabajos. Así, loco de placer tras haber escuchado a Grescentini cantando el *Romeo y Julieta* y la melodía *Ombra adorata, aspetta*, sólo salió de su transporte para mandarle la corona de hierro.[187] Lo mismo ocurría, a veces, cuando Talma representaba a Cor-

---

* El dueño le encargó que compusiera la etiqueta del palacio imperial, un volumen de 306 páginas, en Galand, 1808, y que injuriara la filosofía del Instituto el día de la recepción del conde de Tracy. Era agradable ver con qué magnitud de frases el gran chambelán engolosinaba aquella pobre filosofía. En 1817, tras perder el empleo, el gran chambelán se hizo liberal.[186]

neille, cuando Napoleón leía a Ossian, cuando hacía que tocaran viejas contradanzas en las veladas de la princesa Paulina o de la reina Hortensia y se ponía a danzar con todo su corazón. Nunca tuvo la sangre fría necesaria para ser amable; en pocas palabras, Napoleón no podía ser Luis XV.

Puesto que las artes hicieron inmensos progresos durante la Revolución y tras la caída de la falsa cortesía, y el emperador tenía muy buen gusto y deseaba que se devorase todo el dinero que distribuía en sueldos o gratificaciones, las fiestas que se daban en las Tullerías o en Saint-Cloud eran encantadoras. Sólo faltaba gente capaz de divertirse. No había modo de conseguir la comodidad y el abandono; se vivía en exceso devorado por la ambición, por el temor o la esperanza de un éxito. Bajo Luis XV, la carrera de un hombre estaba hecha de antemano; era preciso algo extraordinario para que algo se estropeara. La hermosa duquesa de Bassano da unos bailes que quedan muy bien. Los dos primeros son bonitos; el tercero es divino. El emperador la encuentra en Saint-Cloud, le dice que no resulta conveniente que un ministro dé bailes de frac y, al fin, la hace llorar.[188]

Es notorio que entre los grandes de la corte la sociedad sólo podía durar mientras se constituyera en perpetuo estado de constricción, de insipidez y de reserva. Los mayores enemigos eran puestos uno frente al otro. No había en absoluto una sociedad íntima.[189]

La bajeza de los cortesanos no se revelaba mediante palabras amables, como bajo Luis XV.

El conde Laplace, canciller del Senado, le hace una escena a su mujer porque no se arregla bastante para ir a casa de la emperatriz. Aquella pobre mujer, muy coqueta, compra un vestido encantador, tan encantador que, por desgracia, atrae la mirada del emperador que se dirige directamente a ella al entrar, y ante doscientas personas le dice: «¡Qué aspecto tenéis, madame Laplace! ¡Pero sois vieja! Esos vestidos deben dejarse para las jóvenes; no conviene a las de vuestra edad».

Por desgracia, madame Laplace, conocida por sus pretensiones, se encontraba en ese difícil momento en el que sólo una mujer hermosa puede no ser joven ya. Esa pobre mujer regresa a su casa desesperada. Los senadores amigos suyos, sin recordarle la cruel frase, están dispuestos, tan chocante era la cosa, a enmendarle la plana al amo, cuando ella lo mencione. Llega el señor de Laplace y le dice: «Pero, señora, ¡qué idea es esa de ponerse un vestido de muchacha! Vos no queréis envejecer en modo alguno... pero no sois ya joven... El emperador tiene razón». Durante ocho días sólo se habló de ese rasgo de cortesano, y es preciso admitir que no es gracioso y que no honró ni al amo ni al lacayo.[190]

Capítulo LIII[191]

Del ejército

Las elecciones que Napoleón hacía en sus continuas revistas, y cuando consultaba a los soldados y a la opinión pública en el regimiento, eran excelentes; las del príncipe de Neuchâtel, muy malas. El ingenio era un título de exclusión; y más aún el menor sentimiento generoso de entusiasmo por la patria.*

Sin embargo, es evidente que la tontería sólo era necesaria en los oficiales de la guardia que debían, sobre todo, no ser gente que se dejara conmover por una proclama. Allí se necesitaban ciegos instrumentos de la voluntad de Mahoma.

La opinión pública se inclinaba por el duque de Dalmacia o el conde de Lobau para el puesto de mayor general. El príncipe de Neuchâtel se hubiera sentido más contento que ellos. Estaba hastiado de las fatigas de su puesto y, durante jornadas enteras, ponía los pies sobre su mesa, se arrellanaba en su sillón y sólo respondía silbando a todas las órdenes que pudieran solicitarle. Lo más divino del ejército francés eran los suboficiales y los soldados. Como que costaba muy caro hacerse sustituir en la leva, allí estaban todos los hijos de la pequeña burguesía; y, gracias a las escuelas centrales, habían leído el *Emilio* y los *Comentarios* de César. No había subteniente que no creyera con firmeza que combatiendo con fuerza y si no se encontraba con una bala se convertiría algún día en mariscal del imperio.[192] Esa feliz ilusión duraba

---

* El príncipe de Neuchâtel tenía todas las cualidades morales que forjan al hombre honesto, pero es permisible poner en duda su talento.

hasta el grado de general de brigada. Se advertía entonces, en la antecámara del príncipe vicecondestable, que salvo que se acometiera una hermosa acción de inmediato, ante los ojos del gran hombre sólo había esperanza en la intriga. El mayor general se rodeaba de una especie de corte para mantener a distancia a los mariscales que, tal como él mismo percibía, valían más que él. El príncipe de Neuchâtel, como mayor general, se encargaba del ascenso en todos los ejércitos fuera de Francia. El ministro de la Guerra sólo se encargaba del ascenso de los militares empleados en Francia, donde por norma los ascensos sólo se lograban a tiros de fusil. Cierto día, en un consejo de ministros del gabinete, el respetable general Dejean, el ministro del Interior, el general Gassendi y varios más se reunieron para suplicar al emperador que ascendiera a jefe de batallón a un capitán de artillería que había prestado los mayores servicios en el interior. El ministro de la Guerra recordaba que, desde hacía cuatro años, su majestad había borrado tres veces el nombre de aquel oficial de los decretos de ascenso. Todos habían abandonado el tono oficial para suplicar al emperador: «No, señores, nunca aceptaré ascender a un oficial que no ha entrado en combate desde hace diez años, pero es bien sabido que tengo un ministro de la Guerra que me sorprende con las firmas». Al día siguiente, el emperador firmaba, sin leerlo, el decreto que nombraba a aquel valiente jefe de batallón.

En el ejército, tras una victoria o tras una simple ventaja obtenida por una división, el emperador pasaba siempre revista. Tras haber pasado por las filas, acompañado por el coronel, y tras haber hablado con todos los soldados que se habían distinguido, ordenaba que el tambor redoblase; los oficiales se reunían a su alrededor. Entonces, si un jefe de escuadrón había resultado muerto, preguntaba en voz muy alta: «¿Quién es el más valiente capitán?». Entonces, en el calor del entusiasmo por la victoria y por el gran hombre, las almas eran sinceras, las respuestas eran leales. Si el más valiente capitán no tenía suficientes medios para ser jefe de escuadrón, le concedía un ascenso en la Legión de Honor y, volviendo a la cuestión, preguntaba: «Después de fulano, ¿quién es el más valiente?». El príncipe de Neuchâtel tomaba nota de los ascensos con un lápiz; y en cuanto el emperador había pasado a otro regimiento, el comandante del que acababa de abandonar ordenaba que se reconociese en sus grados a los nuevos oficiales.

En aquellos momentos, a menudo vi a soldados llorando de ternura por el gran hombre. En el mismo momento de una victoria, el gran vencedor enviaba listas de treinta o cuarenta personas para cruces o grados, listas que de manera habitual se firmaban en el original y que, por consiguiente, aún existen, en los archivos del Estado, a menudo escritas a lápiz en el campo de batalla, y que algún día, tras la muerte de Napoleón, serán un conmovedor monumento para la historia. Raras veces, cuando el general no tenía el ánimo de establecer una lista, el emperador cometía la incorrección de decir: «Concedo dos cruces de oficiales y diez de legionarios a tal regimiento». Ese estilo no va con la gloria.

Cuando visitaba los hospitales, algunos oficiales amputados y agonizantes, con la cruz roja clavada con un alfiler en la madera de su cama, se atrevían a pedirle la corona de hierro, y él no siempre la concedía. Era el colmo de la distinción.

El culto a la gloria, lo imprevisto, un completo entusiasmo por la gloria que hacía que, un cuarto de hora después, se dejaran matar complacidos, todo alejaba la intriga.

Capítulo LIV[193]

Sigue el ejército

Por lo demás, el espíritu del ejército ha variado: feroz, republicano, heroico en Marengo, se hizo cada vez más egoísta y monárquico. A medida que los uniformes se bordaron y cargaron de cruces, cubrieron corazones menos generosos. Se alejó o se dejó languidecer a todos los generales que combatían por entusiasmo (al general Dessaix, por ejemplo).[194] Los intrigantes triunfaron y, entre ellos, el emperador no se atrevía a castigar las faltas. Un coronel que huía o se dejaba caer en un foso cada vez que su regimiento abría fuego, era ascendido a general de brigada y enviado al interior. El ejército era tan egoísta y tan corrupto en la campaña de Rusia que estuvo a punto de poner a su general entre la espada y la pared.[195] Por lo demás, la ineptitud del mayor general,[196] la insolencia de la guardia, a la que se destinaban todas las preferencias,* y que había dejado de combatir para siempre, convertida la eterna reserva del ejército, arrebataban muchos corazones a Napoleón. La bravura en nada disminuía (es imposible que el soldado de un pueblo vanidoso no se deje matar mil veces para ser el más bravo de su compañía), pero al soldado, al carecer ya de subordinación, le faltaba prudencia y destruía sus fuerzas físicas, y en consecuencia el valor sólo podía decaer.

Un coronel amigo mío me contó que, camino de Rusia, en tres años había visto pasar a 36.000 hombres por su regi-

---

* Orden del día en Moscú, hacia el 10 de octubre, para los suboficiales y soldados que no se sintieran con fuerzas de hacer diez leguas al día.

miento. Cada año había menos instrucción, menos disciplina, menos paciencia, menos exactitud en la obediencia. Algunos mariscales, como Davout y Suchet, apuntalaban aún su cuerpo de ejército. La mayoría[197] parecía ponerse a la cabeza del desorden. El ejército ya no sabía ser masa. De ahí las ventajas que los cosacos, miserables campesinos mal armados, estaban destinados a obtener sobre el ejército más bravo del universo. Vi a veintidós cosacos, el mayor de los cuales sólo tenía veinte años y dos de servicio, desordenar y poner en fuga un convoy de quinientos franceses, y eso en la campaña de Sajonia, en 1813.*[198] Nada habrían hecho contra el ejército republicano de Marengo. Pero como semejante ejército no volverá a encontrarse, el soberano que es dueño de los cosacos es el dueño del mundo.**[200]

---

* Cerca de Görlitz, a veinte pasos de la casa donde acababa de expirar el duque de Friuli.
** Véase el viaje a Viena, en 1809, por el señor Cadet-Gassicourt.[199] No es una pluma vendida.

Capítulo LV[201]

Cuando el emperador emprendió la guerra de Rusia, ésta era popular en Francia, desde que la debilidad de Luis XV había permitido repartir Polonia. Francia, que permanecía con la misma población entre una serie de soberanos cada uno de los cuales aumentaba su número de habitantes, antes o después debía recuperar el primer lugar o verse reducida a un segundo puesto. Todos los soberanos necesitaban una provechosa guerra con Rusia para arrebatarle los medios de invadir el sur de Europa. Así pues, ¿no era natural aprovechar el momento en que un gran hombre de guerra ocupaba el trono de Francia y compensaba las inmensas desventajas de ese país?

Además de estas razones generales, la guerra de 1812 era una consecuencia natural del tratado de Tilsitt; y Napoleón tenía la justicia de su lado. Rusia, que había prometido excluir las mercancías inglesas, no pudo cumplir su compromiso. Napoleón reclutó tropas para castigarla por la violación de un tratado al que debía su existencia, que Napoleón habría podido aniquilar en Tilsitt. En adelante, los reyes sabrán que nunca hay que respetar a un soberano vencido.

Capítulo LVI[202]

Hace poco más de un siglo que el suelo sobre el que se levanta Petersburgo, la más hermosa de las capitales, era sólo una ciénaga desierta, y que toda la región circundante estaba bajo el dominio de Suecia, por aquel entonces aliada y vecina de Polonia, reino de diecisiete millones de habitantes. Rusia ha creído siempre, desde Pedro el Grande, que en 1819 sería la dueña de Europa si tenía el valor de quererlo así, y América es ahora la única potencia que puede resistírsele. Se dirá que eso es ver las cosas de lejos; considerad el espacio que hemos recorrido desde la paz de Tilsitt en 1807. Desde la época de esa paz, todos los militares predijeron que si alguna vez había lucha entre Rusia y Francia, esa lucha sería decisiva para uno de los dos países; y no era Francia la que tenía las mejores oportunidades. Su aparente superioridad dependía de la vida de un hombre. La fuerza de Rusia crecía con rapidez, y dependía de la fuerza de las cosas; además, Rusia era inatacable. Sólo hay una barrera contra los rusos: un clima muy cálido. En tres años han perdido por enfermedad a treinta y seis generales y ciento veinte mil hombres en su ejército de Moldavia.

Así, Napoleón tuvo toda la razón al intentar detener a Rusia mientras Francia tuviera un gran hombre como soberano absoluto. El rey de Roma, nacido en el trono, lo más seguro es que no hubiera sido un gran hombre ni, menos aún, un soberano despótico. Antes o después, el senado y el cuerpo legislativo debían hacerse fuertes y, sin lugar a dudas, al morir Napoleón, la influencia del emperador de los franceses habría decaído en Italia y en Alemania. Por tanto, nada fue pues más prudente que el proyecto de guerra contra Rusia y, puesto que el primer derecho de todo individuo es conservarse, nada fue más justo.

Por sus relaciones con Estocolmo y Constantinopla, para el sur de Europa, Polonia era un formidable bulevar. Austria y Prusia cometieron la tontería, y Luis XV la necedad, de echar una mano a la destrucción de la única prenda de su futura seguridad. Napoleón tuvo que intentar restablecer ese bulevar.

Tal vez la historia le condene por haber firmado la paz en Tilsitt; si podía actuar de otro modo, eso fue una gran error. No sólo el ejército ruso estaba debilitado y agotado sino que Alejandro había visto qué le faltaba a su organización.

«He ganado tiempo», dijo después de Tilsitt, y nunca plazo alguno ha sido mejor aprovechado. En cinco años el ejército ruso, ya muy poderoso, se organizó casi tan bien como el francés, y con la inmensa ventaja de que un soldado francés le cuesta a su patria tanto como cuatro soldados rusos.

Toda la nobleza rusa está comprometida, de cerca o de lejos, en el interés comercial que exige la paz con Inglaterra. Cuando su soberano la contraría, le hace desaparecer. Así, la guerra con Francia también resultaba indispensable para Rusia.

Si la guerra era indispensable, ¿tuvo sentido que Napoleón la hiciese en 1812? Temía que Rusia firmara la paz con Turquía, que la influencia de Inglaterra en San Petersburgo aumentara y, al fin, que sus reveses en España, que ya no podía mantener ocultos, alentaran a sus aliados a reconquistar su independencia.

Varios de los consejeros de Napoleón le aconsejaron que sería prudente mandar ochenta mil hombres más a España, para terminar por ese lado, antes de «meterse en el horno del Norte» (ésas fueron las palabras que utilizaron). Napoleón respondió que más razonable era dejar el ejército inglés en España. «Si los expulso de la península, desembarcarán en Königsberg».

El 24 de junio de 1812, Napoleón cruzó el Niemen en Kowno, al frente de un ejército de cuatrocientos mil hombres. Su futuro dueño intentaba aplastar el sur de Europa. Esa campaña comenzó con dos desgracias políticas. Los turcos, tan estúpidos como honestos, firmaron la paz con Rusia, y Suecia, considerando con prudencia su posición, se declaró enemiga de Francia.

Tras la batalla del Moscova, Napoleón podía ordenar que el ejército tomara sus cuarteles de invierno y restablecer Polonia, que era el verdadero objetivo de la guerra; lo había logrado casi sin disparar un tiro. Por vanidad y para borrar sus desgracias en España, quiso tomar Moscú. Ningún inconveniente habría seguido a esa imprudencia si sólo hubiese permanecido veinte días en el Kremlin; pero su genio político, siempre tan mediocre, se le apareció y le hizo perder su ejército.

Llegado a Moscú el 14 de septiembre de 1812, Napoleón habría tenido que marcharse el 1 de octubre. Se dejó engañar por la esperanza de firmar la paz; si la hubiera evacuado, entonces el heroico incendio de Moscú* hubiera sido algo ridículo.

Hacia el 15 de octubre, aunque el tiempo fuera soberbio y entonces sólo helara a tres grados, todo el mundo comprendió que había llegado la hora de tomar una decisión; había tres posibilidades:

Retirarse a Smolensko, ocupar la línea del Boristeno y reorganizar Polonia.

Pasar el invierno en Moscú, viviendo con lo que se había encontrado en los sótanos y sacrificando los caballos, que se habrían salado; en primavera, marchar sobre Petersburgo.

En tercer lugar, por fin, puesto que el ejército ruso, que había sufrido mucho el 7 de septiembre,** estaba muy lejos, a la izquierda, marchar por el flanco hacia la derecha, llegar a Petersburgo que estaba sin defensa y sin ningún deseo de ser incendiada. En esta posición la paz era segura. Si el ejército francés hubiera tenido la energía de 1794, se habría tomado esa última decisión; pero la mera propuesta habría hecho estremecerse a nuestros ricos mariscales y a nuestros elegantes generales de brigada, salidos de la corte.

---

* El incendio de Moscú comenzó la noche del 14 al 15 de septiembre.
** En Borodino.

Un inconveniente del proyecto era que se hacía necesario permanecer alejados de Francia durante cinco meses, y la conspiración Malet demostró a qué gente se había confiado el gobierno en ausencia de su celoso dueño. Si el senado o el cuerpo legislativo hubieran pintado algo, la ausencia del jefe no habría resultado fatal. En la marcha de Moscú a Petersburgo, todo el flanco izquierdo hubiera permanecido libre, y Napoleón hubiese podido mandar cada día un correo durante todo un mes y gobernar Francia. María Luisa era regente, Cambacérès jefe de lo civil y el príncipe de Eckmühl de lo militar, y todo funcionaba. Ney o Gouvion Saint-Cyr en Mitau y Riga podían hacer que pasaran uno o dos correos al mes; el propio Napoleón podía visitar París, pues un ejército ruso en Rusia es por fuerza inamovible durante tres meses. Un hombre sólo puede soportar esos terribles fríos si pasa diez horas diarias junto a una estufa; y el ejército ruso llegó a Vilna tan destrozado como el nuestro.

De las tres opciones que podían tomarse se eligió la peor, y eso no fue nada todavía: se ejecutó del modo más absurdo, Napoleón ya no era el general del ejército de Egipto.

El ejército se había resentido en su disciplina por el saqueo que había sido necesario autorizar en Moscú, puesto que ya no recibía vituallas. Para el carácter francés nada hay tan peligroso como una retirada; y en esos peligros es donde se necesita disciplina, es decir, fuerza.

Era preciso anunciar al ejército, por medio de una detallada proclama, que se dirigía a Smolensko; que por tanto debería recorrer noventa y tres leguas en veinticinco días, que cada soldado recibiría dos pieles de cordero, una herradura y veinte clavos de hielo, más cuatro galletas; que cada regimiento sólo podía disponer de seis coches y cien caballos de carga. Que, al final, durante veinticinco días, cualquier insubordinación sería castigada con la muerte; todos los coroneles y generales, ayudados por dos oficiales, tendrían la potestad de hacer fusilar de inmediato a cualquier soldado insubordinado o merodeador.

Era preciso preparar al ejército para la partida con ocho días de buenos alimentos y la distribución de un poco de vino y azúcar. Los estómagos habían sufrido mucho en la marcha de Vitebsk a Moscú pues, a fuerza de imprevisión, habían encontrado el modo de carecer de pan en Polonia.

Para acabar, tomadas todas esas precauciones, era preciso regresar a Smolensko evitando en la medida de lo posible la ruta que habían devastado al dirigirse a Moscú, y en la que los rusos habían incendiado todas las ciudades: Mojaisk, Giatsk, Wiasma, Dorogobuj, etc.

En todos esos puntos se hizo todo lo contrario de lo que ordenaba la prudencia. Napoleón, que ya no se atrevía a ordenar que fusilaran a un soldado, se guardó mucho de hablar de disciplina. En su regreso de Moscú a Smolensko, el ejército iba precedido por treinta mil fugitivos, al parecer enfermos pero que se encontraban muy bien los diez primeros días. Esa gente malgastaba y quemaba lo que no consumía. El soldado fiel a su bandera se encontró haciendo el papel de tonto. Ahora bien, como eso es lo que el francés aborrece por encima de todo, muy pronto sólo quedaron bajo las armas los soldados de carácter heroico y los bobos.

Los soldados me repitieron a menudo durante la retirada, aunque no puedo creerlo, pues no lo vi, que a través de una orden del día cursada en Moscú, hacia el 10 de octubre, el príncipe de Neuchâtel había autorizado a adelantarse a todos los soldados que no se encontraran en condiciones de recorrer diez leguas diarias. De inmediato, todos comenzaron a devanarse los sesos y los soldados empezaron a calcular el número de días de marcha necesarios para llegar a París.

Capítulo LVII[203]

Napoleón decía: «Si lo consigo con Rusia,[204] soy dueño del mundo». Se dejó vencer, no por los hombres sino por su orgullo y por el clima,* y Europa adoptó una nueva actitud. Los pequeños príncipes no temblaban ya, los grandes soberanos no se sentían ya inseguros; todos dirigieron sus ojos a Rusia. Ésta se convertía en el centro de una oposición invencible.

Los ministros ingleses no habían calculado esa suerte, esos ministros que sólo tienen influencia porque se aprovechan de la libertad que aborrecen. Rusia partirá del punto donde ellos la dejaron para repetir lo de Napoleón, y de un modo mucho más invencible, pues no será vitalicio: veremos a los rusos en la India.[205]

En Rusia nadie se sorprende aún del despotismo. Se confunde con la religión; y, puesto que lo ejerce el más dulce y amable de los hombres, sólo escandaliza a algunas cabezas filosóficas que van de viaje. Los soldados rusos no se mueven con proclamas o cruces, sino por la orden de san Nicolás. El general Masséna me contaba que un ruso que ve caer a su compañero, convencido de que resucitará en su país, se inclina sobre él para recomendarle que dé a su madre noticias suyas. Rusia, como los romanos,** tiene soldados supersticiosos, mandados por oficiales tan civilizados como nosotros.***

---

* No debe imaginarse que el invierno fuera precoz, al contrario; en Moscú hacía el tiempo más hermoso del mundo. Cuando partimos, el 19 de octubre, helaba a tres grados con un sol soberbio.

** Montesquieu: *Religión de los romanos*.

*** Véase el panfleto de sir Robert Wilson, 1817. En 1810 y 1811, el ministro de la Guerra ruso hacía traducir y poner en práctica todas las ordenanzas militares de Napoleón.

Napoleón tenía muy claro que la corriente de los siglos acababa de cambiar de dirección cuando dijo en Varsovia: «De lo sublime a lo ridículo hay sólo un paso», pero añadió: «El éxito dará temeridad a los rusos; les entregaré dos o tres batallones entre el Elba y el Oder, y dentro de seis meses estaré todavía a orillas del Niemen».[206]

Las batallas de Lutzen y de Wurtschen fueron el último esfuerzo de un gran pueblo cuyo corazón es devorado por la desalentadora tiranía. En Lutzen, 150.000 soldados de las cohortes que nunca habían entrado en combate lucharon por primera vez. Esos jóvenes quedaron atónitos al ver la carnicería. La victoria no había procurado alegría alguna al ejército. El armisticio era necesario.

Capítulo LVIII[207]

El 26 de mayo de 1813, Napoleón estaba en Bratislava. Allí, fue triplemente temerario: contó demasiado con su ejército, demasiado con la necedad de los gabinetes extranjeros, demasiado con la amistad de los soberanos. Había creado y salvado Baviera, el emperador de Austria era su héroe y el enemigo natural de Rusia. Esas dos frases le engañaron.

Era preciso aprovechar el momento de relajo para agotar a fondo los países conquistados y, diez días antes de que finalizara el armisticio, tomar posiciones en Francfort. Toda la campaña de Rusia quedaba así reparada; es decir, por lo que se refiere a Francia, el imperio no se habría desmembrado; pero más allá del Elba, Napoleón ya sólo tenía influencia como el mayor príncipe de Europa.

La expedición de Silesia, confiada de manera errónea al mariscal MacDonald, conocido por sus reveses; la batalla de Dresde, el abandono del cuerpo del mariscal Saint-Cyr, las batallas de Leipzig, la batalla de Hanau, todo aquello fue un revoltijo de enormes faltas que sólo pueden ser cometidas por el mayor guerrero que haya aparecido desde César.*[209]

Por lo que se refiere a la paz que no dejaban de ofrecerle, el tiempo nos enseñará si había en todo ello algo sincero.**

---

* Hay un hombre que puede ser un excelente historiador militar de esos grandes acontecimientos, el libertador del conde Lavalette, el general Robert Wilson.[208] Pienso que en toda la parte militar, las memorias de Napoleón serán perfectamente exactas.

** Véase la negociación de Praga en los *Moniteurs* de los primeros días de agosto de 1813 y en el *Annual Register* de Edimburgo.

Por mi parte, creo en la sinceridad de los gabinetes de aquella época, porque creo en su miedo. Además, el espíritu que sirve para adquirir no es el mismo que sirve para conservar. Si al día siguiente de la paz de Tilsitt todo el genio de Napoleón se hubiera convertido en simple sentido común, aún sería dueño de la mayor parte de Europa.[210]

Pero vos, lector, vos no tendríais ni la mitad de las ideas liberales que os agitan, vos buscaríais un puesto de chambelán o de suboficial del ejército, a fuerza de mostraros secuaz del emperador, intentaríais ascender un grado.[211]

Capítulo LIX[212]

En Dresde, tras la batalla del 26 de agosto, Napoleón parece haber sido víctima de un falso pundonor: no quería retroceder. La costumbre del trono había incrementado el orgullo de aquel carácter y disminuido su sentido común, tan notable en sus primeros años.

Aquel eclipse total de sentido común se deja advertir más aún en los actos de su administración interior. Aquel año hizo derogar por su vil senado la sentencia del Tribunal de Apelación de Bruselas, dictada en el asunto de la concesión de Amberes, según la declaración de un jurado. El príncipe era, a la vez, legislador, acusador y juez; y todo ello al picarse por haber hallado bribones más agudos que sus reglamentos.

Otro senadoconsulto muestra muy bien al déspota caído en la demencia. Aquella acta del senado, que de entrada tenía la ridiculez de apartarse de los usos denominados Constituciones del Imperio, declaraba que nunca se firmaría la paz con Inglaterra si antes ésta no devolvía Guadalupe, que acababa de donar a Suecia. Los miembros del senado que antes de entrar en el mismo pertenecían casi en su totalidad a los hombres más notables de Francia, una vez reunidos en el Luxembourg sólo luchaban entre sí con bajeza. En vano una valerosa oposición intentaba hacer que se ruborizaran: respondían: «El siglo de Luis XIV recomienza y no queremos arruinarnos para siempre, nosotros y nuestras familias». Puesto que las deliberaciones eran secretas, los opositores sólo tenían los peligros propios de la oposición, no su gloria, y la posteridad debe repetir con doble agradecimiento los nombres de Tracy, Grégoire, Lanjuinais, Cabanis, Boissy d'Anglas,

Lenoir La Roche, Colaud, Cholet, Volney y pocos más, hombres ilustres que todavía hoy pertenecen a la oposición y son injuriados por los mismos halagadores que se han limitado a cambiar de dueño.[213]

Napoleón envió a todos los prefectos la orden de que se injuriara a Bernadotte, príncipe de Suecia, en centenares de memoriales doblemente ridículos, pues al abandonar Francia, Bernadotte se había hecho sueco.*

Entretanto, Wellington, que había triunfado por la fuerza de las circunstancias sobre un general más hábil que él, se acercaba a Bayona. Holanda se rebelaba. Cuarenta y cuatro gendarmes, que resultaron ser toda la guarnición de Amsterdam el día de la más tranquila insurrección que nunca haya existido, no pudieron impedir que aquel país se separase de Francia. Las plazas más inexpugnables fueron ocupadas como aldeas. En su interior, el emperador no había dejado ni un hombre, ni un cartucho y, sobre todo, ni una cabeza. Todo lo que se pudo hacer fue conservar Berg-op-Zoom, y poco después la guarnición francesa, tras hacer prisionero al cuerpo de ejército inglés que lo sitiaba, mostró al mundo:

«disjecti membra poetae»[215]

Tras la rebelión de Holanda, apareció la declaración de Francfort. Prometía a Francia Bélgica y la orilla izquierda del Rin; pero ¿dónde estaba la garantía de esa promesa? ¿Quién impedía a los aliados reanudar las hostilidades seis meses después de la paz? La posteridad recordará la buena fe que mostraron tras las capitulaciones de Dresde y de Dantzig.

---

* Véase el *Moniteur*, como es debido. Los más viles signatarios de esos memoriales son hombres que iban a mostrarse, dos años después, como los ultras más ridículos y más sanguinarios. Véase el discurso del señor S[eguier].[214]

Capítulo LX[216]

Todas las piezas del imperio parecían caer unas sobre otras. A pesar de esos espantosos desastres, Napoleón tenía aún mil modos de detener el curso de su decadencia. Pero no era ya el Napoleón de Egipto y de Marengo. La obstinación había reemplazado el talento. No pudo decidirse a abandonar aquellos vastos proyectos, contemplados por él y sus ministros, durante tanto tiempo como absolutamente indefectibles. Cuando llegó la necesidad, ya sólo encontró a su alrededor halagadores. Aquel hombre, a quien los feudales, los ingleses y madame de Staël representan como la encarnación del maquiavelismo, como una de las encarnaciones del espíritu maligno,[217] fue dos veces engañado por su corazón: primero cuando creyó que la amistad que había inspirado a Alejandro impulsaría a aquel príncipe a hacer lo imposible, y luego cuando pensó que, puesto que había respetado cuatro veces la casa de Austria en vez de aniquilarla, ésta no le abandonaría en la desgracia. Decía que la casa de Austria vería la mala posición en la que se encontraba con respecto a Rusia. Baviera, que él había creado en 1805 y salvado en 1809, le abandonó e intentó darle el golpe de gracia en Hanau, y si el general bávaro hubiera cavado veinte fosos en la carretera, lo habría conseguido. Napoleón tuvo el defecto de todos los advenedizos: estimar demasiado la clase a la que han llegado.

Durante el camino de Hanau a París, Napoleón no tenía la menor idea del peligro que corría. Pensaba en el impulso sublime de 1792, pero no era ya el primer cónsul de una república. Para derribar al cónsul era preciso derribar a treinta millones de hombres. En catorce años de administración había envilecido los corazones y sustituido el entusiasmo algo engañado de las Repúblicas por el egoísmo de las monarquías. Así pues, la monarquía estaba rehecha: el monarca podía cambiar sin verdadera revolución. ¿Qué importa eso a los pueblos?*[218]

En el otro platillo de la balanza habíamos tenido, durante catorce años, a unos soberanos que se morían de miedo. Pensaban en la ilustre casa de Borbón sólo para ver el estado en el que podían caer un día u otro. Tras la batalla de Leipzig, la intriga calló unos momentos y el verdadero mérito pudo acercarse a las cortes.** Así, el patriotismo y el entusiasmo estaban en el bando de los Aliados con el Landsturm y el Landwehr, y tenían gente de mérito. Napoleón había paralizado el entusiasmo, y en vez de tener a Carnot por ministro de la Guerra, como en Marengo, tenía al señor duque de Feltre.

---

* Sólo hubo revolución por la necedad de los ministros de 1815.
** Los señores Stein, Gneisenau.

Capítulo LXI[219]

Cuando los Aliados llegaron a Francia, parecieron asombrados por su fortuna. Deliberaron primero sobre si debían dirigirse a Italia. El suelo francés les daba miedo. Seguían teniendo ante los ojos la retirada de Champaña. Finalmente, se atrevieron a cruzar el Rin (4 de enero de 1814).

Napoleón estaba en París desde hacía mucho tiempo. Su principal ocupación era, según creo, tranquilizarse contra el miedo que le daba el pueblo francés. Sólo dictaba decretos para tener uniformes, fusiles, zapatos, como si la moral no importara. Su objetivo fue salir de aquel atolladero sin apartarse de la majestad. Por primera vez en su vida, pareció pequeño. Sus pobres secretarios-redactores, a los que llamaba ministros, tenían miedo de recibir golpes de tenaza en las piernas y no se atrevían a abrir la boca.

El emperador creó la Guardia Nacional. Si Francia tiene otro *Terror*, lo cual es muy posible si se deja actuar a los sacerdotes y a los nobles, la Guardia Nacional servirá para hacer que sea menos horrible que el primero. Aquellos que sólo son chusma a medias se enrolarán en ella, y los pequeños comerciantes que teman ser saqueados atemorizarán a los más canallas. Si el azar arroja a Francia a una serie de acontecimientos, la Guardia Nacional también servirá para establecer la aristocracia de la fortuna. Podrá hacer menos sangrientos ciertos períodos, bastante probables, de la lucha de los privilegios contra los derechos. Para que la Guardia Nacional sea del todo tranquilizadora a este respecto, es preciso que los soldados elijan cada año a sus oficiales hasta el grado de capitán y presenten candidatos para los grados superiores. Sería preciso fijar la parte de impuestos que habrá que pagar para cada grado.

En enero de 1814, el pueblo más vivo de Europa ya sólo formaba un cuerpo muerto como nación. Fue en vano que unos treinta senadores se encomendaran la misión de despertar a medias a ese pueblo francés tan terrible bajo Carnot. No había nadie entre nosotros que al mostrar el gorro rojo no estuviese seguro, de hacer adoptar, en menos de seis semanas, un encarnado más hermoso con la sangre de todos los extranjeros que se habían atrevido a mancillar el sagrado suelo de la libertad; pero el dueño nos gritaba: «Una derrota más y una sociedad popular menos»; y, si el imperio renacía, ¡ay de quien no hubiera escuchado esa orden! Fue entonces cuando Napoleón debió de sentir el peso de su nobleza. ¿Qué efecto podíamos esperar de proclamas dirigidas al corazón de los pueblos y que comenzaban con títulos feudales? Retratos de heroísmo. Feroz entusiasmo de la patria.[220]

Un rasgo distintivo de esa época (enero de 1814), es el tono de la correspondencia de los ministros, sobre todo del ministro M.[221] Un senador le comunicaba que no tenía ni quinientos fusiles en condiciones, y él escribía por toda respuesta: «Armad el instituto; la juventud francesa ha escuchado la voz de su emperador»; y otras frases que el más impúdico periodista habría encontrado demasiado hinchadas para una proclama. La cosa era tan fuerte que varias veces nos preguntamos: «¿Traicionaría?».

En un postrer rasgo de mal humor y de inconsecuencia que acabó de derribar a Francia y que a la posteridad le costará creer, tan próximo está a la locura, en el momento en que el emperador tenía la más imperiosa necesidad de cortejar a su pueblo, se enfrasca en una querella con el Cuerpo Legislativo. Reprocha a los hombres más honestos del mundo que se hayan vendido al extranjero. Cierra la sesión del Cuerpo Legislativo.

He aquí lo que puede hacer el despotismo de uno de los mayores genios que nunca hayan existido.

Capítulo LXII[222]

En París, la mañana del 24 de enero, Napoleón fue grande como actor trágico. Un sombrío velo comenzaba a caer sobre el destino de Francia. La confianza del jefe forjaba la confianza del pueblo. En cuanto aparecía el temor, todas las miradas se volvían hacia él.

Pasaba revista a la Guardia Nacional de París, en aquel patio del Carrusel donde toda Europa había acudido para asistir a las evoluciones de la guardia; estaba ante el arco de triunfo, adornado con aquellos nobles trofeos que tan pronto iba a perder. Parecía que la elocuencia del lugar actuara sobre él; se sintió enternecido; hizo que dijeran a los oficiales de la guardia que subiesen a la sala de los mariscales. Todos creyeron, por un momento, que iban a proponerles salir de París y marchar contra el enemigo. De pronto, sale de la Galería de la Paz y aparece con su hijo en brazos; les presenta al joven rey de Roma: «Os confío a este niño, la esperanza de Francia; por mi parte, voy a combatir y a pensar sólo en salvar la patria». En un abrir y cerrar de ojos, las lágrimas brotaron de todos los párpados. Recordaré toda mi vida aquella escena desgarradora.[223] Yo estaba colérico por mis lágrimas. La razón me repetía a cada instante: «En tiempos de los Carnot y los Danton, el gobierno, ante tan acuciante peligro, se habría divertido con algo muy distinto que conmover unos corazones débiles e incapaces de virtud».

En efecto, la misma gente que el 24 de enero lloraba en las Tullerías, el 31 de marzo, cuando el emperador Alejandro pasó por el bulevar, agitaba pañuelos blancos en todos los ventanales y parecía ebria de júbilo. Es preciso advertir que el 31 de marzo aún no se trataba de la ilustre casa de Borbón, y que los parisinos estaban tan alegres sólo porque se veían conquistados.

Capítulo LXIII[224]

En semejantes circunstancias, la Convención decretaba que, tal día, el suelo de la libertad sería purgado de la presencia del enemigo, y que el día fijado, el decreto sería ejecutado por los ejércitos.

El 25 de enero de 1814, día de la partida del emperador, el asunto de toda Francia parecía haberse convertido en el asunto de un solo hombre. El énfasis que aquel hombre ponía en sus discursos, y que en sus mejores días había conquistado todos los corazones débiles, ahora hacía que todos sintieran un secreto placer al verlo humillado.

Mucha gente deseaba la toma de París como espectáculo. Cuando yo rechacé con horror esa palabra, uno de ellos me dijo con mucho tino: «París es una capital que ya no le conviene a Francia. Setecientos mil egoístas, la gente más pusilánime y de carácter más vacío que Francia produce, resultan ser, por la fuerza de la costumbre, los representantes de Francia en todas las grandes revoluciones. No os quepa duda de que el temor a perder sus muebles de caoba les hará cometer siempre todas las cobardías que les sean propuestas. No es culpa suya; una excesiva pequeñez ha extinguido por entero sus almas para todo lo que no sea un asunto personal. La capital de Francia debe ser una ciudad guerrera, situada detrás del Loira, cerca de Saumur».

Capítulo LXIV[225]

El congreso de Châtillon se abrió el 4 de febrero y concluyó el 18 de marzo.[226] Una gran potencia se oponía a la decadencia de Napoleón. Apoyado por esa gran potencia, podía firmar la paz con seguridad. Pero se hubiera considerado deshonrado si hubiese aceptado una Francia disminuida en una sola aldea con respecto a cuando la recibió el 18 de brumario. Es éste el error de una gran alma, el prejuicio de un héroe. He aquí toda la clave de su conducta. Otros príncipes se han mostrado exentos de esa vana delicadeza.[227]

Capítulo LXV[228]

La defensa que Napoleón emprendió alrededor de París era novelesca y, sin embargo, estuvo a punto de tener éxito. Los ejércitos de Francia estaban diseminados a distancias inmensas, en Dantzig, en Hamburgo, en Corfú, en Italia. El Oeste y la Vendée se agitaban. Visto de cerca, ese incendio no es nada, pero desde lejos da miedo. El Mediodía se inflamaba y se temía que hubiera asesinatos; Burdeos se había declarado a favor del rey que iba a darnos, por fin, el gobierno constitucional. El Norte deliberaba con esa calma que le distinguió en todo el curso de la Revolución. El Este, animado por los más nobles sentimientos, sólo pedía armas para purgar el suelo de Francia.

Napoleón, sordo a la voz de la razón que le aconsejaba arrojarse en los brazos de Austria, sólo parecía ocupado en su admirable campaña contra los Aliados.[229] Con 70.000 hombres, resistía a 200.000 y los derrotaba sin cesar. El ejército combatió a la desesperada y hay que hacerle justicia, fue por honor. Estaba lejos de prever la suerte que le aguardaba. Se dice que los generales no estuvieron tan bien como los soldados y los simples oficiales: eran ricos. Los ejércitos aliados también demostraron valor. Eran diez contra uno. El Landwehr y el Tugendbund* habían introducido en sus filas el entusiasmo por la patria; sin embargo, como sus generales no eran hijos de sus obras sino príncipes designados por el nacimiento, la fortuna de los combates fue variable. Napoleón, tan mediocre como monarca, en más de una ocasión recupe-

* Sociedad fundada en parte por el ingenioso Arndt.

ró como general el genio de sus primeros años. Pasó dos meses así, corriendo del Sena al Marne y del Marne al Sena.

Lo que tal vez la posteridad admire más en la vida militar de ese gran hombre son las batallas de Champaubert, Montmirail, Vauchamp, Mormant, Montereau, Craonne, Reims, Arci-sur-Aube y Saint-Dizier. Su genio quedaba absorbido en un sentimiento parecido al de un hombre valiente que va a desenvainar la espada contra un maestro de armas. Por lo demás, estaba loco: rechazó el ejército de Italia, con 100.000 hombres que el príncipe Eugenio le ofreció por mediación del señor de Tonnerre.[230] Pocos días después, un obús cayó a diez pasos de su caballo; en vez de alejarse, pasó por encima. Estalló a cuatro pies de él sin tocarlo. Me inclino a creer que deseaba interrogar a la fatalidad.

El 13 de marzo, en los alrededores de Laon, el médico del príncipe Bernardotte fue hasta donde estaba el emperador, en pleno combate. Volvieron a ofrecerle la paz. Ésta fue la postrera voz que empleó el destino.

Capítulo LXVI[231]

Desde hacía mucho tiempo, Napoleón tenía la idea de hacer una incursión en Alsacia. Se trataba de ir a fortalecer su ejército con todas las guarniciones del este y caer sobre la retaguardia del ejército aliado. Corroído por las enfermedades, temiendo el levantamiento abierto de los campesinos lorenos y alsacianos que por todas partes comenzaban a asesinar a los soldados aislados, a punto ya de quedarse sin una sola munición y sin alimentos, el ejército enemigo iba a emprender la retirada.

El proyecto del emperador habría tenido éxito si París hubiera tenido el valor de Madrid. Aquel proyecto temerario habría tenido éxito también si en él no se hubiera mezclado la más vil traición. Un extranjero, a quien Napoleón había colmado de inmerecidos favores (el señor duque de Dalmacia), mandó un correo al emperador Alejandro.[232] Ese correo comunicaba al príncipe que, a fin de destruir el ejército aliado en su retirada, Napoleón marchaba hacia Lorena y había dejado indefenso París. Esa nota lo cambió todo. Cuando el correo llegó, ya hacía veinticuatro horas que los Aliados iniciaban su retirada hacia el Rin y Dijon.[233] Los generales rusos decían que ya había llegado la hora de terminar con aquella campaña novelesca e ir a tomar las plazas abandonadas con imprudencia en su retaguardia.

Cuando el emperador Alejandro quiso lanzarse hacia adelante después de recibir el correo, el general en jefe austriaco se opuso a ello con toda su autoridad, hasta el punto de obligar a Alejandro a decir que él cargaba con toda la responsabilidad.*

* Hobhouse, 86.

¿Qué lector no se detiene ante una sorprendente reflexión? Vemos que esa policía de Napoleón, que ha servido de texto a madame de Staël y a todos los libelistas, vemos que esa policía maquiavélica de un hombre sin piedad, peca por exceso de humanidad en unas circunstancias decisivas. Por horror hacia la sangre, hace perder el imperio a la familia de Napoleón. Hacía cuatro o cinco meses que se conspiraba en París; la policía despreciaba hasta tal punto a los conspiradores que cometió el error de despreciar la conspiración.

Lo mismo ocurría en los departamentos. Los senadores sabían que cierta gente mantenía correspondencia con el enemigo. Los jurados, sin duda alguna, les hubieran condenado; llevarles ante los tribunales criminales hubiera detenido, cuando menos, sus maquinaciones. No quisieron exponerse a derramar sangre. Yo mismo puedo responder de este último hecho.

Pienso que la posteridad admirará a la policía de Napoleón, que supo prevenir tantas conspiraciones con tan poca sangre. Durante los primeros años que siguieron a nuestra Revolución, tras una guerra civil y con una minoría no menos rica que corrupta,* y un pretendiente apoyado por Inglaterra, tal vez la policía fuera un mal necesario.[234] Véase la conducta de Inglaterra en 1715 y 1746.

La policía imperial nunca tuvo que reprocharse acontecimientos como la supuesta conspiración de Lyon o las matanzas de Nîmes.**

* Infernal maquinaria del 3 de nivoso.
** La ilustre autora a la que yo intento combatir, ¿iba de buena fe en sus declaraciones? En ese caso, aquella mujer célebre tenía una muy pobre cabeza. Es una triste excusa, cuando se calumnia, la debilidad del juicio. ¿Quién os obligaba a hablar? Y si sólo levantasteis la voz para calumniar la desgracia y hacer leña del árbol caído, ¿qué barrera dejasteis entre vos y los hombres más viles?

La persona que escribe sería en verdad feliz viendo destruido ese razonamiento. Necesita estimar lo que admira y lo que ha respetado durante tanto tiempo.

Se admitirá, tal vez, como un motivo de indulgencia, que se precisa más de una clase de valor para defender hoy a la policía imperial. Por lo que se refiere a proteger todos los senderos contra la crítica, sería necesaria una pro-

Tras recibir el correo, los Aliados marcharon sobre París. Napoleón, al enterarse de ese movimiento demasiado tarde, por un día, aún quiso correr tras ellos. Pero los Aliados llegaban por la carretera de Meaux, mientras el emperador llevaba su ejército, a marchas forzadas, hacia Fontainebleau.

---

fusión de palabras que no entra en el carácter del autor. «Pauca intelligenti». Con respecto a la gente que sólo tiene intereses y no opinión, puede ser digna de estima en el curso de la vida pero, con la pluma en la mano, son siempre despreciables.[235] ¿Necesito añadir que la policía de Bonaparte, tendiendo a alejar al soberano legítimo, actuaba con un objetivo esencialmente criminal? Pero, aun marchando por esa falsa ruta, ¿fue cruel, cometió y dejó cometer crímenes?[236]

Capítulo LXVII[237]

El 29 de marzo, 160.000 aliados se encontraron ante las alturas que protegen París por el noreste. Habían dejado un gran cuerpo de su excelente caballería para observar a Napoleón. El 30 de marzo, a las seis de la mañana, se abrió fuego de Vincennes a Montmartre. Los duques de Ragusa y de Treviso no tenían más de 16.000 hombres y resistieron todo el día. Causaron 7.000 bajas en el enemigo. La Guardia Nacional parisina, compuesta por 35.000 hombres, perdió uno, llamado Fitz-James, cafetero en el Palais-Royal.*

A las cinco, los Aliados eran dueños de las alturas de Montmartre y de Belleville. Por la noche, sus hogueras las coronaban. Se había capitulado por la tarde; el ejército tuvo que retirarse hacia Essonne. La ciudad, tomada ya de hecho, se encontraba en la más hermosa y vil tranquilidad. Los soldados de la Guardia, que la atravesaron toda la noche, lloraban.

---

* Otros informes hablan de cuarenta.

Capítulo LXVIII[238]

Todo el día del 30 de marzo, durante la batalla, el bulevar estaba muy brillante.

El 31, hacia las nueve de la mañana, había allí una multitud, como en los más bellos días de paseo. Se burlaban mucho del rey José y del conde Regnault. Se vio pasar un grupo de gente a caballo que llevaba escarapelas blancas y agitaba pañuelos blancos. Gritaban: «¡Viva el Rey!». «¿Qué rey?», oí preguntar a mi lado. No se pensaba ya en los Borbones más que en Carlomagno. Aquel grupo, al que todavía veo, podía estar compuesto por veinte personas que tenían un aspecto bastante turbio. Se les dejó pasar con la misma indiferencia que a paseantes ordinarios. Uno de mis amigos que se reía de su miedo me comunicó que el grupo se había formado en la plaza Luis XV y no fue más lejos que del bulevar de Richelieu.

Hacia las diez, una veintena de soberanos entraron por la puerta Saint-Denis al frente de sus tropas. Todos los balcones estaban llenos; las damas estaban encantadas con el espectáculo. Mientras los veían agitaban una multitud de pañuelos blancos. Todas querían ver, y tal vez tener, al emperador Alejandro. Yo subí al gran balcón de Nicolle, el restaurador. Las damas admiraban el buen aspecto de los Aliados y su alegría llegaba al colmo.

Para reconocerse entre tanta variedad de uniformes, los soldados aliados llevaban un pañuelo blanco en el brazo izquierdo. Los parisinos creyeron que era el echarpe de los Borbones; de inmediato se sintieron todos monárquicos.

La marcha de aquellas soberbias tropas duró más de cuatro horas. Sin embargo, los signos de monarquismo sólo se observaban, aún, en el gran cuadrado formado por el bulevar, la calle de Richelieu, la calle Saint-Honoré y la calle del faubourg Saint-Honoré.[239]

A las cinco de la tarde, el señor de Maubreuil, actualmente en Inglaterra, puso su cruz de la legión de honor en la oreja de su caballo y con la ayuda de una cuerda comenzó a derribar la estatua que coronaba la columna de la plaza Vendôme. Allí había bastante chusma. De entre aquella gente, uno subió a la columna para dar de bastonazos a la colosal estatua.

Capítulo LXIX[240]

El emperador Alejandro fue a alojarse a casa del señor de Talleyrand. Aquella pequeña circunstancia decidió la suerte de Francia.* Aquello fue decisivo. El señor... habló a ese soberano[241] por la calle y le pidió que devolviera a Francia sus soberanos legítimos. La respuesta no fue en absoluto decisiva. El mismo personaje hizo la misma petición a varios generales, también por la calle; las respuestas fueron menos satisfactorias aún. Nadie pensaba en los Borbones; nadie les deseaba; eran desconocidos. Es preciso detallar una pequeña intriga. Algunas personas de ingenio, que no carecían de osadía, pensaron que con toda aquella pelea muy bien podrían ganar un ministerio o una gratificación. No fueron ahorcados; lo lograron; pero no tuvieron ministerio ni gratificación.[242]

Los Aliados que avanzaban en Francia estaban muy asombrados; las tres cuartas partes del tiempo creían dirigirse a una emboscada. Como, por desgracia para Europa, el ingenio en ellos no correspondía a la fortuna,[243] los Aliados se encontraron en manos de los primeros intrigantes que se atrevieron a tomar la posta e ir hasta su cuartel general. El señor [de Vitrolles] fue el primero que llegó con cartas credenciales del abate Scapin.[244] Decían que hablaban en nombre de Francia y que Francia quería a los Borbones. La desvergüenza de ambos personajes divirtió mucho a los generales aliados. Por muy buenos que fueran los Aliados, sin embargo sintieron, hasta cierto punto, la ridiculez de tal pretensión.

* Y, probablemente, la de Europa de aquí a 1838.

El señor de Talleyrand aborrecía a Napoleón, que le había arrebatado un ministerio al que estaba acostumbrado. Tenía la fortuna de alojar al monarca, que durante un mes fue el dueño y el legislador de Francia. Para ganarse su espíritu utilizó todos los medios e hizo comparecer al abate Scapin y a otros intrigantes que se presentaron como diputados del pueblo francés.

Es preciso reconocer que esos medios de intriga eran miserables. Fueron convertidos en excelentes por la enorme falta que se había cometido la antevíspera. Se había hecho salir de París a la emperatriz María Luisa y a su hijo. Si esa princesa hubiera estado presente, habría ofrecido alojamiento en las Tullerías al emperador Alejandro, y, naturalmente, el príncipe S[chwarzenberg] tenía una voz preponderante.

Capítulo LXX[245]

El 30 de marzo, mientras el ruido del tiroteo hacía perder la cabeza a la mitad de París, los pobres ministros del emperador, con el príncipe José como presidente, no sabían ya dónde estaban.

El príncipe se cubrió de lodo haciendo asegurar en carteles que no partiría, justo cuando emprendía la huida. El conde Regnault de Saint-Jean-d'Angély se añadió a su ignominia.[246] Por lo que se refiere a los ministros, podrían haber tenido cierta energía pues, a fin de cuentas, todo el mundo les miraba y no carecían de ánimo; pero el miedo a perder su puesto y a ser despedidos por el amo, si dejaban escapar alguna palabra que alertase del peligro, les había convertido en otras tantas Casandras. No se preocupaban de actuar, sino de escribir hermosas cartas donde el lenguaje del despotismo se hacía más fiero a medida que el déspota se acercaba al precipicio.

La mañana del treinta, se reunieron en Montmartre; el resultado de sus deliberaciones fue que llevarían hasta allí cañones del 18 con obuses del 12.* Por fin, siguiendo la orden del emperador, se largaron todos a Blois. Si Carnot, el conde de Lapparent, Thibaudeau, Boissy d'Anglas, el conde de Lobau y el mariscal Ney hubieran estado en el ministerio, no se habrían comportado de un modo muy distinto.

---

* El hecho no me parece demostrado.

Capítulo LXXI[247]

Tras la marcha triunfal por el bulevar, el emperador, el rey de Prusia y el príncipe Schwarzenberg habían pasado varias horas en los Campos Elíseos viendo desfilar a sus tropas. Los augustos personajes fueron a casa del señor de Talleyrand, en la calle Saint-Florentin, cerca de las Tullerías. En el salón encontraron a la gente de la que hemos hablado. El príncipe de Schwarzenberg tenía poderes para consentirlo todo. Los soberanos parecieron decir que si la gran mayoría de los franceses y el ejército deseaban la antigua dinastía, se la devolverían. Allí se celebró un consejo. Se asegura que su majestad el emperador Alejandro[248] dijo que a su entender existían tres opciones:

1.º Firmar la paz con Napoleón, adoptando todas las seguridades convenientes.

2.º Establecer la regencia y proclamar a Napoleón II.

3.º Llamar a los Borbones.[249]

La gente que tuvo el honor de encontrarse junto a los soberanos aliados se dijo: «Si hacemos que se firme la paz con Napoleón ya podemos darnos por juzgados, seguiremos siendo lo que somos y tal vez nos haga colgar; si hacemos que se llame a un príncipe, ausente desde hace veinte años y cuyo cometido no será fácil, nos nombrará primeros ministros».[250] Los soberanos no pudieron imaginar que las virtudes que llenaban sus corazones fueran tan ajenas a aquellos franceses. Creyeron en sus protestas a favor de la patria, sagrado nombre que esos pequeños ambiciosos prodigaban hasta el punto de aburrir a sus ilustres oyentes.

Tras dos horas de conversación: «Pues bien», dijo el emperador Alejandro, «declaro que no trataré más con el emperador Napoleón». Los impresores Michaud, que se hallaban también en el Consejo de Estado, corrieron a imprimir aquella declaración, que cubrió los muros de París...[251]

Las personas a las que su asombro no les hizo perder su sangre fría[252] observaron que aquel cartel no excluía al rey de Roma.*

¿Por qué, se decían aquellos facciosos, no tomarse el trabajo de reunir el Cuerpo Legislativo que, a fin de cuentas, es la fuente de todo poder legítimo, y ese Senado, compuesto por la élite de la Nación y que se equivocó, no por falta de luces sino por exceso de egoísmo? Sesenta egoístas reunidos siempre tienen más pudor que seis. Por lo demás, tal vez había diez ciudadanos en el Senado. Sólo se celebró una ceremonia cuando hubiera debido de ser una deliberación; de ahí la campaña de Waterloo.

Si Napoleón, por una broma despótica, no hubiera despedido al Cuerpo Legislativo, nada de lo que se produjo hubiera sucedido. Si el Cuerpo Legislativo, al que la conducta de los señores Laîné y Flaugergues acababa de ilustrar, se hubiese reunido, al ánimo eminentemente prudente que decidió la suerte de Francia se le habría ocurrido consultarlo.

---

* De Pradt, pág. 69.

Capítulo LXXII[253]

Tras conocer el movimiento del enemigo, Napoleón se personó en París. El 30 de marzo a medianoche se encontró en Essonne, a medio camino de Fontainebleau, con uno de los más valientes generales de su guardia (el general Curial) que le comunicó el fatal resultado del combate. «Os habéis comportado como cobardes». «Sire, nos atacaban tropas tres veces más numerosas que nosotros e incitadas por la visión de París. Nunca las tropas de Vuestra Majestad han combatido mejor». Napoleón no replicó e hizo que los caballos de su calesa dieran la vuelta hacia Fontainebleau. Allí, reunió a sus tropas.

El 2 de abril, Napoleón pasó revista al cuerpo de Marmont, duque de Ragusa, que había evacuado París el 31 de marzo al anochecer, y en aquel momento estaba acampado en Essonne. Ese cuerpo formaba la vanguardia y sumaba alrededor de un tercio de su ejército. Marmont le aseguró la fidelidad y el afecto de sus tropas que estaban, en efecto, por encima de la seducción; pero olvidó responder de su general. Napoleón tenía el proyecto de marchar sobre París y atacar a los Aliados. Fue abandonado de forma sucesiva por la mayoría de sus servidores, en especial por el príncipe de Neuchâtel, sobre cuya ausencia bromeó con mucha alegría con el duque de Bassano. Al final celebró un consejo de guerra y, prestando oídos por primera vez a lo que el mariscal Ney, el duque de Vicenza y sus más abnegados seguidores le dijeron sobre el descontento general que había provocado su negativa a firmar la paz en Francia, abdicó en favor de su hijo, y el 4 de abril envió a Ney, MacDonald y Caulaincourt a llevar esa propuesta al emperador Alejandro.

Capítulo LXXIII[254]

*Marmont**

Cuando aquellos generales atravesaban los puestos avanzados del ejército francés y se detenían para que Marmont visara sus pasaportes, comunicaron al mariscal el objeto de su viaje. Pareció confuso y dijo algo entre dientes sobre ciertas proposiciones que le había hecho el príncipe Schwarzenberg y a las que, en cierto modo, él había prestado oídos. Pero, aclaró a los enviados, que se habían quedado estupefactos con aquella frase, que lo que ahora sabía cambiaba la cuestión e iba a poner fin a sus comunicaciones por separado. Tras algunos momentos, uno de los mariscales rompió el silencio y dijo que sería más sencillo que él, Marmont, fuera con ellos a París y se les uniese en las negociaciones que tenían a su cargo. Marmont les acompañó, en efecto; pero ¡con qué designio!: eso es lo que mostraron los posteriores movimientos de su cuerpo de ejército.

Los mariscales le dejaron con el príncipe Schwarzenberg y fueron a cumplir su misión ante Alejandro, que les envió al Senado. Este príncipe aún no había decidido su plan y todavía no pensaba en los Borbones. No advirtió que estaba en manos de dos intrigantes, uno de ellos en especial, Talleyrand, que sólo pensaba en vengarse.**

---

* Ese capítulo se ha traducido también, literalmente, del n.º 54 de la *Edinburg Review*. Sin duda, el personaje inculpado tiene una justificación que quiere que oigamos.

** Véase la verídica historia del mes de abril de 1814, por el señor de Pradt.

Cuando el oficial que había acompañado a los mariscales hasta los puestos avanzados del ejército regresó a Fontainebleau e informó de que Marmont había ido con ellos a París y que lo había visto oculto, en el fondo de su coche, todo el mundo mostró sorpresa y algunos cierta sospecha. Pero Napoleón, con su habitual confianza en la amistad, respondió que aunque Marmont les hubiera acompañado, estaba seguro de que lo había hecho para prestarle todos los servicios que estuvieran en su mano. Durante la ausencia de los negociadores, se reunió en Fontainebleau un consejo de guerra compuesto por todos los generales del ejército. Se trataba de decidir lo que se haría si la propuesta de los mariscales era rechazada. Souham, que mandaba el cuerpo de ejército de Marmont como segundo, fue convocado como los demás. Souham, que estaba informado de la secreta connivencia de Marmont con el enemigo, temió ser fusilado al llegar a Fontainebleau y que se descubriera todo. En vez de dirigirse a Fontainebleau como le habían ordenado, la noche del 5 de abril hizo avanzar su cuerpo de ejército hasta las proximidades de Versalles. Con ese movimiento, se puso a merced de los Aliados que ocupaban aquella ciudad y dejó sin vanguardia a las tropas de Fontainebleau. Los soldados de Souham, ignorando sus instrucciones, obedecieron sin desconfiar. Sólo a la mañana siguiente descubrieron con desesperación la trampa en la que habían caído. Quisieron acabar con sus generales, y debe admitirse que habrían dado un ejemplo útil al mundo. Si uno de los coroneles o los generales hubiera conservado algo de ese carácter, tan común antaño en los ejércitos de la República, habría podido matar a Souham y devolver el ejército a Essonne.

Es inútil añadir que en aquel momento crítico, la defección del cuerpo de Marmont decidió la suerte de la negociación confiada a los mariscales. Napoleón, privado de un tercio de su pequeño ejército, no fue ya objeto de recelo por parte de los Aliados. El tratado de Fontainebleau se firmó el 11.

Nos hemos demorado unos instantes en estos detalles porque la traición del mariscal Marmont a su amigo y bienhechor no ha sido bien comprendida. No es su defensa, ni su capitulación en París, las que merecen una especial atención, sino su conducta subsiguiente, que dejará su nombre para la posteridad.

Capítulo LXXIV[255]

Al día siguiente del día en que el señor de T[alleyrand] convenció a los soberanos aliados de que toda Francia reclamaba a los Borbones, acudió al Senado que, débil aún, nombró el gobierno provisional que le designaron.

El 2 de abril, el Senado depuso a Napoleón; el 3, el Cuerpo Legislativo se adhirió a los actos del Senado.

La noche del 5 al 6, los soberanos declararon que no aceptaban la primera abdicación de Napoleón en favor de su hijo. El emperador Alejandro hizo que se le ofreciera un lugar de retiro para él y su familia y la conservación de su título.[256]

Capítulo LXXV[257]

Dejemos por un instante a Napoleón en la isla de Elba. Los acontecimientos nos llevarán de nuevo, muy pronto, allí.

El gobernador provisional, por consideración, creo, a los príncipes que avanzaban con la escarapela blanca, prohibió la escarapela tricolor y proclamó la escarapela blanca. «Bueno», dijo Napoleón, en Fontainebleau por aquel entonces, «he aquí una escarapela perfecta para mis partidarios, si alguna vez recuperan el valor». El ejército se sintió muy irritado.

Ese rasgo parece el epígrafe del gobierno que seguirá. La andadura era tanto más inepta cuanto que existía un pretexto muy plausible: Luis XVIII, que por aquel entonces era *Monsieur*, había llevado la escarapela tricolor del 11 de julio de 1789 al 21 de junio de 1792.*

El Senado redactó una constitución que era un contrato entre el pueblo y un hombre. Aquella constitución llevaba al trono a Luis-Estanislao-Xavier. El príncipe, modelo de todas las virtudes, llegó a Saint-Ouen. Por desgracia para nosotros, no osó confiarse a sus luces que, sin embargo, tan superiores son.[258] Creyó tener que rodearse de gente que conociera Francia. Estimaba, como todo el mundo, el talento del duque de Otranto y del príncipe de Benevento. Su magnanimidad le hizo olvidar que la lealtad no era el rasgo más señalado del carácter de esa gente. Se dijeron: «Es imposible que el rey pueda prescindir de nosotros. Dejemos que intente gobernar por sí mismo; seremos primeros ministros dentro de un año». Sólo había una posibilidad contraria y se presentó dos años

* Hobhouse, I, pág. 91.

más tarde: que el rey hallase a un joven de mayor talento para poder convertirlo en un gran ministro.

En 1814, el hombre gangrenado que poseía la confianza del rey dio a Francia los ministros más complacientes que se habían visto desde mucho tiempo atrás. Interior, por ejemplo, fue confiado a un hombre más amable, por sí solo, que todos los ministros algo rudos de Napoleón, pero que creía con firmeza que vivir en la mansión del ministro del Interior y cenar allí era ser ministro del Interior.[259] La Revolución en todas sus fases nunca dio algo tan inocente como aquel ministerio. En efecto, si hubieran tenido alguna energía, habrían hecho el mal;[260] no parece que les faltara voluntad, pero eran impotentes.[261] El rey, en su profunda prudencia, gemía ante la inacción de sus ministros. Sentía de tal modo la pobreza de sus espíritus que se hizo comprar por uno de ellos una *Biografía moderna* y no nombraba a nadie para un puesto sin consultar antes el artículo del librero.[262]

Capítulo LXXVI[263]

Nos atreveremos a hablar con una libertad a medias de algunas de las faltas de ese ministerio. Por la Carta, al igual que por el deseo de nuestros corazones, el rey es inviolable y lo es, sobre todo, porque sus ministros son responsables. En Francia, el rey no conocía aún a los hombres ni las cosas. Su gobierno de 1818 prueba lo que su alta prudencia puede hacer cuando no es extraviada por guías ciegos.

Luis XVIII llegó a Saint-Ouen.* Tenía que aceptar, pura y simplemente, la constitución del Senado. Puesto que Bonaparte había abdicado, en cierto modo, por su tiranía, de la condición de hijo de la Revolución, Luis encontraba una feliz oportunidad para investirse de ella. La andadura que se menciona lo preveía todo, de momento, y no impedía a su tercer o cuarto sucesor, una vez pasados los peligros, titularse «Rey por la gracia de Dios» y hablar de legitimidad. Por lo que al rey se refiere, su reinado era feliz y tranquilo, y Bonaparte estaba olvidado para siempre.

El abate de Montesquiou escribió una memoria para Su Majestad donde dijo, hablando del preámbulo de la constitución: «No cabe duda de que no debe ponerse *Rey de Francia y de Navarra*, incluso me inclino a creer que debe ser llamado edicto del rey».**

El 14 de junio, la Constitución fue llevada a ambas Cámaras, reunidas en el palacio del Cuerpo Legislativo. El can-

---

* Lo que sigue está fielmente traducido de la *Historia de los Cien Días*, por J. Hobhouse.

** *Moniteur* del 15 de abril de 1814.

ciller, el más complaciente de los ministros,[264] dijo a los representantes de la nación: «Que varios años habían transcurrido desde que la divina Providencia había llamado al rey al trono de sus padres..., que estando en plena posesión de sus derechos hereditarios al reino de Francia sólo quería ejercer la autoridad que le venía de Dios y de sus antepasados poniendo, él mismo, límites a su poder..., que, aunque el poder absoluto en Francia residiera en la persona del Rey, Su Majestad quería seguir el ejemplo de Luis el Gordo, Felipe el Hermoso, Luis XI, Enrique II, Carlos IX y Luis XIV y modificar el ejercicio de su autoridad». Debe reconocerse que Carlos IX y Luis XIV habían sido elegidos con gracia. Tras haber expresado el voto de borrar de la historia de Francia todo lo que había sucedido durante su ausencia, el rey prometió observar fielmente la Carta Constitucional que «por el libre ejercicio de la autoridad real, él había concedido y concedía, había otorgado y otorgaba a sus súbditos».[265]

Hay que saber que los consejeros del rey, al incitar a aquel príncipe a rechazar la constitución del Senado con su proclama de Saint-Ouen, le habían inducido a convertirla en una especie de extracto que prometía conceder al pueblo. Tras la entrada de Su Majestad, se reunió en la plaza Vendôme una junta compuesta por unos treinta ingenios cultivados, los más gregarios legisladores que pudo encontrarse; dividieron aquel extracto en artículos y redactaron la Carta sin ni siquiera sospechar lo que escribían. A nadie entre aquella pobre gente se le ocurrió que estaba llevando a cabo una transacción entre los partidos que dividían Francia. El rey les recomendó a menudo que estipularan con lealtad la ejecución de todas las promesas de su proclama de Saint-Ouen. Esa constitución hecha al azar es lo que el canciller hizo preceder por el prudente discurso cuyo extracto acaba de leerse.

En medio de aquel acceso de tontería que se había apoderado de la capital de Francia, cuando el virtuoso Grégoire se atrevió a proponer ciertos principios generales y reconocidos por toda Europa sobre la libertad, fue acusado por los letrados de desear que renaciera la anarquía. Los señores Lambrechts y Garat, que protestaban contra aquella precipitación, fueron insultados y se los tachó de metafísicos. A Benjamin Constant, el hombre gracias al cual se piensa en Francia con acierto, se le advirtió de que mantuviera ese silencio que tanto conviene a un extranjero poco ducho en nuestras costumbres.

Por fin, aquella Carta preparada con tanta prudencia fue leída ante ambas cámaras y aceptada en su totalidad por éstas. Habrían votado todo lo que se hubiera querido, incluso el Corán, pues así somos en Francia. En esta clase de circunstancias, oponerse a la mayoría se considera ridícula vanidad. «En Francia, es preciso hacer siempre como los demás». La historia de los corderos de Panurgo podría muy bien servirnos de arma.[266]

La tonta omisión de esta formalidad alejó al rey de cualquier legitimidad verdadera.[267] En Francia, incluso los niños de colegio hacen el siguiente razonamiento: «Cualquier hombre tiene un poder absoluto y sin límites sobre sí mismo; puede alienar parte de ese poder. 28 millones de hombres no pueden votar, pero 28 millones de hombres pueden elegir a mil diputados para que voten por ellos; así pues, sin la libre elección de una asamblea de representantes, no puede existir en Francia poder legítimo, sólo puede imperar la ley del más fuerte».[268]

Capítulo LXXVII[269]

Toda la conducta de los ministros tuvo esa fuerza. Los agentes del poder a los que se atrevieron a destituir fueron sustituidos por gente débil o deshonrada. Se advirtió muy pronto, y con asombro, que cada día la causa de los Borbones perdía partidarios. Los ministros cometieron tantas locuras que convencieron al pueblo de que, en el fondo de su corazón, el rey era el mayor enemigo de la Carta. Esos ministros tenían ante los ojos la corte de Luis XVI y la suerte de Turgot. Sin dejar de pensar que la autoridad real iba a despertar y sabría recompensar a quienes la hubieran adivinado, sabiendo respetarla durante los *malos días*, aquellos infelices sólo pensaban en competir en servilismo para ascender de grado.

Capítulo LXXVIII[270]

Digan lo que digan Montesquieu y muchos otros, sólo hay dos clases de gobiernos: los gobiernos *nacionales* y los gobiernos *especiales*.

A la primera clase pertenecen todos los gobiernos que tienen como principio que *todos los derechos y todos los poderes pertenecen siempre al cuerpo entero de la Nación, residen en él, de él emanan y sólo existen por y para él*.

Llamamos *gobiernos especiales* a todos aquellos que, sean del tipo que sean, reconocen otras fuentes legítimas de derechos y de poderes distintas a la voluntad general: como la autoridad divina, el nacimiento, un pacto social expreso o tácito en el que las partes estipulan como potencias extranjeras a ambas.*

Aunque viciada en su fondo, aunque no sea ni siquiera un contrato entre el pueblo y un hombre, como la Constitución de Inglaterra de 1688, nuestra Carta hubiera satisfecho a todo el mundo. El pueblo francés es demasiado infantil para mirársela tan de cerca. Por lo demás, esta Carta es pasable y, si alguna vez se pone en práctica, Francia será feliz, más feliz que Inglaterra. En este siglo resulta imposible hacer una mala carta; ninguno de nosotros dejaría de escribir, en media hora, una excelente. Lo que en tiempos de Montesquieu hubiera sido el postrer esfuerzo del genio es hoy un tópico. En fin, toda carta puesta en práctica es una buena carta.[272]

Para poner el trono del más prudente y mejor de los príncipes al abrigo de tormentas, bastaba con que el pueblo

---

* *Commentaires sur l'Esprit des Lois*, pág. 13, 14. Lieja, 1817.[271]

creyese que se deseaba de verdad la Carta. Pero los sacerdotes y los nobles hicieron todo lo que estaba en su mano para que eso pasara inadvertido.

Cien mil sacerdotes y ciento cincuenta mil nobles furiosos sólo eran vigilados, como el resto de la nación, por ocho imbéciles que pensaban tan sólo en el cordón azul. Los nobles deseaban y desean sus bienes. ¿Hay algo más sencillo que devolverles su equivalente en rentas del Estado? De ese modo, gente que no tiene opinión, sólo intereses, se sentía vinculada al crédito público y a la Carta como a un mal necesario.

Los ministros que no escribían ni una sola línea, que no daban ni una cena, sin violar el espíritu de la Carta, acumularon muy pronto las infracciones materiales. La señora mariscala Ney jamás regresaba de la corte sin tener los ojos llenos de lágrimas.*

---

* Interrogatorio del mariscal Ney.

Capítulo LXXIX[273]

1. El artículo 260 del Código Penal mantenido por la Carta prohíbe, so pena de prisión y multa, forzar a los franceses a celebrar las fiestas o domingos y a interrumpir su trabajo. Una ordenanza de la policía ordenó precisamente lo contrario, y en términos ridículos. Prescribía a todos los franceses, fuera cual fuese su religión, *poner colgaduras ante sus casas en todas las calles por las que debían pasar las procesiones del Santo Sacramento.*

No se dejaron de hacer algunas de esas procesiones que fueron el hazmerreír de todos los partidos. Mientras la religión católica no tenga buenos puestos para conceder, será ridícula en Francia. Nadie cree ya en ella desde hace mucho tiempo. La religión se perdió para siempre en Francia desde que el abate Maury quiso utilizarla de escudo para los privilegios de los nobles.

2. El 10 de junio, seis días después de la Carta que prometía la libertad de prensa (artículo 8), apareció la ordenanza del Ministerio del Interior que restablecía la censura. Lo más ridículo fue que esa ordenanza se convirtió en ley. Durante mucho tiempo, en Francia el futuro no significará nada para el gobierno.

3. El 15 de junio y el 15 de julio, dos ordenanzas sobre el reclutamiento de la Guardia Real violaron, en detrimento del ejército, el artículo 12 de la carta.

4. El 21 de junio y el 6 de julio, se estableció un Consejo de Estado que, despreciando el artículo 63, se erigió en tribunal extraordinario.

5. El 27 de junio, el artículo 15, el más importante de to-

dos, que declara que el poder legislativo reside en el rey, los pares y los diputados, fue violado por una nadería, por una ordenanza que anulaba un impuesto establecido por la ley del 22 de ventoso del año 12.*

6. El 16 de diciembre, se puso a media soldada a los oficiales no empleados; eso entraba en directa oposición con el artículo 69. Esta medida podía ser necesaria, pero era preciso hacer una ley, hacerla por un año, hacerla temblando, solicitarla de rodillas. Desde aquel momento, el ejército estuvo perdido para los Borbones. En Francia, de cada diez hombres que encuentras, ocho hicieron la guerra en un tiempo u otro y los dos restantes presumen de compartir los sentimientos del ejército. Por aquel entonces, comenzaron a circular enojosas anécdotas. Un duque real pregunta a un oficial en qué campañas había participado. «En todas». «¿Con qué grado?». «Como ayuda de campo del emperador». Le dan la espalda. A la misma pregunta, otro responde que ha servido veinticinco años. «Veinticinco años de bandolerismo». La Guardia desagrada cuando realiza una maniobra; se les dice a aquellos veteranos, ilustres por tantas victorias, que es preciso que vayan a Inglaterra para aprender a maniobrar como los guardias del rey de Inglaterra.

Los soldados suizos son llamados a París, mientras se deja con media soldada a los franceses. Seiscientos nobles, a los que los parisinos pusieron el célebre nombre de *volatineros de Luis XIV* y un número semejante de niños, apenas salidos del colegio, son investidos con los ridículos ropajes inventados por el cardenal Richelieu, y custodian la persona del rey, que parece desconfiar de su guardia. En París, en cuanto se pertenece a un cuerpo privilegiado, uno debe esperar algunas insolencias y es preciso saber impedirlas, como Napoleón. Las escenas del café Montansier irritaron sobremanera la vanidad nacional.

La vieja guardia imperial, ese cuerpo tan valiente y fácil de atraer,[274] es desterrado de forma ofensiva de la capital. El mariscal Soult, ministro de la Guerra, quiere llamarlo de nue-

---

* Hobhouse, I, pág. 63.

vo; una contraorden, mil veces más injuriosa que la primera medida, lo detiene a medio camino. Los Chuanes, esa gente vinculada al extranjero, reciben el más alto favor.*

Se suprime el establecimiento para los huérfanos de la Legión de Honor; se hace algo peor: se restablece por debilidad.

Se vende públicamente la Legión de Honor; se hace algo más: para envilecerla, se la arroja a la gente más ajena a la cosa pública, por ejemplo a unos perfumistas del Palais-Royal.[275] El ejército de los Borbones no llega a los 84.000 hombres, e incorporan en éste con oficiales, a 5.000 viejos emigrados y jóvenes nobles imberbes.

---

* Hobhouse, I, pág. 88.

Capítulo LXXX[276]

He aquí otras violaciones de la Carta:

7. El 30 de julio, se establece una escuela militar para hacer gozar a los nobles de las ventajas de la ordenanza de 1751.

8. El canciller, por su propia autoridad, aplica un impuesto sobre las *provisiones* de los jueces, sobre las cartas de naturalización y sobre los periódicos.

9. En oposición a la letra de la Carta, puesto que el gobierno no pudo colar una ley para reorganizar el Tribunal de Casación, lo renueva con una ordenanza y despide a varios jueces muy estimados; desde aquel momento, los jueces fueron vendidos. Ese tribunal mantiene en Francia la ejecución de los códigos; es un engranaje muy importante para el orden interior y, hasta la época de la que hablamos, fue excelente.

Capítulo LXXXI[277]

La Carta, aunque la gente que la hizo no lo sospechara, está dividida en dos partes. La primera es realmente una *constitución*, es decir, una *receta* para hacer leyes, ley sobre el modo de hacer ley; la segunda, es *transacción amistosa* entre los partidos que dividen Francia.

10. El artículo más importante de esta segunda parte es el 11, concebido así: «Toda investigación sobre opiniones y votos emitidos hasta la Restauración está prohibida». El mismo olvido se ordena a los tribunales y a los ciudadanos.*

En un pueblo infantil y vanidoso, este artículo era uno de los menos importantes para la autoridad real. En Francia, aquellos que no gozan de favor siempre son despreciados, y el grupo al que iba a proteger ese artículo sería el de los más desvergonzados halagadores. Pero los ministros eran tan infantiles como el resto de la nación. Les importó mucho expulsar a ciertos miembros del Tribunal de Casación. En los palacios de los reyes, siempre se adelantan a la opinión que se le supone al príncipe.[278]

11. Una bobada más incomprensible aún, para quien no conoció a los cabecillas de aquella época, fue la de expulsar a los quince miembros del Instituto. Ese golpe de Estado tan ridículo cobró importancia por sus consecuencias. Hirió a la nación; fue la antepenúltima gota del vaso que va a desbordarse; al día siguiente, si hubiera podido, el pueblo francés habría expulsado a los Borbones. Pero ¿qué importaba a los

---

* Véase la ley llamada de *amnistía* que exilió a la gente que había votado la muerte de Luis XVI.

Borbones y a los franceses que formasen parte del Instituto los nombres siguientes: Guyton-Morveau, Carnot, Monge, Napoleón Bonaparte, Cambacérès, Merlin, Roederer, Garat, Sieyès, el cardenal Maury, Luciano Bonaparte, Lakanal, Grégoire, José Bonaparte y David? Lo increíble fue que se pudo sustituir a los eliminados. Hubo gente que consintió en entrar *por ordenanza* en un cuerpo que sólo es lo que es por la opinión. En tiempos de los d'Alembert y los Duclos no hubiera sido así. ¡Y sorprende que la clase más envilecida de París sea la de los literatos!*

---

* Y eso hace que a las personas a las que se respeta no les guste convertirse en autores y poner su nombre en los títulos de sus libros.

He llegado ya a 11 violaciones de leyes; la *Edinburgh* menciona 14 o 15, creo.[279]

Capítulo LXXXII[280]

Sabemos muy bien cómo se elegía el Cuerpo Legislativo bajo Napoleón. Los senadores nombraban a los protegidos de su cocinera. Y, sin embargo, era tal la energía inspirada a la nación por el *culto a la gloria*, era tal su desprecio por las pequeñeces que ninguna Cámara, nombrada bajo el imperio de la Restauración, adquirió tanta estima como aquella en la que brillaron los señores Durbach, Laîné, Bedoch, Raynouard, Suard y Flaugergues. Los discursos de esos hombres estimables consolaban a la nación. En aquella época, todo lo que se refería al gobierno era envilecido.

Los verdaderos monárquicos, los puros, los emigrados fingían sonreír con desdén ante las palabras *Carta* e *ideas liberales*. Olvidaban que el hombre que les puso en pie, el magnánimo Alejandro, había recomendado al Senado que diese a Francia *instituciones fuertes y liberales*. Por todas partes, mil siniestros rumores anunciaban a la nación la próxima resurrección del Antiguo Régimen.

Los ministros favoritos, los señores D., F., M., B.[281] no perdían ocasión para profesar la doctrina de la monarquía absoluta. Añoraban en público aquella vieja Francia en la que estaban reunidas en todos los corazones, sin distinción alguna, esas sagradas palabras: Dios y el Rey.*

Claro está que no se olvidaban los derechos, sagrados también, de la *fiel nobleza*. Quizá no todo el mundo recuerde que esos derechos consistían en 144 impuestos, todos distintos.[282] Para acabar, el duque de Feltre, ministro de la Gue-

---

* Memorial del clero de París al rey, 15 de agosto de 1814.

rra, que ni siquiera tenía conocimientos sobre la guerra,[283] se atrevió a decir en la tribuna: «Lo que quiere el rey, lo quiere la ley», y se convirtió en mariscal. En fin, ver para creer, el señor de Chateaubriand no pareció lo bastante monárquico; su respuesta a la memoria del general Carnot fue atacada en ese sentido.*

* *Diario de debates*, octubre.

Capítulo LXXXIII[284]

Los miembros del antiguo parlamento se habían reunido el 4 de junio en casa del señor Lepelletier de Morfontaine* y habían protestado de manera formal contra la Carta. Habían incurrido así en el tratamiento debido a todas las minorías: «Someteos a las leyes o marchaos».** Nadie pareció advertir esa ridícula protesta y, de inmediato, la nobleza se preparó para hacer otra semejante. En Francia, donde cada cual aspira a crear un regimiento para hacerse coronel, ese tipo de gestiones tiene importancia. Son las conspiraciones de un país. Un príncipe político las hubiera castigado con severidad.

En Savenay (Loira-Inferior), el 5 de marzo se predicó un sermón: se dijo a los fieles que quienes no devolvieran sus bienes a los nobles y a los curas, como representantes de los monjes, recibirían la suerte de Jezabel y serían devorados por los perros.

Entre las peticiones, a cuya lectura no quería proceder el Cuerpo Legislativo, había casi trescientas de individuos que se quejaban de que sus curas les negaban la absolución porque eran propietarios de bienes nacionales. Ahora bien, ocho millones de franceses se encuentran en ese caso, y son los ocho millones que más energía tienen. En el mes de octubre, los periódicos afectos a la corte contaron que en una fiesta que el príncipe de Neuchâtel había dado en Grosbois al rey y a la familia real, el príncipe había homenajeado a su majestad con un rollo de pergamino que contenía los títulos de

---

* Traducido literalmente de J. Hobhouse, I, pág. 96, 2.ª edición.
** Paley.

propiedad de aquel bien nacional. El rey los conservó una hora y luego se los devolvió al mariscal con esta graciosa frase: «Estos títulos no pueden estar en mejores manos». Berthier se quejó al propio rey de aquella ridícula anécdota y, eso es algo que yo estoy muy lejos de creer, nunca pudo obtener permiso para desmentirla en los periódicos.[285]

El señor Ferrand propuso una ley muy justa: se trataba de devolver a los emigrados sus bienes no vendidos.*

Se atrevió a hablar en la tribuna de «los derechos sagrados e inviolables que quienes habían seguido el recto camino siguen teniendo sobre las propiedades de las que fueron despojados por las tormentas revolucionarias» y el señor Ferrand obtuvo el cordón azul.

Esa frase prendió fuego a Francia. Gente que viviría tranquila y sumisa bajo la autoridad del bey de Argel se enfurecerá ante la más indirecta palabra que amenace su propiedad.

---

* Hay algo más: era preciso devolver a los emigrados hasta un máximo de seis mil libras de renta por cabeza y en *rentas del Estado*, todo lo que se les había quitado justamente cuando abandonaron Francia para llamar a los extranjeros a la patria.

Capítulo LXXXIV[286]

Es hora ya de regresar a la isla de Elba. Napoleón, tras haber leído en un periódico, mientras se arreglaba la barba, el discurso del ministro Ferrand, hizo llamar al general Bertrand y le dijo: [...][287]

Capítulo LXXXV[288]

El barón Jermanowski, coronel de los lanceros de la Guardia, hizo el siguiente relato a su respetable amigo, el general Kosciusko.* Era la bravura hablando ante el heroísmo.

El coronel comenzó diciendo que mandaba en Porto Longone, donde había, además de sus lanceros, una guarnición de trescientos infantes. Seis días antes de la partida, el emperador le llamó para saber el número de navíos que se hallaban en su puerto. Recibió la orden de fletarlos, aprovisionarlos e impedir la salida incluso de la más pequeña embarcación. El día anterior al embarque, recibió la orden de pagar tres mil francos para una carretera que Napoleón quería abrir. Casi había olvidado el embargo cuando, el 26 de febrero, mientras trabajaba en su pequeño huerto, un ayuda de campo del emperador le llevó la orden de embarcar a todos sus hombres a las seis de la tarde y reunirse con la flotilla ante Porto Ferraio, aquella misma noche, a una hora fijada.

Era tan tarde que el coronel no pudo terminar de embarcar a sus hombres antes de las siete y media. Zarparon de inmediato. Llegó con su pequeña flota a la bricbarca imperial, el Inconstant, que tenía las velas desplegadas. Al subir a cubierta, el emperador le recibió con estas preguntas: «¿Cómo van las cosas? ¿Dónde está vuestra gente?».

El coronel Jermanowski supo por sus camaradas que la guarnición de Porto Ferraio sólo había recibido la orden de embarcar aquel mismo, día, a la una, que no habían llegado a bordo hasta las cuatro, que el emperador con los generales

* Hobhouse, pág. 115. Véanse los relatos del *Moniteur*, que son exactos.

Bertrand, Drouot y el estado mayor había llegado a las ocho, que entonces un solo cañonazo había dado la señal y se habían hecho a la vela. La flotilla estaba compuesta por el Inconstant, de veintiséis cañones, el Étoile y el Caroline, bombardas, y por cuatro falúas. A bordo del *Inconstant* había cuatrocientos hombres de la vieja guardia. Nadie sabía adónde iban. Los viejos granaderos, al abandonar la ribera para subir a bordo, habían gritado: «París o la muerte».

El viento, que soplaba del sur y bastante fuerte al principio, se convirtió muy pronto en calma chicha. Cuando apuntó el día, sólo habían navegado seis leguas y la flotilla se encontraba entre las islas de Elba y de Capraia, a la vista de los cruceros ingleses y franceses. La noche, sin embargo, no se había perdido por completo, los soldados y la tripulación se habían empleado en cambiar el color exterior de la bricbarca. Era amarilla y gris; la pintaron de negro y blanco. Era un débil medio de escapar a la gente interesada en observar la isla de Elba.

Se habló de regresar a Porto Ferraio; pero Napoleón ordenó proseguir la marcha, decidido, si era necesario, a atacar los cruceros franceses. En las aguas de la isla de Elba había dos fragatas y una bricbarca; en verdad se las creía más dispuestas a unirse a la flota imperial que a combatirla; pero un oficial monárquico con cierta firmeza podía hacer disparar el primer cañonazo y arrastrar a su tripulación. A mediodía el viento aumentó; a las cuatro, la flotilla se encontraba ante Livorno. Tuvieron a la vista tres buques de guerra, y uno de ellos, una bricbarca, ponía rumbo al Inconstant. Cerraron las portas. Los soldados de la Guardia se quitaron los gorros y se tendieron en cubierta. El emperador tenía el proyecto de lanzarse al abordaje de la bricbarca, pero era un último recurso sólo en caso de que la nave real no quisiera dejar pasar al Inconstant sin visitarlo. El Zéphir (así se llamaba la bricbarca de pabellón blanco) llegaba a toda vela hasta el Inconstant; los dos navíos pasaron borda contra borda. Cuando el capitán Andrieux[289] fue llamado por el teniente Taillade, del Inconstant, que era uno de sus amigos, se limitó a preguntar adónde iba el Inconstant. «A Génova», respondió Taillade, y añadió que se ocuparía de buen grado de sus encargos, si los tenía. Andrieux respondió que no y, al alejarse, gritó: «¿Cómo se encuentra el emperador?». El propio Napoleón le respondió: «Perfectamente bien», y los navíos se separaron.

El viento aumentó durante la noche del 27, y el 28 de febrero,[290] al despuntar el alba, se divisaron las costas de Provenza. Tenían a la vista un navío de 74, que en apariencia ponía rumbo a Cerdeña.[291] El coronel Jermanowski dijo que, hasta aquel momento, en la flotilla casi todos creían que iban a Nápoles. Los soldados hicieron muchas preguntas a los oficiales, e incluso los oficiales al emperador, que no respondió. Por fin, dijo sonriendo: «Muy bien, ¡es Francia!». Ante aquella palabra, todo el mundo le rodeó para conocer sus órdenes. La primera medida que tomó fue ordenar a dos o tres comisarios de su pequeño ejército que prepararan su pluma y su papel. Escribieron a su dictado las proclamas a los franceses y al ejército. Cuando estuvieron escritas, se leyeron en voz alta. Napoleón hizo varias correcciones. Ordenó que se las leyeran de nuevo y volvió a corregirlas; por fin, tras diez revisiones por lo menos, dijo: «Así está bien, haced copias». Ante esa frase, todos los soldados y marineros que sabían escribir se tendieron en cubierta. Se les distribuyó papel y muy pronto tuvieron un número de proclamas suficiente para que pudieran publicarse en el momento del desembarco. A continuación se encargaron de confeccionar escarapelas tricolores. Bastó con cortar el borde exterior de la escarapela de la isla de Elba. Al principio, cuando llegaron a la isla, la escarapela del emperador aún se parecía más a la francesa. La cambió a continuación, para no despertar sospechas. Durante los distintos arreglos y, en general, a lo largo de la última parte del viaje, los oficiales, los soldados y los marineros rodeaban a Napoleón, que dormía poco y estaba casi siempre en cubierta. Tendidos, sentados, de pie o vagabundeando en confianza a su alrededor, sentían la necesidad de hablar con él. Le hacían preguntas continuamente, él respondía sin el menor signo de impaciencia, aunque algunas fueran bastante indiscretas. Querían saber su opinión sobre algunos grandes personajes vivos, sobre reyes, mariscales, ministros de antaño. Comenzaban a discutir con él episodios ya conocidos[292] de sus propias campañas e incluso de su política interior. Él sabía satisfacer o elucidar su curiosidad y, a menudo, entraba en grandes detalles sobre su propia conducta y la de sus enemigos. Tanto si examinaba los títulos de gloria de sus contemporáneos, como si recordaba los hechos militares de los tiempos antiguos y modernos, todas sus respuestas tenían un tono de soltura,[293] de noble familiaridad y de franqueza que encantaba a los soldados. «Cada palabra», decía el coronel Jermanowski, «nos parecía digna de ser conservada para la posteridad». El emperador hablaba sin rodeos de su actual empresa, de las dificultades que presentaba y de sus esperanzas. «En casos como éste, hay que pensar despacio pero actuar con celeridad. He sopesado mucho tiempo esta idea, la he considerado con toda la atención de la que soy capaz. No necesito hablaros de la gloria inmortal y de las ventajas que adquiriremos si el éxito corona nuestra empresa. Si fracasamos, no intentaré disfrazar la suerte que nos aguarda a militares que, desde su infancia, han desafiado[294] la muerte de tantas formas y en tantos climas. La conocemos y la despreciamos». Ésas son, poco más o menos, las últimas palabras que pronunció antes de que su pequeña flota echara el ancla en el golfo de Juan. Esas últimas frases parecieron algo más cuidadas. Fue una especie de memorial dirigido a sus compañeros, con quienes tal vez no tendría ya tiempo de hablar ante los peligros que iban a encontrarse.

El 28 de febrero, Antibes estuvo a la vista desde mediodía, y el 1 de marzo, a las tres, la flotilla echó el ancla en la bahía. Un capitán y veinticinco hombres fueron enviados para apoderarse de las baterías que podían dominar el punto de desembarco. El oficial, viendo que no había batería, tomó la decisión de marchar sobre Antibes. Entró allí y fue hecho prisionero. A las cinco de la tarde, las tropas tomaron tierra en la costa próxima a Cannes. El emperador fue el último en abandonar la bricbarca. Descansó un poco en un vivaque que le prepararon en una pequeña pradera rodeada de olivos, cerca del mar. Los campesinos muestran hoy a los extranjeros la pequeña mesa en la que comió.*[295]

El emperador llamó a Jermanowski y le preguntó si sabía cuántos caballos habían traído de la isla de Elba. El coronel le respondió que no sabía nada; que por su parte no había embarcado ni uno solo. «Muy bien», dijo Napoleón; «yo he traído cuatro caballos; dividámoslos. Creo que yo debo tener uno. Puesto que vos mandáis mi caballería, tendréis el segundo. Bertrand, Drouot y Cambronne tendrán los otros dos».

Los caballos habían sido desembarcados algo más abajo, en la ribera. Abandonaron el vivaque y Napoleón, con su estado mayor, fue a pie hasta el lugar donde estaban. El emperador marchaba solo, interrogando a algunos campesinos que encontró. Jermanowski y los generales le seguían, llevando sus sillas. Cuando hubieron llegado hasta los caballos, el gran mariscal Bertrand se negó a tomar uno; dijo que iría a pie. Drouot hizo lo mismo.** Cambronne y Molat montaron a caballo. El emperador dio al coronel Jermanowski un puñado de napoleones diciéndole que se procurara algunos caballos campesinos. El coronel pagó a los campesinos lo que le pidieron, compró quince. Los uncieron a tres piezas de artillería traídas de la isla de Elba y a un cañón que la princesa Paulina le había dado a su hermano.

Llegaron con la noticia del fracaso de Antibes. «Hemos empezado mal», dijo el emperador, «ahora no nos queda nada mejor por hacer que marchar tan deprisa como podamos y llegar a los pasos de las montañas antes de que llegue la noticia de nuestro desembarco». Se levantó la luna y a las once Napoleón se puso en marcha con su pequeño ejército. Anduvieron toda la noche. Los campesinos de los pueblos por los que pasaban no decían nada; levantaban los hombros y movían la cabeza cuando les decían que el emperador había regresado. Cuando el emperador atravesó Grasse, ciudad de 6.000 almas, allí creyeron que habían desembarcado unos piratas y todo eran alarmas. Las tiendas y las ventanas estaban

---

* Hobhouse, 121.
** Hobhouse, 122, 123, 130.

cerradas y la multitud que se había reunido en las calles, a pesar de la escarapela nacional y de los gritos de «Viva el emperador» de los soldados, les dejaban pasar sin el menor signo de aprobación o desaprobación. Hicieron un alto de una hora en un cerro, más allá de la villa. Los soldados comenzaron a mirarse entre sí con incertidumbre y tristeza. De pronto, vieron un grupo de gente de la villa que se dirigía hacia ellos con provisiones, gritando «Viva el emperador».

Desde aquel momento* los campesinos se mostraron satisfechos de que Napoleón hubiese desembarcado y su marcha fue más un triunfo que una invasión. Dejaron los cañones y el coche en Grasse y, puesto que las carreteras eran muy malas en el curso de aquella primera marcha, que fue de veinticinco leguas, Napoleón avanzaba con frecuencia a pie entre sus granaderos. Cuando se quejaban de sus fatigas, él los llamaba *sus gruñones*; ellos, por su parte, cada vez que se caían, se reían a carcajadas de su torpeza. Al anochecer del 2 de marzo llegaron al pueblo de Seranon, a veinte leguas de Grasse. Durante la marcha, los soldados llamaban a Napoleón «nuestro pequeño rapado y Juan de la espada». Él oía con frecuencia esos nombres, repetidos a media voz cuando ascendía por la pendiente entre sus veteranos. El 3, durmió en Barrème y el 4 cenó en Digne. «Fue en Digne o en Castellani», nos dijo el coronel, «donde Napoleón intentó convencer al dueño de la posada donde se detuvo de que gritara «Viva el emperador». Aquel hombre se negó en rotundo y gritó «Viva el rey». En vez de montar en cólera, Napoleón le alabó por su lealtad y sólo le pidió que bebiera a su salud, a lo que el anfitrión accedió de buena gana».

En Digne, las proclamas** al ejército y al pueblo francés se imprimieron y se distribuyeron por el delfinado con tal rapidez que por el camino Napoleón encontró las ciudades y los pueblos dispuestos a recibirle. Hasta aquel momento, sin embargo, sólo un soldado se les había unido. El coronel Jermanowski encontró a aquel soldado en el camino y quiso con-

---

* Hobhouse, 124.
** Hobhouse, 125.

vertirlo en un prosélito. Cuando el coronel le decía que el emperador iba a llegar, el soldado se echó a reír de todo corazón: «Bueno, dijo, tendré algo que contar esta noche en casa». Al coronel le costó mucho convencerle de que no era una chanza; entonces, el soldado le dijo: «¿Dónde pensáis dormir esta noche?». Y, al saber el nombre del pueblo, respondió: «¡Muy bien!, mi madre vive a tres leguas de aquí, voy a decirle adiós y estaré con vosotros esta noche». Al anochecer, en efecto, el granadero golpeó el hombro del coronel y sólo se sintió contento cuando éste le hubo prometido que diría al emperador que Melon, el granadero, había acudido a compartir la suerte de su antiguo señor.

El 5, Napoleón pasó la noche en Gap, donde sólo fue custodiado por diez jinetes y cuarenta granaderos. El general Cambronne ocupó aquel mismo día con cuarenta granaderos el puente y la antigua fortaleza de Sisteron;* pero Melon seguía siendo el único recluta que habían enrolado, mientras que en Saint-Bonnet y en otras aldeas los habitantes querían tocar a rebato y levantarse en masa para acompañar al pequeño ejército. Obstruían los caminos y en más de una ocasión impedían la marcha para ver y tocar al emperador que, de vez en cuando, avanzaba a pie.

Los caminos eran execrables a causa de la nieve que se fundía. El mulo cargado de oro resbala en un precipicio. El emperador parecía muy enojado. Pasaron dos horas intentando sacarlo de allí. Por fin, para no perder tiempo, el emperador tuvo que abandonarlo: los campesinos lo aprovecharon en primavera.

El 6, el emperador durmió en Gap y el general Cambronne, con su vanguardia de cuarenta hombres, en La Mure. Allí, la vanguardia de la guarnición de Grenoble, formada por seiscientos hombres, rechazó parlamentar con el general Cambronne. El coronel Jermanowski, que se hallaba en vanguardia, en punta, encontró un desfiladero cerca de Vizille ocupado por una tropa que izaba una bandera blanca. Quiso hablar, pero un oficial, dirigiéndose hacia él, le gritó: «Retiraos, no

---

* Hobhouse, 126.

puedo mantener comunicación alguna con vos. Guardad vuestra distancia o mis hombres abrirán fuego». El coronel intentó ganárselo diciéndole que debía hablar con el emperador Napoleón y no con él; pero el oficial siguió utilizando palabras amenazadoras y Jermanowski fue a comunicar al emperador aquel fracaso. Napoleón le dijo sonriente: «Siendo así, debo probar qué puedo hacer yo mismo». Descabalgó y ordenó a unos cincuenta de sus granaderos que le siguieran con sus armas a la funerala. Avanzó con calma hasta el desfiladero, donde encontró un batallón del 5.º de línea, una compañía de zapadores y una de mineros, en total 700 u 800 hombres. El oficial al mando seguía vociferando, a menudo contra el propio emperador, diciendo: «Es un impostor, no es él». De vez en cuando, ese oficial reprendía a sus tropas, les ordenaba abrir fuego. Los soldados permanecían silenciosos e inmóviles. Cuando vieron que la tropa de Napoleón se acercaba, por un instante pareció que querían apuntar sus fusiles. Napoleón hizo que sus granaderos se detuvieran, avanzó solo y tranquilo hasta el batallón. Cuando estuvo muy cerca de la línea, se detuvo en seco, les lanzó una tranquila mirada y, abriendo su levita, gritó: «Soy yo, reconocedme. Si hay entre vosotros un soldado que quiera matar a su emperador, que abra fuego, éste es el momento».

Fueron vencidos en un instante y, entre repetidos gritos de «Viva el emperador» se lanzaron a los brazos de los soldados de la guardia.*

Un poco antes de que los soldados del Quinto se pusieran en marcha, Napoleón se acercó a un granadero que presentaba armas y, tomándole por uno de los mostachos, le dijo: «¿Y tú, viejo mostacho, no estuviste con nosotros en Marengo?».

Éste es el sencillo relato de una de las acciones que, en todos los siglos y en todos los países, muestran a las naciones los hombres por los que deben marchar y actuar.

Los compañeros de Napoleón contemplaron el movimiento de aquella tropa de setecientos hombres como algo decisivo. Vieron en ese acontecimiento que el emperador no

* Hobhouse, 126-127.

se había engañado y que el ejército seguía siendo suyo.* Las nuevas tropas tomaron la escarapela tricolor, alineándose alrededor de las águilas del ejército de la isla de Elba y entraron con ellas en Vizille, entre los gritos de júbilo de los habitantes. Ese burgo se ha distinguido siempre por su patriotismo. Puede decirse que allí comenzó la Revolución Francesa y la libertad del mundo. En el castillo de Vizille tuvo lugar la primera asamblea de los Estados del Delfinado.

Avanzando hacia Grenoble, el coronel Jermanowski fue alcanzado por un oficial que llegaba sin aliento y que le dijo: «Os saludo de parte del coronel Charles Labédoyère».

Aquel joven coronel apareció muy pronto a la cabeza de la mayor parte de su regimiento, el 7.º de línea formado por los restos del 112 regimiento y de varios más. A las cuatro de la tarde, el coronel había escapado de Grenoble; a cierta distancia sacó un águila de su bolsillo, la colocó en el extremo de una pértiga y la besó ante su regimiento, gritando: «¡Viva el emperador!». Entonces asestó una cuchillada a un tambor que estaba lleno de escarapelas tricolores y las distribuyó a su regimiento. Pero el general Marchand, que permaneció fiel al rey, consiguió hacer entrar en Grenoble a una parte del regimiento. La guarnición de aquella ciudad había aumentado con el 11 regimiento de línea y una parte del 7.º, enviados desde Chambéry. Esa guarnición estaba compuesta, además, por 2.000 hombres del 3 regimiento de pioneros, dos batallones del 5.º de línea y del 4.º de artillería, precisamente el mismo regimiento del que Napoleón había obtenido una compañía veinticinco años antes.

Grenoble es una mala plaza que sólo se conserva para aprovisionar de artillería la cordillera de los Alpes, entre los que se encuentra situada. Sólo tiene un muro terraplenado del lado de la llanura, de unos veinte pies de alto con un riachuelo que corre por delante. Con esa ridícula fortificación, algunos meses después, sus habitantes mataron por cuenta propia a mil doscientos hombres del ejército piamontés, compuesto en su totalidad por soldados de Napoleón.

* Hobhouse, 128.

Cuando aquel gran hombre se acercó a ella, el 7 de marzo, toda la guarnición estaba alineada en la muralla terraplenada en cuyo centro se había abierto la puerta de Roma, que corresponde al camino de Vizille.* Los cañones estaban cargados, las mechas encendidas, la Guardia Nacional se había alineado detrás de la guarnición para servirle de reserva.

La puerta de Bonne se cerró a las ocho y media. Cuando Napoleón entraba en el pequeño arrabal de Saint-Joseph, Jermanowski se presentó a las puertas de Bonne, al frente de ocho lanceros polacos. El coronel pidió las llaves; le respondieron que estaban en casa del general Marchand. El coronel habló con los soldados sin obtener respuesta. Napoleón llegó muy pronto al puentecillo que está ante las puertas. Permaneció sentado allí, en un guardacantón, durante más de tres cuartos de hora.

Al general Marchand le bastaba con comparecer en la muralla vecina, a cincuenta pies como máximo de la persona del emperador y disparar él mismo contra él. Podía hacer que le ayudaran veinte gentilhombres. No había posibilidad alguna de no acertar a Napoleón. Una vez muerto, todo el mundo hubiera abandonado aquel bando. Si sus partidarios temían erróneamente ser descuartizados en caso de que disparasen, podían situarse en la casa de un tal Eymar que da a la muralla y, por el otro lado, a la parte que está incluida en el cuartel. Lo cierto es que, en aquel momento de extremada turbación, cualquier designio osado hubiera tenido éxito. Resultaba igual de fácil apostar a veinte gentilhombres en las casas del arrabal Saint-Joseph, ante las que Napoleón pasó a quince pies de distancia.[296]

Tras tres cuartos de hora de parlamentos e incertidumbres, la guarnición, en vez de abrir fuego, gritó «Viva el emperador». Puesto que las puertas no se abrían, los habitantes del arrabal llevaron vigas, y con la ayuda de los habitantes de la ciudad derribaron aquella puerta, que resultó ser muy sólida, pues Grenoble había estado a punto de soportar un asedio un año antes. Cuando la puerta caía, llegaron las llaves. Al

---

* Hobhouse, 129.

entrar, los ocho lanceros encontraron a una multitud de habitantes que acudían con antorchas encendidas ante Napoleón, que unos instantes después entró a pie y sólo veinte pasos por delante de su gente.

Varios oficiales, gente cabal, habían venido de Grenoble para presentarse ante Napoleón. Si no hubiera tenido éxito a las puertas de Bonne, lo habrían preparado todo para que pasara el Isera cerca de la puerta de Saint-Laurent, que está al pie de la montaña, y en la montaña llamada de la Bastilla la muralla sólo está formada por un simple muro de huerto que se cae por todas partes.

Aquellos oficiales aconsejaron al emperador que impidiera a sus soldados disparar un solo tiro de fusil, pues eso podía dar la apariencia de que eran *gente vencida* ante quienes se les quisieran unir. Tal vez la mitad del ejército se hubiera mantenido firme por pundonor.

La muchedumbre se agolpó a su alrededor. Le miraban, le tomaban de la mano y de las rodillas, besaban sus ropas, querían tocarlo aunque fuera; nada podía poner freno a sus arrebatos. Napoleón no era el representante de su propio gobierno, sino de un gobierno contrario al de los Borbones. Querían alojarlo en el Ayuntamiento, pero él eligió una posada que llevaba un antiguo soldado de su ejército de Egipto, llamado señor Labarre. Allí, su estado mayor le perdió por completo de vista; por fin, al cabo de media hora Jermanowski y Bertrand, empleando todas sus fuerzas, consiguieron penetrar en la habitación y lo hallaron rodeado de gente que parecía loca, tanto entusiasmo y amor les hizo olvidar las mínimas precauciones que por lo general hay que tomar para no ahogar a la gente. Sus oficiales consiguieron evacuar la habitación por unos momentos; colocaron mesas y sillas detrás de la puerta para prevenir una segunda invasión, pero fue en vano. La multitud consiguió entrar por segunda vez, y el emperador permaneció dos horas perdido entre aquella gente, sin que le custodiara ningún soldado. Podía ser asesinado mil veces si hubiera habido un solo hombre de valor entre los monárquicos o los sacerdotes. Poco después, una muchedumbre llevó la puerta de Bonne bajo las ventanas de su posada. Gritaba: «Napoleón, no hemos podido ofreceros las llaves de vuestra buena ciudad de Grenoble, pero he aquí sus puertas».

Al día siguiente Napoleón pasó revista a sus tropas en la plaza de armas. También allí le rodeó el pueblo; el entusiasmo llegaba al límite, pero no inspiró ninguno de esos actos serviles con los que el pueblo suele acercarse a los reyes; se gritó sin cesar bajo sus ventanas y a su alrededor: «Basta de reclutamientos, ya no lo queremos y necesitamos una constitución». Un joven de Grenoble (el señor Joseph Rey) recogió los sentimientos del pueblo e hizo con ellos un memorial para Napoleón.[297]

Un joven guantero, el señor Dumoulin, en cuya casa se había ocultado dos días antes un grenoblense recién llegado de la isla de Elba y cirujano del emperador, ofreció a éste cien mil francos y su persona. El emperador le dijo: «No necesito dinero en este momento; os lo agradezco, necesito gente decidida». El emperador convirtió al guantero en oficial de ordenanza y de inmediato le encomendó una misión que éste llevó a cabo muy bien. Aquel joven abandonó en el acto un gran establecimiento.

Napoleón recibió a las autoridades, les habló largo rato pero sus razonamientos eran demasiado elevados para que los comprendiera una gente acostumbrada durante catorce años seguidos a obedecer la vara y a no alimentarse de otros sentimientos que no fueran el temor de perder su salario. Escuchaban con aire estúpido y no pudo obtener de ellos una sola frase que saliera del corazón. Sus verdaderos amigos fueron los campesinos y los pequeño-burgueses. El heroísmo patriótico transpiraba en todas sus frases. Napoleón agradeció a la gente del Delfinado un memorial impreso en Grenoble. Casi todos los soldados llevaban la escarapela tricolor en el fondo de sus chacós. Lo mostraron con expresable júbilo. El general Bertrand, que asumía las funciones de mayor general, dirigió la guarnición de Grenoble hacia Lyon.

En su viaje de Grenoble a Lyon, Napoleón hizo gran parte del camino sin un solo soldado a su lado; su calesa tenía que ir al paso a menudo; los campesinos atestaban las carreteras; todos querían hablar con él, tocarlo o cuando menos verlo. Subían a su coche, a los caballos que lo arrastraban, y por todas partes le arrojaban ramos de violetas y de primaveras. En una palabra, Napoleón estuvo continuamente perdido en brazos del pueblo.

Al anochecer, cerca de Rives, los campesinos le acompañaron durante más de una legua iluminándolo con antorchas fabricadas a toda prisa y cantando una canción que se propagaba con mucho ímpetu desde hacía dos meses; y cómo sería esa canción, que los sacerdotes, antes de dar la absolución preguntaban a sus penitentes si la habían cantado, y en caso afirmativo se negaban a reconciliarles con Dios.*

En el pueblo de Rives, al principio no lo reconocieron. En cuanto lo hicieron, los campesinos inundaron la posada y, cuando vieron que su cena era muy mala, cada cual le llevó un plato.

El 9 de marzo, el emperador durmió en Bourgoin.

A veces había media docena de húsares delante de su coche, aunque por lo general no iba nadie, y casi siempre se mantuvo a tres o cuatro leguas de las tropas. Los granaderos de la isla de Elba, que se habían quedado en Grenoble rendidos de fatiga, quisieron partir muy pronto de allí, pero los más diligentes sólo llegaron a Bourgoin al cabo de una hora de su partida, lo que les proporcionó un buen motivo para maldecir. Contaban a los campesinos los menores detalles de su vida en la isla de Elba. Tras el entusiasmo común, este es el rasgo más señalado de las relaciones de los campesinos con los soldados: como sus uniformes azules y sus chacós estaban muy desgarrados y toscamente remendados con hilo blanco, los campesinos les decían: «Entonces, ¿el emperador no tenía dinero en la isla de Elba, en vista de que vais tan mal vestidos?». «¡Eh!, no carecía de dinero, pues construyó, hizo carreteras y cambió todo el país. Cuando nos veía tristes, nos

---

* Poner aquí la canción en mal francés que parece haber sido compuesta por los campesinos y que expresaba, sobre todo, el odio y el profundo desprecio por la gente que le había traicionado. En ella se nombra a Augereau, Marmont y Marchand.

decía: "Bueno, gruñón, ¿sigues pensando en Francia?". "Sire, es que me aburro". "Ocúpate de remendar tu uniforme, ya los hay listos ya en algunos almacenes; no te aburrirás siempre"». «Y él mismo», decían los granaderos, «predicaba con el ejemplo; llevaba el sombrero muy remendado. Todos teníamos claro que pensaba llevarnos a alguna parte, pero no quería decir nada positivo. Nos embarcaba y desembarcaba sin cesar, para engañar a la gente de la isla». El emperador hizo remendar su sombrero en Grenoble, donde podía comprar otro. Tenía una levita gris, muy mala, abotonada hasta arriba. Estaba tan grueso y cansado que a menudo, al subir al coche, le sujetaban las piernas; los señores de aldea llegaban a la conclusión de que tal vez llevaba un peto acorazado.

Más allá de La Verpillère, mientras el coche estaba detenido en la carretera sin que hubiera guardias ni campesinos arremolinados, se acercó al carruaje un comerciante que también se había parado allí...[298]

Capítulo LXXXVI[299]

La democracia o el despotismo son los primeros gobiernos a los que optan los hombres cuando salen del estado salvaje; es el primer grado de civilización. La aristocracia bajo uno o varios jefes —y el reino de Francia antes de 1789 era sólo una aristocracia religiosa y militar, de hábito y de espada—, la aristocracia, llámese como se llame, ha reemplazado en todas partes a esos gobiernos informes. Es el segundo grado de civilización. El gobierno representativo bajo uno o varios jefes es un invento nuevo, de muy nuevo cuño, que forma y advierte un tercer grado de civilización. Este sublime invento, producto tardío pero necesario de la invención de la imprenta, es posterior a Montesquieu.

Napoleón fue lo mejor que ha producido el segundo grado de civilización. Así, de un modo muy ridículo, los reyes que quieren detenerse en ese segundo grado propician ataques contra ese gran hombre a través de sus viles escritores. Nunca comprendió el tercero. ¿O lo estudió acaso? Ciertamente, no en Brienne; los libros filosóficos o traducidos del inglés no entraban en los colegios reales y no tuvo tiempo de leer después del colegio; sólo tuvo tiempo de estudiar a los hombres.

Napoleón es, pues, un tirano del siglo XIX. Y quien dice tirano dice espíritu superior, y no es posible que un genio superior no respire, aun sin sospecharlo, el sentido común diseminado en el aire.

Es preciso leer la vida de Castruccio Castracani, tirano de Lucca en el siglo XIV,* se captará muy bien este punto de vis-

---

* En Maquiavelo y, mejor aún, en los autores originales, abreviados por Pignotti.

ta. El parecido entre esos dos hombres es sorprendente. Era curioso seguir en el ánimo de Napoleón los combates del genio y la tiranía contra la razón profunda que le había convertido en un gran hombre. Era preciso ver su natural inclinación hacia los nobles, combatida por las bocanadas de desprecio que subían a sus ojos en cuanto los veía muy de cerca. Se sentía perfectamente con todo lo que hacía contra ellos, que era la cólera de un padre. A la buena gente que tuviera dudas, le haríamos observar su cólera contra lo que era realmente liberal. Ese odio habría llegado a la rabia si no hubiera tenido conciencia de su fuerza. Era preciso ver cómo los zorros de la corte habían sentido muy bien ese matiz del carácter de su amo. Los informes de sus ministros son curiosos desde este punto de vista. En frases incidentes o, para decirlo mejor, en adjetivos y adverbios, está todo el espíritu de conducta de la más minuciosa y la más cobarde tiranía. Aún no se atrevían a aventurarlo en el sentido directo de la frase. Un epíteto insolente mostraba al señor el corazón de su ministro. Algunos años más y sus queridos auditores le hubieran dado una generación de ministros que, no habiendo pasado por la experiencia de los grandes asuntos durante la República, ya sólo se habrían ruborizado de no ser lo bastante cortesanos. Cuando se ven las consecuencias de todo eso, acabas casi alegrándote de la caída de Napoleón.

En su reinado de los Cien Días aún se ve mejor el combate del genio del gran hombre contra el corazón del tirano. Llama a Benjamin Constant y a Sismondi; les escucha complacido, en apariencia, pero regresa muy pronto con pasión a los cobardes consejos de Regnault de Saint-Jean-de-Angély y del duque de Bassano. Y semejantes hombres muestran cómo la tiranía ya le había corrompido. En los tiempos de Marengo les hubiera rechazado con desprecio.

Fueron esos dos hombres, más que Waterloo, los que le perdieron. No se diga que le faltaron los consejos. Vi en Lyon a uno de sus oficiales aconsejarle por escrito que aboliera, de un golpe, la nueva nobleza y la antigua.[300] Fue Regnault, creo, quien le aconsejó que titulara su nueva constitución *Acta adicional*. En una mañana perdió el corazón de diez millones de franceses y de los únicos diez millones que combaten y piensan. Desde entonces, quienes le rodeaban vieron inevitable su perdición. ¿Cómo vencer al millón cien mil soldados que marchaban contra Francia? Necesitaba un escamoteo político con la casa de Austria, y a medida que se alejaba de la gente de talento, los aliados la atraían con sus consejos.

Sus justificaciones que parten de Santa Helena pretenden excusarlo por la extremada mediocridad de la gente de su familia. Los talentos nunca faltan, y nacen, a montones, en cuanto son solicitados. Primero se alejó de Luciano; no sacó demasiado partido de Soult, de Lezay Marnezia, de Levoyer d'Angerson, de Thibaudeau, del conde de Lapparent, de Jean de Bry y de mil más que se hubieran presentado. ¿Quién adivinaba, en tiempos del emperador, el talento del conde Decazes? La desgracia de su familia es, pues, una pobre excusa; no tuvo gente de talento porque no la quiso. La mera presencia de Regnault bastaba para desalentar a todo lo bueno que hubiese.

Es una suerte para toda esa gente haber tenido semejantes sucesores.[301]

Capítulo LXXXVII[302]

Hemos representado a Napoleón con los rasgos que en nuestra opinión se desprenden de los relatos más fieles. Nosotros mismos habitamos su corte durante varios años.

Es un hombre dotado de extraordinarios talentos y de una peligrosa ambición, el ser más admirable por su talento que haya nacido después de César, sobre quien a nuestro entender prevalece. Más bien está hecho para soportar con firmeza y majestad la adversidad que para aguantar la prosperidad sin permitir que le embriague. Arrebatado hasta el furor cuando se contrarían sus pasiones, aunque más susceptible de amistad que de odio duradero, mancillado por alguno de los vicios indispensables en un conquistador, pero no más pródigo en sangre ni más indiferente hacia la humanidad que los César, los Alejandro, los Federico, gente junto a la que se le colocará y cuya gloria va a caer día tras día, Napoleón estuvo comprometido en varias guerras que hicieron correr ríos de sangre, aunque en ninguna, si se exceptúa la guerra de España, fue el agresor. Estuvo a punto de convertir el continente de Europa en una vasta monarquía. Ese proyecto, si existió, es su única excusa para no haber revolucionado los Estados que conquistó y no haberlos convertido en apoyos para Francia, lanzándolos al mismo camino moral. La posteridad dirá que fue rechazando los ataques de sus vecinos al tiempo que extendió su imperio. «Las circunstancias, al suscitarme guerras», dijo, «me proporcionaron medios para agrandar mi imperio y no los desdeñé». Su grandeza de alma en el infortunio y su resignación han sido igualadas por algunos, pero por nadie sobrepasadas. El señor Warden a menudo da testimonio de esas virtudes, y podemos añadir que carecen de ostentación alguna. Su modo de ser en Santa Helena está lleno de naturalidad. Tal vez sea, en los tiempos modernos, la cosa que más recuerda al héroe de Plutarco. Cuando uno de los que le visitaron en la isla de Elba le mostró su sorpresa por la admirable calma con que soportaba el cambio de su fortuna, replicó: «Todo el mundo se ha visto, creo, más sorprendido que yo. No tengo una opinión demasiado buena de los hombres y siempre he desconfiado de la fortuna; por otra parte, he gozado poco; mis hermanos han sido mucho más reyes que yo. Ellos disfrutaron de los placeres de la realeza, yo, prácticamente, sólo sufrí sus fatigas».

Notas y aclaraciones
Por Louis Royer y Albert Pingaud*

* Las notas firmadas A. P. son de Albert Pingaud.

Prefacio

1. Esta cita está tomada de un poema de Aldrich titulado *Inauguratio regis Gulielmi et reginae Mariae*. Apareció en las *Musarum anglicanorum analecta... editio secunda*, Oxford, 1966, in-12, 2 vol., t. II, pág. 33.

Capítulo I

2. Existe una primitiva redacción de los primeros capítulos en la carpeta R. 292 de la Biblioteca de Grenoble. Lleva la fecha de 26 de noviembre de 1817. Stendhal encargó una copia que se encuentra también en la misma carpeta; luego viene, por fin, el 18 de enero de 1818, la redacción definitiva del ms. encuadernado, que hemos seguido para la publicación.
En la hoja de guarda: «4 libros:
1.º Hasta el 18 de brumario,
2.º Termina en el Imperio,
3.º Termina en Waterloo,
4.º En Santa Helena.
Retomo el 23 de junio de 1818 este libro que recorría el mundo desde comienzos de enero de 1818.
Voy a corregir primero el estilo; después haré algunas adiciones. Se ruega insistentemente al lector que bosqueje algunas críticas».
Stendhal había encabezado, al principio, este primer capítulo con una cita de Bossuet: «¿Qué parte del mundo habitable no ha oído las victorias de ese gran hombre y las maravillas de su vida? Se cuentan por todas partes; el francés que las alaba nada enseña al extranjero, y pese a lo que hoy pueda yo con-

tar, siempre prevenido por vuestros pensamientos, tendré que responder aún al secreto reproche de haberme quedado muy por debajo». BOSSUET: *Oración fúnebre para el príncipe de Condé*. —A continuación la sustituyó por el comienzo que alude al libro de madame de Staël: *Consideraciones sobre los principales acontecimientos de la Revolución*, que acababa de aparecer.

3. Al margen, nota de Stendhal a lápiz: «Y después de que Luis XV se hubiera apoderado de Córcega, fue... Prefiero la lección del texto por ser más conforme con el estilo de César».

4. Se trata aquí del conde Luis de Mazzuchelli de Brescia (1707-1765) cuyos escritos biográficos y, especialmente, la antología iniciada con el título de *Scrittori d'Italia* marcaban la pauta en Italia. Toda esa cuestión de los orígenes de la familia Bonaparte ha sido tratada a fondo y elucidada tan al completo como puede serlo por F. Masson (*Napoléon inconnu*, t. I, págs. 2-12). (A. P.)

5. Es inútil decir que Stendhal cita el texto no de acuerdo con la obra original sino por el artículo de la *Edinburgh Review*, n.º LIV, pág. 467.

6. Hay aquí una inexactitud, pues Napoleón fue designado por la Escuela de París, con otros cuatro alumnos de Brienne, antes de lo que él mismo esperaba, por decisión del inspector de las escuelas militares. Tal vez esta confusión proceda de que, según su propio testimonio (*Mémorial*, t. I, pág. 160), los Mínimos habrían deseado mantenerlo consigo un año más, a pesar de la opinión del inspector, para darle tiempo a reforzar su latín. (A. P.)

7. Al contar estas dos anécdotas, el autor parece lamentar que no sean más numerosas. Según A. Chuquet, por el contrario (*La Jeunesse de Napoléon*, t. I, pág. 76), «la infancia de Napoleón está llena de mentirosas anécdotas». Así sucede, sobre todo, con la primera, que es evidentemente apócrifa, pues no se produjo ningún ascenso en globo en el Campo de Marte durante la estancia de Bonaparte en la Escuela Militar; fue puesta en circulación no en los «periódicos de la época», sino sólo en 1797 (Chuquet, *ibid.*, I, pág. 451). Por lo que se refiere a la segunda anécdota (sobre el incendio del Palatinado) era bastante conocida como para figurar en el artículo Bonaparte en la *Biographie nouvelle des contemporains* (1821). (A. P.)

8. Sería curioso encontrar la fuente de donde extrae Stendhal esa información sobre el rango de Bonaparte cuando salió de la escuela. En realidad fue clasificado como el 42.º de una promoción de 58 (F. Masson, *Napoléon inconnu*, I, pág. 129 y Chuquet, *La Jeunesse de Napoléon*, I, pág. 225). (A. P.)
9. Todo el comienzo está tomado, en gran parte, de la *Biographie des hommes vivants*, París, Michaud, 1816, in-8.º, t. I, pág. 517.
   Este juicio, atribuido al profesor de historia de Bonaparte, Delesguilles, ha sido mencionado a menudo, sobre todo por Ségur, *Histoire et Mémoire*, I, pág. 74, y por Taine, *Le régime moderne*, t. I, pág. 11. Es difícil establecer si no le fue inspirado al autor, a toro pasado, por los primeros éxitos de Bonaparte. (A. P.)
10. Esta obra fue publicada por Libri en la *Illustration* de 1843, con el título de *Cartas sobre Córcega al abate Raynal*.

Capítulo II

11. Hay en esta página, con ciertas inexactitudes, una confusión de fechas. El viaje de Bonaparte a Francia para buscar a su hermana (mayo-octubre de 1791) es posterior tanto a su nombramiento como teniente primero (y no como segundo capitán), como a su elección como teniente coronel de voluntarios y al motín del 8-12 de abril de 1792, que contribuyó a apaciguar. Por lo que se refiere a las operaciones militares que Stendhal recuerda con una frase, al terminar, y en las que Bonaparte habría dado «la primera prueba de su audacia militar», es el intento de desembarco en la isla de la Magdalena, que no concluyó con una ocupación sino con un desastre (febrero de 1793). (A. P.)
12. En este capítulo, Stendhal ha resumido y simplificado, en pocas líneas, la historia bastante confusa de las luchas de influencia que se libraban en Córcega en torno a Paoli y al papel que en ellas desempeñó Bonaparte durante el primer semestre de 1793. Esta historia ha sido narrada con mayores detalles y precisiones por F. Masson (*Napoléon inconnu*, t. II, págs. 411-439) y por A. Chuquet (*La Jeunesse de Napoléon*, t. III, págs. 39-163). (A. P.)

Capítulo III

13. Afirmación gratuita, pues no se encuentra en los documentos el menor rastro de un viaje de Napoleón a París entre el regreso de Córcega y el asedio de Toulon. (A. P.)
14. Es, por supuesto, el *Souper de Beaucaire*, impreso en Aviñón por Sabin-Tournal, en 1793.
15. Asunto del 30 de noviembre de 1793. (A. P.)
16. Al margen: «Tal vez: su asunto».

Capítulo IV

17. Dumas, *Précis des événements militaires, ou essai historique sur les campagnes de 1799 à 1807*, 19 vols., 1816-1826. – Jubé y Servan (general), *Histoire des guerres des Gaulois et des Français en Italie*, 5 vols., 1805. (A. P.)
18. En este pasaje Tito Livio examina si Alejandro, en una guerra contra los romanos, hubiera podido vencerlos. Concluye con una negativa.
19. Al margen: «Corregido el 23 de junio de 1818». (N. de Stendhal.)
20. «Un final algo plano.» Nota de Stendhal, a lápiz, en el margen.
21. Por tres veces distintas Stendhal cita, según la *Edinburgh Review*, juicios sobre Napoleón atribuidos a Melzi. A primera vista esas atribuciones parecen muy sospechosas, pues Melzi, muerto muy poco tiempo después de la caída de su antiguo soberano (16 de enero de 1816), era un personaje de extremada prudencia, atento a no comprometerse con ninguna apreciación que pudiera parecer una crítica. No se encuentra rastro alguno de las palabras que se le atribuyen en los dos volúmenes de *Memorie-documenti* en los que su sobrino nieto reunió (1865) todos los testimonios referentes a su memoria. El único de sus juicios de conjunto sobre Napoleón cuya autoridad es cierta es el que expresaba en su diario íntimo tras su primera entrevista (11 de mayo de 1796) y que fue reproducido en Pingaud, *Les hommes d'État de la République italienne* (1914), pág. 14. (A. P.)
22. El texto decía *dinastías* originalmente. El autor sustituye esta palabra por *aristocracias* y anota al margen: «aristocracias, más cierto y menos claro».

Al finalizar el capítulo, nota del abogado milanés amigo de Stendhal, Giuseppe Vismara: «Fu debole nell'usar indulgenza quando poteva a buon diritto usar la forza, e pu vile usando quindi la frode per sovvertire quando haveva concesso; tale fu la sorte della Romagna e del Piemonte, Genova, etc.».*

Capítulo V

23. Al margen: «Muchos *fueron*». (N. de Stendhal).

Capítulo VIII

24. Al margen: «Prudencia». (N. de Stendhal).
25. Encabezando el siguiente párrafo, Stendhal anotó: «Confuso, embrollado, debe rehacerse».

Capítulo IX

26. Nota de Stendhal: «Tomar aquí dos páginas a la señora Baronesa [de Staël]».

Capítulo XI

27. Sin número en el ms.
28. Volney: *Voyage en Syrie et en Égypte pendant les années 1783-85*. París, 1787, in-4.°, 2 vols. — P. Martin: *Histoire de l'expédition française en Égypte pendant les années 1798-1801*. París, 1815, in-8.°, 2 vols. – Berthier: *Relation des campagnes du général Bonaparte en Égypte et en Syrie*. París, 1800, in-8.°. – Denon: *Voyage dans la Basse et la Haute Égypte pendant les campagnes du général Bonaparte*. París, año X (1802), infolio, 2 vols. – R. Wilson: *History of the british expedition to Egypt*. Londres, 1802, in-4.°.

---

* «Fue débil al utilizar la indulgencia cuando podía con todo derecho usar la fuerza; fue vil al usar luego el engaño para arruinar lo que había concedido: ésa fue la suerte de la Romaña, el Piamonte, Génova, etc.»

29. «Véase el *Comentario* de Lieja para corregir esta frase. 14 de diciembre de 1817». Se trata del *Comentario sobre el Espíritu de las Leyes* de Destutt de Tracy, publicado en Lieja en 1817.

Capítulo XII

30. Las conversaciones del vizconde Ebrington con Napoleón en la isla de Elba tuvieron lugar el 6 y 7 de diciembre de 1814. Stendhal las cita según el artículo de la *Edinburgh Review*, n.º LIV, pág. 475. Fueron traducidas al francés en la *Revue britannique*, t. VIII, 1826 y reproducidas por Amédée Pichot, en su libro sobre Napoleón en la isla de Elba. París, 1873, págs. 317 y ss.
31. Al margen: «Ver Las Cases». (N. de Stendhal.)
32. Al margen: «Las Cases».
33. Al margen: «476 y 477 de la *Edinburgh Review*». Sigue un pasaje suprimido con la indicación: «corregido el 24 de junio».
34. Luego 4 líneas suprimidas por Stendhal – Al margen, nota de Vismara: «Demasiados razonamientos para un hecho que puede justificarse con pocas palabras».

Capítulo XIII

35. «Corregido el 9 de enero de 1818, por segunda vez, y el (*en blanco*) junio de 1818».
36. El barón René-Nicolas Dufriche-Desgenettes es autor de una *Histoire médicale de l'armée d'Orient*, París, 1802, in-8.º.
37. Médico que siguió a Bonaparte a Egipto. Es autor de *Mémoire ou relation sur la peste*. París, 1803.
    Pietro Assalini, de Módena (1765-1840), había servido en el cuerpo sanitario del ejército francés antes de ir a ejercer a Milán, donde su fama le había valido, bajo la dominación napoleónica, el puesto de primer cirujano de la casa real. Su nombre se encuentra unido por Stendhal al de Munich porque se había refugiado fugazmente en esa ciudad después de 1815, para huir de las persecuciones a las que le exponía el ardor de sus sentimientos napoleónicos. (A. P.)
38. Al margen: «Corregido por segunda vez el 9 de enero de 1818».

39. Al margen: «Véase Las Cases».
40. Al margen: «El artículo de Las Cases».

Capítulo XIV

41. Al margen, nota de Vismara: «Es una cuestión muy interesante que debe intentarse aclarar en una obra como ésa». – «Respuesta: nada puede hacerse antes de la publicación de las memorias de Luciano, Sieyès y Barras». (N. de Stendhal.)
42. Nota de Vismara: «Debe decirse algo del modo como abandonó el ejército y de su partida, circunstancia que tiene algo de grandioso». – «Sí, lo haré».

Capítulo XV

43. Una página en blanco en el ms. Stendhal escribió al margen: «Detalles de la navegación».
44. En blanco en el manuscrito.
45. Aunque esta salida de Fouché responda, sin duda alguna, a sus sentimientos o su actitud durante el regreso a Egipto, su autenticidad parece por lo menos dudosa, pues no se encuentra rastro alguno de ella en la más profunda de las biografías del personaje (Madelin, *Fouché*, tomo I, págs. 264-265). (A. P.)

Capítulo XVI

46. «18 de brumario. Añadido el 22 de diciembre de 1816. (sic)». (N. de Stendhal.)
47. Al margen: «25 de junio de 1818».
48. Al margen: «Prudencia. Devolver a los emigrados lo que hicieron en 1815». (N. de Stendhal.)
49. «Prudencia. Suprimir la frase en lápiz: [y los reyes vencedores...]». (N. de Stendhal.)
50. «Me parece más probable que ambos hermanos hayan razonado sobre las fuerzas de que disponían, sobre las resistencias en París y fuera de París, sobre la fuerza, las intrigas de las distintas facciones, sobre el efecto de la nueva revolución en la República». (N. de Vismara.)

Capítulo XVII

51. Al margen: «Prudencia». (N. de Stendhal.)
52. Nota de Vismara: «Creo [debido] deber del historiador de su tiempo escribir los hechos seguros y no las dudas o lo que ha oído. Hay que aclarar este hecho o quitarlo». A continuación, Stendhal añadió: «No».
53. Luciano Bonaparte publicó en 1836 el primer volumen de sus *Memorias* que termina con el 18 de brumario, París, in-12 e in-8.º. – Para Carnot, tenemos las *Memorias históricas y militares de Carnot, redactadas según sus manuscritos, su correspondencia y sus escritos, precedidos de una nota del señor Tissot*. París, 1824, in-8.º. – No se han publicado memorias de Tallien.

Capítulo XIX

54. Al margen: «Muy bueno». (N. de Vismara.)
55. «Prudencia. Sobre todo poco emprendedores. *For me*: su más hermoso rasgo: esa conspiración de Lyon en 1817». (N. de Stendhal.)

Capítulo XX

56. «Muy cierto; he aquí lo que destruye todos los elogios a Bonaparte como político en Italia». (N. de Vismara.) Stendhal añade: «Cierto».
57. Al margen: «Corregido el 26 de junio. Monza». Más adelante, caligrafía de Vismara: «Capítulo excelente, escrito a lo Hume».
58. «Bueno, pero imprudente». (N. de Stendhal.) Carrion-Nisas, presidente del Tribunado, pronunció numerosos discursos en el sentido de la política de Bonaparte. El conde Ferrand, director general de postas en 1814 y ministro de Estado, presentó por aquel entonces un célebre informe sobre la restitución de los bienes no vendidos de los emigrados.
59. «*For me*: las acciones del cónsul son tanto historia de Europa como de Francia... No son historia de Francia sino de Europa».

Capítulo XXI

60. «Longitud. Eso quita luz al tema principal. Debe ponerse en otra parte así como el miedo que la libertad, al otro lado de la Mancha, da a la aristocracia inglesa. Los ingleses, tras haber tenido miedo de nuestras armas con Napoleón, ahora tienen miedo de nuestra libertad». (N. de Stendhal.)

Capítulo XXII

61. Al margen, con caligrafía de Stendhal: «Note of a great man. I would have added some observations and some anecdotes, here and there, but the departure has robbed me of the opportunity* R. – 28 de junio».
62. Nota de Vismara: «Por el contrario, una vez adoptado el bando de la monarquía, él, que no tenía ideas nuevas en política, tuvo que rodearse de la religión, darle luces, etc. [...]». Caligrafía de Beyle: «No necesitaba el concordato para reinar sobre un pueblo de extrema indiferencia hacia la religión, y el único obstáculo serio que tuvo fue el Papa en Savona. No había hecho concordato, el Papa hubiera estado siempre a sus pies. Eso se lo dijo muy bien a Napoleón el tercer cónsul Le Brun».
63. «Único ejemplo en la historia». (N. de Vismara.)

Capítulo XXIII

64. Sin número en el ms.
65. Este aserto, que a primera vista parece desmentir muchos prejuicios, encuentra una confirmación bastante curiosa en muchas confesiones del propio Napoleón, como las que recogió el autor del *Memorial de Santa Helena*. «Tenía pocas ideas realmente fijas (V, 49) [...] Siempre fui gobernado por las circunstancias (VII, 167) [...] Se me supondrán designios que nunca tuve». (VII, 313) (A. P.)
66. «*For me*. Lo que demuestra la estupidez de los Borbones es que, deseando un poder absoluto, no toman ese camino».

---

* «Nota de un gran hombre. Yo habría añadido algunas observaciones y algunas anécdotas aquí y allá, pero mi partida me apartó de ese proyecto».

(N. de Stendhal.) A continuación, tres páginas tachadas por Stendhal con estas palabras: «Suprimir este andamiaje».
67. «Reunid todas esas ideas y decidnos si era un buen político». (N. de Vismara.)
68. *Var.:* insostenible.
69. Nota de Stendhal: «Tal vez quitar: *poco después*. – Corregido el 29 de junio de 1818. Extremado calor».

Capítulo XXIV

70. Al margen: «30 de junio de 1818».
71. Al margen: «Ver Las Cases». (N. de Stendhal.)
72. «Aquí Las Cases.» (N. de Stendhal.)
73. El conde de Vauban es el autor de *Mémoires pour servir à l'histoire de la guerre de la Vendée*, París, 1806, in-8.°. Estas *Memorias*, escritas mientras estaba en prisión, fueron publicadas por orden de Napoleón y el texto fue alterado para que comprometiera al señor de Vauban entre los monárquicos. El conde Jean-Gabriel-Maurice Roques de Montgaillard publicó numerosas obras, sucesivamente en favor de los Borbones y de Napoleón I. Su *Mémoire concernant la trahison de Pichegru dans les années 1793-95*, fue impresa sin que él lo supiera y por orden del primer cónsul en 1804.

Capítulo XXV

74. «Fundir todo lo que sigue con Las Cases, 30 de junio de 1818». (N. de Stendhal.)
75. «En otra parte: Napoleón tuvo que sentir vivamente la pérdida de Luciano, a quien unos celos muy naturales y el ascendiente del partido Beauharnais le habían hecho alejarse. Luciano tenía parte de lo que le faltaba a Napoleón y le hubiera impedido ceder a la fatal ceguera que, poco a poco, le convirtió sólo en un déspota ordinario. B[iographie] des hommes vivants] I, 543». (N. de Stendhal.) Referencia al artículo «Luciano Bonaparte» aparecido en esa obra.
76. «Jamás mayores beneficios parecieron establecer mayores derechos. Para la felicidad de Francia, hubiera sido necesario que Napoleón muriera mientras estaba ocupado en monar-

quizar su hermoso ejército del campamento de Bolonia. – Dominique», es decir, Stendhal.
77. Al margen: «Corregido el 17 de diciembre».
78. Al margen, con caligrafía de Stendhal: «Bueno, 30 de junio».
79. Era el duque Decazes, que era ministro de la Policía en la época en que Stendhal escribía su libro (1818).
80. El general Bonnaire mandaba en Condé durante los Cien Días. La plaza fue invadida por los ingleses. El coronel Gordon, que se presentaba como parlamentario, fue asesinado por los sitiados. En el proceso al que se le sometió, el general no pudo ser considerado culpable de haber dado la orden de disparar contra el parlamentario. No obstante, fue condenado a la degradación y deportado. Murió poco tiempo después de la sentencia.

Capítulo XXVI

81. El señor de Maubreuil, marqués de Orsbault y no de Aulay, es ese singular personaje que, cuando los aliados entraron en París en 1814, colocó la cruz de la Legión de Honor en la cola de su caballo. Afirmó que Talleyrand le había encargado una alta misión que no era sino la de asesinar a Napoleón. Se limitó a desvalijar las joyas de la reina de Westfalia en el camino de Fontainebleau.
82. Al margen: «Prudencia. Archiprudencia».
83. Por prudencia, Stendhal disfrazó los nombres del conde de Artois y del duque de Berry.
84. Otro nombre disfrazado por prudencia. Se trata de los Borbones.
85. Stendhal alude a la siguiente obra: *Troubles et agitations du département du Gard en 1815 contenant le rapport du révérend Perrot au concile des ministres non conformistes d'Angleterre sur la prétendue persécution des protestants en France et sa réfutation par le marquis d'Arbaud jouques...*, París, Demonville, 1818, in-8.º. – *Lyon en 1817 par le colonel Fabvier ayant fait les fonctions de chef de l'état-major du lieutenant du roi dans les 7.º y 19.º divisions militaires*, París, Delaunay, 1818, in-8.º.
86. Luis XVIII.

Capítulo XXVIII

87. Nota de Vismara: «George, Pichegru, Moreau; he aquí una segunda justificación de N. que ocupa demasiado; al igual que los hechos que son su causa contienen mucha repetición y prolijidad». Stendhal añade por su propia mano: «Cierto. 30 de junio».
88. Como anteriormente, se trata de Luis XVIII.
89. Véase la nota 84.
90. Al margen: «Prudencia».
91. «Todo lo que sigue con respecto a la prensa es muy bueno, pero habría que hacer un capítulo aparte. Aquí está algo deshilvanado. En este capítulo habría que tratar esos dos temas: ¿cuáles eran las ideas de N. sobre la libertad? – ¿Cuáles eran las ideas de N. sobre la prensa? – ¿De qué modo pretendía dirigir la marcha de esas ideas para sus particulares fines? – (N. de Vismara.)
92. «Tened cuidado; es una expresión que puede caracterizar al autor o al siglo». (N. de Vismara.)
93. La obra a la que alude Stendhal aquí se titulaba *Francia y los franceses en 1817*. El éxito que obtuvo decidió al autor, Lesur, a iniciar al año siguiente (1818) la publicación regular de su *Annuaire historique*. (A. P.)
94. *Véase la* Edinburgh Review, *n.º 56 o 55*. – Error de Stendhal. Se trata de un artículo aparecido en el n.º 54, págs. 310-338, sobre la cuestión católica en Irlanda.
95. «Ni Nelson ni lord Cochran». (N. de Stendhal.)
96. Algunos leves errores de fecha: la batalla de Iéna es del 14 de octubre, y la entrada en Berlín (de la que Stendhal habría sido testigo) del 27 en vez del 26. (A. P.)
97. Al margen; caligrafía de Stendhal: «Rocca».
98. Nota de Vismara: «Todo nos muestra que falló los grandes golpes en política. Por ese lado sería preciso pintarle un poco».
99. Al margen: «Prudencia».
100. En 1817 y no en 1806. Su título es: *Sketch on the military power of Russia*, Londres, 1817, in-8.º, traducido al francés como *Puissance politique et militaire de la Russie*, París, 1817, in-8.º.
101. Al margen: «Prudencia».
102. Stendhal había escrito, primero: «Demuestra la grandeza y la generosidad de su alma». Vismara añade en una nota: «¿Por qué borrarlo?, y su poco tacto en política».

103. «Un año más de constancia y lo conseguía». (N. de Beyle.)
104. Al margen: «Prudencia, archiprudencia».

Capítulo XXXV

105. Stendhal había insertado anteriormente, en este lugar, algunas reflexiones sobre la guerra de España. El pasaje fue sustituido en agosto de 1818 por un capítulo más desarrollado que se publicará más adelante, con el n.º 36. Encabezando la página: «Entusiastas de la libertad hasta que pueden venderla. Frase de Le Sur. *Débats*, 30 de diciembre». Se trata de un comentario de la obra de Le Sur: *La France et les Français en 1817* que apareció en los *Débats* del 29 de diciembre de 1817.
106. Al margen: «Corregido el 11 de enero y el 30 de junio de 1818».
107. Al margen: «del 22 de mayo al 6 de julio de 1809».
108. Al margen: «Las Cases».
109. Al margen: «Carrion-Nisas».
110. Por mano de Stendhal: «Ironía para 1814».

Capítulo XXXVI

111. Este capítulo y los siguientes, reescritos por Stendhal en agosto de 1818, están en borradores originales en la carpeta R, 292. No fueron copiados en los volúmenes encuadernados. Encabezando, nota de Stendhal: «Iniciado el 1, retomado el 10, el extracto. Corregido "for the stile and to take a copy". 1 de julio de 1818. Corregido el 10 de agosto de 1818. 35 páginas no son demasiadas para los asuntos de España».
Este capítulo y los siguientes son sólo un resumen del libro de Pradt: *Mémoires historiques sur la révolution d'Espagne*, París, 1816. Stendhal anotó al margen los números de las páginas de las que tomó las citas: págs. 15, 19, 54, 56, 90, 95, 99, 100, 101, 105, 106, 107, 108, 109, 110.
112. Al parecer hay ahí una leve confusión, pues la proclama belicosa del Príncipe de la Paz llevaba fecha del 15 de octubre, es decir, al día siguiente de Iéna. (A. P.)
113. El motín de Aranjuez, al que alude aquí Stendhal, fue en realidad el 17 de marzo. (A. P.)
114. Al margen: «Verificar». (N. de St.)

115. «Verificar». (N. de St.)
116. El canónigo Escoiquiz había publicado, en 1816, una *Exposición de los motivos que impulsaron a Fernando a dirigirse a Bayona en 1808.* – De Pradt, *Memorias históricas sobre la revolución de España*, por el autor del «Congreso de Viena», 1816. (A. P.)
117. Al margen: «Corregido el 10 de agosto».

Capítulo XXXVII

118. Sin número en el ms. Resumen del libro de Pradt, págs. 116, 118, 119. Stendhal anotó los números al margen.

Capítulo XXXVIII

119. Sin número en el ms. Resumen de Pradt, págs. 119, 123, 124.
120. Aquí Stendhal anotó, para uso de su copista: «Copiate qui il libro* p. 129, 130, 131, 132». Se trata del libro de Pradt, en el pasaje que comienza con estas palabras: «Apenas el rey Carlos estaba...».

Capítulo XXXIX

121. Sin número en el ms. Pradt, págs. 137, 143, 352, 356, 357, 360.
122. En realidad las bajas fueron de 300 muertos para los habitantes y 145 para los franceses, según el último historiador de la campaña de España (Geoffroy de Grand-maison, *L'Espagne sous Napoléon*, pág. 205). (A. P.)
123. P. Cevalhos, *Exposé des moyens qui ont été employés par l'empereur Napoléon pour usurper la couronne d'Espagne*. (Trad. francesa de Nettement, París, 1814.) (A. P.)
124. Al margen: «*1/2 pagina in bianco*».** (N. de St.)
125. La conversación entre Napoleón y dom Jean d'Escoiquiz está en el libro de Pradt, págs. 267-340.
126. Al margen: «*1/2 pagina in bianco*». (N. de St.)

---

* «Copiad aquí el libro págs...».
** «Media página en blanco.»

127. «Io mando le 16 prime pagine della Spagna a copiare il 10 agosto 1818».* (N. de St.)
128. A partir de estas palabras hasta el final del capítulo XL, el pasaje fue publicado por R. Colomb en forma de carta que le fue dirigida con fecha del 10 de julio de 1818 (*Correspondance*, ed. Paupe, t. II, pág. 88).

Capítulo XL

129. Sin número en el ms.

Capítulo XLI

130. Sin número en el ms. Extracto de Pradt, págs. 333, 334.
131. En lo alto de la página: «5 de julio de 1818».
132. Lo que sigue hasta el final del capítulo XLI fue publicado en parte por R. Colomb en forma de carta, como se ha indicado más arriba (*Correspondance*, t. II, págs. 89 y ss.).
133. Vincent Baccalar y Sanna, marqués de San Felipe, autor de *Memorias para servir la historia de Felipe V*, de 1699 a 1725 (en realidad se trata de D. Vicente Bacallar y Sanna, marqués de San Felipe y sus «Comentarios de la guerra de España e historia de su rey Felipe V, El Animoso». [*N. del t.*]).
134. Lo que sigue está tomado, casi al pie de la letra, de Pradt, págs. 146 y ss.
135. «5 de julio de 1818. Corregido el 14 de agosto». (N. de St.)
136. La llegada de José y su reconocimiento por los notables se producen, en realidad, el 8 de junio. (A. P.)
137. «6 de julio. *A new vesi*. Idem 12 de agosto. 14 de agosto, velada *with Thind* (?)». (N. de St.)
138. «A eso le falta algo de orden o de oportunidad. 14 de agosto de 1818». (N. de St.)
139. Pradt, págs. 165 y ss.
140. «10 de julio». (N. de St.) Pasaje copiado de Pradt, págs. 185 y ss.

---

* «Envío a copiar las 16 primeras páginas de España el 10 de agosto de 1818».

Capítulo XLII

141. Sin número en el ms. Al margen: «Corregido el 14 y 17 de agosto de 1818». Este capítulo es también un resumen del libro de Pradt, págs. 202-225.
142. Es bastante curioso ver confirmada esta apreciación de Stendhal, en términos casi idénticos, por las propias confesiones de Napoleón (*Mémorial de Sainte-Hélène*, ed. de 1823, t. V, págs. 49-50; t. VII, págs. 167. 168 y 313, 316). (A. P.)
143. «El resumen lleno de hechos sólo tendría una página (226 y siguientes [de Pradt]), pero enfriaría; reservarlo para otra parte. El carácter de Napoleón me proporciona una excelente transición de ideas y no de palabras. 10 de julio de 1818».

Capítulo XLIII

144. Este capítulo es nuevo en el volumen encuadernado, tomo I, pág. 124, con el número 38; le damos el n.º 43 continuando con el intercalado de capítulos referentes a la guerra de España.
145. Al margen: – «Prudencia. Despreciar a sus enemigos». Nota de Vismara: «Hay que reunir aquí lo dicho en el cap. 35». Stendhal añade: «No».
146. Al margen: «Corregido el 30 de junio».

Capítulo XLIV

147. Capítulo XXXIX en el ms. Al margen, nota de Vismara: «Hasta el capítulo del Consejo de Estado, hay cierto desorden; me parece que se debe dar una idea muy clara del mecanismo de la dirección y del mecanismo de la ejecución; por consiguiente, un artículo sobre los prefectos, uno sobre los alcaldes, etc.». Este capítulo y los siguientes fueron publicados* por el señor de Jean de Mitty en el volumen titulado *Napoléon*, ed. de la Revue blanche 1898, in-12.
148. «Todo eso es bueno, aunque un poco deshilvanado». (N. de Vismara.)

* Aunque sólo en parte e invirtiendo el orden del manuscrito.

Capítulo XLV

149. XXXIX *bis* en el ms. «Este capítulo es sólo sobre el duque de Bassano y sin embargo sigue hablándose en los otros sobre el duque de Bassano». (N. de Vismara.)
150. «Exageración. Casi nunca se destituía a nadie y a los prefectos menos que a los demás». (N. de R. Colomb.)

Capítulo XLVI

151. XL en el ms.
152. «Sigue siendo igual (1845)». (N. de R. Colomb.)
153. «Excelente fragmento para incluir en el capítulo de los alcaldes y ayuntamientos». (N. de Vismara.)
154. «31 de diciembre de 1817. El gobierno actual es tan tiránico como puede». (N. de Stendhal.)
155. «Le Tasse dice que lo ponga en una nota: tal vez a algunos extranjeros les resulte conveniente recordar el modo como una ley o decreto recibía su ejecución. (Veinte líneas de explicación del mecanismo de la administración.)». (N. de Stendhal.)
156. «Fragmento que debe añadirse para dar idea del interior del ministerio». (N. de Vismara.)
157. «Apollinaire y Finot; caligrafía de Montalivet que él cree reconocer». (N. de Stendhal.)
158. Era prefecto de Doubs; Jeanbon-Saint-André era el prefecto de Maguncia.
159. «Fragmento para el capítulo de los Prefectos». (N. de Vismara.)

Capítulo XLVII

160. XL *bis* en el ms.
161. Al margen, de Vismara: «Conclusión».
162. *Consultas del señor Dalpozzo, Italia, 1817.* – Sobre el abogado Dalpozzo, véase *Correspondance de Stendhal* (ed. Paupe et Chéramy), II, 48 y 68.
163. «Serviles incluidos en el Consejo de Estado: Chauvelin, Fréville, de Néville». (N. de Stendhal.)

Capítulo XLVIII

164. XLI en el ms.
165. «Creo que es posible distinguir: a Napoleón no le gustaban los talentos que se oponían o sombreaban [sic] los suyos en la guerra; alentaba los demás». (N. de Vismara.)

Capítulo XLIX

166. XLII en el ms.
167. «*Said by Z*... recibido a su regreso». Nota de Beyle, cortada en parte por el encuadernador. Sabía esta anécdota por el conde Daru (Z).

Capítulo L

168. Sin número en el ms.
169. Var. al margen: que habían tomado un camino.
170. La frase fue reproducida casi textualmente en la primera edición (1817) de *Roma, Naples et Florence* (ed. Champion, t. II, pág. 264). Luego fue citada por Taine (*Le Régime moderne*, t. I, pág. 345) como una prueba de la agudeza con la que Stendhal había «comprendido el pensamiento básico del reino». (A. P.)
171. «Excelente capítulo». (N. de Vismara.)

Capítulo LI

172. XLIII en el ms. «Este capítulo es muy bueno». (N. de Vismara.)
173. Este pasaje está casi copiado al pie de la letra de Pradt: *Histoire de l'ambassade dans le grand buché de Varsovie*. 6.ª ed., París, 1815, pág. XII.
174. La obra a la que Stendhal alude aquí es el libro aparecido en el año XII con el título de *Actas del Consejo de Estado que contienen la discusión del código civil*. (A. P.)
175. Se trata aquí de Français de Nantes (1756-1831) a quien Napoleón hizo conde, director general de los Derechos Reunidos y consejero de Estado. (A. P.)

Capítulo LII

176. XLIV en el manuscrito.
177. «Eso supone remontarse mucho para ofrecernos la corte de Napoleón». (N. de Vismara.)
178. La anécdota es contada por Stendhal en el retrato de Talleyrand.
179. La nota indica que se trata de la señora Rapp. En sus memorias (pág. 17 de la edición Désirée Lacroix), el general Rapp se limita a indicar que le casó el Emperador (con la señorita Vandenberghe, hija de un rico proveedor) y que «ese matrimonio no fue feliz». (A. P.)
180. Por Étienne. (N. de Colomb.)
181. Alphonse-Louis Dieudonné Martainville (*Martin-vil* como le llamaron durante la Restauración), panfletario monárquico, autor de una canción sobre la boda del emperador y María Luisa, y sobre el nacimiento del rey de Roma.
182. Lewis Goldsmith, libelista inglés, autor de una *Historia secreta del Gabinete de Saint-Cloud* aparecida en Londres, en 1800, y traducida al francés en 1814.
183. Tal vez el general Piré.
184. «Hacer un capítulo XLV aquí. El XLIV, demasiado largo». (N. de Stendhal.)
185. Al margen, de Stendhal: «Verificar».
186. Al margen: «*True but* suprimir». (N. de Stendhal). El *Cérémonial de l'Empire français*, París, 1805, in-8.º, 502 págs. Destutt de Tracy entró en 1808 en la Academia Francesa. Sucedió a Cabanis.
187. *Romeo y Julieta*, ópera de Zingarelli, fue representada en las Tullerías en 1808: en aquella ocasión Girolamo Crescentin, célebre cantante italiano que Napoleón se había hecho suyo, recibió la corona de hierro.
188. Stendhal subrayó estas últimas líneas y escribió al margen: «Incoherente».
189. Al margen: «Prudencia: 223. Stend». Remite a un pasaje de *Rome, Naples et Florence en 1817* donde se habla de la vida social en Francia antes de la Revolución (pág. 223).
190. Aquí termina el primer tomo del ms. A continuación viene un proyecto de índice y algunos pensamientos. Fol. 196. Véase esta nota: «Al final del segundo volumen más delgado que éste hay un índice analítico, dando mes a mes las fechas de las ac-

ciones del general Bonaparte, del primer cónsul, del emperador. Poner en títulos corrientes: el General Bonaparte, el Primer Cónsul, el Emperador Napoleón. Se ruega insistentemente al lector que escriba en las páginas en blanco una crítica franca y sin rodeos. Las páginas en blanco se dejan sólo con ese objeto. El redactor empeña su *amor propio* en saber aguantar la verdad o la opinión del crítico. Se ruega no suavizar la crítica con rodeos. Decir francamente lo que se piensa».

Capítulo LIII

191. El capítulo inicia el 2.º volumen manuscrito de la *Vida de Napoleón* (R. 292). Al margen, notas de Stendhal: «Abandonado el 12 de enero de 1818 por razones de salud. Retomado para el estilo lo que sigue, el 13 de junio de 1818. Yo deseaba abandonar *De Life*; Madame de St[aël] me encoleriza. Probablemente voy a completar y corregir el estilo».
192. Cf. una reflexión análoga, expresada casi en los mismos términos, al final del desarrollo que Taine consagra a representar la ambición y la emulación como las pasiones dueñas del reinado. (*Régime moderne*, t. I, pág. 345) (A. P.)

Capítulo LIV

193. XLVII del manuscrito.
194. El general Joseph Dessaix, de Thonon (1764-1834), al que no hay que confundir con el Desaix de Marengo, se había distinguido por su fulgurante valor, por el que se había ganado el apodo del Bayardo de Saboya. Pero su pasado de antiguo diputado en los Quinientos le había perjudicado en el ánimo de Napoleón. Tuvo que esperar el grado de general de brigada hasta 1803, y hasta 1809, tras una herida en Wagram, el de general de división (con el título de conde). (A. P.)
195. «Eso no me parece exacto; tal vez he olvidado el hecho». (N. de Stendhal.)
196. «Prudencia; sustituir *ineptitud* por *errores*».
197. Stendhal había escrito primero: «Como Marmont». Luego lo tachó, anotando al margen: «Por prudencia, quitar como Marmont».

198. A. Chuquet mostró (*Stendhal, Beyle*, págs. 126-128) cómo Stendhal había exagerado desmesuradamente la reyerta (del 24 de mayo) a la que alude. (A. P.)
199. Cadet-Gassicourt, que había seguido la campaña de 1809 como primer farmacéutico del emperador, relataría en 1818 sus impresiones en una obra titulada *Viaje a Austria, Moravia y Baviera siguiendo al ejército francés durante la campaña de 1809*. (A. P.)
200. Éste es el enlace de los capítulos del Consejo de Estado y de la corte con el curso de los acontecimientos». (N. de Stendhal.)

Capítulo LV

201. XLVIII en el ms. Como encabezamiento esta nota de Beyle: «Poner *there* 30 páginas *from Wilson*», es decir, del libro de R. Wilson: *Tableau politique et militaire de la Russie*, París, 1817, in-8.º.

Capítulo LVI

202. Este capítulo fue publicado en forma de carta dirigida a él por Romain Colomb (*Correspondance inédite*, París, 1855, t. I, pág. 86) con fecha del 18 de agosto de 1818. No hemos encontrado el manuscrito original. Algunas frases del comienzo fueron tomadas del libro del general Robert Wilson: *Puissance politique et militaire de la Russie en 1817*, París, in-8.º, págs. 37 y ss.

Capítulo LVII

203. XLIX del manuscrito. «A fin de cuentas, el relato extraído *from Wilson*». Este capítulo se encuentra en manuscrito original en la carpeta R. 292 de la Biblioteca de Grenoble. Encabezado: «8 de diciembre de 1817. Enviado el 11 de diciembre. "Copiate presto questo quaderno ed il precedente. There begins What I have extracted from Hobhouse and others. From the Pradt," 31 de marzo».*

---

* «Copiad pronto este cuaderno y el precedente. Aquí comienza lo que he tomado de Hobhouse y otros y de Pradt».

204. «No olvidarlo: Kalouga = Calígula. Smolensko = Salamanca. *Said by* P. Galzz». «Nunca quiso pronunciar la palabra «caluga» diciendo unas veces «Calígula» y otras «Salamanca»; sabiendo su secretario lo que eso quería decir, se guardaba mucho de hacer observación alguna». Stendhal contó esta anécdota en 1816, en Milán, en el círculo de Louis de Brème. La menciona lord Broughton en sus memorias traducidas al francés con el título *Napoléon, Byron et leurs contemporains*, París, 1910, in-8.º, tomo II, pág. 63.
205. Al margen: «Prudencia». (N. de St.)
206. Pradt: *Ambassade de Varsovie*, 6.ª ed., pág. 215.

Capítulo LVIII

207. L del manuscrito.
208. La obra que Stendhal anuncia aquí apareció en Londres, en 1860, con este título: Sir R.T. Wilson, *Private diary of travels, personal services and public events during mission and employment with the European armies in the campaigns of 1812, 1813 and 1814*, 2 vols., in-8.º. (A. P.)
209. «Cólera de Napoleón tras la capitulación de Dupont. Consejo en el que estaba el señor de Saint-Vallier. Él (*palabra no legible*) las ventanas en las Tullerías; da grandes zancadas. Ve a pasear. – ¿Nota de Daru?, sobre el nombre de Augusto». (N. de St.)
210. Tomado de Pradt: *Récit historique sur la Restauration*, 1816, pág. 15.
211. «Corregido el 13 de junio tras 4 o 5 meses de abandono». (N. de St.)

Capítulo LIX

212. LI del ms.
213. «*To see: Staël's* Considerations *for the names*».*
214. «La antigüedad de la familia en Francia excusa todas las bajezas. Aquí y allá debo...» – (*el final cortado por el encuadernador*) (N. de St.). Se trata del famoso discurso pronunciado por

* Véanse las *Consideraciones* de Madame de Staël para los nombres.

Seguier, primer presidente del tribunal de París, en la reanudación de las sesiones de este tribunal en 1816.
215. «Disjecti membra poetae». – «Otro verso». (N. de St.)

Capítulo LX

216. LII del ms. – «Hay algo *deshilvanado* en este capítulo. 14 de junio». (N. de St.)
217. «"The very paroles of Mad. de Staël"; Leviathan, creo, tomo 2». (N. de St.)
218. Al margen: «Deshilvanado. 14 de junio».

Capítulo LXI

219. LIII en el ms.
220. Al margen, frente a estas últimas palabras: «Verificar con el ms». (N. de St.) El ms. original de Beyle se adecua al texto.
221. Stendhal había escrito primero: «Ministro del Interior, Montalivet». Tacha luego estas palabras y pone como nota: «Miramientos para desgracia del ministro del Interior Montalivet».

Capítulo LXII

222. LIV del manuscrito. «Corregido el 14 de junio de 1818». (N. de St.)
223. «El 24 de enero de 1814, Beyle no estaba en París sino en Grenoble, con el conde de Saint-Vallier». (N. de R. Colomb.)

Capítulo LXIII

224. LV del ms.

Capítulo LXIV

225. LVI del ms.
226. Más exactamente 5 de febrero y 19 de marzo de 1814. (A. P.)
227. «En nota, alguna insulsa injuria de la Staël».

Capítulo LXV

228. LVII del ms. El inicio está tomado de Pradt: *Récit historique sur la Restauration*, págs. 48-49.
229. Al margen: «Wilson». (N. de St.)
230. Hay ahí ya no una inexactitud de detalle y de fecha, como suelen encontrarse con frecuencia en Stendhal, sino un aserto que representa lo contrario de la verdad, y cuyo origen es difícil de encontrar. El príncipe Eugenio no sólo no tuvo que ofrecer a Napoleón un ejército de 100.000 hombres (por lo demás sólo disponía de 40.000), sino que iba a ser atacado con mucha saña tras su muerte por no haber obedecido de inmediato una orden de llamada, condicional por lo demás, que Napoleón le había dirigido el 17 de enero de 1814. La larga polémica que suscitó esta cuestión entre sus herederos y sus detractores ha sido recientemente retomada y resumida por F. Masson (*Napoléon et sa famille*, t. IX, págs. 264-298). Debe observarse, por otra parte, que el nombre de Tonnerre no figura en la lista de sus ayudas de campo o de los miembros de la casa de Eugenio. (A. P.)

Capítulo LXVI

231. LVIII del ms.
232. Desde *la más vil traición* hasta estas últimas palabras, Stendhal subraya su texto y escribe al margen: «Por prudencia poner cuatro líneas de puntos. *Ese correo comunicaba*, etc.».
233. «Poner la frase de Wilson: ¡De qué suplicios es digna la gente que envió ese correo!». (N. de St.)
234. En todo gobierno que no está basado únicamente en la utilidad de todos siguiendo la razón y la justicia, en todo gobierno en el que los súbditos son corrompidos y sólo piden cambiar derechos contra privilegios, temo que sea necesaria una policía». (N. de St.) El párrafo está fechado el 16 de junio de 1818.
235. «*For me*. Los habitantes de provincias hablan como jueces y sólo son, la mayor parte del tiempo, abogados».
236. Al margen: «Prudencia».

Capítulo LXVII

237. LIX del manuscrito.

Capítulo LXVIII

238. LX del ms.
239. «Corregido el 14 de junio de 1818». (N. de St.)

Capítulo LXIX

240. LXI del manuscrito.
241. Stendhal había escrito primero el nombre: Demosthène (*sic*) de la Rochefoucauld. Luego lo tachó, escribiendo al margen: «Por prudencia tres puntos: el señor...».
242. «Olvidado Italia sin aplicación». (N. de St.)
243. Desde *para Europa* hasta estas últimas palabras, Stendhal puso la frase entre corchetes y anotó al margen: «Dos líneas de puntos; quitar esto por prudencia».
244. El abate de Pradt.

Capítulo LXX

245. LXII del ms.
246. Al margen: «4 líneas de puntos. Prudencia».

Capítulo LXXI

247. LXIII del ms.
248. «Prudencia, S.M.L.E.A.». (N. de St.)
249. «Más abajo, en la declaración de Alejandro, la *biografía* dice que se reconocería y garantizaría la constitución que se otorgara la nación francesa. Según este ejemplo y el del artículo de la capitulación de París, referente a Ney, muy loco estará el pueblo que se fíe de la promesa de un rey. Si el emperador Alejandro hubiera garantizado la constitución del Senado, no hubiera tenido la alarma que acabó por casualidad en Waterloo». (N. de St.)

250. «La *s* es cómica. Todos querían tantearlo». (N. de St.)
251. «1/2 página en blanco para la declaración». (N. de St.)
252. «Ennoblecer (*sic*) esta línea». (N. de St.)

Capítulo LXXII

253. LXIV del ms. «Copiado el 15 de enero de 1818». (N. de St.)

Capítulo LXXIII

254. LXV del manuscrito.

Capítulo LXXIV

255. Sin número en el ms.
256. «Tomar una página o dos y las despedidas a Hobhouse. Corregido el 14 de junio». (N. de St.)

Capítulo LXXV

257. Sin número en el ms.
258. «Estilo bobo». (N. de St.)
259. El conde Beugnot fue ministro del Interior del 3 de abril al 13 de mayo de 1814; luego pasó a la Policía General y fue sustituido en Interior por el abate de Montesquiou. A este último apunta Stendhal.
260. «¿Quién dice eso? ¿Acaso Hobhouse? No, pero lo he olvidado». (N. de St.)
261. «Staël, I, 127: Cuando las naciones son algo en los asuntos públicos, todos estos espíritus de salón son inferiores a las circunstancias. Se necesitan hombres con principios». (N. de St.)
262. Al margen: «Said by Doligny». Sabemos que es el conde de Beugnot, a quien Beyle designa con ese seudónimo.

Capítulo LXXVI

263. Sin número en el ms.
264. El vizconde Dambray.
265. «Buscar los términos adecuados». (N. de St.)
266. «*Considérations sur la Révolution*, I, pág...». (N. de St.)
267. «Color cómico para dar variedad; por lo demás, es el color del tema». (N. de St.)
268. «*For me: is that toock from Jefferson?*».* (N. de St.)

Capítulo LXXVII

269. Sin número en el ms. «Corregido el 15 de junio». (N. de St.)

Capítulo LXXVIII

270. Sin número en el ms.
271. *Le Commentaire sur l'esprit des Lois* es de Destutt de Tracy.
272. «Idea de B. Constant». (N. de St.)

Capítulo LXXIX

273. Sin número en el ms.
274. Stendhal había escrito primero: «Ese cuerpo de secuaces egoístas». Tacha luego la expresión, anotando al margen: «Prudencia; quitar lo de secuaces egoístas».
275. Al margen: «Prudencia».

Capítulo LXXX

276. Sin número en el ms.

---

* «Para mí: ¿se ha tomado de Jefferson?». Alusión a su *Manual de Derecho Parlamentario* traducido al francés y publicado en 1814.

Capítulo LXXXI

277. Sin número en el ms.
278. «No gusta la libertad de prensa, pero se es demasiado débil para impedirla. La apariencia de desafiar al gobierno le da pimienta al diario *Le Nain Jaune* y lo que...». Lo demás está cortado por la cuchilla del encuadernador. (N. de St.)
279. La *Edinburgh* en el comentario del libro de Hobhouse sobre los Cien Días, n.º LI, junio de 1816.

Capítulo LXXXII

280. Sin número en el ms.
281. Stendhal había escrito primero Dambray, Ferrand, Montesquiou, Blacas. Luego los tacha y los sustituye por iniciales, anotando al margen: «Prudencia».
282. «Y de los que varios unían el desprecio por la raza humana a...». (N. de St.)
283. Frase puesta entre corchetes. Al margen: «Prudencia».

Capítulo LXXXIII

284. Sin número en el ms. «Corregido el 15 de junio». (N. de St.)
285. Suprimir por prudencia. (N. de St.)

Capítulo LXXXIV

286. Sin número en el ms. «Corregido el 21 de enero y el 15 de junio de 1818». (N. de St.)
287. Laguna en el manuscrito.

Capítulo LXXXV

288. Sin número en el ms. «16 de junio de 1818. Me parece, buen efecto del ves... Estilo más desarrollado para ser enternecedor». (N. de St.)
289. «Ver la *Biografía*». (N. de St.)

290. «Comprobar en Hobhouse. ¿Cuándo, el 28 o el 1 de marzo?». (N. de St.)
291. «¿Esa vuelta es cierta? ¿No querrá decir al zarpar?». (N. de St.)
292. «En vez de pasajes, tal vez épocas». (N. de St.)
293. «¿Es francés lo de *tener un tono* en vez de *adoptar un tono de comodidad*? Verlo en J.J.». (N. de St.)
294. El tomo II termina con estas palabras; la continuación está en un cuaderno autógrafo de Stendhal en la carpeta R. 292. Al margen: «Narración que me parece conmovedora. En Varese, 21 de febrero. Hobhouse francés, 1 de agosto de 1818». (N. de St.)
295. «27 de diciembre de 1817». (N. de St.)
296. Los detalles son de Stendhal. Al margen: «1 de enero de 1818».
297. Joseph Rey, por aquel entonces magistrado en Rumilly, uno de los jefes del partido liberal. El *Memorial al emperador* fue impreso en Grenoble en marzo de 1815 y tuvo gran resonancia.
298. El ms. se detiene aquí. A pie de página: «Pasaje proyectado en Miribel. Coches cargados; no hay accidente; accidente para el conde de Artois». (N. de St.)

Capítulo LXXXVI

299. Este capítulo sin número en el ms. Se encuentra en la carpeta R. 292 del original. Existe una copia en hojas sueltas en el volumen R. 292, t. II. Está fechado el 31 de diciembre de 1817, con esta nota: «Verificar las copias de esto. 16 de junio de 1818».
300. Es bastante difícil conciliar este aserto con el hecho de que a su regreso de la isla de Elba, Stendhal se encontrase en Milán desde el mes de agosto precedente. (A. P.)
301. Al final de la copia, Stendhal anota a lápiz: «Razonable, pero de estilo frío y duro. 17 de junio de 1818».

Capítulo LXXXVII

302. Último capítulo en el ms.

Memorias sobre Napoleón

Introducción de Lucien d'Azay

Introducción

Para Christine Errera

A cada vuelta por la habitación, volvía un poco los ojos, sin detenerse, no obstante; miraba hacia un canapé, y en aquel canapé se había arrojado un uniforme verde, con ribetes amaranta, y en aquel uniforme se habían cosido unas charreteras de subteniente.
Aquello era la felicidad.

LUCIEN LEUWEN

A veces, las grandes almas y los grandes escritores se reconocen cuando resisten sus malas inclinaciones. Hay terrenos en los que se guardan mucho de entrar. Cuando sus pasiones se hacen odios, sus deseos rencores o venganzas, saben que la sátira debe ceder de nuevo el paso a la felicidad, pues la literatura no está hecha sólo para arreglar cuentas y para indemnizarse. Con clemente corazón, pues, en 1836, tras cinco años de mortal aburrimiento en Civita-Vecchia, Stendhal decide emprender por segunda vez una biografía de Napoleón. El gobierno de 1818 no le había permitido terminar un primer esbozo, bastante subversivo, que más tenía de alegato que de reportaje. Pero han pasado quince años desde la muerte del Emperador: la alterada Francia de Luis-Felipe reivindica ahora su leyenda y sus hazañas. El «gordo cónsul», como dice Nimier, podrá por fin redactar su memoria.

En verdad, deseaba escribir una historia completa de la vida de Bonaparte: sólo tres de los seis volúmenes previstos verán la luz. Pues Stendhal sólo quiso recordar al héroe de la campaña de Italia; cuando dice que el amor por Napoleón es la única pasión que le queda, se comprende perfectamente que habla del general republicano que salvó la Revolución. Asigna, por lo demás, un término muy preciso a los «tiempos heroicos», a la «parte poética y perfectamente noble» de la epopeya napoleónica: la ocupación de Venecia por los franceses, pues en 1797 podía amarse a Bonaparte, «aún no había robado la libertad a su país». Por lo que se refiere al emperador, parece que no se trata del mismo hombre: tras el charlatanismo de la coronación, Stendhal no consigue ya reconocer al héroe de Italia en aquel usurpador que, no contento con haber restablecido la religión y falsificado la historia en su favor, ha encontrado el modo de rodearse de los más mediocres sujetos del *faubourg* Saint-Germain. Jamás le perdonará esta debilidad, ni que le arrastrara, por así decirlo, en su caída, en abril de 1814, después de Waterloo. El antiguo auditor del Consejo de Estado esperaba convertirse en barón o en prefecto; sólo será escritor y, más aún, bajo un «gobierno que da vómito», la simple lectura de cuya carta le obliga a enjuagarse la boca con la prosa de Alfieri. Con la edad, Stendhal deseará olvidar aquella desgracia y los oropeles de gloria del Imperio; comenzará a soñar con el mito anterior a 1814, a sus veinte años, en los tiempos en que las conquistas napoleónicas propagaban las ideas civilizadoras de las Luces por toda Europa. «Qué gloria hubiera dejado Napoleón como conquistador, si le hubiera alcanzado una bala la noche del Moskowa». Como dice con mucho acierto Marcel Heisler, «a Stendhal le hubiera gustado librar a su héroe de sus oropeles imperiales».* Siempre se rezonga al ver lo que de vil hay en lo que se ama. Así, De Gaulle afirmaba que Philippe Pétain era un gran militar que murió hacia 1939.

Vida de Napoleón era pues, sólo, un esbozo bastante imparcial del mito napoleónico. Stendhal había amalgamado en él, aquí y allá, sus ideas con páginas enteras tomadas de De Tracy y de Hobhouse, y también con otros testimonios que nunca intentaba verificar. Este estudio, si no cojo, al menos

* *Stendhal et Napoléon*, París, Nizet, 1969.

pergeñado de mala manera (y por ello, si se quiere, elegante) pretendía responder al libelo de madame de Staël: Stendhal podía aceptar que se calumniara al emperador, pero no al héroe de su juventud. Se trataba de distinguir al progresista, al conquistador glorioso que liberó Italia* del infame déspota. Cuando comenzó sus *Memorias sobre Napoleón*, no puede afirmarse que el autor cambiase realmente de método. Sigue buscando el «pequeño suceso real», la anécdota característica, el rasgo o el gesto que revelen un carácter, una fisonomía. Toma aquí o allá, de los autores originales, los más pequeños detalles. Anota, selecciona, examina minuciosamente y conserva la mejor parte de una anécdota, siempre que forme *imagen* y que, por consiguiente, impresione los espíritus. Taine ya había visto en él al ideólogo excelente en el arte de reunir hechos significativos. Todo eso forma un *patchwork* de historietas y crónicas sutiles que peca, sin embargo, de relativa parcialidad: Stendhal busca ante todo el elemento auténtico que pueda *impresionar* al lector, pero también el que corrobore su idea. Por eso, para él, las fuentes no tienen demasiada importancia: basta con que el detalle exista, con que sea verosímil, o al menos que participe de la verdad. No tiene pues escrúpulo alguno en asimilar esa o aquella circunstancia por poco que *parezca* exacta y que se aproxime a la idea, más bien novelesca, que se hace de determinado acontecimiento. «Ningún detalle verdadero parecerá pueril».** Así, extrae alegremente de Las Cases, Walter Scott, Thiers y el propio Napoleón. Aprovecha lo aprovechable. Y no cita siempre,*** no hace síntesis y, como de costumbre, sólo com-

---

* «Ese malentendido histórico que convirtió en bonapartistas a millones de republicanos».

** Por ejemplo: «Para no omitir detalle alguno, añadiré que Napoleón solía llevar, por economía, un pantalón de piel de gamuza». Otros detalles que sorprenden, los *bailes de las víctimas* después del 13 de vendimiario del año IV; las conversaciones con el pintor de Rívoli: Bonaparte confundía a Carracci con Miguel Ángel. Sabemos, por otra parte, que el uso de los obuses de Shrapnell en Waterloo se demostró gracias a las descripciones de *La Cartuja*.

*** Sin embargo, se advierte el plagio en cuanto el texto pierde su velocidad y su espontaneidad: la fresca chanza stendhaliana, en cambio, está firmada.

pone un vago esbozo de plan. No profundiza en nada. Por eso, algunos lo han tachado de «historiador de pacotilla». Su designio, por lo menos, tiene la ventaja de ser claro (lo dice sin altanería): por medio de ese «pequeño compendio provisional», desea darnos a conocer no un estado de hecho, sino al «mayor hombre que haya aparecido en el mundo después de César». Así, como ha observado Jean Prévost, Stendhal intentaba abreviar los grandes acontecimientos para poner de relieve pequeños hechos característicos.*

Por lo que al estilo se refiere, como es bien sabido, el autor adoraba decir que carecía de talento. Aborrecía el énfasis y cualquier artificio por poco hipócrita que fuese; prefería las frases «malsonantes» a las florituras académicas. El modelo que no debía seguirse en modo alguno era el señor de Chateaubriand. Pues «la gran dificultad en las letras consiste en *tener una idea clara*»: no se trata tanto de hacer creer como de ser *creíble*. Montherlant escribió en alguna parte que Saint-Simon tenía el don no del bien decir, sino del decir fuerte: aplicando fuerza al lenguaje de las anécdotas consiguió la inmortalidad.** Al favor de ciertos «pequeños hechos ciertos», al favor del impulso y del flujo de un estilo musculoso, incisivo, que avanza sin rodeos ni retoques, Stendhal encuentra así el *tono de la verdad*. Se trata de «bosquejos sublimes» que «arrojan una luz singular en las profundidades del corazón humano». Aunque solicite que se recurra a un mapa, el autor incluso espera hacer comprender las batallas a su «malévolo lector» —aunque no sea militar— ahorrándole al mismo tiempo la elegancia y el estilo pueril de Voltaire.

Son relatos dignos de Maquiavelo y de su *Arte de la guerra* (que Stendhal, como sabemos, utilizó a menudo), en los que los hermosos nombres de los generales brillan junto al de

---

* «Por tanto, bastaba, podía pensar Stendhal, con ordenar, abreviar todo aquel follón, extraer de él lo importante o lo pintoresco, para conseguir una *Vida de Napoleón*».

** Así, Bossuet se hizo inmortal pasando el vacío a un lenguaje fuerte: «Para ellos sólo se trató de escribir cosas que hacían el efecto de ser ciertas, porque las escribían a su modo».

las etapas italianas. El autor no tiene exactamente la intención de sacar de ello un tratado de ética militar, sólo transmite cuidadosamente las palabras de un estratega que prescinde de las normas. La guerra es un juego de ajedrez, nos dice: «Es preciso mantener una atención profunda, inventar grandes movimientos y prever los inconvenientes de los, en apariencia, más pequeños». Por consiguiente, en esta guerra de sutilezas contra Austria era preciso ser un actor, pero un actor entusiasta y grave al mismo tiempo, de modo que los soldados quedaran impresionados por «algo físico, fácil de captar»: en el ejército de Italia no sólo se adoraba la audacia y el aplomo del general en jefe, sino también su aire enfermizo. En fin, todo «el arte militar consiste en actuar de modo que sus soldados *sean dos contra uno en un campo de batalla*».*

Napoleón sabía tomar de inmediato una postura decisiva («ésa es la cualidad sin la cual no se es general»); fuera cual fuese la amenaza, sabía ver enseguida lo que aún se podía *intentar*. Frente al peligro, sin tener medio alguno de repliegue, apostaba de entrada por la suerte antes de que ésta decidiera presentarse. Primero se conquista, luego se organiza, el método —heredado de Laclos, otro general de artillería— tendrá éxito en el futuro. La lacerante habilidad del genio sustentaba de ese modo un carácter prodigiosamente firme y prodigiosamente empecinado. Claro está que nadie salvo Napoleón habría podido ganar esas jugadas de póquer que son Arcole, Castiglione y Marengo. El «hombre que osó no emprender la retirada la víspera de Arcole» no hacía sino lo que le daba la gana, ante la desesperación del *chato* Directorio.

Pero ¿quién era, de hecho? He aquí una cuestión que no deja de preocupar a los encargados de la Historia. También Stendhal intenta hacernos un retrato de él, pero éste sólo parece tener interés en la medida en que nos da una idea muy precisa de lo que soñaban Del Dongo y Sorel. Como a Julien y

---

* Julien Sorel caracteriza esa superación de sí mismo a través del culto a Napoleón: «Actuará con la estrategia amorosa como Bonaparte con la estrategia militar y se lanzará a la conquista de la señora de Rênal como si debiera tomar una posición» (M. Heisler).

a Fabrice (y también a Lucien, desde muchos puntos de vista), a Stendhal le gustaba mucho reconocerse en el carácter de sus héroes. Algunos enamorados se consuelan tomándose unas veces por el caballero Des Grieux, y otras por Aurélien o Gatsby; todos nosotros llevamos en el corazón alguna figura ideal que bendecimos hasta en sus menores defectos. Stendhal no es una excepción a la regla: Napoleón es su Dios. De capítulo en capítulo esboza muchos retratos a vuelapluma, nuevos esbozos donde se divisa lo que habría querido ser. Así, la voluntad y el destino de Julien se medirán con la vara del ídolo: «Eso es puro Napoleón»,** nos dice el narrador de *Rojo*. Como el pequeño Brulard, al niño le gustaban las matemáticas; era «obstinado, curioso, diestro, vivo, extremadamente presto»: el recuerdo de Pascal Paoli. Una educación lúgubre y la escuela militar de Brienne (es decir, la hostilidad envidiosa del otro) fortalecieron todo lo que había de auténticamente corso en un temperamento que ya sabía amar y odiar sin mesura. Stendhal encuentra en él el hermoso «españolismo» de su tía abuela Élisabeth Gagnon: ese enloquecido honor cuya masculina energía es sólo heroísmo, orgullo y nobleza. Por lo que se refiere a su alma firme, Bonaparte la debe aparentemente a su madre Laetitia. Heredó, además, la prudencia de su padre. El resto de la familia lo arruinará.

El adolescente, tal como Stendhal lo presenta, es evidentemente el hermano mayor, clavado, de Del Dongo y Sorel: era sombrío, decidido, «su espíritu era vivo y rápido, su palabra enérgica»; y tenía además una resolución imperturbable y una lógica muy rigurosa. Por lo demás, aunque le gustara soñar, nada podía distraerlo. El general se volverá frío, hosco, desabrido, malcarado incluso, poco dado, en cualquier caso, a la chanza —se supone que Gracq recordó a ese verdugo de los corazones cuando imaginó *Un apuesto tenebroso*—. No necesitó demasiado tiempo para imponer respeto a Europa y para que una sola de sus miradas le bastara para hacer que le obedeciesen. Enseñó a los coaligados a temer a Francia, pues «amaba Francia con toda la debilidad de un enamorado». De

---

** *Cf.* el gavilán que simboliza el destino de Julien.

hecho, al igual que los personajes de Stendhal y como el propio Stendhal, Bonaparte era presa de los presentimientos de *bocanadas de sensibilidad* que a veces le hacían perder la razón. Esa alma ardiente amaba tanto a las mujeres como las proezas de sus soldados.

Mientras Sorel se alimentaba con el *Boletín del Gran Ejército* y el *Memorial* (esa «obra maestra del chambelanismo», ese libro «inspirado» cuya lectura le fortalecía y «volvía a templar su alma»), mientras Fabrice convertía la genealogía de los Valserra en su corán,* Napoleón basaba su propio catecismo en la artillería, Tito Livio y Plutarco (en nuestros días no podría seguirse mejor ejemplo). Estaba por lo demás chapado a la antigua y conocía muy bien sus propias fuerzas. Tanto en lo físico como en lo moral, se veía de buenas a primeras que se trataba de un *condottiere*, pues permanecía «atento a aprovechar las circunstancias» y sólo «contaba, de modo absoluto, consigo mismo». Pero, para Stendhal, la verdadera gloria de Napoleón es haber reanimado la esperanza y rehecho la moral del pueblo francés, para impedir que la Revolución retrocediera. Supo caldear el entusiasmo por las virtudes republicanas pese a la extremada miseria a la que se veía reducido el ejército. *Electrizó* Francia hasta el punto de convertir el *servicio* en una religión. Liberó a los pueblos de la opresión que los asfixiaba. El amor por la patria, el amor propio y el honor reunían a su alrededor lanceros, granaderos, artilleros, húsares y veteranos. Para los jóvenes franceses, Napoleón fue una suerte de Mesías. Y es que aquel hombre sin par, verdaderamente *aparte* (como lo será el propio Stendhal en el plano literario), debía despreciar el peligro. Ahora bien, la sangre fría, la prudencia y la tozudez no son cualidades de las que, por lo general, pueda presumir la juventud. El desprendimiento cínico y la gravedad pensativa

---

* Julien escuchaba transportado los relatos de batallas del puente de Lodi, de Arcole, de Rívoli, que le contaba el viejo cirujano-mayor. Lo mismo ocurre con Lucien: «Los relatos de la vida del general Bonaparte, vencedor en el puente de Arcole, me transportan: para mí son Homero, Tasso, y cien veces mejor aún».

del héroe insular sorprendían. Su orgullo, por fin, despertó una «fuerza de querer que no existía ya fuera de Francia». Salvo que ese «milagro de genio y de bravura» iba acompañado de un singular miedo a los jacobinos y una legendaria debilidad por el *faubourg* Saint-Germain.

Como todos los grandes monarcas y todos los grandes jefes de Estado, el héroe de Italia soñaba con ser escritor. Pero no parece que Stendhal mirara con muy buenos ojos su obra literaria. Su panfleto al estilo de Plutarco, su Historia de Córcega, su *Souper de Baucaire* (cuya idea y cuyo estilo barroco recuerdan los primeros proyectos abortados de Stendhal) dejan a su entender mucho que desear, aunque entreví en ellos el carácter muy singular del autor. Por lo demás, la posteridad del gran estratega parece como aureolada por el prestigio de Stendhal y de Chateaubriand. Como observa irónicamente Leonardo Sciascia, tal vez hubiera bastado que Napoleón naciera el 23 de enero de 1783 —es decir, el mismo día que Stendhal— para que se convirtiera en escritor. Y recíprocamente: Stendhal hubiera sido sin duda un gran general de artillería de haber nacido el 15 de agosto de 1769. Por lo demás, tenía conciencia de ello, pues tuvo siempre un pie en el siglo de Luis XV.* Creía haber llegado demasiado tarde, o demasiado pronto, puesto que sólo aguardaba verdaderos lectores en 1880.

Lo cierto es que el *Napoleón* de Stendhal es, en efecto, una obra para *happy few*, uno de esos *musts* que sólo pueden complacer a los iniciados de cierto *Stendhal-club*, es decir, a los entusiastas lectores de *La Cartuja* y del *Rojo*. «Un efecto de contraluz único realza la seductora cháchara del

---

* Muchos detalles, muchas anécdotas participan aquí de ese cinismo eminentemente Regencia que caracteriza a Beyle con respecto a la muerte. Se trata casi siempre, como en *La Cartuja*, de un espectáculo: «Uno de los rasgos de Stendhal que, en la escritura, más le emparenta con el siglo XVIII, es la desenvoltura con que evoca siempre la muerte violenta, en la guerra, en un duelo, por asesinato, suicidio o ejecución» (Gracq). Veamos esa frase, sólo a título de ejemplo: «Un regimiento de húsares da una buena cantidad de sablazos a seis mil infantes que huían». Para él la guerra nunca es ese «noble y común impulso de las almas amantes de la gloria».

Beyle entre semana», escribe Gracq. Al igual que la sombra que proyecta Napoleón, por el cual ambos están locos, parece hinchar gloriosamente su manto, las siluetas de Julien y Fabrice agrandan y ponen prodigiosamente de relieve la biografía inconclusa del héroe de Italia. Quizás en mayor medida que los escritos sobre el arte, que los ensayos, las narraciones e incluso que las crónicas al margen de la obra, el libro participa de ese «efecto de integración» del que habla Gracq: «El menor fragmento de Stendhal acude por sí mismo a formar un bloque, indisociablemente con la masa, singularmente reducida sin embargo, de sus obras maestras». Sin duda los retratos de Napoleón realizados por Stendhal sólo tienen eco en nuestros corazones al favor de Julien y de Fabrice. Así como, también, el de esos apuestos generales de generoso corazón, Desaix, Berthier, Augereau, Serrurier, Joubert, Lannes, Gouvion Saint-Cyr, Masséna, que rivalizan entre sí en bravura, empecinamiento e ímpetu. Se lanzan al fuego como Fabrice en la campaña de Waterloo. Como Fabrice, se creían invencibles. «Nunca ejército alguno fue tan alegre»; «Fue el más hermoso momento de una hermosa juventud»: también ahí se siente cómo exulta Stendhal ante el mero recuerdo de Piacenza, Mantua o Rívoli; su pluma se agita, brotan trazos a golpe de «etc., etc.», pues «siempre se fracasa al hablar de lo que se ama»:* de ahí el instintivo recurso al tópico, de ahí la afasia cuando la emoción es demasiado viva. «A excepción de la felicidad más vivaz y más enloquecida, nada tengo realmente que decir de Ivrée en Milán», escribe en la *Vida de Henry Brulard*. A este respecto, las inflamadas páginas sobre Milán en las *Memorias sobre Napoleón* son admirables, sublimes incluso, hasta el punto de que Stendhal olvida por unos instantes a su general favorito para evocar el Corso y a sus hermosas mujeres, esos rostros que recuerdan la *Herodíades* de Vinci de quien todo el joven ejército de Italia estaba por completo enamorado y al que curaba del *mal del tedio*. De pronto, los temas más caros al autor irrumpen en los

---

* La frase es de Roland Barthes.

relatos de batalla; una marea de loca felicidad penetra bruscamente por la brecha que el simple nombre de esa ciudad ha abierto en su corazón: ¡Ah, Milán!, los palcos de la Scala, las *prime donne*, la *opera buffa*, las arrobadoras bellezas del Corso, la cúpula en forma de filigranas que destaca contra los Alpes de ásperas cumbres cubiertas de nieve, los helados del *Corsia dei Servi*, los amenos paisajes de la campiña lombarda, los *sediole*, los *navigli*, Brera, Métilde. Es un raro momento de puro lirismo en la obra stendhaliana; de pronto, el autor quiere ser menos seco, tal vez menos lúcido también; recuerda su primera estancia en Italia, su «bautismo de fuego» —esa «sublimidad, demasiado cercana al peligro, sin embargo»— y de paso el collado del Gran San Bernardo, a caballo, en las filas del ejército. Stendhal ha llegado a ese espacio ideal, a ese *continuum* de locas alegrías donde termina la *Vida de Henry Brulard* y comienza *La Cartuja*. He aquí resucitada, de pronto, la querida Italia de sus veinte años, aquellos cinco o seis meses de *felicidad celestial y completa*: «Yo estaba del todo ebrio, loco de felicidad y de alegría. Aquí comienza una época de entusiasmo y de felicidad perfecta». Como el epílogo de la *Vida de Henry Brulard*, el cuadro pintoresco de la vida milanesa que nos ofrece aquí Stendhal anuncia la eufórica obertura de *La Cartuja*: se advierte ya al teniente Robert, el futuro padre de Fabrice. Stendhal se enternece con la evocación del «más hermoso lugar de la tierra», de ese Milán de su juventud y de todo lo que ha amado. Su fervor es casi místico, se le siente *fascinado*. So capa del entusiasmo por la patria, queda claro que la campaña de Italia ocultaba también sus Marie de Verneuil. Como aquellos jóvenes tenientes que sacrificaron su gloria y su ambición a una hermosa italiana tras haber pasado el puente de Lodi, cuarenta años más tarde Lucien Leuwen renunciará al ejército antes de marcharse a Italia.

En su *Diario*, sucede que Stendhal llama a Napoleón «Milán»: parece que alrededor de esos dos nombres, toda la pasada juventud, todos los sueños nostálgicos del autor *cristalizan*. Pero con Milán despierta el corazón del enamorado, el corazón de un hombre ni *ultra* ni jacobino, tampoco de «justo-centro», sino siempre al margen, es decir, libre y ferozmente republicano: ¡ah, partir entre redobles de tambor en busca de la felicidad como se parte a la conquista de Italia o de una mujer, con el corazón libre y ligero y el alma inundada de campañas napoleónicas!

Venecia, abril de 1996
Lucien d'Azay

Señor librero

Os ruego que me perdonéis, señor, no hay énfasis alguno en los volúmenes que os ofrecen comprar. Si estuvieran escritos en estilo Salvandy, os pedirían cuatro mil francos por volumen.

Nunca hay grandes frases; nunca el estilo abrasa el papel, nunca cadáveres; las palabras horribles, sublime, horror, execrable, disolución de la sociedad, etc., no son empleadas.

El autor tiene la pretensión de no imitar a nadie; pero hecha su obra, si fuera preciso, para dar idea de ella, comparar el estilo al de alguno de los grandes escritores de Francia, el autor diría:

«He intentado contar no como los señores de Salvandy o de Marchangy, sino como Michel de Montaigne o el presidente de Brosses».

Prefacio para mí

¿Por qué he conducido las ideas del lector?
13 de febrero de 1837

La historia ordinaria (la del señor Thibaudeau, por ejemplo), instruye el proceso con ostentación de imparcialidad, como Salustio, y deja que el lector pronuncie la sentencia.

De ese modo, la sentencia sólo puede ser común: Jacques es un bribón o un hombre honesto. Yo, enuncio esas sentencias, y están basadas en un conocimiento más íntimo y, sobre todo, más delicado, de lo justo y lo injusto: sentencias de alma generosa. Velaría la mitad del *qualsisia merito* (sin alcanzar el mérito de arreglo de un Lemontey), si no pronunciara yo mismo las sentencias; a menudo, de una de las circunstancias de esta primera sentencia, extraigo la segunda. Por lo tanto, titular aquí: *Memorias sobre la vida de Napoleón*.

Por la no buscada originalidad (a menudo la velo adrede) del pensamiento, podría tal vez hacer que se tragaran seis volúmenes. Si fuera preciso molestarme, carecería de la paciencia de proseguir; ¿y por qué molestarme, para convertirme en un *dimidiato* Lemontey o Thiers?

Prefacio

De 1806 a 1814, viví en una sociedad en la que las acciones del Emperador formaban la principal atención. Durante una parte de ese tiempo, estuve vinculado a la corte de ese gran hombre, y lo veía dos o tres veces por semana. (H. B.).

Fu vera gloria?
Ai posteri l'ardua sentenza.
(Manzoni, *Oda a Napoleón*)

Un hombre tuvo la ocasión de divisar a Napoleón en Saint-Cloud, en Marengo, en Moscú; ahora escribe su vida, sin ninguna pretensión de hermoso estilo. Ese hombre detesta el énfasis, primo hermano de la hipocresía, el vicio de moda en el siglo XIX.

Sólo los pequeños méritos pueden amar la mentira que les es favorable; cuanto más se conozca la verdad por entero, más grande será Napoleón.

El autor está muy lejos de tener ninguna pretensión literaria; empleará casi siempre las propias palabras de Napoleón en los relatos militares. El mismo hombre que hizo, contó. ¡Qué felicidad para la curiosidad de los siglos por venir! ¿Quién va a atreverse, después de Napoleón, a narrar la batalla de Arcole?

Sin embargo, inmerso por completo en su relato, al estar metido de lleno en tan magnífico tema, y al suponer, desde su apasionamiento que todo el mundo sería capaz de leer entre líneas, a veces resulta oscuro. En ese caso, ante el admirable relato de Napoleón, aparecen las aclaraciones necesarias. El autor las ha encontrado en sus recuerdos.

En su condición de soberano, Napoleón, al escribir, mentía a menudo. A veces, el corazón del gran hombre levantaba la costra imperial; pero siempre se arrepintió de haber escrito la verdad y, a veces, de haberla dicho. En Santa Helena, preparaba el trono para su hijo, o un segundo regreso, como el de la isla de Elba. Yo he intentado no dejarme engañar.

En las cosas que el autor ha visto o que cree ciertas, prefiere emplear las palabras de otro testigo a intentar fabricar él mismo un relato.

No he dicho de algunos personajes todo el mal que de ellos sé; no entraba en absoluto en mis intenciones convertir esas memorias en un curso de conocimiento del corazón humano.

Escribo esta historia como me hubiera gustado encontrarla escrita por otro, salvo por el talento. Mi objetivo es dar a conocer a ese hombre extraordinario, al que yo amaba cuando vivía, al que estimo ahora con todo el desprecio que me inspira lo que ha llegado tras él.

Contando con la inteligencia del lector, me abstengo por completo de arremeter contra la crítica; probablemente los hipócritas me acusen de carecer de moral, lo que no aumentará la dosis de desprecio que siento por esa gente.

No hay en París opinión pública sobre las cosas contemporáneas; sólo existe una sucesión de apasionamientos que se destruyen el uno al otro, como una ola del mar acaba con la ola que la precedía.

El pueblo, al que Napoleón civilizó haciéndolo propietario y dándole la misma cruz que a un mariscal, le juzga con su corazón, y yo estoy por creer que la posteridad confirmará la sentencia de ese pueblo. Por lo que se refiere a los juicios de los salones, supongo que cambiarán cada diez años, como vi que sucedía en Italia con Dante, tan despreciado en 1800 como adorado es ahora.

El arte de mentir ha hecho grandes progresos desde hace unos años. La mentira ya no se expresa en términos adecuados, como en tiempos de nuestros padres, sino que se produce mediante formas de lenguaje tan vagas y generales que sería difícil hacerle reproches al mentiroso y, sobre todo, refutarlo en pocas palabras. Por mi parte, tomo de cuatro o cinco autores distintos cuatro o cinco pequeños hechos; en vez de resumirlos en una frase general, en la que podría introducir matices mentirosos, cuento esos pequeños hechos, empleando, en la medida de lo posible, las propias palabras de los autores originales.

Todo el mundo reconoce que el hombre que cuenta debe decir claramente la verdad. Pero para ello es preciso tener el valor de descender a los más pequeños detalles. Éste es, a mi entender, el único modo de responder a la desconfianza del lector. Lejos de temer esta desconfianza, la deseo y la solicito con todo mi corazón.

Puesto que circulan tantas mentiras, la posteridad sólo podrá fiarse de los historiadores contemporáneos. En un hombre puede apreciarse el tono de la verdad. Por lo demás, diez años después de su muerte, la camaradería que lo protegía se disuelve, y la que le sucede sitúa la verdad del escritor entre esas otras verdades indiferentes que es preciso admitir, para darse crédito, y poder mentir con cierto éxito sobre todo lo demás.

Antes de 1810, cuando un escritor mentía lo hacía por efectos de una pasión que se traicionaba a sí misma y que era fácil distinguir. Desde 1812 y, sobre todo, desde 1830, se miente a sangre fría para conseguir una plaza; o, si se tiene de qué vivir, para alcanzar una consideración favorable en los salones.

¡Cuántas cosas se dijeron sobre Napoleón! ¿Acaso no fue el señor de Chateaubriand quien pretendió que carecía de valor personal y que, por otra parte, se llamaba Nicolás? ¿Qué hará el historiador de 1860 para defenderse de todas las falsas memorias que, todos los meses, adornan las revistas de 1837? El escritor que presenció la entrada de Napoleón en Berlín, el 27 de octubre de 1806, que lo vio en Wagram, que lo vio marchando con un bastón en la mano en la retirada de Rusia, que lo vio en el Consejo de Estado, si tiene el valor de decir la verdad por encima de todo, incluso contra su propio héroe, disfruta de cierta ventaja.

Cuando, para mi desgracia, resulte que tengo una opinión que no entra en el *Credo* literario o político del público de 1837, en vez de envolverla sabiamente la reconoceré del modo más claro y crudo. La crudeza, lo sé, es un defecto de estilo; pero la hipocresía es un defecto de las costumbres tan predominante en nuestros días que es preciso adoptar toda suerte de precauciones para no verse arrastrado a ella.

El arte de mentir florece, sobre todo, con la ayuda de un hermoso estilo académico y de las perífrasis que exige, según se dice, la elegancia. Yo afirmo que las exige la prudencia del autor que, en general, quiere hacer de la literatura un estribo para algo mejor.

Ruego pues al lector que perdone el estilo más simple y menos elegante. Un estilo que se parecería, si tuviera ese talento, al estilo del siglo XVII, al estilo del señor de Sacy, traductor de las cartas de Plinio, o del señor abate Mongault, traductor de Herodiano. Me parece que siempre tendré el valor de elegir la palabra no elegante, cuando aporte un nuevo matiz a una idea.

Al leer la historia antigua, en la juventud, la mayoría de los corazones susceptibles de entusiasmo se apegan a los romanos y lloran sus derrotas; y todo ello, a pesar de sus injusticias y su tiranía para con sus aliados. Por un sentimiento de idéntica naturaleza, ya no es posible amar a otro general tras haber visto actuar a Napoleón. En las frases de los demás siempre se encuentra algo hipócrita, algodonoso, exagerado, que mata la naciente inclinación. El amor por Napoleón es la única pasión que me ha quedado; lo cual no me impide en absoluto ver los defectos de su espíritu y las miserables debilidades que pueden reprochársele.

Ahora que estáis avisado, oh malévolo lector, y que sabéis ya con qué patán desprovisto de gracia o, más bien, con qué engañado, sin ambición, os las tenéis, si no habéis cerrado aún el libro, voy a permitirme discutir una cuestión.

Algunos buenos jueces me han asegurado que sólo dentro de veinte o treinta años podrá publicarse una historia razonable de Napoleón. Entonces, las memorias del señor de Talleyrand, del señor duque de Bassano y de muchos otros, habrán aparecido y habrán sido juzgadas. La opinión definitiva de la posteridad sobre este gran hombre habrá comenzado a declararse; la envidia de la clase noble, si sólo es envidia, habrá cesado. Ahora, mucha gente recomendable todavía considera digno de gloria llamar a Napoleón el señor de Buonaparte.

El escritor de 1860 tendrá, pues, muchas ventajas; todas las tonterías que el tiempo destruye no habrán llegado hasta él; pero le faltará el inapreciable mérito de haber conocido a su héroe, de haber oído hablar de él tres o cuatro horas cada día. Yo estaba empleado en su corte, viví en ella; seguí al Emperador en todas sus guerras, participé en su administración de los países conquistados y me pasaba la vida en la intimidad de uno de los ministros más influyentes. A ese título me atrevo a levantar la voz y presentar un pequeño compendio provisional, que podrá ser leído hasta que aparezca la verdadera historia, hacia 1860 o 1880. El oficio del curioso es leer libros planos, que hablan mal de una cosa que nos interesa.

He creído que debía dar mucho desarrollo a la campaña de Italia de 1796 y 1797. Era el comienzo de Napoleón. A mi entender, da a conocer mejor que cualquier otra su genio militar y su carácter. Si se desea considerar lo exiguo de los medios, la magnífica defensa de Austria y la desconfianza de sí mismo que tiene siempre el hombre que comienza, por muy grande que se le suponga, se llegará a la conclusión de que tal vez sea la más hermosa campaña de Napoleón. Finalmente, en 1797 podía amársele con pasión y sin restricciones; no había robado todavía la libertad a su país; no había aparecido nada tan grande desde hacía siglos.

Tuve la ocasión de estudiar sobre el terreno la campaña de Italia; el regimiento en el que yo servía en 1800 se había detenido en Cherasco, Lodi, Crema, Castiglione, Goito, Padua, Vicenza, etc. Visité con todo el entusiasmo de un joven, y sólo tras la campaña de 1796, casi todos los campos de batalla de Napoleón; los recorría con algunos soldados que habían combatido a sus órdenes y con jóvenes del país, maravillados ante su gloria. Sus reflexiones mostraban muy bien las ideas que había sabido dar a los pueblos. Los rastros de sus combates eran evidentes en la campiña, en las ciudades, y aún hoy los muros de Lodi, de Lonato, de Rívoli, de Arcole, de Verona, están surcados por las balas francesas. A menudo he oído esta hermosa exclamación: «¡Entonces podíamos rebelarnos contra vosotros, que nos devolvíais la vida!».

Me hospedaba, por asignación de alojamiento, en casa de los más ardientes patriotas; por ejemplo, en la de un canónigo de Reggio, que me enseñó toda la historia contemporánea del país. Por tanto, suplico al lector que no se asuste ante el número de páginas que ocupa la campaña de Italia; también presencié las de Alemania y de Moscú, pero hablaré de ellas con menos extensión.

El manuscrito que presento al público se inició en 1816. Entonces yo oía decir todos los días que el señor de Buonaparte era feroz, que era cobarde, que no se llamaba Napoleón sino Nicolás, etc. Escribí un librito que sólo contaba las campañas que yo había entrevisto; pero todos los libreros con los que hablé tuvieron miedo. Yo aceptaba las faltas de Napoleón; fue por ello, sobre todo, por lo que la gente que busca fortuna imprimiendo el pensamiento de los demás concibió un imborrable desprecio hacia mi persona. El peligro vendría casi con toda seguridad del procurador del Rey, decían aquellos señores; cuando menos sería preciso, por compensación, poder contar con el partido bonapartista. Ahora bien, en ese partido hay mucha gente de corazón, aunque poco acostumbrada a leer. En cuanto vean condenar a su héroe, concluirán que el autor espera algún puesto de la Congregación.

Nada había que responder, yo ya no pensaba en ello. Hallándome sólo en la campaña con ese manuscrito, volví a leerlo en 1828 y, puesto que desde hacía doce años veía negar los hechos más notorios, puesto que se llegaba a negar incluso por completo las batallas (el señor Bottanie Lonato), tomé la decisión de contar los hechos claramente, es decir, extensamente.

Una creencia casi instintiva en mí es que todo hombre poderoso miente cuando habla y, con más razón, cuando escribe. Sin embargo, por entusiasmo hacia el bello ideal militar, Napoleón dijo a menudo la verdad en el pequeño número de relatos de batallas que nos ha dejado. He admitido esos relatos para la campaña de Italia, procurando que los precediera un pequeño sumario que basta para establecer la verdad, sobre todo esa parte de la verdad olvidada por el autor. ¿Cómo privarse voluntariamente de tan apasionados relatos?

En gran medida he admitido estos relatos porque mi objetivo es dar a conocer al hombre extraordinario. Por lo que se refiere a escribir la historia de Francia de 1800 a 1815, no lo pretendo en absoluto.

Acabo de borrar muchas frases malsonantes en este manuscrito de 1828. Pero, evitando contrariar inútilmente a las personas que no comparten mis opiniones, caí como Calpigi en un inconveniente mucho peor: quiero y no quiero. La buena compañía reúne en este momento un sentimiento y una función que libran entre sí una cruel guerra: teme el regreso de los horrores de 1793 y, al mismo tiempo, es juez soberano de la literatura.

Durante la Revolución, en los clubes pudo comprobarse que cualquier sociedad que tenga miedo es, sin saberlo, dominada y conducida por aquellos de sus miembros que tienen menos luces y están más locos. En todos los partidos, cuanto más espíritu tiene un hombre menos pertenece a su partido, sobre todo si se le interroga a solas. Pero, en público, para no perder su casta, debe hablar como los cabecillas. Con todo, ¿qué dirán los cabecillas del presente ensayo histórico? Nada, o muchas cosas malas. Así, quisiera ser juzgado por la gente bienpensante, y la gente bienpensante no puede leer esta obra sin escandalizar a su aliado más íntimo, aquel que le ha prometido hacer del todo imposible el funesto regreso del 93.

En vano repetiría: «Pero, señores, ese regreso sale de los límites de lo posible; basta, para convencerse de ello, comparar la humanidad y la generosidad del pueblo de París, durante las tres jornadas de 1830, con el ciego furor que mostró el populacho de 1789, durante la toma de la Bastilla. Nada es más sencillo: en 1789 se las veían con un pueblo corrompido por la monarquía Pompadour, Dubarry y Richelieu, y en 1837 nosotros caminamos junto a un pueblo de obreros que sabe que puede obtener la cruz de la Legión de Honor. No hay obrero que no tenga un primo propietario o legionario. Napoleón rehizo la moral del pueblo francés, ésa es su gloria más auténtica. Sus medios fueron la igual división, entre los hijos, de los bienes del padre de familia (beneficio de la Revolución), y la Legión de Honor que se encuentra en los talleres, en la chaqueta del más simple obrero». Pero ¿para qué razonar con el miedo, quién podría convencerle? Es un sentimiento vivo. Ahora bien, ante un interés apasionado, el interés de la existencia, ¿qué es un vano interés por la literatura y las bellas artes? Que no se hable de libros durante cincuenta años, y ya no tendremos jacobinos.

¿Cómo escribir la vida de Napoleón sin tocar, muy a tu pesar, alguna de esas cuatro o cinco grandes verdades: los derechos del nacimiento, el derecho divino de los reyes, etc., etc., de los que algunos han decidido que sólo ellos podrían hablar?

No hay respuesta razonable a esta objeción. Así, oh lector mío, puesto que no quiero engañaros en nada, me veo obligado a declararos que he tenido que renunciar al sufragio de la gente bienpensante, a pesar de toda la estima que siento por ella.

Para probaros, sin embargo, que no soy un enemigo absoluto de las ventajas que pueden deberse al nacimiento, añadiré que para que un hombre sea juez de nuestras bagatelas literarias es preciso que haya encontrado en la herencia paterna una edición de las obras de Voltaire, algunos volúmenes elzevirianos y la *Enciclopedia*.

El prefacio de un libro histórico es una parte necesaria; satisface esta pregunta: ¿quién es el hombre que viene a contarme algunos relatos? Para responder a esta cuestión me permito los siguientes detalles:

Vi por primera vez al general Bonaparte dos días después de que cruzara el monte San Bernardo; fue en el fuerte de Bard (el 22 de mayo de 1800; ¡hace treinta y siete años, oh lector mío!). Ocho o diez días después de la batalla de Marengo, fui admitido en su palco en la Scala (gran teatro de Milán), para dar cuenta de medidas referentes a la ocupación de la ciudadela de Arona. Presencié la entrada de Napoleón en Berlín en 1806; en Moscú, en 1812; en Silesia, en 1813. Tuve la ocasión de ver a Napoleón en todas esas épocas. Aquel gran hombre me dirigió la palabra, por primera vez, en una revista en el Kremlin, fui honrado con una larga conversación en Silesia, durante la campaña de 1813. Finalmente, me dio de viva voz instrucciones detalladas, en diciembre de 1813, durante mi misión en Grenoble, con el senador conde de Saint-Vallier. Así pues, puedo burlarme, con la conciencia muy tranquila, de muchas mentiras.

Como ningún detalle cierto me parecerá pueril, diré que no sé si la posteridad llamará a ese gran hombre Bonaparte o Napoleón; ante la duda, empleo a menudo este último nombre. La gloria que adquirió con el de Bonaparte me parece mucho más pura; pero le oigo llamar señor Buonaparte por gente que le odia, y cuyos privilegios sólo él podía proteger en todo el mundo; y ese nombre tan grande en 1797, me recuerda hoy, a mi pesar, el ridículo recuerdo de los personajes que con afectación fingen utilizarlo alterándolo.

Temo que ante los ojos de la posteridad, los escritores del siglo XIX desempeñen un papel casi parecido al de los contemporáneos de Séneca o de Claudiano en la literatura latina.

Una de las causas de esta decadencia es, sin duda, la preocupación antiliteraria, que lleva al lector a buscar en un libro, ante todo, la religión política del autor. Por mi parte, deseo el mantenimiento puro y simple de lo que es. Pero mi religión política no me impedirá comprender la de Danton, de Sieyès, de Mirabeau y de Napoleón, verdaderos fundadores de la Francia actual, grandes hombres, sin uno de los cuales la Francia de 1837 no sería lo que es.

Abril de 1837

Capítulo I

Estado de la opinión pública en Francia en 1794. Córcega: sus costumbres, su lucha contra Génova y contra Francia. Paralelismo de Paoli y de Napoleón. La familia Bonaparte. Los señores de Marbeuf y de Narbonne. Napoleón en Brienne.

Experimento una suerte de sentimiento religioso al atreverme a escribir la primera frase de la historia de Napoleón. Se trata del mayor gran hombre que haya aparecido en el mundo desde César. Y aunque el lector se haya tomado el trabajo de estudiar la vida de César en Suetonio, Cicerón, Plutarco y los *Comentarios*, me atreveré a decir que vamos a recorrer juntos la vida del hombre más sorprendente que haya aparecido desde Alejandro, sobre el que no tenemos suficientes detalles para apreciar, justamente, la dificultad de sus empresas.

Esperaba que alguien de los que vieron a Napoleón se encargara de contar su vida. He esperado durante veinte años. Pero, al fin, viendo que ese gran hombre es cada vez más desconocido, no he querido morir sin decir la opinión que de él tenían algunos de sus compañeros de armas; pues en medio de todas las tonterías que el mundo conoce, hay hombres que pensaban libremente en ese palacio de las Tullerías, centro del mundo por aquel entonces.*

---

* En otro escrito que sólo aparecerá, creo, dentro de algunos años, los curiosos encontrarán detalles a este respecto bastante distintos de todos los tópicos a los que hoy se da crédito.

El entusiasmo por las virtudes republicanas, sentido en los años que pertenecen aún a la infancia, el desprecio excesivo, que llegaba hasta el odio, por el modo de actuar de los reyes, contra los que se combatía, e incluso por las más simples costumbres militares, que veían practicar a sus tropas, habían creado en muchos de nuestros soldados de 1794 la sensación de que sólo los franceses eran seres razonables. A nuestro modo de ver, los habitantes del resto de Europa que combatían para conservar sus cadenas, sólo eran lamentables imbéciles, o bribones vendidos a los déspotas que nos atacaban. Pitt y Coburgo, cuyo nombre suena aún, a veces, repetido por el viejo eco de la Revolución, nos parecían los jefes de esos bribones y la personificación de todo lo que de traidor y estúpido hay en el mundo. Entonces todo estaba dominado por un profundo sentimiento del que ya no veo vestigios. Que el lector, si tiene menos de cincuenta años, tenga a bien figurarse, a través de los libros, que en 1794 no teníamos ninguna suerte de religión; nuestro sentimiento interior y más serio se resumía por completo en esta idea: ser útil a la patria.

Todo lo demás, el vestido, el alimento, el ascenso, sólo era, para nosotros un miserable detalle efímero. Como no había sociedad, el éxito social, algo tan fundamental en el carácter de nuestra nación, no existía.

En la calle, nuestros ojos se llenaban de lágrimas al toparnos en el muro con una inscripción en honor del joven tambor Barra (que se dejó matar a los trece años antes que dejar de redoblar, para avisar de un ataque sorpresa). Para nosotros, que no conocíamos otra gran reunión de hombres, había fiestas, numerosas y conmovedoras ceremonias, que alimentaban un sentimiento que dominaba todo cuanto sentían nuestros corazones.

Fue nuestra única religión. Cuando Napoleón apareció y logró que cesaran las continuas derrotas a las que nos exponía el obtuso gobierno del Directorio, sólo vimos en él la utilidad militar de la dictadura. Nos procuraba victorias, y juzgábamos todas sus acciones siguiendo las reglas de la religión que hacía palpitar nuestros corazones desde nuestra primera infancia: para nosotros, lo más estimable de aquel culto era que podíamos ser útiles a la patria.

Más tarde cometimos infidelidades contra esa religión; pero en todas las grandes circunstancias, al igual que hace con sus fieles la religión católica, volvió a regir nuestros corazones.

Resultó distinto para los hombres nacidos hacia 1790, que a los quince años, en 1805, cuando comenzaron a abrir los ojos, el primer espectáculo que vieron fueron los tocados de terciopelo adornados con plumas de los duques y los condes, recientemente creados por Napoleón. Pero nosotros, antiguos servidores de la patria, sólo sentíamos desprecio por la pueril ambición y el ridículo entusiasmo de aquella nueva generación.

Y entre aquellos hombres que habitaban en las Tullerías, por así decirlo, que ahora tenían coche con hermosos escudos de armas en sus portezuelas, fueron muchos los que miraron esas cosas como un capricho de Napoleón y como un capricho condenable; los menos ardientes veían en ello una fantasía peligrosa; ni uno sobre cincuenta creía que aquello iba a durar.

Esos hombres, muy distintos de la generación que llegó a la charretera en 1805, sólo encontraban la animación y la felicidad de las primeras campañas de Italia en 1796, cuando el Emperador partía para reunirse con el ejército. Contaré, cuando llegue el momento, la repugnancia con la que el ejército reunido en Bolonia, en 1804, recibió la primera distribución de cruces de la Legión de Honor; más tarde tendré que hablar del republicanismo y de la desgracia de Delmas, de Lecourbe, etc.

Así, en el propio interior de las Tullerías, entre los hombres que amaban sinceramente a Napoleón, cuando creían estar bien entre sí, a cubierto de las investigaciones de Savary, había quienes no admitían otra base para juzgar las acciones del Emperador que la de la utilidad a la patria. Así fueron Duroc, Lavalette, Lannes y algunos más; así habrían sido, soberanamente, Desaix y Cafarelli-Dufalga; y, aunque suene extraño, así era él mismo; pues amaba a Francia con toda la debilidad de un enamorado.

Así fue siempre la señora Laetitia, madre de Napoleón. Aquella mujer rara y, si así puede decirse, de un carácter único en Francia, tuvo por encima de todos los demás habitantes de las Tullerías la firme creencia, sincera y nunca desfalleciente, de que la nación despertaría antes o después de que todo el andamio levantado por su hijo se derrumbaría y podría herirla al derrumbarse.

Ese gran carácter me lleva por fin a mi tema: la historia de la infancia de Napoleón.

Córcega es una vasta prolongación de montañas coronadas por bosques primitivos y surcadas por profundos valles; en el fondo de esos valles se encuentra algo de tierra vegetal, y algunas poblaciones salvajes y poco numerosas, que viven de las castañas. Esta gente no ofrece la imagen de una sociedad, sino más bien la de una colección de eremitas reunidos sólo por necesidad. Así, aunque muy pobres, no son avaros en absoluto, y sólo piensan en dos cosas: vengarse de su enemigo y amar a su querida. Están llenos de honor y ese honor es más razonable que el de París en el siglo XVIII; pero, en cambio, su vanidad es casi tan fácil de ofender como la de un burgués de ciudad pequeña. Si, cuando pasan por un camino, uno de sus enemigos toca el cuerno desde lo alto de la montaña vecina, no hay que vacilar, es preciso matar a aquel hombre.

Los profundos valles, separados entre sí por las crestas de altas sierras, forman la división natural de la isla de Córcega; se las llama *pieve*.*

Cada *pieve* alimenta a algunas familias influyentes, que se detestan cordialmente unas a otras, algunas vinculadas entre sí, habitualmente enemigas. Ante la amenaza de un peligro común, los odios se olvidan por algunos meses; en suma, son corazones ardientes que, para sentir la vida, necesitan amar u odiar con pasión.

La admirable ley del disparo de fusil consigue que reine una gran cortesía; pero en parte alguna encontraríais la profunda obsequiosidad para con el noble de una aldea alemana. El más pequeño propietario de una *pieve* no rinde pleite-

---

* Parroquia, comuna.

sía alguna al gran propietario que tiene por vecino; sólo se le une, con el fusil al hombro, cuando su vanidad es herida por la misma causa que la de dicho vecino. Paoli fue poderoso en la guerra contra los genoveses y, luego, contra los franceses de Luis XV, porque tenía a su lado muchas *pieve*.

Desde 1755, Pascal Paoli, llevado a la jefatura suprema por los descontentos, intentó apoderarse de las zonas montañosas de la isla; lo consiguió y logró relegar a los genoveses a las plazas marítimas.

Aquellos tiranos de Córcega, habiendo perdido la esperanza de someterla, llamaron en su ayuda a los franceses, y éstos acabaron haciendo la guerra a los descontentos por su propia cuenta; de modo que los patriotas de Córcega comenzaron a detestar a los franceses, herederos de sus tiranos y tiranos a su vez.*

El duque de Choiseul dirigía por aquel entonces la Guerra y los Asuntos Exteriores de Luis XV.

Entre los más apasionados jefes de la insurrección de Córcega y los más fieles compañeros de Paoli, se distinguió Charles Buonaparte, padre de Napoleón. Tenía por aquel entonces veinticuatro años, pues había nacido en Ajaccio en 1744, de una familia noble establecida en la isla a finales del siglo XV. Charles Buonaparte, heredero de una mediocre fortuna, administrada por dos tíos sacerdotes y gente de posibles, había estudiado leyes en Pisa, en la Toscana. A su regreso a la patria, se casó, sin el consentimiento de sus tíos, con Laetitia Ramolini, considerada la muchacha más seductora de la isla; él era, por su parte, bastante apuesto y amable.

En 1768, cuando el litigio entre los franceses y los corsos alcanzó un alto grado de exasperación, y después de que los franceses desembarcaran en la isla numerosas tropas, Charles Buonaparte se dirigió a Corte, junto a Pascal Paoli, y para no dejar rehenes en manos de los franceses se llevó consigo a sus tíos y a su mujer.

Paoli tenía mucha confianza en él. Se atribuye a Charles Buonaparte el *Memorial para la juventud corsa*, publicado

* Memorias de Dumouriez, volumen 1º. –*Histoire de Corse*, de Cambiagi.

en Corte en julio de 1768 e insertado, luego, en el volumen de la historia de Córcega de Cambiagi.

Tras la sangrienta derrota de Ponte Novo, que disipó todas las ilusiones de independencia concebidas por Paoli y compartidas por la mayoría de la nación corsa, Charles Buonaparte fue uno de aquellos firmes patriotas que a pesar de todo no desesperaron y quisieron acompañar a Clemente Paoli, hermano del general, a Niolo. Esperaban poder alzar a la población de aquella belicosa provincia y lanzarla contra el ejército francés, que avanzaba a grandes zancadas; pero la tentativa no produjo resultado alguno.

Clemente Paoli, acompañado aún por Charles Buonaparte, pasó de Niolo a Vico; quería entablar una lucha postrera. Pero la rápida marcha de los acontecimientos hizo inútiles tan nobles esfuerzos, y Clemente Paoli, al igual que su ilustre hermano, fueron obligados a huir de una patria que habían querido liberar del yugo extranjero.

Durante los desastres de esas desgraciadas expediciones de Niolo y de Vico, Charles Buonaparte fue seguido constantemente por su joven y hermosa compañera. Se la vio afrontar los peligros de la guerra y compartir todas las fatigas de los descontentos, cuyos movimientos se llevaban a cabo en las más salvajes montañas y entre escarpados roquedales. La señora Buonaparte, que sólo pensaba, como su marido, en salvar la patria del yugo extranjero, prefería soportar sufrimientos por encima de su sexo y su posición, al asilo que el conquistador de la isla proponía que le ofrecieran. Era uno de sus tíos, miembro del consejo superior recién instituido por el general francés, quien servía de intermediario para esas ofertas, cuyo pretexto era el avanzado estado de gestación de la señora Buonaparte.

En el mes de junio, cuando, tras la partida de los dos Paoli, los patriotas perdieron definitivamente cualquier esperanza, Charles Buonaparte que, procedente de Vico, se había refugiado en la pequeña aldea de Appietto, regresó a su casa de Ajaccio, con su joven esposa encinta de siete meses.

El 15 de agosto de 1769, día de la Asunción, la señora Buonaparte estaba en misa cuando fue presa de dolores tan acuciantes que se vio obligada a regresar apresuradamente a su casa; no pudo llegar a su habitación y tuvo a su hijo en la antecámara, sobre una de esas alfombras antiguas con grandes figuras de héroes. El niño recibió el nombre de Napoleón, en recuerdo de un tío que Charles Buonaparte había perdido en Corte, en su huida, el año anterior.

Entre el malestar general y los innumerables desórdenes que siguen a una larga guerra civil, y el establecimiento de una dominación nueva en el seno de una familia no muy rica y que aumentaba año tras año, Napoleón debió de recibir, sobre todo, la educación de la necesidad.

Poco se imaginan en Francia la severidad de los modos en el seno de una familia italiana. Allí no hay ningún movimiento, ninguna palabra inútil, a menudo sólo un huraño silencio. Sin duda, el joven Napoleón no se vio rodeado de ninguna de esas afectaciones francesas que despiertan tan pronto y que cultivan la vanidad de nuestros niños hasta convertirlos en agradables juguetitos a los seis años y a los dieciocho en hombrecillos muy insulsos. Napoleón dijo de sí mismo: «Yo sólo era un niño obstinado y curioso».

Algunos relatos, apenas creíbles, lo reconozco, lo representan en su primera infancia como un pequeño ser turbulento, diestro, vivaz, extremadamente presto. Según dice, tenía sobre José, su hermano mayor, un dominio absoluto. Lo golpeaba, lo mordía; las quejas llegaban a su madre; su madre lo reñía sin que al pobre José le diera tiempo de abrir la boca. José se sentía muy celoso de la superioridad de su hermano y de las preferencias de las que era objeto.

Algunos filósofos han pensado que el carácter de un hombre se lo otorga su madre, que ese carácter se forma a partir de los dos años de edad y que queda perfectamente establecido a los cuatro o cinco. Eso sería cierto, sobre todo, en los hombres del Mediodía, de carácter sombrío y apasionado. Esos seres, desde la más tierna infancia, tienen cierto modo de buscar la felicidad que más adelante aplican a cosas distintas, aunque siga tratándose del mismo carácter.

¡Qué circunstancias rodearon la cuna de Napoleón! Veo a una madre notable por su superior espíritu, no menos que por su belleza, encargándose del cuidado de una familia numerosa. Esa familia, bastante pobre, crece y se educa en medio de odios y violentas agitaciones, que debieron sobrevivir a treinta años de descontento o de guerra civil. Veremos más tarde el profundo horror que inspira a Napoleón el coronel Buttafoco, sin haber cometido otra falta, no obstante, que la de haber guerreado contra Paoli y haber seguido el partido contrario al de los Buonaparte.

El nombre de Paoli resonaba en Córcega. Esa pequeña isla vencida y tan altiva, se sentía muy orgullosa al ver el nombre de su héroe repetido y celebrado en Europa. Así, en el espíritu del Napoleón niño, toda grandeza, toda habilidad estaba encarnada, en este nombre: Pascal Paoli. Y, por un extraño azar, Paoli fue casi el tipo y la imagen de toda la futura vida de Napoleón.

Comienza, a los veintinueve años, como comandante en jefe, constantemente tiene en los labios los nombres y las máximas de los Plutarco y los Tito Livio, que son el catecismo de Napoleón.

Paoli hace en Córcega, a pequeña escala, lo que Napoleón iba a hacer entre nosotros, cuando sucedió al obtuso gobierno del Directorio. Primero la conquista, luego la organización. Si Napoleón conquista la independencia de Francia en Marengo, Paoli conquista las montañas de Córcega contra los genoveses; luego, organiza allí la administración, la justicia e incluso la instrucción pública.

Durante mucho tiempo Paoli ejerce tanto de administrador y político como de guerrero. Precisa mantenerse en guardia contra el veneno de los genoveses, como Napoleón contra la *máquina infernal* de los monárquicos y el puñal de Georges Cadoudal. Por fin, derrotado y arrebatado a un pueblo que lo amaba a manos de unos extranjeros que llegaron allí con unas fuerzas inmensamente superiores a las suyas, Paoli debe embarcarse y buscar refugio lejos de su patria.

Esos nobles esfuerzos de un hombre superior eran tema habitual de conversación entre los corsos.

Así, por una extraña fortuna que los hijos de reyes no obtuvieron, nada mezquino, nada ridículamente vanidoso agita a los seres que rodean la cuna de Napoleón.

Supongamos que naciera en 1769, segundo hijo de un marqués de Picardía o de Languedoc, con veinticinco mil libras de renta. ¿Qué oiría a su alrededor? Anécdotas de galantería, mentirosos relatos sobre la antigüedad de su raza, las pullas de su padre, el marqués, contra un pequeño gentilhombre vecino que, con el pretexto de haber recibido tres heridas, ha sido ascendido a capitán dos años antes que él; pero, en cambio, el marqués, con la protección del príncipe de Conti, ha obtenido la cruz de San Luis tres años antes que el otro. El marqués no ahorra su desprecio por los *hombres de negocios** y, sobre todo, por el intendente de la provincia, cuyo tiro es mejor que el suyo; pero a modo de compensación obtiene un lugar de honor, como primer mayordomo de la parroquia en la que se encuentra la mansión del intendente, lo cual debe desesperarle. En vez de estas miserias, Napoleón sólo oye hablar de la lucha de una gran fuerza contra otra gran fuerza: los guardias nacionales de una pequeña isla de ciento ochenta mil habitantes, dirigidos por un joven, que ellos han elegido, se atreven a luchar contra el reino de Francia que, humillado primero y más tarde derrotado, acaba destinando a Córcega veinticinco mil hombres y al conde de Vaux, su mejor general.

Esas cosas se las cuenta a Napoleón niño una madre que ha huido a menudo ante los disparos de fusil franceses, y en esta lucha toda la gloria recae en el ciudadano que resiste; el soldado sólo es un vil mercenario que gana su paga.

En nuestros días, cuando tantos personajes se retractan, porque han hecho comedia y nadie se atreve a actuar francamente ni a abandonar los goces de la vanidad, los únicos que cuentan en el siglo XIX, en el norte de Francia, pocas existencias han estado tan limpias de hipocresía ni, a mi entender, han sido tan nobles como la de la señora Laetitia Buonaparte. La hemos visto, en su primera juventud, desafiando grandes peligros, por fidelidad a su bando. Más tarde, tuvo que resistir pruebas tal vez más fuertes, puesto que no pudo dis-

---

* *Mémoires de Mirabeau*, por Lucas de Montigny, tomos I y II. Compárese la infancia de Mirabeau con la de Napoleón.

frutar del estado de excitación ni del entusiasmo general que acompañan a una guerra civil. En Córcega existe una ley terrible, bastante parecida al famoso fuera de la ley de la Revolución Francesa. Cuando se proclama esa especie de clamor de protesta contra una familia, se incendian sus bosques, se talan sus viñedos y sus olivos, se matan sus cabras, se queman sus casas; la ruina es completa y sin remedio en un país pobre, donde no existe medio alguno de recuperar el acomodo. Por tres veces, desde su regreso a la isla con rango de general francés, y en su revuelta a favor de los ingleses, Pascal Paoli amenazó con esa temible ley a la señora Buonaparte, viuda, pobre y sin apoyo; por tres veces ella le hizo responder que él no estaba bajo la amenaza de ningún peligro que lo obligara a abandonar la causa francesa. Su fortuna quedó destruida, los peligros personales la obligaron a huir a Marsella con sus jóvenes hijos. Creía que iba a ser recibida en Francia como una mártir del patriotismo; fue despreciada porque era pobre y sus hijas se veían obligadas a ir al mercado.

Nada pudo turbar aquella alma elevada, ni los desprecios de los marselleses en 1793, ni los tan imprevistos honores de la corte de su hijo, siete años más tarde. Llegada al último extremo de la vejez, refugiada en casa de los enemigos de su nombre y de su patria, entre el gozo que les inspira la muerte de su hijo y de su nieto, soporta esa desgracia con una dignidad natural y fácil, como soportó antaño las amenazas de Paoli. Nunca se lamenta, nunca cae en ninguna de las miserias de vanidad, que apagan cualquier entusiasmo por los príncipes y princesas, a quienes en nuestros días hemos visto caer del trono. Esa alma firme incluso se prohibió a sí misma nombrar a sus enemigos y hablar de su hijo.*

La madre de Napoleón fue una mujer comparable a las heroínas de Plutarco, a las Porcia, a las Cornelia, a las madame Rolland. Ese carácter impasible, firme y ardiente, recuer-

* La señora Laetitia murió en Roma, el 1 de febrero de 1830, en el palacio de Venecia. La policía de Gregorio XVI hizo que silbaran al paso de su ataúd, en el corto trayecto que recorrió para ir de su palacio a la iglesia de Santa Maria in Via Lata.

da más a las heroínas italianas de la Edad Media, que no cito porque son desconocidas en Francia.*

El carácter italiano de la señora Laetitia explicará el de su hijo.

A mi entender, sólo puede hallarse algo parecido al carácter de Napoleón entre los *condottieri* y los pequeños príncipes del año 1400, en Italia: los Sforza, los Piccinino, los Castrucio-Castracani, etc. Hombres extraños, que no tienen nada de profundos políticos, en el sentido en que suele entenderse, sino que, por el contrario, forjan sin cesar nuevos proyectos a medida que su fortuna va creciendo, siempre dispuestos a aprovechar las circunstancias y contando única y exclusivamente consigo mismos. Almas heroicas nacidas en un siglo en el que todo el mundo intentaba hacer y no escribir, desconocidas para el mundo, *carent quia vate sacro*,** y sólo explicadas en parte por su contemporáneo Maquiavelo. No entraba en los planes de ese gran escritor, que ofrece un tratado sobre el *Arte de escamotear la libertad* a los habitantes de una ciudad, hablar de los excesos de loca pasión que, de pronto, estropean el talento del Príncipe. Silencia, con gran prudencia, esas boyas de sensibilidad que, de improviso, hacen olvidar toda razón a unos hombres en apariencia calculadores e impasibles.

Cuando la continua presencia del peligro fue sustituida por los placeres de la civilización moderna,*** su raza desapareció del mundo. Entonces, como notable aplicación de ese gran cambio moral, las ciudades construidas por prudencia sobre las montañas descendieron al llano por comodidad; y el poder pasó del intrépido señor feudal al procurador bribón y al paciente manufacturero.

---

* Diccionario de las mujeres célebres, del profesor Levati, Milán, 1820.

** Sólo vuelven a encontrarse, del todo, en los historiadores originales: Villani, etc. Se les divisa muy bien en el compendio de Muratori, historiador de primer orden, desconocido en Francia, como sus héroes. Véanse los *Annali d'Italia*. Cada capítulo, de unas doce páginas, contiene los acontecimientos de un año; del año 1 al año 1750.

*** De ahí el profundo horror de Napoleón por las costumbres de la Regencia, muy preferibles, a mi entender, a la hipocresía moderna. En 1737 se despreciaba a la gente que se vendía; se respetaba algo distinto al dinero.

Así pues, Napoleón nació entre pasiones y acontecimientos más semejantes a los del siglo xiv, que habría de reproducirse en los siglos modernos. Esos terribles acontecimientos podían aplastar a un genio mediocre y convertir al joven corso en un vulgar esclavo de Francia; pero Napoleón no era así.

Desde su primera infancia, el sentimiento de su superioridad es alimentado en ese joven corazón por los miramientos de su familia. Para afrontar los gastos de su educación, la familia se decide por el mayor sacrificio que puede hacer un corso: se vende un campo.

Y ni siquiera se les ocurre hacer un gasto semejante con su hermano mayor, José, que se consume de envidia.

Charles Bonaparte, moribundo, había dicho a José: «Eres el primogénito de la familia, pero recuerda que Napoleón es el jefe». Es preciso saber que en el Mediodía, país del odio y del amor, que no ha sido corrompido por una semicivilización, la idea del jefe de familia tiene una extrema importancia y otorga privilegios y deberes, de los que ya no queda idea alguna en nuestros parajes del Norte, razonables y calculadores.

Llegado a los catorce años, al inicio de la juventud, el más acuciante peligro para Napoleón no es morir bajo el puñal de un enemigo, ya no hay enemigos en Francia; sino el peligro de morir de hambre. Antes de pensar en los pasatiempos de la loca juventud, o de ser amable con las damas, debe pensar en que no le falte el pan.

Ése fue su constante pensamiento en Brienne; así se comprende la seriedad de su carácter y su amor por las matemáticas, un medio seguro de obtener pan.

De modo que lo que había comenzado en la primera infancia con su admiración por Paoli no pereció entre las distracciones de la juventud, como sucede con demasiada frecuencia.

En Europa comienza a advertirse que en todos los casos los pueblos sólo obtienen el grado de libertad que con su audacia son capaces de conquistar venciendo el miedo. El entusiasmo patriótico y la larga revuelta de Charles Bonaparte y sus compañeros forzaron al gobierno de Luis XV a dar a aquel pequeño país algo que las más hermosas provincias de Francia ya no tenían: unos *Estados provinciales*.

Por efecto del genio del señor de Choiseul o por la fuerza de las circunstancias, los franceses no persiguieron, en Charles Bonaparte, al patriota que les había resistido hasta el último instante. Es preciso saber también que, siguiendo la costumbre de Italia, el señor conde de Marbeuf, gobernador de la isla, cortejaba a la señora Bonaparte.

Por decreto del Consejo Superior de la isla, del 23 de septiembre de 1771, Charles Bonaparte fue reconocido noble.

Tres años más tarde, el señor conde de Marbeuf le hizo nombrar consejero del Rey y asesor de la ciudad y provincia de Ajaccio.

En 1779, es diputado de la provincia de Córcega en la corte, y se convierte por fin, en 1781, en miembro del Consejo de los doce nobles de la Isla.

En París, Charles Bonaparte, diputado de Córcega, a su vez le fue útil al señor conde de Marbeuf. Los diputados de la precedente sesión de los Estados de Córcega habían menguado su crédito con enojosas quejas.

Por aquel entonces, en la isla había dos generales franceses muy divididos entre sí; eran el señor de Marbeuf, afable y popular, y el señor de Narbonne-Pellet, altivo y violento. Éste, de nacimiento y crédito superiores, era peligroso para su rival; se dice que Charles Bonaparte, al igual que la Diputación de Córcega, fueron favorables al señor de Marbeuf; lo cierto es que la corte le dio la razón.

Un señor de Marbeuf, sobrino del general, era arzobispo de Lyon y ministro de la Hoja de Beneficios; el diputado, que había servido bien a su tío, obtuvo tres becas.

Una para José, su primogénito, en el seminario de Autun.

La segunda para Napoleón, en la Escuela Militar de Brienne.

Y la tercera para su hija, Marie-Anne, en Saint-Cyr.

La estancia de Charles Bonaparte en Francia se prolongó hasta 1779. Cinco años después de su regreso a Córcega, tuvo que apoyar dos importantes contestaciones contra la administración, y estaba a malas con el intendente, cosa que agravaba su posición.

El primer asunto sólo fue concluido en 1786, por su hijo José, que lo ganó. Por lo que se refiere al segundo, pudo concluirlo él mismo de un modo también favorable para la familia.

En 1785, Charles Bonaparte acudió a Montpellier para consultar con los médicos de esa célebre universidad sobre un cáncer de estómago que padecía; pero los cuidados fueron en vano y murió en Montpellier el 24 de febrero de 1785.

Era un hombre de buen carácter y amable, y en su país tenía fama de poseer mucho ingenio; hablaba en público con facilidad y había obtenido éxitos en ese campo. No era nada devoto; pero en su enfermedad postrera recurrió a gran número de sacerdotes. Es lo que puede verse en la mayoría de italianos; sin embargo no es lo que sucedió con el archidiácono Lucien, tío abuelo de Napoleón y que, tras la muerte de Charles, se convirtió en el jefe de la familia.

Era un eclesiástico muy regular, que murió mucho tiempo después de su sobrino y a edad muy avanzada. En el momento de extinguirse, se enojó vivamente contra el señor Fesch que, ya sacerdote, había acudido con roquete y estola. El archidiácono le rogó con toda seriedad que lo dejase morir en paz y acabó rodeado por todos los suyos y dirigiéndoles consejos llenos de razón.

A veces, en los momentos de regreso al pasado, Napoleón hablaba enternecido de aquel viejo tío, que le había hecho de padre y cuya gran sabiduría admiraba. Era uno de los hombres más considerados de la isla. Su carácter firme y prudente y su puesto de archidiácono de Ajaccio, que era una de las primeras dignidades eclesiásticas, hacían que fuera bien visto por todo el mundo y le otorgaban una gran influencia.

Gracias a su economía se restablecieron los asuntillos de la familia, que los gastos y el lujo de Charles habían trastornado mucho. El archidiácono Lucien gozaba de gran autoridad moral, sobre todo en su *pieve* de Talavo y en el burgo de Boccognano, donde estaban situados los bienes de la familia Bonaparte.

La madre de la señora Laetitia, al quedarse viuda, había vuelto a casarse con un tal capitán Fesch, de uno de los regimientos suizos que los genoveses mantenían en la isla. De aquel segundo matrimonio nació el señor Fesch, hoy cardenal, que de ese modo resultó ser hermanastro de la señora Bonaparte y tío de Napoleón. La señora Bonaparte murió en sus brazos en Roma, en 1836.

La señora Bonaparte tuvo trece hijos. Sólo sobrevivieron cinco muchachos y tres chicas.

José, el primogénito, de quien se pretendía que se ordenara sacerdote, para sacar partido de la protección del señor de Marbeuf, ministro de la Hoja de Beneficios, cursó los estudios preceptivos; pero llegado el momento de comprometerse, se negó en redondo a ponerse el alzacuello. Lo vimos, sucesivamente, como rey de Nápoles y España, muy superior, desde todos los puntos de vista, a los reyes de su época. España prefirió al monstruo llamado Fernando VII. Admiro el sentimiento de enloquecido honor que inflamó a los valientes españoles; pero ¡qué diferencia para su felicidad si, desde 1808, hubieran sido gobernados por el prudente José y por su Constitución!

Luis, hombre de conciencia, fue coronel de dragones y rey de Holanda; Jerónimo fue rey de Westfalia; Elisa, gran duquesa de Toscana; Carolina, reina de Nápoles.

Paulina, princesa Borghese, fue la mujer más hermosa de su tiempo. Luciano, diputado, ministro del Interior, embajador en Portugal, no quiso ser rey y acabó siendo príncipe romano.

Luciano, decía Napoleón, tuvo una juventud tormentosa; a la edad de quince años, fue llevado a Francia por el señor de Sémonville, que muy pronto lo convirtió en un celoso revolucionario y un ardiente clubista. Se dice que publicó algunos panfletos jacobinos, con el nombre de Brutus Bonaparte. Todo aquel jacobinismo no le impidió, el 18 de brumario, traicionar a su patria en beneficio de su hermano.

Para Napoleón hubiera sido mucho mejor no tener familia alguna.

El carácter de Napoleón se fortaleció en la Escuela Militar de Brienne, gracias a esa gran prueba de las almas orgullosas, ardientes y tímidas: el contacto con extranjeros enemigos.

Napoleón fue llevado a Brienne en 1779, a la edad de seis años; por aquel entonces, el establecimiento estaba dirigido por monjes mínimos. He aquí algunas anécdotas de interés bastante escaso. Napoleón pronunciaba su nombre con acento corso, mucho más italiano que francés; ese nombre que, en sus labios, sonaba poco más o menos como *Napuallione* le valió por parte de sus camaradas el enojoso apodo de *La-paille-au-nez*, es decir, «la paja en la nariz».

Cierto día, el maestre del cuartel, que no era un hombre capaz de adivinar la viva y profunda sensibilidad de aquel extraño alumno, lo condenó a llevar el sayal y a cenar de rodillas en la puerta del refectorio. Aquel tratamiento sólo hubiera sido un inconveniente pasajero para un niño ordinario; pero júzguese lo que debió parecerle al joven insular que, a su modo de ver, se veía obligado por la pobreza a vivir entre los opresores de su país. En el instante de la ejecución sufrió un súbito vómito y un violento ataque de nervios; el superior, que casualmente pasaba por allí, lo liberó de un suplicio demasiado fuerte para su temperamento orgulloso. Por su parte el padre Patrault, su profesor de matemáticas, intercedió quejándose de que se degradara así, sin consideración alguna, a su mejor matemático.

El carácter de Napoleón, decidido, sombrío, sin distraerse con ningún infantilismo, al principio concitó el odio de todos aquellos francesitos, sus compañeros de escuela, que consideraban esa decisión como una pretensión hostil a su vanidad. Napoleón, pobre y de muy corta estatura, creyendo además que su patria era oprimida por los franceses, huía de cualquier trato; se había construido una especie de cabaña con ramas donde se retiraba a leer en las horas del recreo. Cierto día, sus camaradas quisieron invadir aquel retiro; se defendió como un héroe, es decir, como un corso.

El carácter francés, poco rencoroso y muy predispuesto a la diversión, brilló con todo esplendor en aquella circunstancia; con el joven extranjero pasaron de la envidia a la admiración, y así se convirtió en uno de los jefes de cuadrilla del colegio.

El invierno siguiente nevó mucho; se les ocurrió construir una plaza fortificada. Napoleón fue, primero, el ingeniero en jefe que dirigía la edificación de las murallas, y cuando se decidió atacarlas, fue el general de los asaltantes; pero los guijarros se mezclaron con las bolas de nieve, proyectiles de ambos ejércitos; varios alumnos resultaron heridos y los maestros hicieron que cesara el fuego.

Nos guardaremos mucho de extraer graves consecuencias de esos pequeños hechos, muy poco probados por lo demás; estamos convencidos de que cosas semejantes les suceden todos los días a muchos escolares, que se convierten en hombres del todo insignificantes.

Capítulo II

Napoleón en Valence. Carencias en su educación. Sus errores en política. De guarnición en Auxonne. Sus comienzos como autor. Imprime en Aviñón el folleto titulado: *La cena de Beaucaire*. Revolución Francesa: cómo es vista desde el extranjero. Disturbios políticos e insurrecciones en el interior. Energía de la convención. Napoleón, jefe de un batallón de la Guardia Nacional en Córcega. Se rinde al ejército ante Toulon, para ser el comandante en jefe de la artillería.

Napoleón, a los veintiuno o veintidós años, debía de ser muy distinto de lo que en París se llama un joven amable. Y grande fue su felicidad al ser degustado por la señora del Colombier. Probablemente, sus éxitos en París hubieran sido menos rápidos; júzguese: pensaba con fuerza; tenía la más rigurosa lógica, había leído muchísimo y, tal vez, según dice, después perdió algo. Su espíritu era vivo, presto, su palabra enérgica. En Valence se distinguió enseguida, gustó a las mujeres por algunas ideas nuevas y poderosas, por audaces razonamientos. Los hombres temían su lógica y las discusiones a las que le arrastraba fácilmente el conocimiento de su propia fuerza.

Un oficial muy distinguido, aunque hombre del Antiguo Régimen y perfectamente amable, nos dijo un día en Berlín que, francamente, nada le había sorprendido tanto como ver al señor Bonaparte ganar batallas. En primer lugar, había creído que era otro oficial del mismo nombre, un hermano de Napoleón. Según las relaciones que había mantenido con éste en Valence y, más tarde, en Auxonne, sólo le quedó la idea de un joven charlatán, lanzándose por cualquier motivo a interminables discusiones y deseando, sin cesar, reformarlo todo en el Estado. «De charlatanes de este tipo he conocido a cientos desde que estoy en el servicio», añadía el oficial. Por lo que se refiere a su aspecto y a su rostro, el aspecto estaba desprovisto de gracia y de soltura, y el rostro, en su extremada singularidad, lo hubiera hecho pasar por feo; aunque le salvaba el sufragio de las damas. «Creo», decía el oficial de Berlín, «que quedaban fascinadas por su mirada fija y sombría, a la italiana; imaginaban, sin duda, que aquélla era la mirada de la gran pasión».

Durante su estancia en Valence, Napoleón obtuvo un premio en la academia de Lyon, sobre una cuestión propuesta por el abate Raynal, célebre por aquel entonces: «¿Cuáles son los principios y las instituciones que deben darse a los hombres para hacerlos lo más felices posible?». La memoria llamó la atención; pero el joven oficial, temiendo las chanzas de sus camaradas, había considerado prudente mantener su anonimato. Aquella memoria era, y sigue siendo, totalmente del estilo y los principios de aquel tiempo: ideas generosas y novelescas se mezclaban con una crítica incompleta y parcial de lo que existía. El autor comenzaba preguntándose: ¿en qué consiste la felicidad? Es gozar por completo de la vida, respondía; es gozar de ella del modo más conforme a nuestra organización moral y física. Napoleón, convertido en emperador, echó al fuego esa memoria, recuperada por los desvelos del señor de Talleyrand.

El joven oficial de artillería había podido tratar de un modo sugerente por su originalidad una cuestión de la que se ocupó mucho la filosofía antigua, la única que él había entrevisto. Pero, por desgracia para él y para Francia, su educación había sido muy incompleta. A excepción de las matemáticas, la artillería, el arte militar y Plutarco, Napoleón no sabía nada. Ignoraba la mayoría de las grandes verdades descubiertas desde hacía cien años, precisamente sobre el arte de hacer a los hombres más felices, del que acababa de ocuparse.

Su superioridad estribaba por entero en la facultad de encontrar ideas nuevas, con increíble celeridad, de juzgarlas con perfecta razón y ponerlas en ejecución con una fuerza de voluntad que nunca tuvo igual.

Por desgracia, esa fuerza de voluntad podía verse eclipsada por un impulso de sensibilidad.

Así, en las montañas de Bohemia el... de 1813, no quiso presentar batalla. Algún presentimiento interior, o algún presagio detuvieron a ese gran hombre y prevalecieron, por desgracia, sobre la necesidad de librar batalla para terminar bien la campaña, y sobre la evidente apariencia de las más felices posibilidades.

Sin duda, Napoleón, en Valence, en Auxonne y en otros lugares, había leído mucho. Pero en aquella alma ardiente y que soñaba sin cesar en el porvenir, los más graves libros no producían otro efecto que el que causan las novelas en las almas vulgares. Esos libros despertaban o excitaban apasionados sentimientos; ¿pero dejaban grandes verdades perfectamente demostradas y que en adelante pudieran servir de base para la conducción de la vida?

Napoleón, por ejemplo, no había leído a Montesquieu, como es preciso leerlo; es decir, para aceptar o rechazar, claramente, cada uno de los treinta y un libros del *Espíritu de las leyes*. Tampoco había leído el *Diccionario* de Bayle, o el *Espíritu* de Helvetius.

No quisiera anticiparme a cosas que se contarán más tarde; pero, para presentar mi pensamiento con la claridad conveniente, me veo obligado a añadir algunos ejemplos.

Muchos años después, durante las discusiones del Código Civil en el Consejo de Estado, se veía a aquel poderoso genio adivinando, a toda prisa, las consecuencias de las verdades que los señores Treilhard o Boulay (de la Meurthe) enunciaban ante él; pero esas verdades eran nuevas para él, y no lo eran para ninguno de los cuarenta consejeros de Estado o de los relatores que asistían a la sesión. Cierto es que, con rapidez inimaginable para quien no fue testigo de ello, llegaba a consecuencias muy acertadas, y que ni Treilhard ni Boulay habrían entrevisto nunca. Cierto es, también, que llegando tarde a la ciencia y con todo el sentido común de un hombre hecho y derecho, no se dejaba atrapar por los pequeños prejuicios que siguen estropeando las ciencias mejor forjadas. Eso se aprecia muy bien en la discusión sobre el divorcio y en la discusión sobre los testamentos.* A su vez, Treilhard y Boulay estaban asustados por aquellos relámpagos de genio, tan nuevos, y Napoleón los defendía contra ellos mismos.

No se advertía en absoluto esa ignorancia del Emperador en su conversación ordinaria. En primer lugar dirigía esa conversación y, luego, con una habilidad del todo italiana, nunca una pregunta o una suposición torpe traicionaban esa ignorancia.**

Podemos decir, pues, que tratándose de ciencia de gobierno, una ciencia que en lo sucesivo habría de ser la más indispensable para Napoleón, la educación de aquel gran hombre era nula. En materia de gobierno, sólo se regía como un general que hace actuar a sus fuerzas:

Por entusiasmo hacia la patria.
Por pundonor.
Por temor al castigo.
Por amor propio o interés de vanidad.
Por interés económico.

Vemos que, entre esos motivos de acción, ninguno tiene su fuente en los hábitos de creer o actuar propios de quien obedece, ni en la opinión que pueda tenerse de la legitimidad de las órdenes de quien manda.

En una palabra, Napoleón supo hacerse obedecer como general, pero no supo mandar como rey, y en este punto atribuyo la imperfección de su genio únicamente a su total carencia de educación primaria.

Cuando Napoleón necesitó ideas prudentes sobre el gobierno de Francia, se vio obligado a inventarlas. Pero, por

* Véase Locré, que diluye y allana sin cesar las palabras del Emperador; véase Thibaudeau.
** Esa habilidad se encuentra de un modo admirable en la conversación de los salvajes, siempre atentos a la opinión que pueden dar de sí mismos.

desgracia, sentía una repugnancia personal hacia la escuela liberal y, también por desgracia, a menudo tuvo necesidad de experiencia personal para ver las verdades más fundamentales, descubiertas treinta años antes que él.*

La conspiración de Malet, en octubre de 1813, le hizo ver, quizás por primera vez, que tanto en lo moral como en lo físico sólo te apoyas en lo que resiste. Y que si un cuerpo político no resiste en ese momento, en realidad no existe en absoluto. Así, vio con ingenua sorpresa que el Senado no existía, que el archicanciller Cambacérès no existía, etc. Nada fue tan singular, a su regreso de Rusia después de Malet, como su asombro ante el hecho de que el Senado no hiciera nada, de que algunos hombres prudentes, como el señor Frochot, prefecto del Sena, no hicieran nada; de que todas las miradas no se dirigieran de inmediato hacia el rey de Roma, etc.

Me atrevo a decir que había veinte mil oficiales en su ejército que estaban por encima de esa ilusión pueril: que, en caso necesario, se pensaría en el rey de Roma.

Dijera lo que dijese, a veces, cuando su imaginación se entregaba a uno de sus placeres predilectos, el de extraviarse por la novela del porvenir,** se hacía una ilusión completa sobre el papel del futuro rey de Roma. Puesto que se veía superior a todo lo que había existido desde hacía muchos siglos, puesto que sentía que amaba realmente a Francia, con un amor que las vulgares almas de los reyes, sus predecesores, nunca habían podido sentir, se figuraba que las reglas inmutables procedentes de la naturaleza del corazón humano cesarían de hacer su efecto cuando, tras su muerte, el rey de Roma, su hijo, sólo tuviera recursos en la fuerza de su título o en la de su genio.

Nunca advirtió que aquel niño, mal educado por seres elegantes y anodinos, como todos los príncipes nulos, al no encontrar en el corazón de los franceses el antiguo hábito de obedecer a su raza, sólo sería una zarpa en manos de algunos generales emprendedores.

---

* J. Por Delolme, Montesquieu, Beccaria, y leídas en 1837 en Bentham. En 1809, en Landshut, un ministro riñó a un auditor porque leía a Delolme.

** Conversación con el conde Daru, en el Kremlin, septiembre de 1812.

Pero amaba el poder, porque lo usaba bien, amaba el poder que se ejercía bien y con rapidez; cualquier discusión o deliberación demoradora le parecía un mal.

Por falta de instrucción, no vio nunca el ejemplo de Carlomagno, otro gran hombre, al que nada sobrevivió, y sólo conoció a Carlomagno por las pobrezas académicas del señor de Fontanes.*

Al no haber leído ni siquiera la historia del último siglo, la de Richelieu y Luis XIV, no vio que antes de la Revolución un rey sólo podía reinar en Francia porque se apoyaba en la nobleza y los parlamentos y, sobre todo, en la antigua costumbre de los franceses de no dudar nunca de la legitimidad de su autoridad.

Al no poder volver a crear en pocos años una antigua costumbre, no vio que, desde la Revolución de 1789, un príncipe que no se apoye en una cámara sólo conserva el poder por el miedo que inspira su ejército, o por la admiración que se siente por su genio.

En una palabra, puesto que la historia, por un deplorable defecto de su primera educación, no existía para él, sólo conoció los hechos que había visto realizarse y, además, los veía a través de su miedo a los jacobinos, y de su amor, su debilidad, por el *faubourg* Saint-Germain.

He necesitado todos estos hechos, referentes al Napoleón emperador, para hacer ver la naturaleza de la tan alabada educación de Napoleón, teniente de artillería. No sabía ortografía, ni latín, ni historia. Todo se había debilitado y ajado, en 1785, en el declive final de la monarquía de Luis XIV; todo, incluso la instrucción pública. En ese limitado sentido, puede decirse que su expulsión de los jesuitas había sido un mal; en un tiempo de debilidad, todo cambio es un mal.

Fue necesario abandonar Valence y el amable salón de la señora del Colombier para ir de guarnición a Auxonne. Y, en primer lugar, Napoleón hizo una especie de viaje sentimental a Borgoña con el señor Desmazys.

---

* Presidente del Cuerpo Legislativo y gran maestre de la Universidad, amigo de Elisa Bonaparte.

El Príncipe de Condé fue a ver la Escuela de Artillería de Auxonne. Era un gran honor y algo grande ser inspeccionado por aquel príncipe militar. El comandante puso al joven Bonaparte a la cabeza del polígono prefiriéndolo a otros oficiales de grado superior y sucedió que, la víspera de la inspección, alguien clavó todos los cañones del polígono. Pero el joven teniente estaba demasiado alerta para caer en esa jugarreta de sus camaradas o, tal vez, en la trampa del ilustre viajero.

Fue en Auxonne donde, por primera vez, Napoleón se permitió el placer de hacer imprimir una obra que había compuesto. Es la *Carta del señor Buonaparte al señor Matteo Buttafoco*.

El señor Joly, impresor en Dôle, cuenta que aquel folleto salió de sus prensas en 1790; Napoleón tenía por aquel entonces veintiún años, era teniente en el regimiento de La Fère, de guarnición en Auxonne. Fue a ver al señor Joly en Dôle, con su hermano Luis Bonaparte, al que por aquel entonces enseñaba matemáticas. La obra se imprimió a su cargo, en cien ejemplares que hizo llegar a Córcega, donde dio un terrible golpe a la popularidad del señor Buttafoco. Es un panfleto satírico, al más puro estilo de Plutarco. El tema es a la vez ingenioso y fuerte. Diríase que se trataba un panfleto escrito en 1630 y en Holanda.

El propio Napoleón revisó las últimas pruebas. Se marchaba de Auxonne a las cuatro de la madrugada, llegaba a pie a Dôle; tras haber visto las pruebas, tomaba un desayuno extremadamente frugal en casa del señor Joly y regresaba, antes de mediodía, a su guarnición, tras haber andado ocho leguas.

Bonaparte había compuesto una obra que habría podido ocupar dos volúmenes sobre la historia política, civil y militar de Córcega. Insistió en que el señor Joly fuera a verlo a Auxonne, para tratar de su impresión. El señor Joly lo hizo y encontró al joven oficial alojado del modo más exiguo; Bonaparte ocupaba en el pabellón una habitación casi desnuda, que por todo amueblamiento tenía una cama sin cortinas, dos sillas y una mesa colocada bajo el marco de una ventana, que estaba cargada de libros y papeles. Su hermano Luis dormía en el suelo, en un colchón, en un gabinete vecino.

Se pusieron de acuerdo sobre el precio de la impresión de la *Historia de Córcega*; pero el autor esperaba, de un momento a otro, una decisión que le haría abandonar la guarnición de Auxonne o mantenerse allí por mucho tiempo. La orden llegó pocos días después; el joven Bonaparte partió y la obra no fue impresa.

El señor Joly cuenta que se había confiado al joven oficial la custodia de los ornamentos de iglesia, procedentes del consiliario del regimiento que acababa de ser suprimido. «Si no habéis oído misa», le comentó al señor Joly, «puedo decírosla yo». Por lo demás, habló de las ceremonias de la religión con mucha decencia.

Tres años después, en 1793, Bonaparte, capitán desde hacía dieciocho meses, llegaba a Beaucaire; se encontró allí, cenando en una posada, el 29 de julio, con varios comerciantes de Montpellier, de Nimes y de Marsella. Se entabló una discusión sobre la situación política de Francia: cada uno de los comensales tenía una opinión distinta.

De regreso a Aviñón, Bonaparte compuso un folleto que tituló *La cena de Beaucaire*; hizo que lo imprimiera Sabin Tournal, redactor e impresor del *Courrier* de Aviñón. En aquel momento la obra no causó sensación alguna; pero cuando Bonaparte se convirtió en general en jefe, un tal señor Loubet, que había conservado un ejemplar, le otorgó cierto valor porque el ejemplar estaba firmado de puño y letra por el autor. El opúsculo fue impreso de nuevo por Pankouke.[*]

Colocaremos en el apéndice algunas páginas de cada uno de ambos folletos. El estilo es pesado, los giros de las frases a veces son irregulares; podemos encontrar italianismos; pero no podemos dejar de entrever en el autor un carácter singular.

Me sentiría tentado a admitir que el trato con las mujeres había dado cierta apariencia de ligereza al carácter sombrío y reflexivo del joven oficial corso. Pueden descubrirse algunos

---

[*] *Oeuvre de Napoléon Bonaparte*, 4 vols. In-octavo. T. I, 1821.

matices de galantería y jovialidad hasta en los difíciles tiempos del mando del ejército de Italia, tras los cuales ya sólo se percibe una pensativa gravedad. Por entonces Napoleón ya debía de ser un hombre aparte.

Durante esos juegos de niño, se hacía la revolución. Hubo muchos emigrados en la artillería; pues el partido aristócrata daba gran importancia al hecho de hacer pasar el Rin a los oficiales de esa arma. Eran tiempos en los que la nobleza imaginaba que el pueblo francés, abandonado por los oficiales, no sabría hacer la guerra solo.

Los emigrados se reunieron en Coblenza. Estaban tan locos y, luego, han sido tan amables en su forma de mostrar a los extranjeros el modo en que un francés sabe soportar la desgracia, que ya no tenemos fuerzas para indignarnos ante sus proyectos de aquella época; eran atroces, sin embargo; eran cien veces peores que los fusilamientos de Ney, del coronel Caron o de los hermanos Faucher.*

En el momento en que los gentilhombres emigrados se reunían en Coblenza comenzó la famosa coalición que acabó por entrar en París, en marzo de 1814.**

El origen de esa célebre liga sigue siendo bastante oscuro; sólo se había hecho seria en proporción al miedo que las locuras del pueblo francés inspiraban en los reyes. Es posible, si se quiere, ver los primeros momentos de la coalición en las conferencias que mantuvo en Mantua el emperador Leopoldo con el conde de Artois, más tarde Carlos X. En primer lugar, el orgullo del joven príncipe sólo aceptaba pedir socorro a los reyes que tenían el honor de pertenecer a su casa por vínculos de sangre, los reyes de España y de Cerdeña y el emperador de Austria.

Leopoldo propuso un congreso a la Asamblea Nacional, que simplemente respondió declarando traidor a la patria a todo francés que se rebajara hasta discutir las leyes de su país

* Véanse las *Memorias* publicadas, bajo la Restauración, por los señores Fauche-Borel, Bertrand de Molleville y muchos otros.
** Pero cometió la torpeza de no colocar en el trono a Napoleón II, que hubiera impedido el nacimiento de la libertad de prensa, la cual hiere a los reyes en pleno corazón.

con un congreso de extranjeros. Por aquel entonces se tenía el reciente ejemplo de Polonia.

Antaño, Luis XV había proporcionado a Gustavo III, rey de Suecia, algunas ayudas para destruir la Constitución de su país y convertirse en rey absoluto. La delicadeza, muy monárquica, de los emigrados pensó que le correspondía a ese príncipe prestar, a su vez, un servicio semejante a Luis XVI.

Pero Gustavo fue asesinado, y Federico-Guillermo, rey de Prusia, fue colocado, no sabemos muy bien por qué, a la cabeza de la liga antifrancesa. Inglaterra y Rusia aprobaron en su totalidad ese arreglo; la primera por odio hacia Francia, que acababa de ofenderla en América; la segunda por intereses más directos. Cuando los gritos de libertad estallaron en aquel París que se estaba convirtiendo en la capital del mundo, y atemorizaron a los reyes de Europa, Prusia y Suecia acababan de armarse contra Rusia. Su objetivo era salvar Turquía, invadida entonces por las fuerzas combinadas de José II y de Catalina.

A la hábil Catalina le encantó el miedo de los reyes del Mediodía, pues iba a entregarle los restos de Polonia.

Los ejércitos franceses son traicionados y derrotados (abril de 1792) por un puñado de alemanes, a las órdenes de aquel Beaulieu que iba a ser, cuatro años más tarde, el primer general vencido por Napoleón.

Tres meses después de esa primera derrota, los ministros de Luis XVI están de acuerdo con el duque de Brunswick en que, saliendo de Coblenza, penetre en Champagne a la cabeza de sesenta mil prusianos y diez mil emigrados. Su famoso manifiesto, castigado tras la batalla de Iena, amenaza con pasar a sangre y fuego toda Francia. El señor Bertrand de Molleville, por aquel entonces ministro de la marina y confidente de Luis XVI, se vanagloria de su entendimiento con el duque de Brunswick, general en jefe enemigo.*

El pueblo responde a esa traición con el 10 de agosto: el trono es derribado.

---

* Véase la historia de todo lo anterior al asedio de Toulon en la colección de los señores Roux y Buchez, 36 volúmenes; o en la historia que se extraiga de esos materiales.

Muy pronto, el desfiladero de Argonne ve la primera victoria del pueblo francés. Entonces comienza ese gran drama que, para nosotros al menos, termina en Waterloo.

Hacía muchos siglos que no se había visto a una gran nación combatiendo, no para cambiar de rey, sino por su libertad, y lo que aumenta la sublimidad del espectáculo es que el entusiasmo de los franceses no fue alimentado por la religión ni por la aristocracia.

La parte más heroica de este drama, la que exigió el genio de Danton y, al mismo tiempo, el sacrificio de tantas cabezas inocentes, llegaba a su fin cuando en 1794, año del sitio de Toulon, entró en escena Napoleón.

Desde hacía mucho tiempo, la diplomacia inglesa se había puesto a la cabeza de la coalición; hacía intervenir, con mayor o menor convencimiento, a todas las potencias de Europa y sobornaba a muchos traidores en el interior de Francia. A tanta habilidad, la Convención oponía su temible energía; hacía una seria llamada a todos los corazones generosos.

Llegó un momento en que la situación de Francia pareció desesperada. De los Alpes a los Pirineos, del Rin al océano, del Ródano a las riberas del Loira, la bandera tricolor retrocede.

La Vendée arde, y sesenta mil monárquicos pueden avanzar hacia París. Burdeos, Lyon, Marsella y Caen se levantan contra la Convención.

Inferiores numéricamente en todos los frentes y desorganizados, los ejércitos republicanos, sin jefes capaces, aguardan el golpe que va a aniquilarlos.

Todas las combinaciones de la previsión humana parecen anunciar una caída horrible y próxima; la civilización retrocederá en Europa.

Pero los de la Montaña alejan a los girondinos, y multiplican su energía. Carnot, Prieur, Dubois-Crancé dirigen los movimientos militares; Danton logra un decreto por el que todo soldado que abandone sus banderas será castigado con la muerte. Valenciennes y las plazas fuertes proporcionan tiempo al audaz Danton para electrizar Francia.

Es el más bello momento de la historia moderna.

El 23 de agosto de 1793, la Convención decreta la leva en masa de los franceses; cinco días después decreta la suspensión de la Constitución y el establecimiento de una dictadura llamada Gobierno Revolucionario. Y, cosa singular, esa Dictadura no es ejercida por un solo hombre, sino por lo que de más enérgico hay en todos.

Apenas se proclama el decreto cuando se propaga la fatal noticia de la entrada de los ingleses y los españoles en Toulon. Napoleón va a aparecer.

Barrère logra que se decrete el establecimiento de doce tribunales revolucionarios solicitados por la Comuna de París, para juzgar a los traidores.

Un millón de hombres cae sobre los coaligados y consigue, por fin, rechazarlos por todas partes. Los soldados aman la patria, los oficiales son empujados por el honor y por los más diversos sentimientos; algunos de ellos son antiguos nobles.

Sería absurdo pedir circunspección y moderación a un hombre loco de cólera y que intenta salvar su vida, debatiéndose bajo los múltiples golpes de veinte enemigos. Eso es, sin embargo, lo que olvidan los escritorzuelos modernos, nacidos en una época de hipocresía y tranquilidad, y que intentan amasar una pequeña fortuna.

Al comienzo de esa gran guerra de la Revolución, por efecto de la leva de nuevos cuerpos y de las vacantes que la emigración ocasionaba en los antiguos regimientos, el avance iba muy deprisa. Napoleón, capitán el 6 de febrero de 1792, parte hacia Córcega a comienzos de 1793; acababa de hacer imprimir en Aviñón *La cena de Beaucaire*, y había aceptado el mando de un batallón de la Guardia Nacional corsa, que quería emplearse en una expedición contra Cerdeña.

El 12 de febrero de 1793, el almirante Truguet fondeó ante Cagliari, capital de la isla, pero la expedición de Cerdeña estaba anunciada desde hacía seis meses y se recibe a los franceses con disparos de fusil; cometen falta tras falta; carecen de bravura; pierden un navío y, finalmente, son obligados a regresar a Toulon. Esta expedición es una de las más ridículas de cuantas intentó la República.

Por aquel entonces, Pascal Paoli mandaba en Córcega; había sido ascendido a teniente general por Luis XVI y enviado a Córcega. Allí, traicionó al país al que había jurado fidelidad del modo más enfático en la tribuna de la Convención, y trabajó en favor de los ingleses. Fue probablemente en aquella época cuando, viendo al joven Bonaparte que organizaba su batallón, en Córcega dijo la célebre frase: «Este joven está tallado a la antigua; es un hombre de Plutarco».

La revolución intentada por Paoli le había interesado, en primer lugar, por la grandeza del espectáculo y también por la influencia que podía ejercer sobre su suerte. Una de las grandes ventajas de aquella cabeza era estar vacía de cualquier puerilidad. Un hombre de veinticuatro años desea doscientas cosas al año; Napoleón deseaba sólo una: ¡el amor de la gloria!

Al avanzar en edad y una vez de regreso en Córcega, Napoleón había juzgado sanamente, por fin, las relaciones de este país con Francia. De quince años de apasionado odio sólo le queda el uso de la reflexión profunda y la costumbre de no entregarse a los hombres en cuyas manos se había arrojado.

Al regreso de aquella expedición, donde Napoleón había podido ver un ejemplo de todas las ridiculeces militares, entró en la artillería, aunque con el grado de jefe de batallón. En Córcega había encontrado arruinada a su familia, regresaba a Francia con su grado por toda fortuna, y tenía veinticuatro años. ¿Qué ocurrió entonces en esa alma ardiente? Veo en ella:

1.º La conciencia de sus propias fuerzas.

2.º El hábito de ser incapaz de distracción.

3.º La facilidad de emocionarse profundamente ante una palabra conmovedora, ante un presagio, una sensación.

4.º El odio al extranjero.

Napoleón, que acaba de ver a su familia en la miseria, siente más que nunca la necesidad de hacer fortuna, en Francia o en Oriente.

Al regresar a París, jefe de batallón de artillería y mirando a su alrededor, Napoleón vio una Asamblea furibunda, encargada de la dirección de una gran guerra y que exigía talentos por todas partes. Por tanto, puede decirse así mismo:

«¡También yo voy a mandar!». Pero la carrera militar conduce, ahora, a horrendos peligros. En su certeza de estar rodeado de traidores, en su impotencia para juzgar el fondo de las cosas, la Convención Nacional envía al cadalso a cualquier general que se deja derrotar, o que no obtiene una victoria completa.

De pronto, se propaga la noticia de que Toulon acaba de ser entregado a los ingleses (septiembre de 1793).

Napoleón, que acaba de llegar de Marsella y conoce el Midi, es destinado al ejército que se encuentra ante la plaza, para mandar la artillería.

Afortunadamente para la República, los coaligados no advirtieron la importancia de la conquista de Toulon. Sólo vieron una plaza fuerte que defender, mientras que su posesión podía ejercer una inmensa influencia sobre la dirección general de la guerra; era, ni más ni menos, una base de operaciones para un ejército enemigo que actuara en el Midi de Francia.

Una de las fortunas de la libertad fue la torpeza de los coaligados para dirigir, con una visión de conjunto, sus fuerzas, tan considerables por otra parte. En otras palabras, a excepción de William Pitt, ningún hombre superior apareció entre ellos.

Francia, que buscaba hombres en todas las clases de la sociedad, encontró genios en posiciones que, por lo común, sólo proporcionan abogados u oficiales subalternos. Si Luis XVI hubiera seguido reinando, Danton y Moreau habrían sido abogados; Pichegru, Masséna y Augereau, suboficiales; Desaix, Kléber, capitanes; Bonaparte, Carnot, tenientes coroneles o coroneles de artillería; Lannes y Murat vendedores de sombreros o jefes de posta. Sieyès hubiera sido vicario general y Mirabeau, como máximo, un negociador subalterno, un caballero de Eon.

A finales de agosto de 1793, cuando los hombres del Antiguo Régimen, que mandaban en Toulon, tomaron la decisión de entregar la flota y la ciudad a los coaligados, Lyon había izado la bandera blanca; la guerra civil no acababa de extinguirse en Languedoc y en Provenza; el ejército español, victorioso, había cruzado los Pirineos e inundaba el Rosellón. Por su lado, el ejército piamontés había cruzado los Alpes, estaba a las puertas de Chambéry, que sólo estaba a tres jornadas de Lyon.

Si treinta mil ingleses, sardos, españoles y napolitanos se hubieran reunido en Toulon con los doce mil federados, ese ejército de cuarenta mil hombres, al tener una base tan importante, hubiera podido muy bien remontar el Ródano y llegar hasta Lyon. Entonces se hubiera unido por la derecha al ejército piamontés y por la izquierda al ejército español.

Pero podemos decir que en aquella época esas ideas de gran guerra, que las campañas de la Revolución hicieron brotar entre nosotros, les hubieran parecido quiméricas a los viejos oficiales que dirigían los ejércitos de la coalición. Los más instruidos sólo conocían las guerras de Federico II, durante las cuales las operaciones de un cuerpo de ejército dependían siempre de los posibles movimientos de la *panadería*. Ninguno de ellos, afortunadamente para Francia, tenía el menor fulgor de su genio, y prácticamente fue el azar quien decidió las batallas.

Puesto que el objetivo de este escrito es dar a conocer a Napoleón, y no contar los acontecimientos de su vida con estilo académico, tomo la decisión de insertar aquí el relato del sitio de Toulon tal como lo llevó a cabo ese gran hombre. Haré lo mismo con la campaña de Italia, que tuvo lugar del 10 de abril de 1796 al 12 de mayo de 1797.

Así que, tras haber contado las batallas de un modo sucinto, transcribiré los largos relatos dictados por Napoleón en Santa Helena. Así, una cuarta parte, más o menos, de los dos primeros volúmenes será copiada de las obras de Napoleón.

Nada hubiera sido más fácil que aprovechar estos relatos, abreviándolos; se habría evitado una crítica fácil de hacer. Era preciso, se dice, sacar partido de los relatos de Napoleón como Rollin sacó partido de Tito Livio, en su *Historia romana*. Este modo de actuar me hubiera parecido un sacrilegio. A mi entender, una historia de Napoleón que no pusiera ante los ojos del lector los relatos de la campaña de Italia, tal como los dejó ese gran hombre, no podría aspirar a dar a conocer su carácter, su modo de enfrentarse a la desgracia, su manera de ver a los hombres y las cosas, etc.

Muy distinto fue de 1800 a 1814. Entonces Napoleón quería hacerse o mantenerse emperador y se vio en la dura necesidad de mentir constantemente. No tomaré ni veinte páginas de los relatos de esa segunda época.

Otro motivo me ha llevado a transcribir los relatos que hizo Napoleón de sus principales batallas. He considerado que el lector que sólo conoce a Napoleón por la mayoría de las historias de ese gran hombre publicadas hasta hoy, se ve obligado a admirar bajo palabra su talento para la guerra.

Ahora bien, he creído ver que no era imposible contar sus batallas y hacerlas comprender, incluso al lector no militar. Antes de 1790, un relato de este tipo hubiera sido imposible; por entonces el estilo francés sólo admitía para las batallas las elegantes frases del abate de Vertot o el pueril estilo de Voltaire.

Hoy, creo ver que la gran dificultad en las letras consiste en tener una idea clara. Cuando tiene esa fortuna y quiere renunciar a la gloria del estilo enfático, un escritor puede estar seguro de que el lector va a seguirle. Ahora bien, nada es más fácil que hacerse una idea clara de Rívoli.

Me atrevo a esperar que, con la ayuda de un mapa de Italia de diez francos, cualquier lector comprenderá las batallas de Castiglione, de Arcole y de Rívoli, que impidieron a los austriacos socorrer Mantua y que forman una especie de telón de fondo de la campaña de Italia.

Dudé mucho tiempo antes de transcribir el largo relato del sitio de Toulon: el asedio podía explicarse perfectamente en seis páginas; pero:

1.º El lector puede aceptar sin inconvenientes el relato de Napoleón.*

2.º Este relato de la primera victoria del gran general me parece extremadamente curioso.

3.º Por muchas investigaciones que hice con algunos de sus contemporáneos, no pude descubrir mentira en el relato que va a leerse. Sólo después de Lodi Napoleón pensó en ser algo más que un general de la República.

* *Mémoires de Napoléon*, tomo I, pág. 1.

Capítulo III

Napoleón, general de brigada en el ejército de Italia, recibe una misión en Génova. Es arrestado; su hermosa justificación. Va a París, allí es destituido, su penuria es extrema. Nota de una mujer sobre Napoleón. Segunda nota de otra mujer. Relaciones de Napoleón con el señor de Pontécoulant. Consideraciones generales sobre la situación de Francia. Jornada del 1 de prairial del año III (20 de mayo de 1795). Expedición de Quiberon. Constitución del año III. Combate naval de Ouessant. Jornada del 13 de vendimiario del año IV (5 de octubre de 1795).

Tras el sitio de Toulon, el 5 de febrero de 1794, Napoleón fue nombrado general de brigada y enviado al ejército de Italia para mandar la artillería. El general en jefe Dumerbion era de avanzada edad, bueno, honesto, pero sin genio alguno. Su jefe de estado mayor no estaba en condiciones de suplir lo que al general en jefe le faltaba. Desde hacía tres años se realizaban disparos de fusil sin el menor arte ni resultado, en las altas montañas situadas al norte de Niza (los Alpes marítimos) se mantenía a los soldados diseminados entre estériles roquedales, donde morían de hambre.

El nombre del general Bonaparte estaba en todas las bocas. A nadie se le ocurrió ridiculizar a aquel hombrecillo tan pálido, tan flaco, tan enclenque. Su conducta austera y siempre severamente calculada para obtener el respeto, le valió el del ejército. Muy pronto tuvo lugar la operación de Saorgio, y los soldados vieron en él a un hombre extraordinario, un corazón inflamado por la gloria que ardía en deseos de proporcionar victorias a la República.

En la época de su llegada a Niza, tenía como ayudas de campo a Muiron y Duroc. El general de artillería propuso un plan de operaciones que fue adoptado en una junta de guerra, compuesta por los representantes del pueblo, el joven Robespierre y Ricord, y por los generales Dumerbion, Masséna, Rusca, etc. Se trataba de rodear la famosa posición de Saorgio que, desde hacía mucho tiempo, detenía el ejército. Se puso en movimiento el 6 de abril de 1794, precisamente a la mañana siguiente del día en que uno de los fundadores de la República, un hombre sin parangón en ninguna de las revoluciones que desde entonces se han intentado en Europa, Danton, era enviado a la muerte por un rival al que aquella alma altiva había despreciado en exceso.

Así, la Revolución está ya muy avanzada en el momento en que Napoleón comienza a desempeñar un papel en la misma; la época de energía va a cesar cuando más energía se requiere.

El 8 de abril, Masséna tomó las alturas que dominan la villa de Oneille; en el puerto de esta villa se hallaban los navíos de los ingleses, esos aliados activos y muy despiertos de los ejércitos austriacos y piamonteses.

El 29, Masséna tomó Saorgio. El 8, ocupó el collado de Tende y, por fin, al día siguiente, el ejército de Italia entró en comunicación con el ejército de los Alpes.

Así, siguiendo el plan del joven general de artillería, el ejército de Italia había llevado a cabo lo que se intentaba en vano desde hacía dos años. Los soldados de la República ocupaban la cordillera superior de los Alpes marítimos; habían tomado setenta piezas de artillería, cuatro mil prisioneros y dos plazas fuertes, Oneille y Saorgio.

El general en jefe Dumerbion tuvo la buena fe de escribir al comité de la guerra: «Al talento del general Bonaparte debo las sabias combinaciones que han conducido a nuestra victoria». Napoleón se atrevió a proponer un plan más vasto que el que acababa de tener éxito: se trataba de reunir el ejército de los Alpes con el de Italia ante Conin, lo que le hubiera valido el Piamonte a la República francesa y lo hubiera llevado, sin grandes esfuerzos, hasta orillas del Po. No pudieron ponerse de acuerdo con el estado mayor del ejército de los Alpes, porque habría sido preciso fundir los dos ejércitos en uno solo, al mando del mismo general, y que cada cual se mantuviera en su lugar.

El general Dumerbion, en vez de sentirse celoso de su general de artillería, estaba encantado con su genio y siguió apresuradamente un tercer plan, por medio del cual el ejército de Italia fue llevado hasta Savona y a las puertas de Ceva.

Tras la victoria de Saorgio, se comunicó al ejército que una división austriaca iba a ocupar Dego, a orillas del Bormida, para unirse desde allí a una división inglesa que debía desembarcar en Vado; estas fuerzas reunidas habrían ocupado Savona.

Se trataba de impedir aquella conexión. El general de artillería, que estudiaba el terreno día y noche, propuso apoderarse de las alturas de San Giacomo, de Montenotte, de Vado, y extender así el flanco derecho del ejército hasta Génova. La mala voluntad del senado de Génova era evidente, pero no menos que el patriotismo de las clases inferiores que, por otra parte, ganaban mucho dinero proporcionando pan a los franceses.

El general Dumerbion dio soporte a la idea; penetró en el Piamonte, flanqueando el Bormida y, bajando al llano, amenazó la retaguardia del ejército austriaco, que inició de inmediato la retirada hacia Dego. Perseguidos por el general Cervoni, los austriacos se replegaron precipitadamente hacia Acqui, abandonando Dego y sus almacenes. El ejército francés acababa de recorrer los campos de batalla de Montenotte y Millessimo que, un año más tarde, Napoleón daría a conocer al mundo; atravesó de nuevo los Apeninos y vio el mar; y, dueño de la costa, de lo que en aquel país se llama la ribera o *rivière du ponant*, interceptó cualquier comunicación entre los ingleses y los austriacos, atemorizó a los nobles de Génova y alentó a los patriotas.

Ésos fueron los resultados del tercer plan propuesto por el general Bonaparte.

Los singulares movimientos del ejército de Italia sorprendieron a los coaligados; se creían seguros de aniquilar la República. Precisamente durante esos primeros intentos del hombre que iba a enseñarles a temer a Francia se firmaron, los días 14 y 19 de abril de 1794, los tratados que unieron sólidamente contra la República a Austria, Prusia, Cerdeña, Holanda e Inglaterra. Inglaterra, el país que más gozaba de esa libertad cuando estalló, que en Francia tanto atemorizaba a los reyes, y que gracias a esa misma libertad que deseaba proscribir había alcanzado la superioridad de las luces y la del dinero, pagó muy pronto y lideró toda la coalición.

Al contrario de los alemanes, los ingleses conocen el valor del tiempo, su atención no se extravía nunca en el vacío; y finalmente, en aquella época, tenían un hombre (Nelson) digno de combatir contra el general francés. Como él, Nelson contaba con un espíritu innovador y con el odio de sus jefes; sólo debió su ascenso al temor inspirado por Napoleón.

Los alemanes sólo tuvieron un general, el archiduque Carlos; y además, su talento pareció eclipsarse cuando tuvo que emplearlo contra Napoleón y defender los Alpes Nóricos. El gran Suwaroff sólo apareció por Italia cuatro años más tarde, y las jugarretas de los austriacos le impidieron penetrar en Francia. Si la envidia de los seres mediocres que llenaban las cortes hubiera permitido a Nelson y a Suwaroff actuar libremente y de concierto, tal vez Francia hubiera perecido; pero a los grandes hombres sólo se les conoce después de su muerte.

En los ataques de la corta campaña de Loano, Bonaparte había dado pruebas de mucha bravura; pero, sin embargo, decían los generales, sus mayores, nunca ha mandado un batallón bajo el fuego. El joven general quería que se aprovecharan aquellos éxitos para tomar el campamento fortificado de Ceva, centro de resistencia de los piamonteses. Desde allí, hubiera sido fácil avanzar por las llanuras de Italia (el valle del Po). Pero ese plan de invasión le pareció temerario al Comité de la Guerra, en París, al que se dirigió.

Entretanto, los representantes del pueblo en el ejército de Italia adoptaron el siguiente decreto:

> El general Bonaparte se dirigirá a Génova para, conjuntamente con el encargado de negocios de la República francesa, conferenciar con el gobierno de Génova sobre los temas mencionados en sus instrucciones.
>
> El encargado de negocios de la República francesa lo reconocerá y hará que lo reconozca el gobierno de Génova.
>
> *Loano, 25 de messidor del año II de la República*
> *(13 de julio de 1794)*
> *Firmado:* Ricord

A esta decisión se añadían las siguientes instrucciones:

INSTRUCCIONES SECRETAS

> El general Bonaparte se dirigirá a Génova.
>
> 1.º Verá la fortaleza de Savona y las regiones circundantes.
>
> 2.º Verá la fortaleza de Génova y las regiones que es importante conocer al comienzo de una guerra, cuyos efectos no es posible prever.
>
> 3.º Recabará todas las informaciones posibles sobre la artillería y los demás objetivos militares.
>
> 4.º Se proveerá a su regreso a Niza de cuatro mil (barriles) de pólvora, que habían sido comprados para Bastia y que han sido pagados.
>
> 5.º Intentará profundizar, tanto como sea posible, la conducta cívica y política del ministro de la República francesa Tilly y de sus demás agentes, sobre el cual nos llegan diferentes quejas.
>
> 6.º Hará todas las gestiones y recogerá todos los hechos que puedan desvelar la intención del gobierno genovés referentes a la coalición.
>
> *Dado y decretado en Loano,*
> *el 25 de messidor del año II*
> *Firmado:* Ricord

Esta misión y las instrucciones que la acompañan muestran la confianza que Bonaparte, con apenas veinticinco años de edad, había inspirado a hombres interesados en no equivocarse en la elección de sus agentes.

Bonaparte va a Génova; cumple su misión. El 9 de thermidor (del año II) llega;* los diputados terroristas son sustituidos por Albitte y Salicetti. Tal vez éstos, en el desorden que existía por aquel entonces, ignoraron las órdenes dadas al general de artillería, o tal vez los envidiosos de la naciente fortuna del joven Bonaparte les infundieron sospechas en su contra, pero lo cierto es que adoptaron el siguiente decreto, motivado por el viaje de Bonaparte a Génova:

En nombre del pueblo francés. – Libertad, Igualdad.

Los representantes del pueblo en el ejército de los Alpes y de Italia.

Considerando que el general Bonaparte, comandante en jefe de la artillería del ejército de Italia, ha perdido totalmente su confianza por la más sospechosa conducta y, sobre todo, por el viaje que últimamente hizo a Génova, deciden lo siguiente:

El general de brigada Bonaparte, comandante en jefe de la artillería del ejército de Italia, es suspendido provisionalmente de sus funciones. Será, por medio y bajo la responsabilidad del general en jefe de dicho ejército, puesto en situación de arresto y llevado ante el Comité de Salvación Pública en París, debida y seguramente escoltado. Se pondrán sellos en todos sus papeles y efectos, de los que se hará un inventario por los comisarios que sean nombrados en el lugar por los representantes del pueblo Salicetti y Albitte, y todos los papeles que sean considerados sospechosos serán enviados al Comité de Salvación pública.

Dado en Barcelonette, el 19 de thermidor del año II de la República francesa una e indivisible y democrática (6 de agosto de 1794).
Firmado: ALBITTE, SALICETTI, LAPORTE.
Copia conforme con el original, el general en jefe del ejército de Italia.
Firmado: DUMERBION

---

* El 27 de julio de 1794, Robespierre, Saint-Just y todo su partido son enviados a la muerte por Tallien.

El general Bonaparte dirigió la siguiente reclamación a los representantes Albitte y Salicetti.

> Me habéis suspendido de mis funciones, detenido y declarado sospechoso.
> Heme aquí injuriado, sin haber sido juzgado, o juzgado sin haber sido oído.
> En un Estado revolucionario, hay dos clases, los sospechosos y los patriotas.
> Cuando los primeros son acusados, son tratados con medidas generales como forma de seguridad.
> La opresión de la segunda clase es la conmoción de la libertad pública. El magistrado sólo puede condenar tras las más maduras informaciones y sólo por una sucesión de hechos, a quien nada deja a lo arbitrario.
> Declarar sospechoso a un patriota es un juicio que le arranca lo que le es más valioso, la confianza y la estima.
> ¿En qué clase se desea colocarme?
> ¿No he estado siempre, desde el origen de la Revolución, apegado a sus principios?
> ¿No se me ha visto siempre en la lucha, contra los enemigos internos o, como militar, contra los extranjeros?
> Sacrifiqué la estancia en mi departamento, abandoné mis bienes, lo he perdido todo por la República.
> Desde entonces, he servido ante Toulon con cierta distinción, y he merecido en el ejército de Italia una parte de los laureles que adquirió con la toma de Saorgio, de Oneille y de Tanaro.
> Al descubrir la conspiración de Robespierre, mi conducta ha sido la de un hombre acostumbrado sólo a observar los principios.
> No puede negárseme, pues, el título de patriota.
> ¿Por qué se me declara sospechoso sin antes escucharme? ¿Por qué se me arrestó ocho días después de recibir la noticia de la muerte del tirano?
> Se me declara sospechoso y ponen sellos en mis papeles.
> Deberían hacer al revés, deberían poner sellos en mis papeles, escucharme, pedirme aclaraciones y, luego, declararme sospechoso si había motivo.
> Quieren que vaya a París con un decreto que me declara sospechoso. Debe suponerse que los representantes sólo lo

han hecho a consecuencia de una información, y sólo se me juzgará con el interés que merece un hombre de esta clase.

Inocente, patriota, calumniado, sean cuales sean las medidas que adopte el Comité, no podré quejarme de él.

Si tres hombres declararan que he cometido un delito, no podría quejarme del jurado que me condenara.

Salicetti, tú me conoces; ¿has visto, en mi conducta durante estos cinco años, algo que sea sospechoso para la Revolución?

Albitte, tú no me conoces. No se ha podido probar hecho alguno; no me has oído; conoces sin embargo con qué habilidad, a veces, silba la calumnia.

¿Debo ser confundido con los enemigos de la patria, y deben algunos patriotas perder, sin consideraciones, un general que no ha sido inútil a la República? ¿Deben los representantes poner el gobierno en la necesidad de ser injusto e impolítico?

Oídme, destruid la opresión que me envuelve y restituidme la estima de los patriotas.

Una hora después, si los malvados desean mi vida, la estimo en muy poco; ¡la he despreciado tan a menudo!, sí, la única idea de que aún puedo ser útil a la patria me hace sostener con valor este peso.

El arresto del general Bonaparte duró quince días; he aquí el decreto que acabó con él:

Los representantes del pueblo, etc.*

Tras haber examinado escrupulosamente los papeles del ciudadano Bonaparte, puesto en situación de arresto, tras el suplicio del conspirador Robespierre, como medida de seguridad general, etc.

Decretan que el ciudadano Bonaparte sea puesto provisionalmente en libertad, para permanecer en el cuartel general, etc. etc.

*Dado en Niza, el 3 de fructidor del año II
(20 de agosto de 1794).
Firmado:* Albitte, Salicetti

* *Mémoires* de Bourrienne, tomo I, pág. 65.

Fue en Italia donde el general Bonaparte estaba vinculado a Duroc, que había participado en la campaña como ayuda de campo y capitán de artillería. A Bonaparte le horrorizaban los informes exagerados y *gascones* de los oficiales a quienes hacía observar los hechos. El carácter frío y poco expansivo de Duroc le convenía plenamente dada la exactitud *matemática* de sus informes. Duroc fue, tal vez, el confidente más íntimo de Napoleón. Por una excepción única que Napoleón atribuía a la grave comedia en la que aprisionó su vida cuando adoptó el título de Emperador, exigía, incluso entonces, que Duroc siguiera tuteándolo en la intimidad.

¿Había sido *terrorista* el general Bonaparte? Siempre lo negó. ¿Empleó su energía al servicio exclusivo de esa facción omnipotente o sólo adoptó su color, lo cual constituía una estricta obligación para no perecer? Nada hizo para ello; entonces había observado el gran principio de que en una revolución hay que hacerlo todo por las masas y nada en particular por los jefes. No ocultaré en absoluto que ciertos contemporáneos recomendables cuentan de modo distinto el peligro corrido por el general Bonaparte; he aquí su versión:*

Durante el invierno de 1794 a 1795, se encargó a Napoleón la inspección de las baterías de las costas del Mediterráneo; regresó para ello a Toulon y a Marsella.

El representante del pueblo destinado en Marsella temió que la sociedad popular, más ardiente que él, se apoderara del polvorín, que había pertenecido a los fuertes Saint-Jean y Saint-Nicolas, destruidos parcialmente durante los primeros días de la Revolución. Hizo partícipe de sus inquietudes al general Bonaparte, que le entregó el plano correspondiente para la construcción de una muralla almenada, que habría cerrado esos fuertes del lado de la ciudad. El plano, que implicaba desconfianza hacia el pueblo, fue enviado a París, calificado de liberticida por la Convención y el general Bonaparte fue enviado al estrado.

* La vida del general Bonaparte a partir de la batalla de Loano hasta el 13 de vendimiario será algún día tema de una *memoria* particular.

Era, poco más o menos, una condena a muerte; así habían perecido gran número de generales.

El decreto le fue notificado en Niza, donde los representantes destinados al ejército de Italia lo pusieron en situación de arresto, en su casa, bajo la custodia de dos gendarmes. El asunto era tanto más peligroso cuanto se comenzaba ya a hablar mucho de aquel joven general Bonaparte, y cuanto los vencedores de Thermidor no ignoraban en absoluto las relaciones de amistad que habían existido entre el joven Robespierre, muerto con su hermano, y él. Gasparin, que lo apreciaba desde Toulon, nada podía hacer sin la opinión de sus dos colegas. El señor Desgenettes, hombre de ingenio, cuenta* que, llegados a ese extremo, sus ayudas de campo Sébastiani y Junot concibieron el proyecto de dar de sablazos a los dos gendarmes que custodiaban a su general, arrancarlo de allí por la fuerza y llevarlo a Génova, donde embarcaría. Afortunadamente, el enemigo hizo algunos movimientos amenazadores; acuciados por el peligro cuya responsabilidad gravitaba sobre sus cabezas, los representantes escribieron al Comité de Salvación Pública que en el ejército no podían prescindir del general Bonaparte, y la citación al estrado fue aplazada.

Puede verse que la Convención gobernaba, aunque a menudo su tiempo se perdía en declamaciones y no en exámenes, rodeada de traidores como estaba. Todos los crímenes se castigaban con la muerte. Los sangrientos errores de aquella asamblea serán excusados, en parte, ante la posteridad por las memorias que publicaron, bajo la Restauración, los señores Fauche-Borel, Bertrand de Molleville, Montgaillard y tantos otros. De cualquier modo, no puede negarse a esta asamblea el hecho de que salvó Francia, y que ni España ni Italia, ilustradas por su ejemplo, pudieron mostrar algo igual. Por efecto de sus leyes, Francia, que tenía veinticinco millones de habitantes en 1789, llega casi a los treinta y tres en 1837.

Napoleón negaba por completo haber sido nunca terrorista; contaba que un representante lo puso *fuera de la ley*

---

* *Memorias*, tomo I.

porque no quiso dejarle disponer de todos sus caballos de artillería para emplearlos en la posta; pero no he encontrado la confirmación de este hecho. A Napoleón le gustaba bastante ridiculizar la República, importunado, no por su actual gloria, todo el mundo lo calumnia, sino por su gloria futura, que dará cierta apariencia de relumbrón a la gloria del Imperio.

Antes o después, tratándose de gloria militar, vuelven a estimarse las cosas grandes llevadas a cabo con pequeños medios.

La marcha de Ulm a Austerlitz es brillante, sin duda; pero Napoleón era soberano; pero ¿qué peligro corría su ejército? Se acabará prefiriendo Castiglione.

En Niza, el representante Robespierre el joven se había entusiasmado con aquel general sombrío, reflexivo, tan distinto a los demás, que nunca decía cosas vagas y cuya mirada tenía tanto ánimo. Llamado a París por su hermano, algún tiempo antes del 9 de thermidor, lo hizo todo para convencer a Napoleón de que lo siguiera. Pero a éste le gustaba estar en el ejército, donde sentía y hacía ver a todos su superioridad; no quiso ir a ponerse a *disposición de los abogados*.

«Si no me hubiese negado inflexiblemente, observaba más tarde, ¿quién sabe adónde podía llevarme un primer paso y qué otros destinos me aguardaban?»

Tal vez hubiera hecho fracasar el 9 de thermidor; sabía combatir en las calles de París y hubo varias horas perdidas en la victoria de Tallien sobre Robespierre.

Por lo demás, Napoleón le hacía a Robespierre la justicia de decir que había visto sus largas cartas a su hermano, el joven Robespierre, cuando representaba al ejército del Midi, en las que combatía y desaprobaba con ardor las crueldades revolucionarias, diciendo que deshonraban la Revolución y la matarían.

Había también en el ejército de Niza otro representante bastante insignificante. Su mujer, extremadamente hermosa, muy amable, compartía y, a veces, dirigía su misión; ella era de Versalles. El matrimonio le hacía mucho caso al general de artillería; se había encaprichado por completo de él y lo trataba del mejor modo, desde todos los puntos de vista, lo que suponía una inmensa ventaja para el joven general. Pues, en esos tiempos turbulentos y de traiciones, un representante del pueblo era la ley viva. Thureau fue uno de aquellos que en la Convención, durante la crisis de vendimiario, más contribuyeron a que los ojos se volvieran hacia Napoleón; recordaba el gran papel que le había visto desempeñar en el ejército.

«Yo era muy joven entonces», decía Napoleón a uno de sus fieles servidores; «era feliz y estaba orgulloso de mi pequeño éxito; de modo que intentaba reconocerlo y por todas las atenciones que estaban en mi poder, y vais a ver cuál puede ser el abuso de autoridad, de qué puede depender la suerte de los hombres; pues yo no soy peor que otro cualquiera.

»Paseando cierto día con la señora T... por entre nuestras posiciones, en los alrededores del collado de Tende, se me ocurrió de pronto ofrecerle el espectáculo de la guerra y ordené un ataque de los puestos avanzados. Salimos vencedores, es cierto; pero, evidentemente, no podía haber resultado; el ataque era pura fantasía y sin embargo algunos hombres se quedaron allí. Cada vez que regresa ese recuerdo, me reprocho aquella acción».

Los acontecimientos de thermidor habían producido un cambio completo en los comités de la Convención. Aubry, antiguo capitán de artillería, acabó dirigiendo el de la Guerra (es decir, fue ministro de la Guerra). Durante los grandes peligros de la República, la leva en masa había conducido a la formación de una multitud de cuerpos; se habían creado generales según las necesidades. En cuanto un oficial mostraba audacia y cierto talento lo nombraban general y, a veces, general en jefe. Pero, en cambio, por otra parte, se mandaba al tribunal revolucionario a los generales que no tenían éxito, incluso por muy valientes que fueran (Houchard, Brunet).

Ese sistema, absurdo en apariencia y que fue objeto de las bromas de toda la Europa monárquica, le valió a Francia todos sus grandes generales. Cuando el ascenso se hizo razonable y fue dirigido por un hombre entendido en la cuestión (Napoleón), ya sólo quedaron hombres sin carácter, los lugartenientes de Napoleón, bajo quienes sus ejércitos fueron siempre derrotados de 1808 a 1814 (en España, en Alemania, etc., Macdonald, Oudinot, Ney, Dupont, Marmont, etc.).

Durante los tiempos heroicos de Francia, nada era menos raro que ver a oficiales rechazando un ascenso. En algunos, era prudencia; en la mayoría, repugnancia a separarse de una compañía, de un regimiento donde estaban sus compatriotas y sus amigos. Varios, cuando con el tiempo se volvieron ambiciosos, se arrepintieron mucho de esa negativa hacia 1803, cuando el entusiasmo fue sustituido por el egoísmo monárquico. También había razones para las almas secas; en 1793, 1794, 1795 no se recibía paga; de modo que nada compensaba los muy reales peligros de una responsabilidad más extensa. Aubry hizo un nuevo cuadro del ejército y no se olvidó de él mismo; se nombró general de artillería y favoreció a varios de sus antiguos camaradas, en detrimento de la *cola del cuerpo* que reformó.

Napoleón, que apenas tenía veinticinco años, se convirtió en general de infantería y fue nombrado para servir en Vendée. Abandonó el ejército de Italia y fue a París para protestar contra la injusticia de la que era víctima.

Sus reclamaciones ante Aubry fueron una verdadera escena; Napoleón insistía con fuerza porque tenía ante sí brillantes acciones; Aubry se empecinaba con acritud, porque tenía el poder y, no habiendo visto nunca el fuego, no sabía qué oponer a las acciones del joven general.

—Sois demasiado joven —decía—; hay que dar paso a los veteranos.

—Se envejece pronto en el campo de batalla —respondió Napoleón—, y de ahí vengo.

Un hombre de edad y sin gloria está muy contento de poder hacer daño a un joven que ha hecho algo más que él; Aubry mantuvo su decisión.

Napoleón, irritado por el trato que se le dispensaba, presentó su dimisión o fue destituido, y, como Miguel Ángel en semejante circunstancia, pensó en ofrecer sus servicios al Gran Turco.

En una obra que merece muy poca confianza,[*] encuentro el siguiente decreto:

---

[*] *Mémoires* de Bourrienne, tomo I, pág. 69.

Libertad, Igualdad.

Ampliación de un decreto del Comité de Salvación Pública, con fecha del 29 de fructidor del año III (15 de septiembre de 1794).

El Comité de Salvación Pública decreta que el general Bonaparte sea tachado de la lista de oficiales generales con empleo, dada su negativa a dirigirse al puesto que le ha sido asignado.

Firmado: LETOURNEUR *(de la Mancha)*, MERLIN *(de Douai)*, T. BERLIER, BOISSY, CAMBACÉRES, *presidente*.

Los señores Sébastiani y Junot habían seguido hasta París a su joven general; tomaron juntos un pequeño alojamiento en la calle de Mail, en un hotel cercano a la plaza de las Victorias. Bonaparte no había robado nada; le pagaban, si le pagaban, con asignados que tenían muy poco valor; cayó muy pronto en una extremada penuria. Se ha supuesto que, por aquel entonces, se mezcló en ciertas intrigas con Salicetti, implicado luego en el movimiento insurreccional del 1 de prairial (20 de mayo de 1795); por lo menos lo veía a menudo y expresaba el deseo de quedarse a solas con él.

Cierto día, Salicetti entregó tres mil francos en asignados al general, como precio de su coche que se veía obligado a vender.

Mientras se encontraba en la triste posición del solicitante contrariado, Bonaparte supo que su hermano mayor, José, acababa de casarse en Marsella con la señorita Clary, hija de un rico comerciante de la ciudad. Aquella posición tranquila y feliz le impresionó. «¡Qué feliz es el bribón de José!», gritaba.

Bonaparte redactó una nota por la que ofrecía al gobierno* dirigirse a Constantinopla, *para acrecentar los medios militares de Turquía* contra Rusia. La nota no tuvo respuesta.

Napoleón se vio obligado a vender algunas obras militares que había traído de Marsella; más tarde vendió su reloj.

---

* *Mémoires* de Bourrienne, t. I, pág. 74. No dudo de que todo eso se aclarará más tarde en alguna memoria de la Academia de Inscripciones. El redactor de las memorias atribuidas a Bourrienne y redactadas a partir de algunas notas, mintió tanto como pudo.

Una mujer de espíritu, que vio varias veces a Napoleón, en abril y mayo de 1795, tuvo a bien reunir sus recuerdos y darme la siguiente nota:

«Era en efecto el ser más flaco y singular que había visto en mi vida. Siguiendo la moda del tiempo, llevaba unas *orejas de perro* inmensas que le llegaban hasta los hombros. La mirada singular y algo sombría de los italianos no se adecua en absoluto a esa prodigalidad de cabellera. En vez de pensar en un hombre de espíritu lleno de ardor, se pasa fácilmente a pensar en un hombre al que no te gustaría encontrar por la noche en un bosque.

»El aspecto del general Bonaparte no era tranquilizador. La levita que llevaba estaba tan gastada, tenía un aire tan *lamentable*, que de entrada apenas hubiera creído que el hombre fuese general. Pero creí de inmediato que era hombre de espíritu o, al menos, muy singular. Recuerdo que a mi entender su mirada se parecía a la de J. J. Rousseau, que yo conocía por el excelente retrato de Latour, que podía ver entonces en casa del señor N.***

»Al ver de nuevo a ese general de singular nombre por tercera o cuarta vez, le perdoné sus exageradas *orejas de perro*; pensé en un provinciano que exagera las modas y que, a pesar de esta ridiculez, puede tener cierto mérito. El joven Bonaparte tenía una hermosísima mirada, que se animaba al hablar.

»De no haber estado flaco hasta el punto de tener un aspecto enfermizo y dar pena, se hubieran advertido unos rasgos llenos de finura. Su boca, sobre todo, tenía un contorno lleno de gracia. Un pintor, alumno de David, que iba a casa del señor N.*** donde yo veía al general, dijo que sus rasgos tenían forma griega, lo que despertó mi respeto por él.

»Unos meses más tarde, después de la revolución de vendimiario, supimos que el general había sido presentado a la señora Tallien, por aquel entonces reina de la moda, y que a ella le había impresionado su mirada. No nos sorprendimos. El hecho es que, para ser juzgado favorablemente, sólo le faltaba ir vestido de un modo menos miserable. Y sin embargo, en aquellos tiempos, tras el Terror, las miradas no eran muy severas con el vestir. Recuerdo todavía que el general hablaba muy bien del sitio de Toulon o que, al menos, nos interesaba al contárnoslo. Hablaba mucho y se animaba al contar; pero también había días en los que no abandonaba un taciturno silencio. Decían que era muy pobre y orgulloso como un escocés; se negaba a ser general en Vendée y a abandonar la artillería. *Es mi arma*, repetía a menudo; lo que nos daba mucha risa. Nosotras, las muchachas, no comprendíamos cómo la artillería, los cañones, podían servir de espada a alguien.

»Recuerdo todavía que el *máximo** reinaba por aquel entonces. Se pagaban todas las provisiones y el pan en asignados; de modo que los campesinos no llevaban nada al mercado. Cuando se invitaba a cenar a alguien, aportaba su pan; cuando cierta señora de N.,*** vecina nuestra en el campo, cenaba en casa, traía un pedazo de excelente pan blanco del que me daba la mitad. En casa gastábamos quizás cinco o seis francos de plata todas las semanas. Comprendo muy bien que el general Bonaparte, que sólo tenía su paga en asignados, fuera tan pobre. Su aspecto no era en absoluto militar, bravucón, chapucero, grosero. Hoy creo que en los contornos de su boca, tan fina, tan delicada, tan bien dibujada, podía leerse que despreciaba el peligro y que el peligro no le encolerizaba».

Esta época fue desfigurada por un hombre que, más tarde, Napoleón se vio obligado a expulsar por su notoria deshonestidad, y con las coléricas notas del cual un librero hizo escribir unas memorias.

Testigos poco dignos de fe dan detalles sobre la pobreza del hombre que, por aquel entonces, en realidad había tomado Toulon y ganado la batalla de Loano. Cuentan que en aquella época Talma, que iniciaba su carrera en el Théâtre-Français, donde era perseguido por los antiguos actores, exactamente igual que el joven general por el antiguo capitán Aubry, le daba entradas al general, cuando podía obtenerlas

---

* La ley llamada del máximo fijaba una tasa por encima de la cual estaba prohibido vender las provisiones y demás mercancías.

de los semaneros. Para no omitir detalle alguno, añadiré que Napoleón llevaba habitualmente, por economía, unos pantalones de piel de gamuza. Junot tenía algo de dinero; lo convencieron de que lo invirtiera en un comercio de muebles, en la plaza del Carrusel, y el dinero se perdió.

Una mujer muy pretenciosa y fabulosamente fea se fijó en los hermosos ojos del general, lo persiguió con sus ridículas preferencias y pretendía ganarse su corazón, ofreciéndole buenas cenas: él emprendió la huida. Sin embargo, puesto que respeto infinitamente los testigos oculares, por muy ridículos que sean, transcribiré los relatos de la dama.

«Al día siguiente de nuestro segundo regreso de Alemania, en 1795, en el mes de mayo, encontramos a Bonaparte en el Palais-Royal, junto a un gabinete que llevaba un tal Girardin. Bonaparte besó a Bourrienne, como a un camarada al que vuelve a verse con gusto. Fuimos al Théâtre-Français, donde daban una comedia: *Le Sourd ou l'auberge pleine.* Todo el auditorio se reía a carcajadas. El papel de Dasnières lo representaba Baptiste el menor, y nunca nadie lo ha representado mejor que él. Las carcajadas eran tales que el actor se vio obligado a menudo a detenerse. Sólo Bonaparte, y aquello me impresionó mucho, mantuvo un gélido silencio. Advertí por aquel entonces que su carácter era frío y a menudo sombrío; su sonrisa era falsa y a menudo inadecuada; y, con respecto a esta observación, recuerdo que en la misma época, pocos días después de nuestro regreso, tuvo uno de sus momentos de feroz hilaridad que me hizo daño y me dispuso muy poco a que me gustara.

»Nos contó con encantadora alegría que, encontrándose ante Toulon, donde mandaba la artillería, un oficial que era de su arma y estaba bajo sus órdenes, recibió la visita de su mujer, a la que estaba unido desde hacía poco y a la que amaba tiernamente. Pocos días después, recibió la orden de lanzar un nuevo ataque contra la ciudad y eligió al oficial. Su mujer fue al encuentro del comandante Bonaparte y le pidió, con lágrimas en los ojos, que dispensara del servicio a su marido aquel día. El comandante se mostró insensible, por lo que él mismo nos dijo, con una alegría encantadora y feroz.

Llegó el momento del ataque y aquel oficial, que siempre había sido de extraordinario valor, por lo que el propio Bonaparte decía, tuvo el presentimiento de su próximo fin; palideció, tembló. Lo colocaron junto al comandante y, cuando el fuego desde la ciudad se hizo muy intenso, Bonaparte le dijo: *¡Cuidado! ¡Ahí llega una bomba!* El oficial, añadió, en vez de apartarse se inclinó y fue partido en dos. Bonaparte se reía* a carcajadas, al mencionar la parte que le fue arrancada.

»Por aquel entonces lo veíamos casi cada día; venía a menudo a cenar con nosotros; y, como se carecía de pan y a veces sólo se distribuían, en la sección, dos onzas al día, era habitual decir a los invitados que aportaran su pan, puesto que no podía obtenerse con dinero. Él y su hermano Luis, que era su ayuda de campo, joven dulce y amable, aportaban su pan de munición que era negro y estaba lleno de salvado; y, lo digo lamentándolo, sólo el ayuda de campo era el que se lo comía, y nosotros dábamos al general pan muy blanco, que obteníamos haciéndolo amasar *a hurtadillas*, en casa de un pastelero, con la harina que había llegado clandestinamente de Sens, donde mi marido tenía algunas granjas. Si nos hubieran denunciado, hubiera sido como para subir al cadalso.

»Pasamos seis semanas en París e íbamos muy a menudo con él a espectáculos y a los hermosos conciertos de Garat, que se daban en la calle Saint-Marc. Eran las primeras reuniones brillantes tras la muerte de Robespierre. Siempre había originalidad en el modo de ser de Bonaparte; pues a menudo desaparecía de entre nosotros, sin decir nada, y cuando creíamos que no estaba en el teatro lo descubríamos en el segundo o tercer piso, solo en un palco, como si estuviera enfadado.

»Antes de partir hacia Sens, donde yo iba a tener mi primer parto, buscamos un apartamento más grande y alegre que el de la calle Grenier-Saint-Lazare, que era sólo para salir del paso. Bonaparte vino a buscarlo con nosotros, y nos

---

* Esta clase de alegría, que sólo es un regreso filosófico sobre sí mismo, es frecuente entre los militares franceses, y nada en absoluto prueba contra su carácter. Napoleón creía en los presentimientos.

decidimos por un primero, en la calle de Marais, n.º 19, en una hermosa casa nueva. Él tenía ganas de quedarse en París y fue a ver una casa frente a la nuestra. Pensó en alquilarla con su tío Fesch, que luego fue cardenal, y con un tal Patrault, uno de sus antiguos profesores en la escuela militar, y entonces nos dijo un día: "Esta casa, con mis amigos, frente a la vuestra, y un cabriolé, y seré el más feliz de los hombres".

»Partimos hacia Sens y él no alquiló la casa, pues se preparaban otros grandes asuntos. En el intervalo entre nuestra partida y la funesta jornada de vendimiario, él y su camarada se intercambiaron varias cartas. Esas cartas eran muy afectuosas y amables. (Más tarde fueron robadas, ya veremos cómo.)

»A nuestro regreso, en noviembre del mismo año, todo había cambiado. El amigo del colegio se había convertido en un gran personaje: mandaba en París, como recompensa de la jornada de vendimiario. La pequeña casa de la calle de Marais se había convertido en una magnífica mansión, en la calle Capucines; el modesto cabriolé se había transformado en un soberbio tiro y ni él era ya el mismo; los amigos de la infancia seguían siendo recibidos por la mañana; se les invitó a suntuosos almuerzos, a los que acudían a veces algunas damas y, entre otras, la hermosa señora Tallien y su amiga, la graciosa señora de Beauharnais, de la que comenzaba a ocuparse.

»Se preocupaba muy poco de sus amigos y ya no los tuteaba. Hablaré de uno solo, el señor de Rey, hijo de un comendador cuyo padre había perecido en el sitio de Lyon y que, puesto que él mismo estaba allí, se había salvado de milagro. Era un joven dulce y amable, y fiel a la causa monárquica. Lo veíamos también todos los días. Fue a casa de su compañero de colegio; pero no pudo acostumbrarse a tratarlo de vos. De modo que le volvió la espalda; y cuando fue a verlo de nuevo, ya no le dirigió la palabra. Nunca hizo nada por él, salvo darle un miserable puesto de inspector de víveres, que de Rey no pudo aceptar. Murió del pecho tres años después, llorado por todos sus amigos.

»El señor de Bourrienne veía a Bonaparte muy de vez en cuando tras el 13 de vendimiario. Pero en el mes de febrero de 1796 mi marido fue detenido a las siete de la mañana, como emigrado que había regresado, por una partida de gente armada con fusiles; le arrancaron a su mujer y a su hijo, que tenía seis meses.

»Lo seguí; lo pasearon del cuerpo de guardia a la sección, de la sección a ya no sé dónde. Fue tratado en todas partes del modo más infame y finalmente, al anochecer, lo arrojaron en las mazmorras de la Prefectura de policía,* y allí pasó dos noches y un día, mezclado con lo peor que había, incluso con algunos malhechores. Su mujer y sus amigos corrieron por todos lados para encontrarle protectores, y entre otros fueron a casa de Bonaparte. Les costó mucho verle; la señora de Bourrienne se quedó, acompañada por un amigo de su marido, esperando al comandante de París hasta medianoche. No regresó: ella volvió a la mañana siguiente, muy temprano; le expuso la suerte de su marido (en aquella época, se jugaba la cabeza). Le conmovió muy poco la posición de su amigo. Sin embargo, se decidió a escribir al ministro de Justicia, Merlin. La señora de Bourrienne llevó la carta a su dirección; encontró al personaje en su escalera; acudía al Directorio; iba de punta en blanco, enjaezado con no sé cuántas plumas y con el sombrero a lo Enrique IV, lo que contrastaba singularmente con su aspecto. Abrió la carta y, tal vez porque el general le gustara menos aún que la causa de la detención del señor de Bourrienne, respondió que aquello ya no estaba en sus manos, que ahora era cosa del Ministerio Público, etc. etc.».

En el año III (1794), el señor de Pontécoulant fue nombrado presidente del Comité de la Guerra y en calidad de tal se encargó de varias de las funciones más importantes del Ministerio de la Guerra. Para tener algo de tranquilidad y ponerse al abrigo de los solicitantes, se había establecido en un reducto del sexto piso del pabellón de Flora, en el palacio de las Tullerías.

Le preocupaba mucho el ejército de Italia; no recibía ninguna de las cartas que, sin duda, le dirigían de aquel ejército.

---

* Que por aquel entonces, según creo, se llamaba *Oficina Central*.

De Marsella le escribían que en el ejército de Italia se morían de hambre y, en fin, las cosas habían llegado a tal punto que el Comité de la Guerra temía enterarse, una mañana, de la aniquilación de aquel ejército.

Un buen día, el representante Boissy d'Anglas dijo a uno de sus colegas de la Convención que conocía a un joven que había sido expulsado por terrorista y, a su entender, por error, del ejército de Italia. Tiene ideas, añadió, y tal vez pudiera daros buenas informaciones.

—Enviádmelo —dijo el señor de Pontécoulant.

Al día siguiente, vio llegar a su sexto piso del pabellón de Flora al ser más flaco y más singular que había contemplado en su vida. Boissy d'Anglas le había dicho que se llamaba general Bonaparte; pero el señor de Pontécoulant no había retenido aquel nombre singular. Sin embargo, le pareció que aquel ser, de tan extraordinaria apariencia, no razonaba mal en absoluto. «Poned por escrito todo lo que me habéis dicho; haced una memoria y traédmela», le dijo.

Unos días después, el señor de Pontécoulant, al encontrarse con Boissy d'Anglas, le dijo: «He visto a vuestro hombre; pero al parecer está loco, no ha vuelto». «Es que creyó que os burlabais de él; creía que le haríais trabajar con vos». «Muy bien, que no se diga; insistid en que vuelva». Bonaparte acudió, entregó con gravedad su memoria y se fue. El señor de Pontécoulant hizo que se la leyeran, mientras le arreglaban la barba, y quedó tan impresionado que hizo que corrieran tras aquel hombre; pero ya no lo encontraron en la escalera; regresó a la mañana siguiente. Tras haber razonado los hechos enunciados en la memoria el representante le dijo: «¿Querríais trabajar conmigo?», «Con mucho gusto», respondió el joven; y se sentó ante una mesa.

Al señor de Pontécoulant le pareció que aquel joven general comprendía perfectamente la posición del ejército de Italia y sus necesidades.

Siguiendo los planes de Bonaparte, aquel ejército ocupó Vado y el abastecimiento quedó casi asegurado. «¿Qué pensáis hacer en el futuro?», le dijo un día el señor de Pontécoulant al joven. «Iré a Constantinopla; el Gran Señor tiene buenos soldados, pero necesita gente que sepa conducirlos a la europea».

En la época en que Bonaparte comenzó a trabajar con el señor de Pontécoulant, el comité de subsistencia, del que éste era miembro, apenas podía asegurar los víveres de París, a razón de dos onzas de pan por cabeza y día. La penuria en que se encontraba el general Bonaparte era compartida por todos los empleados del gobierno que no tenían cierta fortuna en propiedad.

El señor de Pontécoulant, que lo apreciaba, fue a solicitar al Comité de Artillería que Bonaparte fuera nombrado general de esa arma; fue rechazado con cajas destempladas: «Se necesitan conocimientos especiales», le dijeron, «y vuestro joven no los tiene; se necesita una experiencia de la que carece. Su ascenso ha sido escandaloso por su rapidez; decidle que ya es muy afortunado siendo general de brigada de infantería».

Tras haber trabajado día y noche durante siete meses, los comités de la Convención fueron renovados y el señor de Pontécoulant sustituido por Letourneur.

—No quiero trabajar con ese hombre —le dijo Napoleón.

—Y entonces, una vez más, ¿qué vais a hacer?

—Iré a Constantinopla.

Poco tiempo después llegó el 13 de vendimiario; la Convención necesitó gente de mérito y Napoleón fue empleado. Nunca olvidó al hombre que le había apreciado y salvado de la miseria.

Cuando fue cónsul, hizo que llamaran al señor de Pontécoulant.

—Sois senador —le dijo con aquella mirada encantadora que tenía cuando se creía libre para seguir los impulsos de su corazón.

—La gracia que queréis concederme es imposible —respondió el señor de Pontécoulant—. Tengo sólo treinta y seis años y hay que tener cuarenta.

—Muy bien, seréis prefecto en Bruselas, o en cualquier otra ciudad que os convenga; pero recordad que sois senador y venid a ocupar vuestra plaza cuando tengáis la edad;

querría poder mostraros que no he olvidado lo que fuisteis para mí.

Algunos años más tarde, el señor de Pontécoulant, senador, vivía en París; cometió la imprudencia de responder por uno de sus amigos; se trataba de una suma de trescientos mil francos, que el amigo no pudo pagar y el señor de Pontécoulant se sumió en la más embarazosa situación; se vería obligado a vender su única tierra (la tierra de Pontécoulant, departamento de Calvados).

—¿Por qué no os dirigís al Emperador? —le dijo uno de sus amigos—. Os ha demostrado una particular amistad.

—En verdad, no me atrevo —respondió el señor de Pontécoulant—. Sería una indiscreción; nos haría pasar un mal momento al Emperador y a mí.

Finalmente, cierto día, muy apenado por la necesidad de vender su tierra, el señor de Pontécoulant pidió una audiencia al Emperador y le contó lo que le sucedía.

—¿Cuánto tiempo hace que os encontráis en ese estado? —le dijo Napoleón.

—Tres meses, Sire.

—Bien, son tres meses perdidos; ¿creéis que puedo olvidar lo que hicisteis por mí? Pasad hoy mismo por el tesorero de mi lista civil y os entregará vuestros cien mil escudos.

Unos años después, al señor de Pontécoulant le apeteció ir a ver Constantinopla, donde estuvo precisamente para secundar al general Sébastiani durante la semana que se forjó la reputación de éste. Engañó por completo a un almirante inglés, que quería y podía tomar Constantinopla, y que no tomó nada en absoluto. El Emperador había dado órdenes de que el señor de Pontécoulant fuera recibido en todas partes con la más alta distinción.

Veamos ahora cómo aconteció el 13 de vendimiario, que restituyó protagonismo al vencedor de Toulon.

Los acontecimientos de 1795 habían alejado los atroces peligros, se regresó a la vulgar razón; pero con el fuego de la fiebre se extinguieron la energía y el entusiasmo.

La muerte de Danton, la caída de Robespierre y la terrible *Comuna de París* marcaron aquella gran época. Hasta entonces, el sentimiento republicano se había acrecentado en todos los corazones; tras el 9 de thermidor comenzó a debilitarse en todas partes. Puede decirse que la República fue herida en pleno corazón por la muerte de Danton. Su agonía duró seis años, hasta el 18 de brumario (9 de noviembre de 1799).

Hay que reconocer que nada es más incómodo que la dictadura del más digno y el gobierno revolucionario. En cuanto el gobierno no es indispensable, todo el mundo siente su molestia; y es que el pueblo sólo tiene fuerza y es algo cuando monta en cólera; entonces, nada le cuesta. La cólera desaparece y el menor sacrificio le parece imposible.

Tras el 9 de thermidor, la Convención fue gobernada sucesivamente por algunas facciones; pero ninguna supo adquirir una preponderancia duradera. Varias veces el entusiasmo, que se creía indispensable para la duración de la República, intentó reconquistar el poder; no lo consiguió; prevaleció la gente fría. Muy pronto, el Partido Monárquico intentó sacar ventaja de sus medidas a medias.

Ésa es la historia de todos los intentos de golpe de Estado, de todas las pequeñas jornadas que siguieron a la grande, el 9 de thermidor. Sin embargo, bajo el régimen débil que siguió a esa revolución, no se atrevieron a desertar por completo de los grandes principios proclamados en tiempos de Danton, y podemos ver cómo la energía anterior da sus frutos; fue como la energía de Richelieu bajo el débil Luis XIII.

Holanda es conquistada bajo Pichegru. Un soberano, en verdad el más prudente de todos, Leopoldo, gran duque de Toscana, se digna firmar la paz con la República; la Vendée, que tan cerca había estado de vencer y a la que sólo le faltaba un general o un príncipe de sangre, trata con la Convención. A menudo, desde su advenimiento el 31 de mayo, la *Comuna de París* había gobernado. Esta gran ciudad es demasiado poderosa; le queda el privilegio de elegir el gobierno de Francia en los momentos de crisis. Pero su municipalidad se dividió en doce partes (los doce distritos municipales), y no se volvió a hablar de ello.

Se fundan las escuelas centrales, la Escuela Politécnica; fueron los más hermosos tiempos de la *instrucción pública*.

Muy pronto dio miedo a los gobernantes y, desde entonces, con muy buenos pretextos, siempre se ha intentado malograrla. Hoy se enseña a los niños que *equus* quiere decir caballo; pero se guardan mucho de enseñarles qué es un caballo. Los niños, en su indiscreta curiosidad, podrían acabar preguntando qué es un magistrado y, mucho más, qué debe ser un magistrado. Se intenta formar almas bajas y perfeccionar ciertas enseñanzas parciales; mientras que no hay ningún curso de política, de moral y de lógica. El propio Bonaparte tuvo miedo de la Escuela Politécnica y sólo se decidió a visitarla tras su regreso de la isla de Elba.

El 12 de germinal del año III (1 de abril de 1795), el Partido de la Energía intentó recuperar el poder. Collot d'Herbois, Billaud-Varennes, Barère y Vadier, que lo habían intentado, son deportados y no guillotinados. Prusia, despótica y guerrera, es obligada a pensar en sus provincias de Polonia y firma la paz con la República. En el interior, los bienes de los condenados son devueltos a las familias.

El 1 de prairial del año III, la Convención está de nuevo en peligro; se fuerza su reducto; la cabeza del representante Ferraud es presentada en la punta de una pica al intrépido Boissy d'Anglas, que saluda con respeto la cabeza de su colega.

El Partido de la Energía es rechazado de nuevo. Francia hubiera corrido los mayores peligros; pero el partido débil a quien había correspondido la victoria tiene la fortuna de encontrar al general Bonaparte y sus victorias.

Fue un aplazamiento de tres años; muy pronto ese partido tiene miedo del general y lo manda a Egipto. Entonces, en 1799, Francia está a punto de perecer. Sólo debió su salvación al azar; es decir, a la batalla de Zúrich y a las pequeñeces de los austriacos, que lastimaron el amor propio del salvaje Suwaroff.

Si el sentimiento religioso hubiera tenido cierta energía tras el 9 de thermidor, Francia se habría hecho protestante. Un ciego regreso al pasado hizo que se restituyera al culto católico, es decir, el Partido Monárquico, una fuerza inmensa, con el uso de los edificios que le habían sido arrebatados.

Aun adoptando esta medida, era preciso hacer que se comprara por medio de un concordato; pero se disputaban el poder a golpe de leyes; nadie pensaba en el porvenir.

Los ingleses desembarcan algunos regimientos de emigrados en Quiberon; se ve la curiosa lucha entre el antiguo modo de hacer la guerra y el nuevo. Hoche combate con genio; pero la cólera o la prudencia dinástica del gobierno prevalece sobre la sana política. Era preciso condenar a prisión perpetua a todos aquellos franceses que habían tenido algún grado en la Marina. Tres años más tarde, la expedición de Egipto hubiera tenido éxito.

Los propios ingleses, a pesar de su actitud taciturna y del amargo egoísmo que forja su patriotismo, sintieron vergüenza de aquella expedición.

—La sangre inglesa no se ha derramado —dijo en el Parlamento William Pitt, ese digno ministro de la aristocracia de toda Europa.

—No —respondió Sheridan—, pero el honor inglés ha corrido por todos los poros.

Poco después de la catástrofe de Quiberon,* el 1 de agosto de 1795, Carlos IV de Borbón, rey de España, firmó la paz con la República. El gobierno, en París, no tiene bastante dinero en efectivo para dar al correo que lleva esa noticia la suma que necesita para ir de Perpiñán a Madrid. Tras algunas semanas de espera, el correo vuelve de Perpiñán en la diligencia.

Un decreto de la Convención cierra las sociedades populares, suplemento necesario de los gobiernos en momentos de peligro, y cruel molestia en los períodos tranquilos. Otros decretos derogan la ley de *sospechosos*,** declaran el límite del territorio de la República francesa y, finalmente, proponen a la aceptación del pueblo la constitución del año III, que establece un *Directorio*, un *Consejo de Ancianos* y un *Consejo de los Quinientos*.

Puesto que el terror ha cesado de presionar a los monár-

---

* El 19 de julio de 1795.
** Según la ley, había *simples sospechosos* y *notoriamente sospechosos*.

quicos, en el interior se organizan numerosas conspiraciones. Pichegru vende su alma al príncipe de Condé; envía mil franceses a Mannheim; éstos son aplastados y los supervivientes caen prisioneros. El ejército del Rin vuelve a cruzar el río. El ejército de Sambre-et-Meuse es obligado a seguir ese movimiento. El patriota Jourdan es situado entre Moreau y Pichegru; la República, salvada por Danton, está de nuevo a punto de perecer y, esta vez, sus enemigos han adquirido habilidad y a su gobierno le falta entusiasmo e ingenio.

El Comité de Salvación Pública es sustituido por cinco directores. El primero de ellos, Barras, es un *taimado*, y por esa razón es muy estimado en París. Rewbell, hombre íntegro y trabajador, hubiera sido un buen prefecto; Laréveillère-Lepaux ama la patria y tiene honestos puntos de vista; Carnot dirige las operaciones militares, pero su genio se apocó ante los reproches de crueldad que se le dirigieron, y parece inferior a sí mismo.

Aquel débil gobierno fue salvado de la destrucción sólo por las victorias que el ejército de Italia obtuvo al año siguiente. Sin Napoleón, 1799 se hubiera producido en 1796.

Ésos son los signos precursores del 13 de vendimiario y de la fortuna de Bonaparte. Por tercera vez, el año 1795 ve en peligro la Convención; la propia libertad está en peligro; diríase que su fuerza vital ha terminado con el *Comité de Salvación Pública*. Un descrédito mortal había caído sobre los asignados e incluso sobre los dominios nacionales que los emigrados, a su regreso, reclamaban por todas partes.

Los ejércitos obtenían aún grandes éxitos, porque nunca habían sido más numerosos. Pero sufrían bajas diarias que ya no había modo de reparar. El desaliento penetraba en ellos y, lo peor que podía suceder, los extranjeros ilustrados por los traidores del interior veían ese efecto y se sentían triunfantes.

Mientras esos soldados se aburrían en los Alpes, trescientos mil franceses inundaban Bélgica y el Palatinado, derrotaban a los aliados en Tourcoing, en Fleurus, en Kaiserslautern, a orillas del Ourthe, a orillas del Roër, expulsaban a los ingleses, a los holandeses, a los austriacos y a los prusianos hasta más allá del Rin; entraban victoriosos en Bruselas,

Amberes y Maastricht; cruzaban el Waal y el Mosa sobre el hielo; entraban triunfantes en Amsterdam, antaño amenazada en vano por Luis XIV y Turena. Colonia y Coblenza, antiguo cuartel general de los emigrados, eran ocupadas. Dos ejércitos más, con Dugommier, Pérignon y Moncey al mando, invadían Cataluña y Vizcaya, tras haber obtenido dos resonantes victorias en Figueres y en San Marcial. Finalmente, cien mil hombres sometían con dificultades a los monárquicos de Bretaña y de Vendée.

Francia obtiene éxitos en tierra, pero sufre reveses en el mar. La hambruna desolaba el interior; veinticinco navíos de línea salen de Brest para facilitar la entrada de un gran convoy proveniente de América.

El almirante Howe avanza con veinticinco navíos para impedir la entrada del convoy; el representante del pueblo Jean-Bon-Saint-André obliga al almirante Villaret-Joyeuse a entablar la batalla con jóvenes oficiales, poco experimentados, y viejos capitanes de navío que detestan la República; los marinos combaten con valor, pero el orden y la tranquilidad de los ingleses prevalecen sobre una valentía mal conducida. Perdemos siete buques, capturados o hundidos, y la flota del océano se ve reducida a la inactividad por la batalla de Ouessant, al igual que la del Mediterráneo por el incendio de Toulon.

Entretanto, el bravo Kosciuszko intentaba en vano defender su patria. La energía de las medidas interiores no se corresponde con la bravura de los soldados; Polonia no tiene a Carnot ni a Danton y deja de existir.

El 9 de thermidor se produce en Francia; Robespierre desaparece; la energía republicana deja, poco a poco, de animar el gobierno; los monárquicos tienen la esperanza de apoderarse de él y destruir la libertad, con la ayuda de las formas protectoras que se habían dado al pueblo. Carnot había dejado la dirección de la guerra; España y Prusia habían firmado la paz.

La leva en masa, que bajo Danton salvó la República, había producido una multitud de cuerpos: se encargaron de amalgamarlos y de formar un ejército regular.

Sieyès ordena que se decrete la Constitución del año III,

que establece una cámara de quinientos miembros y un Consejo de Ancianos, compuesto por trescientos, como cámara de revisión. Estos consejos debían renovarse, por tercios, todos los años. El poder ejecutivo se confía a un Directorio de cinco miembros, renovándose por quintos cada año.

Pero el enfermo no había llegado a la convalecencia y el régimen de salud no le convenía aún. La Convención vio que los monárquicos iban a apoderarse de las elecciones; la reacción era inminente. La Convención publicó dos decretos por medio de los cuales los dos tercios de sus miembros debían entrar en los consejos, y los parientes de emigrados no podían ser elegidos para las funciones legislativas.

El gobierno revolucionario había salvado el territorio de la invasión extranjera; había sido una necesidad, pero una necesidad cruel. El público formado en sus puntos de vista por el despotismo corrupto de Luis XV, nada comprendía de las ventajas de la libertad. Por lo demás, estas ventajas estaban sólo en germen y no se parecían en absoluto a las utopías soñadas en 1789.

Con los emigrados de regreso y los agentes pagados por Inglaterra, los monárquicos aprovecharon el odio que los jacobinos inspiraban a las clases acomodadas para levantar toda la población de París contra un decreto que parecía hecho para perpetuar su imperio. La rica burguesía que llevó a cabo el movimiento de vendimiario, estaba muy lejos de ver que la revolución tendía a ponerla en el lugar de la nobleza, como se vio en el senado de Napoleón y en la cámara de los pares de Luis XVIII y de Luis-Felipe.

El 13 de vendimiario, de las cuarenta y ocho secciones de París treinta, por lo menos, no querían decretos ni convencionales. Cada cual tenía su batallón de la Guardia Nacional bien armado; los agentes pagados por Inglaterra daban al conjunto un movimiento que se combinaba con la llegada del conde de Artois a Vendée. Si los austriacos no hubieran tenido ciento cincuenta mil hombres a las puertas de Estrasburgo y los ingleses cuarenta naves ante Brest, tal vez Napoleón se habría puesto al lado de las secciones; pero cuando el territorio se ve amenazado, el primer deber de todo ciudadano es unirse a los que llevan el timón. Por lo demás, en su condición de general estimado, Napoleón tenía una plaza fija a la cabeza de las tropas. Arrojándose entre los hombres de las secciones, se habría visto rivalizando con abogados charlatanes, la clase de hombres que siempre le fue más antipática.

Napoleón toma el mando bajo Barras; tenía cuarenta piezas de artillería y cinco mil hombres; más mil quinientos patriotas de 1789, organizados en tres batallones.

El 13 de vendimiario del año IV (4 de octubre de 1795), los hombres de las secciones marcharon sobre la Convención. Una de sus columnas, llegando por la calle Saint-Honoré, acabó atacando. Le respondieron con metralla; los hombres de las secciones huyeron; quisieron resistir en las escaleras de la iglesia de Saint-Roch; sólo se había podido hacer llegar una pieza a la calle Dauphin, muy estrecha por aquel entonces; la pieza abrió fuego contra aquellos miembros de la Guardia Nacional, poco aguerridos, que se dispersaron dejando algunos muertos. Todo hubo terminado en media hora. La columna que marchaba a lo largo del quai Voltaire, para atacar el Pont-Royal, mostró mucho valor pero no fue más afortunada.

Aquel acontecimiento, tan pequeño en sí mismo y que ni siquiera costó doscientos hombres en cada bando, tuvo grandes consecuencias; impidió que la revolución retrocediera. Napoleón fue nombrado general de división y, muy pronto, general en jefe del ejército del interior.

En París, esa patria de la moda, les parecía ridícula aquella energía con cuya ayuda había salvado la libertad, durante tres años; eran los buenos tiempos del *Baile de las víctimas*. Para ser admitido en él, era preciso demostrar que se había perdido a un padre o a un hermano en la guillotina. Estaban hartos de tristeza y seriedad; juzgaban aquellos sentimientos como algo totalmente trasnochado.

El Partido Monárquico, cuya aniquilación había emprendido Robespierre, volvió a levantarse, lleno de insolencia ante los hombres que el 9 de thermidor lo habían salvado.

La República iba a aparecer; he aquí la ocasión de la crisis: la Constitución de 1791 cayó a consecuencia del decreto de la Constituyente que, con una generosidad desmedida, había decidido que ninguno de sus miembros podría ser reelegido para la siguiente asamblea.

La Convención recordó aquella falta. Tras la Constitución del año III, apareció una primera ley en virtud de la cual los miembros de la Convención debían formar los dos tercios del Consejo de los Quinientos y del Consejo de Ancianos.

Una segunda ley decidía que, por esa vez, sólo un tercio de los dos consejos sería por nombramiento de las asambleas electorales. Una tercera ley sometía las dos precedentes, como inseparables del nuevo acto constitucional, a la aceptación del pueblo.

El Partido Monárquico, reunido en el extranjero, había contado con una legislatura compuesta por monárquicos o antiguos patriotas, a los que se podría comprar, como se había comprado a Pichegru. Así se habría destruido la libertad basada en los derechos asignados al pueblo y que era conveniente desacreditar ante la gente bienpensante.

Cuando aparecieron algunas leyes adicionales, ese partido que sabe utilizar la hipocresía se deshizo en declamaciones republicanas sobre la pérdida de la libertad, arrebatada al pueblo por la Convención. ¡Cómo! ¡Una Convención que no tenía otro objetivo que proponer una Constitución, se atrevía a usurpar los poderes del cuerpo electoral, es decir, de la propia nación!

De las cuarenta y ocho secciones que componían la Guardia Nacional en París, cada una de ellas con un batallón armado y equipado, sólo cinco eran fieles a la República; cuarenta y tres secciones se levantaron y se reunieron en asambleas armadas y deliberantes.

En el seno de esas asambleas brillaron el joven Lacretelle, Regnaud de Saint-Jean d'Angely, Vaublanc, Serisy, Laharpe, etc. Las cuarenta y tres secciones rechazaron las leyes adicionales.

Para los patriotas, la Constitución del año III era mejor que todos los intentos precedentes: era un gran paso hacia el gobierno que le convenía a Francia.

Los comités secretos que dirigían el partido del extranjero no daban la menor importancia a unas formas que no deseaban mantener.

Ese partido mostraba mucha insolencia; se veía a la cabeza de una Guardia Nacional formada por cuarenta mil hombres, armados y uniformados, entre los que había muchos antiguos oficiales muy valientes y monárquicos redomados. Pensaban que sería fácil engañar a la Guardia Nacional y hacerla servir para derrocar la República.

La Convención sólo tenía tres o cuatro mil hombres que oponer a la Guardia Nacional y esos soldados podían ser seducidos; en ese caso, todos los convencionales que se distinguieran por la energía de sus opiniones podrían muy bien ser declarados *fuera de la ley* y enviados al suplicio: se trataba de una lucha a muerte.

El 23 de septiembre, la Convención proclamó la aceptación de la Constitución y de las leyes adicionales por la mayoría de las asambleas primarias de la República.

El 24, una asamblea de electores, hostiles a la Convención y, a nuestro entender, también a la libertad, se reunió en el Odeón.

El 2 de octubre (10 de vendimiario del año IV), esa asamblea ilegal es disuelta por la fuerza. Comienza la guerra. La sección Lepelletier, que se reunía a menudo en el convento de las Filles Saint-Thomas (al que sucedió el palacio de la Bolsa), se muestra muy indignada por el cierre del Odeón; la Convención ordena que se cierre el convento y que la sección sea desarmada.

Capítulo IV

Napoleón toma el mando del ejército de Italia cuando llega a Niza el 27 de marzo de 1796. Indigencia absoluta de ese ejército. Bonaparte exige al Senado de Génova una reparación por el atentado cometido contra la fragata La Modeste. Beaulieu sustituye a Devins en el mando del ejército austriaco en Italia. La campaña se inicia el 10 de abril de 1796. Montenotte. Millesimo. Dego. Saint-Michel. Mondovi. Armisticio de Cherasco.

El 27 de marzo de 1796, el general Bonaparte llegó a Niza. El ejército activo de Italia contaba con cuarenta y dos mil hombres, treinta y ocho mil de los cuales estaban presentes ante el enemigo. El ejército de los Alpes, al mando de Kellermann, ocupaba Saboya y las montañas del Delfinado hacia Briançon. El enemigo contaba con ochenta mil hombres, austriacos y sardos, extendidos por la línea del Mont-Blanc al golfo de Génova.

El ejército francés estaba expuesto desde hacía mucho tiempo a horribles privaciones; a menudo faltaban los víveres y aquellos soldados, situados en las cumbres de los Alpes y que pasaban ocho meses del año en medio de las nieves, carecían de calzado y de vestido; la mitad de los soldados llegados de los Pirineos después de la paz con España habían sucumbido en los hospitales o en el campo de batalla. Los piamonteses los llamaban héroes harapientos. Desde hacía tres años el fusil se disparaba en Italia por el mero hecho de que estaban en guerra; aunque sin objetivo alguno y como para tranquilizar su conciencia. Napoleón encontró en ese ejército al general Masséna que, el 2 de noviembre anterior y al mando nominal del general Schérer, había ganado la batalla de Loano contra el ejército austriaco, mandado por el general Devins; encontró al ejército desplegado del modo más ridículo, estaba encaramado en las áridas cimas de los Apeninos; desde Savona hasta Ormea. Sus comunicaciones con Francia seguían la orilla del mar, en una línea paralela a la del enemigo. Si éste atacaba por su flanco derecho, las comunicaciones se interrumpían.

El ejército de Niza tenía dos caminos para atravesar las montañas y entrar en Italia; uno atraviesa la gran cordillera de los Alpes, por el collado de Tende: es la gran carretera de Turín por Coni. La otra ruta es el famoso camino de la Cornisa que, por aquel entonces, en cien lugares, sólo ofrecía un paso de tres o cuatro pies de ancho entre inmensos roquedales cortados a pico y el mar. Cuando esa ruta se alejaba algunas toesas del mar, consistía en ascensos y descensos de extremada rapidez. Esta ruta, tan incómoda entonces, desembocaba en el paso de la Bocchetta. Hay un tercer camino que lleva de Oneille a Ceva: es bueno para la artillería.

Desde las operaciones dirigidas en 1794 por Bonaparte, que mandaba la artillería, el ejército de Italia, dueño del collado de Tende, habría podido bajar hacia Coni, si se hubiera puesto de acuerdo con el ejército de los Alpes.

El poco pan que el ejército tenía se lo proporcionaban los mercaderes genoveses.

Bonaparte lo encontró distribuido como sigue: la división Maquart, compuesta por tres mil hombres, custodiaba el collado de Tende; la división Serrurier, de cinco mil hombres, ocupaba la carretera de Ceva.

Las divisiones de Masséna, Augereau y Laharpe, formadas por treinta y cuatro mil hombres, se encontraban en los alrededores de Loano, Finale y Savona. La división Laharpe hizo avanzar su vanguardia hacia Voltri, para asustar a los aristócratas de Génova y asegurar las comunicaciones con aquella gran ciudad a la que los soldados llamaban la madre nutricia.

Desde hacía cuatro años, el cuartel general administrativo había permanecido cómodamente establecido en Niza; el general en jefe hizo que lo siguiera a Albenga, por el penoso camino de la Cornisa. Esa expeditiva gestión extrañó a todo el mundo y encantó a los soldados. A pesar de la miseria excesiva a la que los abandonaban, aquellos jóvenes republicanos sólo respiraban amor por la patria y por los combates. Se reían al ver sus uniformes hechos jirones. Los mandatos que se daban a los oficiales no valían ni diez francos al mes; vivían y marchaban como soldados.

El general Bonaparte exigió al Senado de Génova, como reparación por el atentado cometido en su puerto contra la fragata La Modeste tomada por los ingleses, que dejara pasar al ejército francés por la ciudad y por el collado de la Bocchetta. A cambio, le prometía alejar para siempre de su región el escenario de la guerra.

La oligarquía de Génova, que detestaba a los franceses, se apresuró a comunicar su petición al general en jefe austriaco. Ese comunicado podía tener por efecto que toda el ala izquierda de los austriacos fuera atraída hacia el collado de la Bocchetta. Ese movimiento, que colocaría el grueso de las fuerzas enemigas en los dos extremos de su línea, en Ceva y hacia Génova, ofrecería un centro aislado a los ataques de los franceses.

El consejo áulico había sustituido al general Devins, derrotado en Loano, por Beaulieu, anciano casi octogenario, famoso por su valor y su carácter emprendedor; aunque muy mediocre, por otra parte. Su ejército estaba al completo y contaba con cincuenta mil hombres; se distribuía desde Coni y el pie del collado de Tende hasta la Bocchetta, hacia Génova.

Tal vez porque Beaulieu se enterara por el Senado de Génova de la petición del general francés, o tal vez por puro azar, Beaulieu marchó sobre Génova con el tercio de su ejército; quería apoderarse de Génova y ponerse en comunicación con Nelson y Jervis, que se encontraban en aquellos parajes con una escuadra inglesa.

Si Beaulieu hubiera tenido la menor idea de su oficio

de general en jefe habría actuado en masa contra el ala izquierda de los franceses, que hubieran sido obligados a retirar apresuradamente todo lo que tenían del lado de Génova.

El 10 de abril de 1796 comenzó esa célebre campaña de Italia.

El propio Beaulieu bajó de los Apeninos por la Bocchetta a la cabeza de su ala izquierda.

Bonaparte le dio el gusto de desalojar su pequeña vanguardia, en Voltri, y entretanto se apresuró a reunir el grueso de sus fuerzas contra el centro austriaco, que había avanzado desde Sassello, sobre Montenotte. Ese punto estaba defendido por tres reductos conocidos por el juramento que el coronel Rampon hizo prestar a la 32ª semibrigada, mientras los austriacos la atacaban con furor. Por lo demás, si el general Argenteau hubiera vencido y descendido hasta Savona, su derrota hubiera sido aún más completa: por la noche, todas las fuerzas francesas se dirigieron hacia aquel punto.

El 12 de abril, d'Argenteau se vio atacado de frente y desde la retaguardia, por fuerzas superiores; fue vencido y arrojado hacia Dego. El ejército francés había cruzado los Apeninos. Bonaparte decidió volverse contra los piamonteses para intentar separarlos de Beaulieu; el general Colli, que los mandaba, ocupaba el campamento de Ceva. El general Provera, situado con un pequeño cuerpo austriaco entre Colli y d'Argenteau, ocupaba las alturas de Cosseria. Bonaparte dirigió contra él las divisiones Masséna y Augereau. Laharpe había sido reservado para observar a Beaulieu, que cometió el error de mantenerse tranquilo.

El 13, la división Augereau forzó las gargantas de Millesimo. Provera, vencido y rodeado por todas partes, se vio obligado a buscar refugio en las ruinas del castillo de Cosseria y depuso las armas el 1 por la mañana, con los mil quinientos granaderos a su mando.

Beaulieu, muy sorprendido ante las noticias que le llegaban, se apresuró a dirigirse a Acqui y envió directamente parte de sus tropas a través de las montañas, a Sassello. D'Argenteau ocupaba Dego; Bonaparte lo atacó allí, a la cabeza de las divisiones Masséna y Laharpe. Las tropas austriacas combatieron muy bien pero, gracias a las combinaciones del general en jefe, los franceses eran superiores en número. El enemigo se retiró en desorden hacia Acqui, abandonando veinte piezas de artillería y muchos prisioneros.

Una vez ganada la batalla, el general Wukassowich, que acudía por Sassello con la intención de reunirse con d'Argenteau, al que creía aún en Dego, cayó en medio de los franceses. Aquel hombre valeroso, en vez de desalentarse, se arrojó contra la guardia de los reductos de Magliani, tomó el objetivo y empujó a la asustada guarnición hasta Dego. Los franceses se quedaron por completo sorprendidos; pero el bravo Masséna, notable por la constancia que mostraba ante los reveses, reunió a los fugitivos y destruyó casi por completo aquel cuerpo de cinco batallones.

Derrotados los austriacos, el general en jefe atacó de nuevo a los piamonteses con las divisiones Augereau, Masséna y Serrurier. Los piamonteses disfrutaron de unos instantes de éxito en Saint-Michel contra la división Serrurier; habían evacuado el campamento de Ceva y, finalmente, fueron empujados hasta el otro lado del Stura.

El 26, las tres divisiones francesas se reunieron en Alba. Una batalla postrera podía entregarles la posesión de Turín, que sólo distaba diez leguas.

Pero Bonaparte no tenía cañones de asedio, y los asedios no se adecuan en absoluto al genio de los franceses; los generales enemigos no dieron ningún crédito a estas dos ideas. Se creyeron perdidos; no vieron la estupenda posición del Stura, flanqueado a la derecha por la importante fortaleza de Coni y a la izquierda por Cherasco, que estaba al abrigo de un golpe por mar. Tras el Stura, Colli podía hacer que se le unieran mil piamonteses, esparcidos por los valles adyacentes, así como Beaulieu, que disponía de más de veinte mil hombres. A los aliados les bastaban dos días de vigor, de actividad y de decisión para que todo quedara cuestionado. ¿Y si eran derrotados? La admirable plaza de Turín estaba allí para recibir, en caso de revés, a un ejército vencido que aún no se hubiera quedado sin recursos, puesto que Austria no carecía de medios para socorrerlo. En todo caso, Turín era inexpugnable para un ejército que no tuviera equipamiento de asedio.

Apenas los franceses habían ocupado Alba cuando los demócratas piamonteses organizaron un comité regenerador que lanzó proclamas al pueblo del Piamonte y de Lombardía, amenazadoras para los nobles y los sacerdotes, alentadoras para los pueblos.

El efecto sobrepasó lo que esperaban los franceses; el desorden y el terror llegaron al límite en Turín; el Rey no tenía ningún hombre superior en sus consejos. La corte tuvo miedo de los jacobinos piamonteses y por mucho que Beaulieu hubiera marchado de Acqui sobre Nizza para reunirse con Colli, se creyó perdida, sin recursos, y un ayuda de campo fue a pedir la paz al general Bonaparte en nombre del Rey. Éste vio colmados sus deseos. Sus espías le comunicaron que, tras las más vivas discusiones, en las que los ministros del Rey y, sobre todo, el marqués de Albarey, apoyaban al partido de la guerra, el cardenal Costa, arzobispo de Turín, hizo que el Rey se decidiera por la paz.

Resulta increíble que, antes de entregarse a esa precipitada gestión, el Rey no recordara lo que su antepasado Víctor-Amadeo había hecho en 1706.

Si el Rey, llamando de los Alpes a una parte de las tropas del príncipe de Carignan, hubiera resistido en Turín, en Alessandria, en Valenzia, cuyos asedios los franceses no estaban en condiciones de emprender, a éstos les hubiera sido imposible dar un paso más. Si a la coalición le hubiera parecido apropiado hacer llegar algunos refuerzos sacados del Rin, los franceses podían ser perfectamente expulsados de Italia.

El genio de Bonaparte privaba a sus enemigos de una parte de su juicio y condujo al Rey, sin duda, a pedir vergonzosamente la paz a un ejército que carecía de artillería, de caballería y de calzado. Suponiendo, por un instante, que esas mismas ventajas hubieran sido obtenidas por Moreau, Jourdan o cualquier otro general mediocre, se advertirá enseguida que el rey de Cerdeña no se hubiera puesto a su disposición.

Bonaparte no estaba autorizado para tratar la paz; pero en el armisticio de Cherasco hizo que le entregasen las plazas de Coni, Alessandria y Ceva; el Rey se comprometía a retirarse de la coalición. Bonaparte, que sentía que del rey de Cerdeña dependía sólo su marcha hacia el Adigio, insinuó al conde de Saint-Marsan, su enviado a Cherasco, que lejos de estar dispuestos a derribar los tronos y altares, los franceses sabrían protegerlo, incluso contra los jacobinos del país si era ése su interés. Por desgracia, el Directorio nunca pudo comprender esta idea que durante un año Bonaparte le estuvo presentando de todas las maneras.

En quince días había hecho más que el antiguo ejército de Italia en cuatro campañas. El armisticio con el Piamonte ponía al alcance de sus golpes el ejército de Beaulieu y, sobre todo, daba al suyo una base razonable. Si era derrotado, ahora podía buscar refugio ante Alessandria y si, en ese caso, el Rey violaba el tratado, él podía perfectamente hacer que se arrepintiera apoyando a los jacobinos piamonteses.

Pero como nuestro objetivo no es tanto dar a conocer las cosas como al propio Bonaparte, ofreceremos su relato de esta brillante campaña; reveló ante Europa a un hombre del todo distinto a los personajes marchitos que sus envejecidas instituciones y sus gobiernos, presos de la intriga, colocaban en los más altos puestos.

La aparición de Napoleón en el ejército como general en jefe creó una verdadera revolución en las costumbres; el entusiasmo republicano había permitido mucha familiaridad en las maneras. El coronel vivía amistosamente con sus oficiales. Esta costumbre puede producir insubordinación y ocasionar la pérdida de un ejército. El almirante Decrès contaba que supo en Toulon del nombramiento del general Bonaparte al frente del ejército de Italia; lo había tratado mucho en París y creía tener plena familiaridad con él. «Así pues, cuando sabemos que el nuevo general va a cruzar la ciudad, me ofrezco de inmediato a todos los camaradas, para presentárselos, haciendo valer mis vínculos. Acudo, lleno de impaciencia y de alegría; el salón se abre, estoy a punto de precipitarme cuando la actitud, la mirada, el sonido de su voz bastan para detenerme. Sin embargo, no había en él nada de injurioso; pero fue suficiente. A partir de entonces, nunca he intentado franquear la distancia que se me había impuesto».

Al tomar el mando del ejército de Italia, Napoleón, a pesar de su extremada juventud y de la poca antigüedad de su grado de general de división, supo hacerse obedecer. Subyugó al ejército con su genio más que con complacencias personales. Fue severo y poco comunicativo, sobre todo con los generales; la miseria era extrema, la esperanza había muerto en el corazón de los soldados; supo reavivarla; muy pronto fue amado por ellos; entonces su posición quedó asegurada con respecto a los generales de división.

Su juventud estableció una singular costumbre en el ejército de Italia: tras cada batalla, los más valientes soldados se reunían en consejo y concedían un nuevo grado a su joven general. Cuando regresaba al campamento, era recibido por los bigotudos veteranos que lo saludaban con su nuevo título. Fue nombrado cabo en Lodi: de ahí el apodo de *pequeño cabo* que durante mucho tiempo recibió Napoleón entre los soldados.

Capítulo V

Consideraciones sobre la situación y las operaciones de
los ejércitos franceses en Alemania, en 1796. Pichegru.
Moreau. Jourdan.

Es conveniente dar una rápida ojeada a lo que hacían en Alemania los ejércitos franceses mientras Napoleón conquistaba Italia.

Después de que Pichegru hiciera derrotar, adrede, una división de su ejército, se produjo un armisticio. Pichegru se dirigió a París y se quejó enérgicamente al Directorio del estado de indigencia en que se dejaba al ejército del Rin. El Directorio, que no quería que los generales se acostumbraran a adoptar ese tono, respondió a Pichegru que si la carga le parecía demasiado pesada, podía renunciar.

Pichegru se retiró y el ejército, que no tenía el menor conocimiento de la traición de su general, creyó que sólo había sido sacrificado por haber defendido con excesivo ardor sus intereses.

Moreau sustituyó a Pichegru en el ejército del Rin; se denunció el armisticio; cruzó el Rin y triunfó el 9 y el 10 de junio de 1796.

Por su lado, el ejército de Sambre-et-Meuse, al mando de Jourdan, tras haber cruzado el Rin en Düsseldorf, se había dirigido hacia Bohemia. Por timidez natural, envidia hacia su colega o por falta de instrucciones, Moreau desdeñó los numerosos pasos que existen sobre el Danubio, de Donawerth a Ratisbona. El archiduque Carlos ejecutó entonces la hermosa maniobra que dio base a su reputación. Evitó a Moreau, cruzó el Danubio y se unió a las tropas austriacas que se retiraban ante el ejército de Sambre-et-Meuse; tomó de nuevo la ofensiva, derrotó a Jourdan en Wetzlar el 15 de junio de 1796 y lo persiguió hasta las orillas del Rin, sin que a Moreau se le ocurriese nunca imitar el movimiento de su adversario e ir a socorrer a Jourdan.

En vez de cruzar de nuevo hacia la orilla izquierda del Danubio, intentar unirse al ejército de Sambre-et-Meuse o, al menos, atacar al archiduque como pudiera, tuvo el valor de retirarse con su hermoso ejército que tenía más de ochenta mil combatientes y, cosa singular que demuestra perfectamente el valor de la opinión pública en Francia, esa retirada estuvo de moda y la gente sabia la prefiere, con mucho, a las batallas de Castiglione y de Arcole; cierto es que como el ejército de Moreau era muy fuerte, primero ganó una batalla al retirarse. Pero, más tarde, le dio tiempo al archiduque para volver a atacarlo. En París, ese ejército de ochenta mil hombres se creía perdido cuando, de pronto, supieron que había vuelto a cruzar el Rin por el puente de Huningue. El entusiasmo por Moreau y su retirada fue general y todavía dura.

Esa increíble maniobra fue seguida por el asedio del sitio de Kehl, donde los generales de división Desaix y Gouvion-Saint-Cyr se inmortalizaron y cuyos admirables detalles deben leerse en las memorias de este último. A Moreau nunca se le ocurrió volver a cruzar el Rin y dirigirse con rapidez contra la retaguardia del archiduque.

Eso es lo que hacían los ejércitos de la República en el Norte mientras Napoleón obtenía tantas victorias en Italia. Por eso el ejército austriaco del Rin pudo mandar a Wurmser con veinte mil hombres de élite al ejército austriaco del Adigio.

Por eso, en marzo de 1797, pudo mandar tres divisiones con el archiduque Carlos al ejército austriaco del Tagliamento.

A comienzos de 1797, ¿el Directorio fue sólo torpe, como de costumbre, o temiendo las victorias de Napoleón evitaba aposta crear una diversión en el Rin?

De cualquier modo, tras unos retrasos para mí inexplicables, el Directorio decidió por fin llevar sus ejércitos a la orilla derecha del Rin. Cruzaron el río con osadía y ya estaban teniendo éxito cuando vieron llegar, desde los puestos avanzados austriacos, a un oficial francés como parlamentario. Era el general Leclerc que llegaba de Leoben, por Alemania, aportando los preliminares de paz. Si la fama de Bonaparte no hubiera inspirado temor por la libertad, hubiera sido preciso llamarlo de Italia tras el paso de los Alpes que siguió al del Tagliamento, y darle el mando del ejército del Rin.

Capítulo VI

Paso del puente de Lodi

Al día siguiente del armisticio de Cherasco, Bonaparte, deseando aprovechar el asombro del general Beaulieu, se puso en marcha con sus cuatro divisiones y las llevó a Alessandria. Por su lado, Beaulieu, tras haber vuelto a pasar el Po por el puente de Valenzia, que cortó, tomó posiciones con sus principales fuerzas. El general francés había cuidado de hacer que incluyeran en el armisticio con el rey de Cerdeña que podía atravesar el Po por los alrededores de Valenzia; esa sencilla artimaña le granjeó un gran éxito. Fiel al antiguo sistema de guerra, Beaulieu imaginó que los franceses no dejarían de atacarlos de frente, en Ticino, mientras podían actuar en su retaguardia, y de ese modo ganar mucho terreno. Para mantenerlo en esa idea, un destacamento fingió atravesar el Po en Cambio; entretanto, el ejército se dirigía rápidamente hacia su derecha.

El propio Napoleón conducía su vanguardia, y el 7 de mayo llegó a Piacenza; las divisiones, escalonadas, se seguían unas a otras de muy cerca. Era preciso acelerar la empresa, pues la marcha era peligrosa. Se trataba de una *marcha de flanco* en toda regla; cierto es que Napoleón estaba cubierto por un gran río; pero Beaulieu podía tener pontones y caer sobre la parte del ejército que estaba en Piacenza o sobre la división que formaba el último peldaño. Fue el inicio del joven general en las operaciones de gran guerra.

El Po es casi tan ancho como el Rin, y el ejército no tenía modo alguno de cruzarlo. No se trataba de construir un puente. Y es preciso repetir que no había medio alguno, de ningún tipo.

Esa completa indigencia alimentaba las falsas ideas del general Beaulieu, y se compadecía de la temeridad del general francés.

Algunos oficiales enviados al río detuvieron todos los barcos que pudieron encontrar en Piacenza y los alrededores. Los reunieron y el jefe de brigada Lannes pasó el primero, con una vanguardia de setecientos hombres; los austriacos sólo tenían algunos escuadrones en la otra orilla. Fueron barridos fácilmente y el paso prosiguió sin obstáculos, aunque muy lentamente. Si Bonaparte hubiera tenido un equipo de puente, el ejército enemigo estaba listo.

Beaulieu, informado por fin del movimiento de los franceses en Piacenza, maniobró para oponerse a él. Pero en vez de cargar vigorosamente contra la parte del ejército francés que habría encontrado en la orilla izquierda del Po, el viejo general sólo tomó medidas parciales. Se le ocurrió extender su ala izquierda hacia el Adda, sin abandonar por ello la línea de Ticino, donde dejó su ala derecha.

El 8 de mayo, el general Liptay, que mandaba el ala izquierda, fue a establecerse en Fombio, frente a la vanguardia francesa.

Era imposible que todo el ejército austriaco siguiera de cerca a Liptay; de modo que era preciso atacarlo sin demora. Ese importante ataque fue llevado a cabo con vigor; el coronel Lannes se distinguió en grado sumo; mostró en él ese ímpetu, ese empecinamiento que, unidos al arte de movilizar grandes masas que adquirió más tarde, acabarían convirtiéndolo en uno de los primeros generales del ejército. Liptay fue derrotado, separado de Beaulieu y empujado hacia Pizzighetone.

Durante la noche que siguió a ese episodio, Beaulieu llegó al terreno donde su lugarteniente acababa de ser derrotado; sus merodeadores, impacientes por llevar a cabo la conjunción, se presentaron en Codogno, que ocupaba el general Laharpe con su división. Los rechazó fácilmente, luego salió, con escasos efectivos, para reconocer la fuerza del cuerpo enemigo. Cuando regresaba, sus soldados dispararon en la oscuridad y mataron a su general: cayeron en la desesperación.

Siempre fiel a sus antiguas máximas de guerra, Beaulieu había diseminado el cuerpo que dirigía; desconcertado por la presencia de fuerzas superiores, sintió que no podía adoptar otra decisión que la de concentrar todo su ejército hacia Lodi, donde había un puente sobre el Adda. Su ala derecha, que estaba aún en Pavía, hubiera caído prisionera en su totalidad si los franceses hubiesen tenido pontones. Esa ala derecha se apresuró a cruzar el Adda en Cassano, detrás de Milán.

Bonaparte podía apoderarse de esa gran ciudad, lo cual hubiera causado un gran efecto en París, pero le pareció más razonable lanzar un ataque sobre Lodi con los granaderos reunidos y las divisiones Masséna y Augereau; protegió su flanco derecho e izquierdo con las otras dos divisiones de su ejército.

El 10 de mayo llegó ante Lodi: Beaulieu se había retirado ya a Crema, pero había dejado al general Sebottendorf, con diez mil hombres, para defender las riberas del Adda. Los austriacos no creyeron necesario destruir el puente de Lodi que, con una longitud de cincuenta toesas, era defendido por veinte piezas de artillería y diez mil hombres.

Bonaparte conocía a su ejército; nada podía ser superior a la bravura de aquellos jóvenes patriotas; quiso ofrecerles la gloria de una acción que resonaría en toda Europa.

Decidió pasar a viva fuerza el puente de Lodi; se determinó a ello con facilidad porque si era rechazado sólo tendría que lamentar algunos centenares de hombres; aquel fracaso no podía tener la menor influencia en el resto de la campaña.

Hizo desalojar con rapidez un batallón y algunos escuadrones enemigos que ocupaban la ciudad de Lodi; persiguiéndolos con ardor, los franceses llegaron hasta el puente situado justo a las afueras, al este de la ciudad, a pocos pasos de la muralla: los trabajadores enemigos no tuvieron tiempo de cortarlo.

Por la tarde, hacia las cinco, Napoleón formó a sus granaderos en prieta columna tras la muralla y los lanzó hacia el puente. Esa masa, acogida por una granizada de metralla, tuvo unos momentos de vacilación; los generales se lanzaron a la cabeza y los empujaron con su ejemplo. Durante el momento de vacilación, algunos soldados se habían deslizado por los pilares del puente hacia una isla que se encontraba en medio del río; corrieron hasta el segundo brazo del Adda que les pareció vadeable. Llegaron a la ribera opuesta, se desplegaron, y se apostaron como tiradores por el llano, como si fueran a rodear la línea austriaca.

En aquel momento la masa de los granaderos pasaba el puente a paso de carga; lo derriban todo, se apoderan de las baterías enemigas y dispersan los batallones austriacos situados cien pasos más allá.

El general enemigo se replegó hacia Crema, perdiendo quince piezas de artillería y dejando fuera de combate a dos mil hombres.

Aquella acción que podía comprender todo el mundo, incluso los no militares, impresionó al público por su extremada audacia. En un mes, el *paso del puente de Lodi* fue tan célebre en Alemania e Inglaterra como en Francia. Un tosco grabado de madera que representa ese célebre puente, con los personajes más grandes que la construcción, todavía puede verse en los *gaschaus* de las pequeñas villas más retiradas del norte de Alemania.

Las consecuencias inmediatas del combate de Lodi fueron la ocupación de Pizzighetone que fue neutralizada por un nutrido fuego de artillería, y la retirada de Beaulieu hacia el Mincio.

Bonaparte no lo persiguió. Es cierto que desde hacía un mes sus tropas estaban en continuo movimiento; carecían de todo, en especial de calzado y uniforme. Sin embargo, no hubiera sido del todo imposible hacerles realizar ocho marchas más. Al parecer era preciso, imprescindible, intentar sorprender Mantua, que los austriacos sólo habían previsto armar y aprovisionar después del armisticio de Cherasco. Cierto es que al día siguiente del combate de Lodi, Beaulieu había hecho inundar la plaza; pero para una captura de semejante importancia debía intentarse todo, excepto la pérdida de una batalla; ahora bien, Beaulieu ya no estaba en condiciones de ganar una batalla. Sólo su caballería seguía siendo temible. Por tanto, el ejército francés sólo se arriesgaba a una marcha inútil de Cremona a Mantua, y ambas ciudades sólo distan trece leguas.

Sé que cuando no se tiene un conocimiento personal de todo lo que ocurría en un ejército, resulta temerario reprochar a un general que no se atreviera a emprender determinada marcha o determinada maniobra que, desde fuera, parece fácil. A menudo existía un obstáculo invencible que el general se guardó mucho de mencionar para no desalentar a su ejército o aumentar la osadía del enemigo. Pero durante ocho meses y medio Mantua fue el pensamiento dominante del general francés, y veremos lo que estuvo a punto de costarle.

Puesto que mi objetivo es dar a conocer a Napoleón más que los acontecimientos, creo que no debo privar al lector del relato que él mismo hizo de las operaciones militares que siguieron al armisticio de Cherasco. Yo he compuesto el sumario que se acaba de leer, para que hubieran las menos repeticiones posibles.

Capítulo VII

Miserable estado del ejército de Italia. Carta de Napoleón al Directorio, el 14 de mayo de 1796. Milán, Lombardía, sus costumbres, su disposición para con los franceses. Revuelta en Pavía. Bonaparte abandona Milán el 24 de mayo. El 30, el ejército francés cruza el Mincio. Beaulieu se retira más allá del Adigio.

Confesaré al lector que he renunciado a cualquier nobleza de estilo. Para dar una idea de la miseria del ejército, ¿me permitirá el lector contar la de un teniente amigo mío?

El señor Robert, uno de los más apuestos oficiales del ejército, llegó a Milán el 15 de mayo por la mañana y fue invitado a cenar por la marquesa de A..., para cuyo palacio había recibido una nota de alojamiento. Se arregló cuidadosamente, pero carecía por completo de calzado; como de costumbre, cuando entraba en las ciudades, disponía de unos empeines bien lustrados por su ordenanza; los ató cuidadosamente con unos cordones; pero carecían por completo de suelas. La marquesa le pareció tan hermosa y sintió tanto temor de que su pobreza fuera descubierta por los lacayos vestidos con magníficas libreas que servían la mesa que, al levantarse, les dio disimuladamente un escudo de seis francos: era todo lo que tenía en el mundo.

El señor Robert me juró que, entre los tres oficiales de su compañía, sólo tenían un par de zapatos pasables, provenientes de un oficial austriaco muerto en Lodi, y en todas las semibrigadas ocurría lo mismo.

Lo cierto es que hoy costaría hacerse una idea de la indigencia y la miseria de aquel antiguo ejército de Italia. Las caricaturas más grotescas, fruto del genio inventivo de nuestros jóvenes dibujantes, se quedan muy por debajo de la realidad. Baste una reflexión: los ricos de aquel ejército cobraban en asignados y los asignados carecían por completo de valor en Italia.

¿Se me permitirá, asimismo, ofrecer algunos detalles más vulgares? Y es que, en verdad, no sabría cómo plasmar mi pensamiento con poderación. Dos oficiales, jefe de batallón el uno y teniente el otro, ambos muertos en la batalla del Mincio, en 1800, cuando entraron en Milán sólo tenían, entre los dos, un pantalón de casimir color avellana y tres camisas. El que no llevaba los pantalones usaba un redingote de uniforme cruzado sobre el pecho que, junto con una guerrera, formaba todo su guardarropa; y además ambas prendas estaban zurcidas en diez lugares y del modo más miserable.

Estos dos oficiales sólo recibieron moneda en metálico por primera vez en Piacenza; obtuvieron algunas piezas de siete sueldos y medio del Piamonte (*sette mezzo*), con las que se procuraron los pantalones color avellana. Arrojaron al Adda el calzón precedente, que era de satén; el que no los llevaba, iba en calzoncillos y redingote.

Suprimo otros detalles de este tipo; serían poco creíbles en la actualidad; nada igualaba la miseria del ejército, salvo su extremada bravura y su alegría. Podrá comprenderse fácilmente si se tiene a bien recordar que tanto los soldados como los oficiales eran muy jóvenes. La inmensa mayoría procedía del Languedoc, del Delfinado, de Provenza y del Rosellón. No había más excepción que algunos húsares de Berchiny, a quienes el bravo Stengel había traído de Alsacia. A menudo, los soldados, cuando veían pasar a su general que era tan enclenque y tenía un aire tan joven, advertían que, sin embargo, era el mayor de todos ellos. Ahora bien, en mayo de 1796, cuando entró en Milán, Napoleón, nacido en 1769, tenía veintiséis años y medio.

Al ver a aquel joven general pasando bajo el hermoso arco de triunfo de la Porta Romana, hubiera sido difícil, aun para el filósofo más experimentado, adivinar las dos pasiones que agitaban su corazón: el amor más vivo, exaltado hasta la locura por los celos, y el odio provocado por las apariencias de la más negra ingratitud y la estupidez más anodina.

El general en jefe debía organizar los países conquistados; el ejército tenía allí afectuosos amigos y enemigos furiosos; pero, por desgracia, era preciso contar entre éstos últimos a la mayoría de los sacerdotes seculares y a todos los monjes. En cambio, la burguesía y buena parte de la nobleza estaban muy dispuestos a amar la libertad. Tres o cuatro años antes, precediendo los horrores de 1793, toda Lombardía se había entusiasmado con las reformas de la libertad francesa. El tiempo comenzaba a hacer olvidar los crímenes y, desde hacía dos meses, por miedo a esa libertad y maldiciéndola, el gobierno de su archiduque vejaba en cada proclama a los buenos milaneses. Ahora bien, es preciso saber que los milaneses despreciaban soberanamente a ese príncipe, que no tenía más pasión que la de comerciar con el trigo: a menudo, las especulaciones de Su Alteza provocaban hambrunas.

¡Y el archiduque quería inflamar a un pueblo tan concienciado en favor de la casa de Austria! Resulta divertido ver cómo el despotismo infeliz recurre a la razón y al sentimiento. La entrada de los franceses en Milán fue un día de fiesta tanto para los milaneses como para el ejército. Desde Montenotte, el pueblo lombardo apresuraba con sus votos las victorias de los franceses; muy pronto sintió por ellos una pasión que todavía dura. Bonaparte encontró una Guardia Nacional numerosa, vestida con los colores lombardos, verde, blanco y rojo, formando un cordón a su paso. Le conmovió esa prueba de confianza en sus éxitos. ¿Qué hubiera sido de esa pobre gente si Austria hubiese reconquistado Lombardía? ¿Dónde hubiera encontrado el señor de Thugut mazmorras lo bastante profundas para quienes los habían vestido, para los sastres, para los pañeros, etc.? Hizo concebir muchas esperanzas a los generales franceses de que esa hermosa Guardia Nacional sería mandada por uno de los mayores señores del país, el duque Serbelloni. Los vítores hacían resonar el aire, las más hermosas mujeres se asomaban a las ventanas; al anochecer de aquel hermoso día, el ejército francés y el pueblo de Milán fueron amigos.

La igualdad que el despotismo arroja entre sus súbditos había aproximado al pueblo y la nobleza. Por lo demás, la nobleza italiana vivía mucho más con el *Tiers-État* que la de Francia o Alemania; no estaba en absoluto separada de los burgueses por odiosos privilegios como, por ejemplo, las pruebas de nobleza que en Francia había que aportar para convertirse en oficial.* No había servicio militar en Milán; los lombardos pagaban un impuesto para librarse de él. Finalmente, la nobleza de Milán era muy ilustrada. Contaba en su seno con los Beccaria, los Verri, los Melzi y otros cien menos célebres, pero igualmente instruidos. El pueblo milanés es naturalmente bueno, y el ejército tuvo una singular prueba de ello en aquel primer momento; muchos curas rurales confraternizaron con los soldados. Al día siguiente fueron severamente reprendidos por sus jefes.

Cuando Napoleón abandonaba Lodi para hacer su entrada triunfal en Milán, recibió del Directorio una orden que honra muy poco al director Carnot, encargado del movimiento de las tropas: el ejército debía dividirse en dos: Kellermann, con una de las mitades llamada *ejército de Italia*, observaría a los austriacos a orillas del Mincio; Bonaparte con veinticinco mil hombres que formarían el *ejército de Mediodía*, se dirigiría a Roma y, si era necesario, a Nápoles. Un traidor no habría podido dar una orden más favorable a los intereses de la coalición. ¿Cómo no comprendió el Directorio que las tropas francesas tendrían que combatir en el Adigio contra todas las fuerzas de la casa de Austria? ¿Qué significaba la posesión de Milán mientras no se tuviera la de Mantua? En quince días, un general incluso mucho más hábil que Kellermann hubiera sido empujado hasta la Bocchetta. ¿Dividir el ejército no era provocar la necesidad de una segunda batalla de Fornovo?

* Ordenanza del señor de Ségur en 1784.

¡Júzguese lo que debió de pasar por aquella alma de fuego al recibir tan extraña orden! El joven general respondió con la siguiente carta:

*Al cuartel general de Lodi, 25 de floreal del año IV
(14 de mayo de 1796).*
                                            Al Directorio Ejecutivo.

Ciudadanos directores:

Acabo de recibir el correo que salió el 18 de París. Vuestras esperanzas se han realizado puesto que, a estas horas, toda Lombardía pertenece a la República. Ayer hice salir una división para rodear el castillo de Milán. Beaulieu está en Mantua con su ejército; ha inundado toda la región circundante, encontrará en ella la muerte, pues es la más malsana de Italia.*

Beaulieu tiene todavía un numeroso ejército; comenzó la campaña con fuerzas superiores; el Emperador le manda diez mil hombres de refuerzo, que están en camino. Creo muy poco político dividir en dos el ejército de Italia; también es contrario a los intereses de la República darle dos generales distintos.

La expedición a Livorno, Roma y Nápoles es muy poca cosa: debe ser llevada a cabo por divisiones escalonadas, de modo que sea posible, en una marcha retrógrada, encontrarse en plena fuerza contra los austriacos y amenazar con envolverlos al menor movimiento que realicen. Para ello no sólo será necesario un único general, sino también que nada le moleste en su marcha y en sus operaciones. He llevado adelante la campaña sin consultar con nadie, no hubiera hecho nada bueno si hubiese tenido que ponerme de acuerdo con el punto de vista de otro. Obtuve ciertas ventajas sobre fuerzas superiores y con una absoluta carencia de todo porque, convencido de que vuestra confianza descansaba en mí, mi marcha fue tan presta como mi pensamiento.

Si me imponéis trabas de toda clase; si tengo que referir todos mis pasos a los comisarios del gobierno; si éstos tienen derecho a cambiar mis movimientos, a arrebatarme o enviarme tropas, no esperéis ya nada bueno. Si debilitáis vuestros medios

---

* Frase del estilo revolucionario, necesario en aquellos tiempos. El pueblo estaba lleno de cólera, y por eso era fuerte.

dividiendo vuestras fuerzas; si rompéis en Italia la unidad de pensamiento militar, os lo digo con dolor, habréis perdido la mejor ocasión de imponer leyes a Italia.

En la posición de los asuntos de la República en Italia, es indispensable que tengáis un general que sea por completo de vuestra confianza: si no soy yo, no me quejaré. Pero me empeñaré en aumentar mi celo para merecer vuestra estima, en el puesto que me confiéis. Cada cual tiene su modo de hacer la guerra; el general Kellermann tiene más experiencia y la hará mejor que yo: pero juntos la haríamos muy mal.

Sólo puedo prestar a la patria servicios esenciales investido entera y absolutamente de vuestra confianza. Siento que es preciso mucho valor para escribiros esta carta, sería muy fácil acusarme de ambición y de orgullo. Pero os debo la expresión de mis sentimientos, puesto que me disteis, en todo tiempo, testimonios de estima y no debo olvidar...

La decisión que toméis en estas circunstancias es más decisiva para las operaciones de la campaña que quince mil hombres de refuerzo que el Emperador enviara a Beaulieu.

BONAPARTE

Puesto que en todo lo que seguirá, Lombardía y Milán serán las bases morales sobre las que el general Bonaparte apoyará sus operaciones, me atrevo a esperar que el lector me permita llamar unos instantes su atención sobre ese hermoso país.

En mayo de 1796, cuando se produjo la entrada de los franceses, la población de Milán no era mucho mayor de ciento veinte mil habitantes.

Se habían cuidado de hacer saber a los franceses, y se lo repetían entre sí, que la ciudad había sido fundada por los galos de Autun, en el año 580 antes de Cristo; que a menudo había sido oprimida por los alemanes y que, combatiendo contra ellos por la libertad, había sido destruida tres veces.

El pueblo de esa ciudad era por aquel entonces el más afable de toda Italia. Los buenos milaneses, entregados al goce de los placeres de la vida, no odiaban a nadie en el mundo; en ello eran muy distintos a sus vecinos de Novara, de Bérgamo y de Pavía. Éstos serían civilizados más tarde por diecisiete años de una administración razonable y no quisquillosa. El habitante de Milán nunca causaba un daño inútil. Austria sólo poseía esa amable ciudad y Lombardía desde 1714 y, cosa que hoy parecerá muy sorprendente, en ningún momento había intentado embrutecer a aquel pueblo y reducirlo a los apetitos físicos.

La emperatriz María Teresa había administrado Lombardía de un modo razonable y realmente paternal. Había sido admirablemente secundada por el gobernador general, conde de Firmian, quien, en vez de meter en la cárcel o exiliar a los primeros hombres del país, escuchaba sus opiniones, las discutía y sabía seguirlas. El conde de Firmian vivía con el marqués de Beccaria (el autor del *Tratado de los delitos y de las penas*), con el conde de Verri, el padre Frisi, el profesor Parini, etc. Esos hombres ilustres intentaron, de buena fe, aplicar a Lombardía lo que se sabía en 1770 sobre las reglas de la economía política y de la legislación.

El sentido común y la bondad de la sociedad milanesa se respiran en la *Historia de Milán*, del conde Pietro Verri. No se publicaban ni con mucho obras semejantes en Francia hacia 1780 y, sobre todo, Francia no se administraba en ningún sentido como Lombardía. Muy pronto se han olvidado, en nuestra actual felicidad, todas las persecuciones que tuvo que sufrir Turgot por haber querido introducir en la administración de los municipios de Francia y en la de las aduanas interiores, de provincia a provincia, algunas de las reglas que el conde de Firmian y el marqués de Beccaria convirtieron en las bases de su administración en Lombardía. Puede afirmarse que en ese país el despotismo era ejercido por los hombres más ilustrados, y buscaba realmente el mayor bien de los súbditos; pero al comienzo no se estaba acostumbrado a esa mansedumbre del despotismo que, desde 1530 y Carlos V, tan feroz había sido siempre en Milán.*

El triunfo de Beccaria no carecía de peligro; temía siempre, y con razón, ser enviado al Spielberg de aquel tiempo.

---

* Véanse los terrores de Beccaria en sus cartas. Véase en los *Sposi Promessi*, del señor Manzoni, la descripción del gobierno de Milán en 1628.

De ese conjunto de hechos resulta que, al no existir abusos atroces en Lombardía hacia 1796, no se produjo una reacción sanguinaria, un terror de 1793.

Debe reconocerse que el despotismo se ha ilustrado; se equivocaba al emplear en Milán a hombres como Beccaria y Parini.* A los sabios consejos del primero, a la excelente educación impartida por el segundo a toda la nobleza y a la rica burguesía, a su sabia administración debió el pueblo milanés poder de comprender lo que de sincero había en las proclamas del general Bonaparte. Vio enseguida que con el joven general no debía temer ver la guillotina permanentemente levantada en las plazas públicas, como anunciaban los partidarios de Austria. He olvidado decir que el despotismo, después de haber pasado miedo en 1793, había recuperado todo su antiguo aspecto y había logrado ser detestable.

Así, el entusiasmo fue pues sincero y general en los primeros tiempos; algunos nobles, algunos sacerdotes, de elevada dignidad, fueron la única excepción. Más tarde el entusiasmo disminuyó: ya hemos visto la causa en la extrema pobreza del ejército. El buen pueblo milanés ignoraba que la presencia de un ejército, aunque sea libertador, es siempre una gran calamidad.

La única excepción son las hermosas mujeres que curan del *mal del tedio*. Ahora bien, un ejército, formado enteramente por jóvenes, donde nadie tenía ambición, estaba admirablemente dispuesto a lograr que algunas perdieran la cabeza. Resultó, por un azar que sólo a largos intervalos se repite, que por aquel entonces estaban en Milán doce o quince mujeres de la más rara belleza, tan singulares que ninguna ciudad de Italia ha podido presentar una reunión semejante desde hace cuarenta años.

Escribiendo tras tan largo tiempo, tengo la esperanza, ¡demasiado fundada, ay!, de no escandalizar conveniencia alguna al incluir aquí un debilitado recuerdo de algunas de aquellas encantadoras mujeres, con las que nos reuníamos

---

* Véase las *Vidas de Beccaria, de Custodi, de Frisi*, en las *Vidas de cien italianos ilustres* del señor Betoni.

en el Casin della Città y, más tarde, en el baile de la Casa Tanzi.

Por fortuna, tan bellas mujeres de las que los extranjeros pueden hacerse cierta idea observando la forma de las cabezas de las *Herodíades* de Leonardo da Vinci, no poseían instrucción alguna; pero, en cambio, la mayoría tenían infinito ingenio, un ingenio muy novelesco.

Ya desde los primeros días, en el ejército sólo se ocuparon de la extraña locura en la que había caído el general que les transmitía todas las órdenes del general en jefe y que entonces pasaba por su favorito.* La hermosa princesa Visconti había intentado, o eso dicen, hacer perder la cabeza al propio general en jefe; pero habiendo advertido a tiempo que eso no era cosa fácil, había caído sobre el segundo personaje del ejército y debe reconocerse que su éxito había sido completo.

Esa relación fue el único interés de la vida del general Berthier hasta su muerte, acontecida diecinueve años más tarde, en 1815.

Se mencionaron muchas locuras más, menos duraderas sin duda, aunque igualmente vivaces. Hay que recordar una vez más que, por aquel entonces, en el ejército nadie tenía ambiciones, y vi a oficiales rechazando el ascenso para no abandonar su regimiento o a su amante. ¡Cómo hemos cambiado! ¿Dónde está, ahora, la mujer que osaría esperar siquiera un instante de vacilación?

Se citaba por aquel entonces en Milán, entre las bellezas, a las señoras Ruge, mujer de un abogado que fue, más tarde, uno de los directores de la República; Pietra Grua; Marini, mujer de un médico; la condesa Are..., su amiga, y que pertenecía a la más alta nobleza; la señora Monti, romana, mujer del más grande poeta de la Italia moderna; la señora Lambert que había sido distinguida por el emperador José II y que, aunque ya de cierta edad, ofrecía aún el modelo de las más seductoras gracias y podía rivalizar en ese estilo con la pro-

---

* Hemos sabido esta historia por la biografía universal, tomo 68, artículo Alexandre Berthier.

pia señora Bonaparte. Y, para terminar con el ser más seductor y con los ojos más hermosos que tal vez se hayan visto nunca, hay que citar a la señora Gherardi de Brescia, hermana de los generales Lecchi e hija de aquel famoso conde Lecchi, de Brescia, cuyas locuras de amor y celos fueron advertidas incluso en Venecia.

Fue él quien, en cierta ocasión, por Pascua, se vistió con el capuchón y la barba de un capuchino, en olor de santidad, y compró el permiso para ocultarse en su confesionario, y poder escuchar allí a la marquesa de C..., su amante. Fue él quien, hallándose encerrado bajo *plomo*, en Venecia, como castigo a las insignes locuras que había cometido por la marquesa de C..., puso seis mil cequíes en las manos del carcelero quien, bajo esa condición, le dio la libertad durante treinta y seis horas. Sus amigos le habían preparado las postas; corrió hasta Brescia, adonde llegó un día de fiesta, en invierno, a las tres de la tarde, cuando todo el mundo salía de vísperas. Allí, en presencia de toda la ciudad, disparó un tiro de trabuco al marqués de N..., que le había hecho una jugarreta y lo mató.

Regresó a toda prisa a Venecia y se reincorporó de inmediato a su prisión. Tres días después, hizo que solicitaran una audiencia al senador jefe de la justicia criminal; la obtuvo y se quejó amargamente de la inaudita crueldad del carcelero para con él.

El grave senador, tras haberlo escuchado, le comunicó la extraña acusación de asesinato que la *quarantia* criminal acababa de recibir contra él.

—Bien ve Vuestra Excelencia la rabia de mis enemigos —replicó el conde Lecchi, con perfecta modestia—. Sabe muy bien dónde estaba yo hace ocho días.

En fin, el conde tuvo esa gloria, tan valiosa para un noble de tierra firme, de engañar a la admirable policía del senado de Venecia, y regresó triunfante a Brescia de donde, pocos días después, pasó a Suiza.

La condesa de Gherardi, hija del conde de Lecchi, tenía tal vez los más hermosos ojos de Brescia, el país de los hermosos ojos. Unía a todo el ingenio de su padre una dulce alegría, una real sencillez que jamás alteró el menor atisbo de artificio.

Todas aquellas mujeres de arrobadora belleza por nada del mundo habrían dejado de aparecer todas las tardes en el Corso, que entonces estaba en el bastión de la Puerta Oriental. Es una antigua muralla española, que se levanta unos cuarenta pies por encima de la verdeante llanura que parece un bosque, y en la que el conde de Firmian plantó castaños.

Del lado de la ciudad, esa muralla domina algunos jardines y por encima de los grandes árboles del que más tarde se llamó Villa Bonaparte, se alza esa admirable cúpula de Milán, construida con mármol blanco, en forma de filigrana. Esa osada cúpula no tiene en el mundo más rival que la de San Pedro de Roma y es más singular que ésta.

La campiña de los alrededores de Milán vista desde las murallas españolas, que en una llanura tan lisa forman una considerable elevación, está cubierta de árboles y presenta el aspecto de un denso bosque en el que la mirada no podría penetrar. Más allá de esta campiña, imagen de la más sorprendente fertilidad, se levanta a algunas leguas de distancia la inmensa cordillera de los Alpes, cuyas cimas permanecen cubiertas de nieve incluso en los más cálidos meses. Desde el bastión de la Puerta Oriental, la mirada recorre esa larga cordillera, desde el monte Viso y el monte Rosa hasta las montañas de Bassano. Las partes más próximas, aunque están a doce o quince leguas de distancia, parecen distar sólo tres. Ese contraste de la extrema fertilidad de un hermoso estío con algunas montañas cubiertas de nieves eternas pasmaba de admiración a los soldados del ejército de Italia que, durante tres meses, habían habitado en los áridos roquedales de Liguria. Reconocían con gusto aquel monte Viso, que tanto tiempo habían visto por encima de sus cabezas y tras el cual ahora veían ponerse el sol. Lo cierto es que nada puede compararse con los paisajes de Lombardía. La mirada, hechizada, recorre la admirable cordillera de los Alpes durante un espacio de más de sesenta leguas, desde las montañas que dominan Turín hasta la de Cadore, en Friuli. Esas cimas ásperas y cubiertas de nieve forman un admirable contraste con los voluptuosos parajes de la llanura y con las colinas, que están en primer plano y parecen resarcir del extremo calor a quien va a buscar alivio en el bastión de la Puerta Oriental. A la hermosa luz de Italia, el pie de esas montañas, cuyas cumbres están cubiertas de nieve de tan resplandeciente blancura, parece de un rubio oscuro: son por completo los paisajes del Tiziano. Por efecto de la pureza del aire a la que nosotros, gente del Norte, no estábamos acostumbrados, se advierten con tanta claridad las casas de campo edificadas en las últimas laderas de los Alpes, del lado de Italia, que te creerías estar sólo a dos o tres leguas de distancia. La gente de la región hacía que los jóvenes franceses, encantados con el espectáculo, se fijaran en la sierra de Lecco (el *Rezegon de Lek*) y más allá, también hacia oriente, el gran espacio vacío, que forma una abertura en las montañas, ocupado por el lago de Garda. Desde este punto del horizonte los milaneses, reunidos en el bastión de la Puerta Oriental, oyeron llegar con tanta ansiedad, dos meses antes, el estruendo del cañón de Lonato y de Castiglione. Se estaba decidiendo su suerte. No sólo eso, se trataba del destino de todas las instituciones que por aquel entonces formaban sus apasionadas esperanzas. Pero cada uno de ellos podía decirse aún: «¿En qué prisión de Estado seré arrojado si los austriacos regresan a Milán?».

En aquella época, su pasión por los franceses llegaba a su apoteosis y habían perdonado al ejército todas sus requisas.

Pero, regresando al Corso de Milán, cuya admirable situación nos ha arrastrado a esas descripciones, debe saberse que en Italia sería de una extremada indecencia faltar al paseo en coche, que se denomina el Corso, y donde a diario se da cita la buena sociedad. Todos los coches se alinean en fila, tras haber dado una vez la vuelta al Corso, y permanecen así media hora. Los franceses no podían salir del asombro que les causaba ese tipo de paseo sin movimiento. Las más hermosas mujeres acudían al Corso en coches muy poco elevados por encima del suelo, llamados *basfardelles*, y que permiten conversar muy bien con los paseantes a pie. Tras media hora de conversación, todos esos coches vuelven a ponerse en movimiento cuando cae la noche (al *Avemaría*), y, sin bajar, las damas van a tomar helados al más célebre café; por aquel entonces era el de la Corsia dei Servi.

Sabe Dios si los oficiales de aquel joven ejército dejaban de encontrarse a la hora del Corso, en el bastión de la puerta oriental. Los oficiales del estado mayor brillaban, porque iban a caballo y se detenían junto a los coches de las damas. Antes de la llegada del ejército, nunca se veían más de dos hileras de coches en el Corso; en nuestros tiempos siempre se vieron cuatro hileras, que ocupaban toda la anchura del paseo, y a veces seis. En el centro de esas seis hileras de coches, las que llegaban daban su única vuelta a un trote muy corto.

Los oficiales de infantería que no podían penetrar en aquel dédalo maldecían a los oficiales a caballo y, más tarde, iban a sentarse ante el café de moda. Allí podían hablar con las damas que conocían, mientras ellas tomaban helado. La mayoría, tras aquel momento de conversación, regresaban por la noche a sus acantonamientos, que a veces estaban a cinco o seis leguas de distancia.

Para ellos ninguna recompensa, ningún ascenso hubiera podido compararse con aquel género de vida tan nuevo. Desde Milán, se dirigían a su acantonamiento en una *sediole* que les había prestado algún amigo. La *sediole* es un coche con dos ruedas muy altas, arrastrado al trote largo por un caballo flaco que a menudo hace tres leguas por hora.

Esas carreras, que los oficiales hacían sin permiso, desesperaban al estado mayor de la plaza y al general Despinois, su comandante. Se colgaban sin cesar *órdenes del día* que amenazaban a los oficiales viajeros con la destitución; pero esas *órdenes del día* les importaban un pepino. Los generales al mando de las divisiones, a excepción del viejo Serrurier, eran indulgentes.

Determinado oficial llegaba a caballo, desde diez leguas, para pasar una velada en la Scala, en el palco de una mujer a la que conocía. Durante aquel estío de 1796 que, tras dos años de miseria e inacción en los roquedales próximos a Savona, fue para el ejército una admirable mezcla de peligros y placeres, los oficiales de los regimientos más alejados se encontraban ante el café de la Corsia dei Servi. Muchos, para sustraerse a la exhibición del *permiso* otorgado por el coronel y visado por el general de brigada, dejaban su *sediole* fuera, en la puerta, y entraban como paseantes. Después de los helados, las damas iban a pasar una hora en su casa y, tal vez, a recibir alguna visita; luego, reaparecían en sus palcos de la Scala. Se trata, como es sabido, de pequeños salones en los que cada cual recibía a ocho o diez amigos a la vez. No había oficial francés que no fuese admitido en varios palcos. Quienes, estando totalmente enamorados y siendo tímidos, no tenían esa fortuna, se consolaban ocupando un lugar estratégico en la platea, siempre el mismo; desde allí, aquellos osados guerreros dirigían miradas muy respetuosas al objeto de sus atenciones. Si les devolvían esa mirada situando junto al ojo el lado de los gemelos que aleja, se consideraban muy infelices. ¿De qué no era capaz un ejército de jóvenes a quienes la victoria otorgaba semejantes locuras?

El viernes, día en el que no hay espectáculo en Italia, en recuerdo de la Pasión, se reunían en el Casino dell'Alberga della Città (Corsia dei Servi); allí había baile y *conversación*.

Hay que reconocer que, al cabo de unos días, la popularidad del ejército se resintió un poco; casi todos los *cavaliers servants* que reinaban en la época de la llegada de los franceses afirmaban tener mucho de qué quejarse. La moda de los *cavaliers servants* sólo quedó destruida hacia 1809, por una serie de medidas *morales* adoptadas por el despotismo del rey de Italia. Esas relaciones eran otro motivo de asombro para los franceses; muchas duraban quince o veinte años. El *cavalier servant* era el mejor amigo del marido que, por su parte, cumplía una función semejante en otra casa.

Los oficiales franceses necesitaron mucho tiempo para comprender que, en vez de salir perjudicados por la asiduidad del *cavalier servant*, la vanidad del marido milanés se hubiera sentido muy dañada viendo que su mujer no los tenía.

Esta moda que tan extraña parecía, procedía de un pueblo grave: los españoles que gobernaron Milán de 1526 a 1714. La mujer de un español no debía acudir a la misa acompañada por su marido; hubiera sido un signo de pobreza o, cuando menos, de insignificancia; el marido tenía que estar ocupado en otra parte por sus grandes negocios. Una dama debía dar el brazo a un escudero. De ahí vino que en la clase burguesa, que carecía de escuderos, un médico rogara a su amigo abogado que diera el brazo a su mujer en todos los lugares públicos, mientras el médico acompañaba a la mujer del abogado; en Génova, en las familias nobles, el contrato de matrimonio incluyó el nombre del futuro *cavalier servant*. Muy pronto resultó del mejor tono tener un *cavalier servant* no casado y el empleo correspondió a los hijos menores de las familias nobles. Poco a poco el amor fue apoderándose de esta costumbre, y la mujer, un año después del matrimonio o incluso más, sustituyó por un *cavalier* de su elección al amigo de la casa que el marido había elegido.

En Calabria, en nuestros días, el hombre de ingenio de una familia se hace sacerdote, se encamina hacia la fortuna, y da por mujer para uno de sus hermanos a la muchacha que prefiere. Si, más tarde, esa muchacha se aventurara a elegir fuera de la familia, el temerario extranjero tendría asegurado un disparo de fusil. He sido autorizado a explicar esta severa costumbre porque, durante nuestras campañas de Nápoles, pudo costar muy bien la vida a doscientos oficiales franceses.

La costumbre de los *cavaliers servants* era general en Lombardía cuando llegó allí el ejército francés, en mayo de 1796, y las damas la defendían como algo plenamente moral. El servicio de un *cavalier servant* dura tres o cuatro años, muy a menudo quince o veinte; dura porque puede romperse en cualquier instante. Lo que sería mucho más difícil de explicar es la perfecta naturalidad, la admirable sencillez del modo de actuar milanés. Las explicaciones serían del todo ininteligibles, o indignantes incluso, en el norte de Francia. La gente de gusto hallará cierta imagen de esas maneras en algunos *libretti* de ópera bufa; por ejemplo, la primera escena de la *Prova d'un opera seria*, y algunas escenas de las *Cantatrici Villane*.

La buena sociedad es, casi en todas partes, como el pueblo; sólo ama a un gobierno porque odia a otro; ¿será que un gobierno es sólo un *mal necesario*? La alta sociedad de Milán sentía tanto asco por el gordo Archiduque —por lo que nos dicen, éste vendía trigo a escondidas y aprovechaba las hambrunas o las provocaba— que recibió con entusiasmo al ejército francés, que le pedía caballos, zapatos, vestidos, millones, pero le permitía administrarse a sí misma. A partir del 16 de mayo, por todas partes se vendía una caricatura que representaba al Archiduque virrey desabrochándose su galonada chaqueta, de la que caía trigo. Los franceses nada comprendían de aquella figura. Habían llegado a Milán tan miserables, tan desprovistos de vestidos y camisas que muy pocos quisieron mostrarse fatuos en el mal sentido de la palabra; sólo eran amables, alegres y muy emprendedores.

Si los milaneses estaban locos de entusiasmo, los oficiales franceses estaban locos de felicidad, y aquel estado de embriaguez prosiguió hasta la separación. También las relaciones particulares duraron hasta la partida y, a menudo, con abnegación por ambos lados. A consecuencia del regreso, después de Marengo, en 1800, varios franceses llamados a Francia cometieron la locura de presentar su dimisión para vivir pobres en Milán antes que alejarse de sus afectos.

Podemos repetir aquí, porque forma un extraño contraste con el espíritu que el consulado hizo reinar en el ejército, que hubiera sido difícil señalar en Milán a veinte oficiales con empleo subalterno que tuvieran serias ambiciones de ascenso. Los que más mantenían los pies en el suelo estaban locos de felicidad al tener ropa blanca y unas hermosas botas nuevas. A todos les gustaba la música; muchos recorrían, ya lo hemos dicho, una legua bajo la lluvia para ocupar una plaza en la platea de la Scala. Ninguno, creo, por muy prosaico, ambicioso y ávido que a continuación haya podido ser, ha olvidado su estancia en Milán. Fue el más hermoso momento de una hermosa juventud.

Y aquella felicidad general tuvo un reflejo militar: en la

triste situación en que se encontró el ejército antes de Castiglione y antes de Arcole, todo el mundo, excepto los oficiales sabios, fue de la opinión de intentar lo imposible para no salir de Italia.

Esperando la decisión del Directorio, que podía ser lo bastante ciego o envidioso de la gloria del joven general para aceptar su dimisión y sustituirlo por Kellermann, Moreau o Jourdan, Napoleón decidió intentar expulsar a Beaulieu hasta el Tirol. Alimentó la conversación de sus soldados, cosa esencial en los franceses y los jóvenes patriotas, con una proclama en la que les hablaba de ellos en términos destinados a aumentar su entusiasmo.

Si aquella proclama produjo un buen efecto en el ejército, lo hizo mejor aún entre sus enemigos. Firmada por el mismo hombre que acababa de pasar el puente de Lodi y ocupar Milán, encendió en Roma y en Nápoles ese terror por el nombre francés que Napoleón hizo reinar tanto tiempo allí.

El general en jefe ordenó iniciar el asedio de la ciudadela de Milán con grandes cañones traídos de Alessandria y Tortona. Puso su ejército en movimiento hacia el Mincio y por fin, el 24 de mayo, partió hacia Lodi.

Pero aquel día, el rebato sonaba en la retaguardia del ejército, en todas las aldeas próximas a Pavía, y esa misma ciudad fue ocupada por diez mil campesinos fanatizados por los curas. La menor vacilación por parte del general en jefe podía hacer universal aquel levantamiento en Lombardía. ¿Y qué hubiese hecho el ejército piamontés en caso de que se produjera un alzamiento? Las semibrigadas francesas estaban todas en movimiento y se alejaban rápidamente de Pavía. Los curas habrían tenido que diferir la revuelta tres o cuatro días, hasta después de las primeras escaramuzas con Beaulieu.

Napoleón fue tan admirable en aquella sorpresa como en sus más hermosas batallas; sin interrumpir el movimiento general de su ejército, tomó Pavía y castigó a los insurrectos.

Es un deber del que parecerá, incluso, cruel hablar. Un general en jefe debe hacer fusilar a tres hombres para salvar la vida de cuatro; más aún, debe hacer fusilar a cuatro enemigos para salvar la vida de uno solo de sus soldados. Pero, por otro lado, los agentes austriacos y los sacerdotes que intentaron que Lombardía se sublevara, hicieron muy bien. Y quiso Dios que en 1814 y 1815, así actuaran, en Francia, contra los prusianos, austriacos, rusos, etc.

En Pavía, la clemencia hubiera sido un crimen contra el ejército; hubiera preparado unas nuevas vísperas sicilianas; el comandante de la guarnición francesa de Pavía fue fusilado, al igual que la municipalidad. Para calmar Pavía, Napoleón había enviado allí al arzobispo de Milán, lo que resulta divertido.

Napoleón supo que el Directorio acababa de firmar la paz con el rey de Cerdeña. Esa paz era muy buena, pero la negociación se llevó a cabo con una insigne torpeza o, más bien, con una cólera infantil contra los reyes. Era preciso prometer al rey de Cerdeña una parte de Lombardía y obtener con ello cuatro o cinco regimientos que, apenas llegados al ejército, hubieran rivalizado en entusiasmo con las semibrigadas francesas.

Beaulieu ocupaba el Mincio, rápido río cuyo curso forma una línea bastante sólida entre Peschiera y Mantua. Estaba flanqueado a su derecha por Peschiera, el lago de Garda y las altas montañas que rodean el norte del lago y se encuentran con los Alpes del Tirol. Su ala izquierda se apoyaba en la plaza de Mantua que, en adelante, será una especie de centro moral de todas las operaciones militares en Italia.

El ejército quería pasar el Mincio; no hubiera sido razonable ir a chocar contra las dos plazas fuertes de las alas; Bonaparte decidió atacar por el centro. Pero, al mismo tiempo, quiso despertar fuertes inquietudes en Beaulieu, del lado de Peschiera. Bajo los cañones de la plaza pasaban sus líneas de retirada hacia el Tirol y de comunicación con Austria.

Mientras Napoleón domaba Pavía y se preparaba para una nueva batalla, podemos dedicar un instante de atención al estado de un alma dotada de tan devoradora sensibilidad y tan poco susceptible a la distracción. ¡Pero cómo, para recompensarlo por unas victorias casi increíbles y que, puede afirmarse que habían salvado la República, el Directorio lo pone en la disyuntiva de presentar su dimisión! Y a cada instante podía recibir la noticia de que aquella dimisión había sido aceptada, puesto que la había enviado el 14 de mayo. Es preciso haber conocido las tempestades que agitaban sin cesar aquel alma de fuego para poder figurarse la más pequeña parte de los apasionados proyectos, seguidos por momentos de abatimiento y de asco absoluto, que debieron de agitar con violencia esa naturaleza tan realmente italiana. Me refiero con esta palabra, poco inteligible para quien no haya estado en Italia, a un alma absolutamente contraria a las almas razonables y prudentes de Washington, Lafayette o Guillermo III.

El 30 de mayo, Bonaparte llegó a Borghetto con el grueso de su ejército. Una vanguardia enemiga que se encontraba en la orilla izquierda del Mincio fue barrida y volvió a cruzar el río por el puente de Borghetto, del que incendió un arco. De inmediato se dio la orden de reparar el puente; pero aquel trabajo ejecutado bajo las balas enemigas avanzaba muy lentamente: unos cincuenta granaderos se impacientan: aquellos bravos se arrojan al Mincio, llevando los fusiles sobre su cabeza: el agua les llega a los hombros.

Los soldados austriacos creen ver de nuevo la temible columna del puente de Lodi: se ponen en marcha, toman el camino del Tirol y no piensan ya en obstaculizar el paso del Mincio por parte del ejército francés.

Beaulieu intentó aguantar en las alturas, entre Villafranca y Valeggio; pero habiendo sabido que la división Augereau marchaba sobre Peschiera, comprendió que los franceses podrían ocupar el valle del Adigio y la llanura de Rívoli antes que él y aislarlo del Tirol. Se retiró sin demora más allá del Adigio, cuya orilla derecha remontó por Dolce, hasta Caliano.

En medio de aquel hermoso movimiento de tropas, el general en jefe estuvo a punto de ser apresado en Valeggio, lo que hubiera terminado de un modo muy ridículo su carrera militar. Beaulieu, al retirarse, había dejado trece mil hombres en Mantua.

Capítulo VIII

> Reflexiones sobre el estado moral del ejército francés en Italia. Venecia: sus costumbres sociales, su gobierno. Masséna entra en Verona el 3 de junio de 1795. El general Serrurier se encarga del bloqueo de Mantua.

Napoleón se dio cuenta perfectamente de que mientras no se tomara Mantua, podría decirse que los franceses habían recorrido Italia pero no la habían conquistado. Nada era más fácil que perseguir a los soldados de Beaulieu; estaban tan desmoralizados por la imprevisión y la rapidez de sus reveses que un batallón francés atacaba sin vacilar y derrotaba a tres batallones enemigos. A pesar de esa inmensa ventaja, que se perdía al no aprovecharse inmediatamente de ella, Napoleón no se encontró lo bastante fuerte para hundirse en pleno corazón de los Estados austriacos, mientras los ejércitos del Rin se encontraban aún detrás del río.

Hoy, en 1837, los campesinos y el pueblo llano de todos los países civilizados de Europa han comprendido, poco más o menos, que la Revolución Francesa tiende a convertirlos en propietarios, y fue Napoleón el que les dio esa educación. En 1796, estaban totalmente en manos de los sacerdotes y de los nobles, y muy dispuestos a irritarse profundamente ante los vejámenes y las pequeñas injusticias, inseparables del estado de guerra. Un ejército francés de aquellos tiempos estaba obligado a proteger cuidadosamente su retaguardia, si no quería ver asesinados a sus enfermos y sus aislados. Este tipo de minuciosos cuidados impacientaba a Napoleón y es preciso reconocer que lo resolvía muy mal. Hubiera necesitado a un buen jefe de partisanos, encargado de recorrer su retaguardia y castigar con severidad los asesinatos.

Los campesinos y el pueblo llano de Lombardía, donde los soldados franceses habían sido tan bien acogidos por la alta burguesía y buena parte de la nobleza, acababan de demostrar en Pavía que estaban muy divididos, por lo menos en cuanto a su opinión sobre sus supuestos libertadores. El rey de Cerdeña, los duques de Parma y de Módena habían depuesto las armas; pero los informes de los espías no dejaban duda alguna sobre su vivo deseo de atacar a los franceses al menor revés serio. La corte de Roma, los decretos de cuya Asamblea constituyente atacaban el poder, no intentaba en absoluto ocultar su furibundo odio. Nápoles podía socorrerla y, lo que era mucho más importante, los ingleses, dueños de Córcega, podían arrojar seis mil hombres sobre Civita-Vecchia o Ancona, reunir veinte mil soldados italianos y marchar en socorro de Mantua o, cuando menos, ocupar la orilla derecha del Po.

Napoleón sólo tenía, como máximo, cuarenta y cinco mil hombres. Mantua albergaba una guarnición de doce mil austriacos; Beaulieu, unido a los tiroleses, tenía treinta mil hombres en el valle del Adigio y treinta mil aguerridos soldados procedentes del Rin marchaban sobre Inspruck y se disponían a reunirse con él.

Si hubiera existido en Venecia un solo hombre como los que tanto abundaban hacia el año 1500, en tiempos de la batalla de Aignadel, esa república hubiera bastado por sí sola para asegurar la superioridad de las armas austriacas y liberar Italia de los franceses. Por lo que se refiere a los motivos para la guerra, tenía bastantes: ¿acaso los franceses no se habían apoderado de Peschiera y Verona? ¿No vivía de requisas en especies hechas en la región, o de las que se veía obligada a preveerse por mediación de un judío que proporcionaba las mercancías?

Pero desde que se perdió Morea, abandonada a los turcos hacia 1500, los nobles de Venecia, al no tener ya necesidad de energía, habían caído en la molicie. Esa amable ciudad se había convertido en el centro de la voluptuosidad de Europa. Allí se divertían con ingenio, en los tiempos en que París aún no era más que una reunión bastante tosca de mercaderes y soldados que se robaban unos a otros.* Hasta finales del reinado de Luis XIV, Venecia fue la ciudad de Europa más agradable para vivir. Los ciudadanos que no se dedicaban directamente a criticar al gobierno eran mucho más libres de lo que se era en 1715 e incluso en 1740. No se conocía nada parecido a la bula *unigenitus* y los curas no podían hacer que se persiguiera a nadie. La República había tenido el valor de emplear contra la corte de Roma a un hombre de genio, *Fra Paolo Sarpi,* que en París hubiera sido encerrado en la Bastilla.**

Cuando la irrupción del general Bonaparte asustó a los pequeños príncipes de Italia, Venecia sólo contaba con un hombre enérgico, el procurador Pesaro. Cierto es que todos los senadores, todos los magistrados influyentes, sólo sentían envidia y odio por aquel hombre singular. Esta aristocracia era, con mucho, la más amable, pero acaso también la más imbécil de todas las que dirigían su cólera contra la República francesa. Y es que no podían, como los pares ingleses, como la nobleza de Francia, comprar un hombre de mérito, nacido en las clases bajas, y hacerle un lugar en su seno. Preguntad cómo se llamaban, a los veinte años, todos los pares de In-

---

* *Memorias de Bassompierre,* cartas del cardenal Bembo y del Aretino.
** Se encontrarán mil pruebas de todo ello en la *Historia de Venecia* del conde de Daru y, sobre todo, en las *Memorias* de Goldoni, de Casanova y de G. Pietro Gozzi. Existe una obra admirable y digna de Plutarco; es la *Vida de Fra Paolo Sarpi,* teólogo de la República, escrita por su sucesor, un volumen in-12. Los franceses están, por lo general, tan preocupados por su modo de actuar en todos los ámbitos, que no comprenden el sentido de las frases generales que describen las costumbres de los demás pueblos. No tienen más recurso que el de leer memorias particulares, como las de Pietro Gozzi, por ejemplo. Todo se explica allí con tanta claridad que no hay medio de equivocarse. No es posible confundir el modo de ir a cazar la felicidad cotidiana, en la Venecia de 1760, con nuestra vida en París, en tiempos de las *Memorias* de Madame d'Epinay.

glaterra que mostraron energía contra Napoleón, y ved quién defiende la aristocracia en Francia.

El general francés, perfectamente servido por algunos espías a los que pagaba muy bien, conocía la pusilanimidad del gobierno de Venecia; pero la prudencia le hacía considerar como una ley el hecho de no incurrir en el error que supondría tener una potencia muy fuerte en contra de su ejército. ¿Acaso Inglaterra no podía mandarle a uno de sus generales, formados en la India?

Venecia tenía tres millones de súbditos y una renta de treinta millones de francos; el miedo podía procurarle un préstamo forzoso de una suma semejante. Sólo contaba, es cierto, con doce mil soldados, que formaban siete regimientos de infantería y seis de caballería; pero con dinero habría podido tener ocho o diez regimientos suizos y un gran número de dálmatas, muy valientes por naturaleza. Finalmente, aquel gobierno podía aparejar veinticuatro navíos de línea y su capital era inexpugnable.

Bien se ve que, por poco que Napoleón careciese de rapidez en sus movimientos, parte de sus enemigos podía despertar de su estupor y hacerlo retroceder en desorden hasta los muros de Alessandria. Él se guardaba mucho de permitir que esa verdad se sospechara. No ignoraba que el ministro de Venecia en París podía comprar todas sus cartas al Directorio.

Supo imponerse a los aliados dudosos, e incluso a los enemigos, por la firmeza de su comportamiento. De todos los generales que la Revolución dio a conocer, ni uno solo hubiera sido capaz de semejante conducta.

Tras la retirada de Beaulieu al Tirol, Napoleón dirigió toda su atención a Mantua; la escasa artillería de asedio que el ejército de Italia había podido reunir en aquel momento se empleaba contra la ciudadela de Milán y fue necesario limitarse a atacar Mantua. Pero para lograrlo, aunque sólo fuera un simple bloqueo, era preciso ser dueño de Verona y del curso del Adigio, que son la llave de la posición (ocupada por las tropas del bloqueo). Todas las insinuaciones del proveedor Foscarelli para oponerse a la marcha sobre Verona fueron en vano. El 3 de junio, Masséna se apoderó de la ciudad situada a treinta y dos leguas de Milán, veinticinco de Venecia y dieciséis de Trento; tiene tres puentes de piedra sobre el Adigio y una buena muralla.

Si Mantua hubiera sido una plaza como Lille, el ejército de Italia no habría podido realizar el asedio y cubrirse al mismo tiempo. Pero, por una afortunada circunstancia que está en relación con el escaso número de soldados de su ejército, los lagos pantanosos, que son la fuerza de Mantua, únicamente permiten salir a la guarnición de la plaza por cinco diques, de los que sólo uno, el de la Favorita, en 1796 era defendido por un fuerte. Napoleón hizo atacar a la guarnición, la obligó muy pronto a retirarse a la plaza y, por medio de algunos reductos construidos al extremo de los diques, pudo impedir con cuatro mil hombres que doce mil soldados desembocaran del lado del Po. El ataque a la ciudadela exigía asimismo un cuerpo de cuatro mil hombres. Serrurier, general metódico, severo y firme, que no se ocupaba de nada, se encargó del bloqueo y del mando de aquel cuerpo de ocho mil hombres. Augereau, situado en la parte baja del Adigio, hacia Legnago, protegió el asedio.

Capítulo IX

Bonaparte entra en Bolonia el 19 de junio de 1796. Armisticio firmado en Foligno el 24. Ocupación de Ancona y de Livorno. Bonaparte visita al gran duque de Toscana, en Florencia, el 1 de julio.

En tiempos de la retirada de Beaulieu al Tirol, el rey de Nápoles tuvo miedo y solicitó un armisticio; Napoleón se sintió muy feliz, pues era interesante para sus ulteriores proyectos.

El Directorio sentía por el Papa un odio infantil, y aquel odio le hacía incapaz de cualquier política, como probaron más tarde las tonterías y los desastres de 1799.

Sin embargo, no hay que olvidar en ningún momento que a Bonaparte le resultaba necesario obedecer las reiteradas órdenes de su gobierno, y se decidió a lanzar una columna móvil contra Ancona, dispuesto a volverla a llevar de inmediato hacia el Mincio si era necesario. Pensó que Augereau podría avanzar sin excesivo peligro por el sur de Mantua, hasta Bolonia.

El 19 de junio de 1796 Bonaparte llegó a esta ciudad, tan digna de ser algún día la capital de Italia. Encontró allí instrucción y dinamismo; si toda la península hubiera estado adelantada hasta ese punto, el país sería hoy una potencia independiente y pasablemente administrada.

Con la llegada de su libertador, Bolonia cayó en la embriaguez; organizó espontáneamente una Guardia Nacional de tres mil hombres, y, poco después, esa Guardia combatió con bravura contra los austriacos.*

Ferrara fue ocupada, y una columna que partió de Piacenza penetró en Toscana. Estas demostraciones, acompañadas de la cháchara pertinente, dejaron consternada a la corte de Roma; se apresuró a solicitar un armisticio que se firmó en Foligno el 24 de junio. El ejército de Italia obtuvo la inmensa ventaja de poseer una guarnición en Ancona y ya no tuvo que temer ver como los ingleses desembarcaban allí algunos millares de hombres, lo que hubiera podido cambiar el aspecto de aquel asunto.

Roma cedió las legaciones de Bolonia y de Ferrara y prometió dinero. Unas condiciones tan moderadas estuvieron muy lejos de complacer al Directorio. Pero, sin embargo, la locura de aquel cuerpo gobernante fue causa de una afortunada temeridad.

Augereau se apresuró a retomar su posición protectora en la parte baja del Adigio, tras haber dispersado a cuatro mil campesinos que los curas habían logrado que se rebelaran en Lugo, algo por lo que yo no los critico, ni mucho menos: toda revuelta contra el extranjero conquistador es legítima y es el primer deber de los pueblos.

Se encontraron con disturbios del mismo tipo en los *feudos imperiales*, pequeños países enclavados en el Estado de Génova, en las laderas de los Apeninos que miran al Piamonte. Campesinos organizados entre Novi y el Bocchetta degollaban a los soldados aislados. Lannes acabó con aquellas partidas y saqueó Arquata, su cuartel general. Se cometió la equivocación de no tomar rehenes.

Napoleón no pudo negar al Directorio la ocupación de Livorno. Esta operación se llevó a cabo con tanta rapidez y secreto que los franceses no sorprendieron en el puerto a veinte navíos ingleses sólo por dos horas. Las tropas francesas no tuvieron en cuenta, para ponerse en marcha, que comenzara a soplar el viento de Libeccio. Se apoderaron de todas las mercancías y propiedades inglesas, lo que enriqueció

* Respuesta a los parisinos que se burlan de la bravura de los italianos.

a un infinito número de ladrones que París había enviado al ejército.

El gran duque de Toscana, Fernando, seguía observando la misma neutralidad que se había comprometido a mantener el año anterior, con una buena fe de la que todos los príncipes de Europa se creían dispensados para con la República. De modo que el general Bonaparte buscó la ocasión de dar a ese príncipe una muestra de estima: fue a verlo a Florencia, sin hacerse acompañar por escolta alguna. No temió en ningún momento que lo tratarían como, treinta meses más tarde, los húsares del archiduque Carlos con Roberjot y los demás plenipotenciarios de Rastadt.

A grandes rasgos se tomó el trabajo de explicar personalmente al Gran Duque que la posición de Livorno, considerable puerto de mar situado ante Córcega, por aquel entonces en poder de los ingleses, hacía indispensable para la seguridad del ejército francés la toma de aquella plaza.

Bonaparte estaba cenando en casa del príncipe cuando recibió su correo que le anunciaba la rendición del castillo de Milán; la guarnición había capitulado el 29 de junio. Tenía, pues, un parque de artillería para sitiar Mantua. La trinchera se abrió ante esa plaza el 18 de julio.

Serrurier siguió al mando; desafortunadamente, nada podía contra la imprudencia de sus soldados, abrumado por los ardientes calores de la jornada; estaban en el mes de julio y aquellos jóvenes se exponían con delicia al frescor de las noches y caían enfermos a centenares en medio de las ciénagas apestadas de Mantua.

El resto del ejército estaba de observación en el Adigio y en el lago de Garda. Masséna, con quince mil hombres, formaba el centro en Rívoli y Verona; el general Sauret, con cuatro mil, estaba en el ala izquierda y ocupaba Salo, pequeña ciudad situada en la orilla occidental del lago de Garda. La reserva, formada por seis mil hombres, se encontraba entre el ala derecha y el centro. Finalmente, Augereau, con sus ocho mil hombres, formaba el ala derecha en Legnago.

Con esta posición, sabiamente calculada, el general en jefe, que se sentía rodeado de enemigos declarados o secretos, tenía la facultad de reunir la totalidad de su ejército, por medio de *movimientos concéntricos interiores*, en una u otra orilla del Mincio según el enemigo atacara por Salo o por el valle del Adigio; pues todo el mundo veía muy claro que dentro de poco tiempo el ejército austriaco intentaría acudir en ayuda de Mantua.

Capítulo X

Descripción del lago de Garda y de sus alrededores. Alegría de los soldados franceses. El genio militar de Napoleón se desarrolla y crece en medio de las más peligrosas circunstancias. Wurmser sustituye a Beaulieu al mando del ejército austriaco en Italia. Napoleón se ve obligado a levantar el sitio de Mantua. La señora Bonaparte a punto de ser capturada por los austriacos. Sorpresa de Lonato. Batalla de Castiglione.

Vamos a entrar en el relato de admirables operaciones; pero para que pueda ser sensible a lo que de sublime tiene, suplicaría al lector que mirara una vez un mapa aceptable del lago de Garda.

Las orillas de este lago, con sus contrastes de hermosos bosques y aguas tranquilas, tal vez formen los más hermosos paisajes del mundo, y los jóvenes soldados del ejército de Italia estaban muy lejos de ser insensibles a sus bellezas. Hacia el norte, del lado del Riva, el lago se estrecha y se pierde entre altas montañas, cuyas cimas permanecen cubiertas de nieve todo el año; mientras que, frente a la hermosa y pequeña ciudad de Salo, forma una extensión de agua admirable, de tres leguas de ancho por lo menos, y el viajero puede abarcar de una ojeada una superficie de más de diez leguas, desde Desenzano, al sur, por donde pasa la carretera de Brescia a Verona.

Las orillas del lago y las colinas de los alrededores están cubiertas de magníficos olivos, que en este país son grandes árboles, y de castaños en todas las riberas expuestas al mediodía y protegidas del viento del norte por alguna colina que acaba, como un precipicio, en el lago. Se distingue el oscuro follaje de hermosos naranjos que aquí crecen en plena tierra; su color forma un admirable contraste con el de las montañas del lago, que es aéreo y ligero.

Frente a Salo y a levante del lago, se eleva una enorme montaña de forma redondeada y desnuda de árboles que, según creo, le valió el nombre de Monte-Baldo. Tras este monte, a cierta distancia y a oriente del lago, corre por una profunda garganta el Adigio, ese río que se hizo célebre por las batallas que vamos a contar.

Fue en una altiplanicie, o llanura elevada, situada entre el Adigio, el Monte-Baldo y la ciudad de Garda, que da nombre al lago, donde tuvo lugar al siguiente mes de enero la inmortal batalla de Rívoli.

A mediodía del lago, las colinas boscosas y fértiles que separan el gran burgo de Desenzano de la pequeña ciudad de Lonato son tal vez las más agradables y singulares de toda Lombardía, país célebre por sus hermosas colinas coronadas de bosques. La palabra *ameno* parece haber sido creada para esos arrobadores paisajes.

Desde lo alto de las colinas de Desenzano, que la carretera recorre mientras se eleva, a medida que avanza hacia Brescia se domina el lago lo bastante para gozar del aspecto de sus riberas. El viajero distingue a sus pies la península de Sirmio, célebre por los versos de Catulo y notable, incluso hoy, por sus grandes árboles. Más lejos y un poco a la derecha del lado del Verona se divisa la triste fortaleza de Peschiera, negra y baja, construida como una esclusa de molino en el lugar donde el Mincio sale del lago. En 1796, pertenecía a los venecianos que, temerosos de la liga de Cambrai, antaño se gastaron veinte millones de francos para construirla.

Lonato se anuncia a lo lejos, en la carretera de Brescia, con la cúpula blanca de su iglesia. Más al sur, se divisa Castiglione, triste y pequeña ciudad situada en un repliegue del terreno, en medio de una llanura de estériles pedregales y rocas; es el único lugar de los alrededores que no resulta encantador.

Detrás de Castiglione y Lonato, y por consiguiente al oeste del lago, corre el pequeño río de Chiese (Kiéze), que la menor lluvia tempestuosa convierte en un magnífico torrente durante el verano. Desciende de los Alpes, paralelamente al lago, y a menudo los austriacos atacaron el ala izquierda del ejército francés siguiendo sus orillas. Tras haber sido rechazados, solían buscar refugio en medio de las montañas de Gavardo, cubiertas de castaños.

Dijeran lo que dijesen sus oficiales, los soldados abandonaban las casas de campesinos donde se alojaban para establecerse al fresco, bajo los árboles de Gavardo y de los alrededores. A menudo, toda una compañía vivaqueaba bajo un inmenso castaño, y al día siguiente, algunos tenían fiebre. No es que el país sea malsano, como la llanura de Mantua, pero la transición del extremo calor de los días a la frescura de las noches, incrementada si cabe por el viento de los Alpes, es demasiado fuerte para la salud de los franceses. Durante el mes en que las orillas del lago son más agradables, en medio de los abrasadores calores de agosto, los nombres de dos pequeñas ciudades situadas en la vecindad, Lonato y Castiglione, se vieron inmortalizados por las batallas de ese nombre. En aquella época del año, a lo lejos los vallecillos y las llanuras estaban cubiertas por los maizales, planta que en este país alcanza de ocho a diez pies de altura y cuyos tallos son tan espesos que se prestaban a no pocas sorpresas. Por lo demás, las llanuras y los altozanos están cubiertos de olmos de veinte o treinta pies de alto y cargados de viñas, que pasan de un árbol a otro, lo que da a la campiña el aspecto de un bosque continuo; a menudo, en verano, la mirada no puede penetrar a más de cien pasos de la gran carretera.

Los soldados, enriquecidos por tantos meses de sueldo pagados de una vez, jóvenes, alegres, eran admirablemente acogidos por las hermosas campesinas de los alrededores del lago.

Puede afirmarse que por aquel entonces se cometían muchas torpezas, pero ni una sola felonía en el ejército. Los peores robos eran cosa de los empleados de toda clase que llegaban en masa de París y se decían parientes de Barras. No podía convenirle al general Bonaparte, protegido de Barras, castigarlos con excesiva severidad. Había ya gran número de puntos sobre los que el general en jefe no estaba de acuerdo con el Directorio. ¿Tenía que encargarse, además, de impedir que hicieran fortuna los primos lejanos de los Directores?

Aquellos caballeros cometían brillantes locuras, dedicadas a las *prime donne,* y en la mayoría de aquellas pequeñas ciudades ocupadas por el ejército había una compañía de ópera bufa. Gros, que por aquel entonces pintaba miniaturas y que era muy apreciado en el ejército, tal vez era el cabeza loca más grande de todos, hacía los retratos de todas las bellezas.

Puede afirmarse que desde la entrada en Milán, el 15 de mayo, hasta las proximidades de la batalla de Arcole, en noviembre, nunca ejército alguno estuvo tan alegre. También hay que reconocer que había poca subordinación; la igualdad republicana barría en gran medida el respeto por los grados, y los oficiales sólo eran estrictamente obedecidos bajo el fuego; pero no se preocupaban demasiado por ello y, como sus soldados, sólo intentaban divertirse. Tal vez fuera el general en jefe el único hombre del ejército que pareció insensible a los placeres y, sin embargo, la desgraciada pasión que sentía por él la actriz más célebre y seductora de aquella época no era un secreto para nadie.

Hasta Lonato, las batallas de Napoleón nos muestran a un excelente general de segundo orden. El paso del Po en Piacenza fue tomado con rapidez, el paso del puente de Lodi constituyó una brillante audacia, pero el ejército francés nunca estuvo en peligro. Si alguna vez estuvo próximo a una posición peligrosa en las llanuras del Piamonte, la corte de Turín se apresuró a sacarlo del France, separándose de Beaulieu y solicitando el armisticio de Cherasco.

Las cosas que vamos a contar son de una naturaleza muy distinta. Si Napoleón no hubiera vencido en Lonato y en Castiglione, el ejército hubiera sido destruido. Ni sus jóvenes soldados estaban hechos para salir bien librados de una guerra *desgraciada,* hecha de retiradas y rodeos, ni él tenía talento para dirigirlos. Es la única y gran parte del genio militar que le faltaba. Su campaña de Francia, en 1814, es por completo agresiva; después de Waterloo se desesperó; después de la retirada de Rusia, en 1813, sólo forzado debía abandonar la línea del Oder.

Puede afirmarse que, en su lugar, el 29 de julio de 1796, ninguno de los otros generales en jefe de la República hubiera tenido el valor de resistir. El flanco izquierdo de su ejército estaba rodeado, al tiempo que unas fuerzas superiores en número lo atacaban de frente.

Vamos a ver, sucesivamente, cómo las batallas de Castiglione, de Arcole y de Rívoli sitúan a Napoleón en la primera fila de los más grandes capitanes. Castiglione y Rívoli tienen la audacia del plan; Arcole une a ese mérito la habilidad y el increíble empecinamiento en la ejecución de los detalles.

La extraña firmeza de carácter de la que Napoleón dio pruebas en dos ocasiones distintas, al no iniciar la retirada ante Lonato y ante Arcole, tal vez sea el más hermoso rasgo de genio que ofrece la historia moderna. Y advertid que no fue en absoluto el gesto desesperado de una cabeza obtusa; sino la decisión de un sabio, a quien la inminencia de un extremado peligro no arrebata la visión, clara y precisa, de lo que aún puede intentar. Son cosas que el propio halago no puede estropear, pues no hay en el mundo nada más grande. Son esas cosas también, a decir verdad son las únicas, las que excusan el despotismo, tanto con respecto a quien lo intentó como con respecto a quienes lo sufrieron.

De Aníbal, de César, de Alejandro no conocemos su historia con bastante detalle para saber si alguna vez se vieron reducidos a un estado tan miserable como el de Napoleón ante Arcole.

En sus batallas de Montenotte, de Millesimo y del puente de Lodi Napoleón dirigía personalmente sus divisiones; ahora, cuando el peligro se ha centuplicado y una negligencia, una distracción, un momento de debilidad pueden acarrear la aniquilación del ejército, se verá obligado a hacer actuar grandes cuerpos de tropa, a veces muy lejos de su mirada. Cuando menos, hubiera necesitado generales con los cuales poder contar*

---

* Por ejemplo, Kleber, Saint-Cyr o Desaix, que mandaban en el Tirol, en vez de Vaubois, durante lo de Arcole.

pero, fruto de una desgracia que aumenta su gloria, tal vez uno solo, Masséna, era digno de ejecutar los planes de semejante jefe. Lannes, Murat, Bessières y Lasalle estaban en su ejército, aunque ocultos en grados inferiores.

Para consumar la sublime belleza de la operación de Lonato y de Castiglione, ésta fue precedida por acontecimientos que todo el mundo consideró resonantes reveses que dicha operación consiguió reparar.

Brescia fue sorprendida, y en Milán los más ardientes partidarios de los franceses creyeron que el ejército estaba del todo perdido.

El señor de Thugut, alarmado con razón ante el avance de Napoleón y los peligros de Mantua, decidió oponer a los franceses un nuevo ejército y un nuevo general. Por consiguiente, el mariscal Wurmser salió de Mannheim con veinte mil hombres de élite y sustituyó a Beaulieu.

Wurmser, nacido en Alsacia de una familia noble, servía en Austria desde hacía cincuenta años; se había distinguido en la Guerra de los Siete Años y en la de Turquía. Tuvo así la gloria de combatir contra Federico el Grande y contra Napoleón. En 1793 había forzado las líneas de Wissembourg. En 1795 derrotó a Pichegru en Heidelberg e invadió el Palatinado; era un viejo húsar que todavía estaba lleno de energía.

En los últimos días de julio de 1796, las fuerzas del ejército austriaco reunidas en Trento eran de sesenta mil combatientes, y Napoleón sólo podía oponerles treinta y cinco mil hombres. Todas las aristocracias de Europa tenían la mirada clavada en Italia y creyeron firmemente que el ejército francés iba a ser aniquilado.

Wurmser no perdió en absoluto el tiempo; a la cabeza de treinta y cinco mil hombres, llegó del Tirol por el valle del Adigio que, como hemos visto, es paralelo a la orilla oriental del lago de Garda y está separado de éste por el Monte-Baldo. Quasdanowich siguió la ribera occidental del lago y se dirigió a Salo y a Brescia con veinticinco mil hombres.

En la tarde del 29 de julio, en Verona, y durante la siguiente noche, Napoleón supo que aquel mismo día, a las tres de la madrugada, Masséna había sido atacado por fuerzas enormemente superiores y expulsado de aquel importante puesto de la Corona, sobre el Adigio, y que quince mil austriacos habían sorprendido en Salo a la división del general Sauret que, carente de sangre fría, se había replegado hacia Desenzano ante tan importantes circunstancias en lugar de cubrir Brescia.

Todos los generales conocidos por aquel entonces se habrían considerado perdidos en la posición de Napoleón; por su parte, vio que el enemigo, al dividirse, le daba la posibilidad de arrojarse entre ambas partes de su ejército y atacarlas por separado.

Pero fue preciso hacer una elección decisiva de inmediato; sin esa cualidad no se puede ser general.

Podemos ver, asimismo, por qué es tan fácil escribir cosas razonables sobre la guerra e indicar las buenas decisiones que pueden tomarse, tras haberlas pensado largamente.

Era preciso evitar a toda costa que Wurmser acabara reuniéndose con Quasdanowich en el Mincio, pues entonces se haría irresistible. Napoleón tuvo el valor de levantar el sitio de Mantua y abandonar ciento cuarenta piezas de gran artillería en las trincheras. Era todo cuanto el ejército poseía.

Se atrevió a hacer el siguiente razonamiento y a creer en él: *Si soy derrotado, ¿de qué va a servirme ese material de asedio? Tendré que abandonarlo en el campo. Si consigo derrotar al enemigo, encontraré mis cañones en Mantua.* Quedaba una tercera posibilidad: derrotar al enemigo y no encontrarse en condiciones de proseguir el asedio de Mantua; pero esa desgracia era inferior a la de ser expulsado de Italia.

Probablemente, Napoleón quiso producir un efecto moral sobre sus generales, conocerlos y darse a conocer, pues reunió una junta de guerra. Kilmaine y sus sabios generales optaron por la retirada; el jacobino Augereau, animado por un gran ardor, declaró que él no se marcharía sin haber combatido con su división.

Bonaparte les dijo que si retrocedían perderían Italia y que no estaban en condiciones de llevar a diez mil hombres hasta los roquedales de Savona. Que, en verdad, el ejército de la República era demasiado débil para plantar cara a la totalidad del ejército austriaco; pero que podía derrotar por separado a cada una de sus dos grandes divisiones. Y por fortuna, durante treinta o cuarenta horas, aquellas divisiones enemigas aún estarían separadas por la anchura del lago de Garda.

Era preciso retroceder rápidamente, envolver a la división enemiga, descender hacia Brescia, derrotarla por completo. Desde allí, regresar al Mincio, atacar a Wurmser y obligarlo a regresar al Tirol. Pero, para ejecutar ese plan, era necesario levantar el sitio de Mantua en veinticuatro horas; no podían retrasarse ni seis horas. Era preciso, además, volver a pasar sin demora alguna a la orilla derecha del Mincio, pues de no hacerlo así se verían envueltos por los dos cuerpos de ejército enemigos.

Entretanto, la señora Bonaparte, que había seguido a su marido hasta Verona, quiso regresar a Milán por la carretera de Desenzano y Brescia; pero el enemigo acababa de interceptarla. Estuvo así muy cerca de los puestos avanzados austriacos y en medio de sus patrullas. Creyó que su marido estaba perdido, lloró mucho y, finalmente, aterrorizada, regresó a Milán, aunque pasando por Lucca. La acogida llena de respeto que recibió en todas partes la consoló un poco.

El 30 de julio por la noche, las divisiones de Masséna y Augereau, así como la reserva, marcharon sobre Brescia; pero la división austriaca que se había apoderado de aquella ciudad se había puesto en marcha de inmediato para atacar a Napoleón y ya había llegado a Lonato.

El 31, el general Dallemagne recuperó Lonato, tras un combate que estuvo indeciso durante mucho tiempo y en el que la 32ª de línea se inmortalizó: estaba al mando del bravo coronel Dupuy (muerto después, siendo general, en El Cairo): es el primer combate de Lonato.

El ejército francés se estableció a orillas del Chiesa; Quasdanowich se retiró por las montañas hacia Gavardo. El 1 de agosto, a las diez de la mañana, la división Augereau, dirigida por Napoleón, entró en Brescia.

Los asuntos de los austriacos todavía no estaban en muy mal estado; pero para desbaratar el osado plan de Napoleón habría sido necesario que Wurmser se hubiera apresurado a cruzar el Mincio, ante Peschiera, el 31 de julio. Habría podido llegar a Lonato más fácilmente; la unión con Quasdanowich se hubiera llevado a cabo y el ejército francés no habría tenido más remedio que regresar, a toda prisa, a Ticino o a Piacenza; más tarde, Wurmser hubiera podido triunfar a sus anchas en Mantua.

En vez de pensar en reunirse con su lugarteniente con la mayor rapidez posible, Wurmser quiso hacer su entrada en Mantua al son de las campanas y sólo cruzó el Mincio en Goito el 2 de agosto al anochecer, dirigiéndose hacia Castiglione. Quasdanowich, favorecido en su movimiento de retroceso por las montañas y los bosques de Gavardo, se estaba retirando, aunque no había sido dañado seriamente.

El 2 de agosto, Augereau regresó a Monte-Chiaro, y Masséna tomó posiciones en Lonato y en Ponte-San-Marco.

Aquel mismo 2 de agosto, al anochecer, el general Valette (destituido poco después), que se encargaba de defender Castiglione y de retener la vanguardia de Wurmser lejos del ejército, abandonó Castiglione con la mitad de sus tropas y fue a Monte-Chiaro para dar la alarma a la división Augereau.

El 3 de agosto, esta división, apoyada por la reserva, se dirigió hacia Castiglione, mientras aún permanecía en Lonato la división Masséna.

Para que Quasdanowich decidiera proseguir con su retirada, el general francés amenazó sus comunicaciones con el Tirol y transmitió al general Guyeux la orden de correr hacia Salo.

Nada de lo que se había previsto sucedió; Napoleón creyó que iba a atacar a Wurmser y cayó, por el contrario, sobre el ala izquierda de Quasdanowich, que se había puesto en movimiento para intentar confluir de nuevo con el general en jefe por Lonato. Siguiendo el método de los austriacos, Quasdanowich había dividido su cuerpo en varias columnas: una de ellas topó en Lonato con la vanguardia de Masséna, que por haber atacado con demasiado ardor sufrió algunas pérdidas. Pero el general en jefe, que llegaba con el grueso de la división, restableció el combate, tomó Lonato e hizo que se persiguiera rápidamente a la columna de Quasdanowich.

Pero por un azar, afortunado para el enemigo, una pequeña columna austriaca que había llegado a Salo ante Guyeux, al no encontrar allí a nadie, había tomado la decisión de avanzar por el camino que había seguido la columna que acababa de derrotar la división Masséna. Se encontró con sus restos y contribuyó a reunirlos.

Aquel anochecer (3 de agosto), Quasdanowich ordenó que sus columnas recuperaran las primeras posiciones en Gavardo. Ahora bien, mientras Napoleón derrotaba a Quasdanowich, al tiempo que deseaba marchar contra Wurmser, Augereau atacaba y vencía, en Castiglione, a la vanguardia del mariscal. Aquel día y el siguiente, Augereau fue un gran general, algo que no volvió a sucederle en toda su vida.

El 4, tras el fracaso sufrido la víspera, puesto que Wurmser no avanzaba con decisión, Napoleón aprovechó la jornada que se le concedía para lanzar a Guyeux y Saint-Hilaire contra Quasdanowich. Ambos generales tuvieron la habilidad de llegar, sin ser descubiertos, hasta detrás de Gavardo, ocupado por los doce o quince mil hombres de Quasdanowich. Amenazado por la retaguardia, este general se decidió por fin a ponerse en camino hacia Riva, en el extremo septentrional del lago.

Napoleón se vio liberado así de ese cuerpo de ejército, muy amenazador todavía la víspera: su fuerza era tan peligrosa como su dirección; si hubiera seguido fiel a la misma, podría haber librado un combate de ardides tras el ala izquierda del ejército francés e impedirle avanzar hasta el Mincio.

En estas circunstancias (el 4 de agosto a las 5 de la tarde), y mientras Quasdanowich tomaba la decisión de retirarse hacia Riva, se produjo la famosa sorpresa de Lonato, de la que el general francés supo librarse con tanta presencia de ánimo.

Dos mil austriacos, ante la amenaza de ser fusilados, tuvieron la bondad de deponer las armas; tenían cuatro piezas de artillería.

Aquí se ve muy bien la diferencia del genio de ambos pueblos: precisamente cuando ese cuerpo de dos mil hombres se rendía, sin que se le ocurriera probar la fortuna de las armas, el campamento de Gavardo era atacado de improviso por Guyeux y Saint-Hilaire. La sorpresa de Gavardo produjo la huida de un cuerpo de doce a quince mil austriacos; mientras que la sorpresa del cuartel general de Napoleón le valió más prisioneros que soldados tenía con él.

Todas las maniobras que acabamos de relatar eran hábiles, audaces, pero nada tenían aún de definitivo. Si a Quasdanowich no se le hubiera ocurrido la singular idea de huir más allá de donde le perseguían, habría podido contactar con su general en jefe, a través de Garda o, incluso, de Desenzano. Los dos cuerpos austriacos podían atacar juntos y citarse en Lonato.

Pero no ocurrió nada semejante; a Wurmser le faltaba actividad y a Quasdanowich audacia.

El combate que debía decidir el éxito final de toda la operación se libró el 5 de agosto.

Wurmser formó varios destacamentos y, finalmente, tuvo la presencia de ánimo para llegar al campo de batalla decisivo sólo con veinticinco mil hombres. Las divisiones Masséna y Augereau, unidas a la reserva y que Bonaparte había situado cerca de Castiglione, suponían por sí solas una fuerza igual a la del enemigo, y el general francés aguardaba además la división Serrurier, que debía llegar por la retaguardia del ala izquierda austriaca.

«El 5 de agosto, cuando apuntó el día, nos encontramos frente a frente», dice Napoleón en su informe al Directorio;[*] sin embargo eran las seis de la mañana y nada se movía aún. Ordenó que todo el ejército efectuara un movimiento de retroceso, para atraer sobre nosotros al enemigo.

Comenzó el combate; pero los franceses combatían sin intentar empujar al enemigo; de pronto, las tropas de Serrurier aparecieron a lo lejos, en la llanura, cerca de Cavriana; Bonaparte lanza con contundencia al combate su ala derecha y su centro.

Wurmser se ve rodeado por la izquierda; teme ser barrido en el lago de Garda. Considera, por fin, que sólo una rá-

---

[*] *Oeuvres de Napoléon*, 4 vols., Pankouke, 1826, tomo I, pág. 104.

pida retirada puede salvarle; vuelve a cruzar el Mincio, abandonando veinte piezas de artillería; pero podía recurrir al cuerpo de Quasdanowich y establecerse sólidamente en el Mincio; nada le impedía apoyar su ala izquierda en Mantua, cuya guarnición, formada por quince mil hombres de tropa fresca, ahora estaba libre para actuar.

El 6 de agosto, mientras el grueso del ejército francés mantenía ocupados a los austriacos en el Mincio con un intenso cañoneo, Masséna se apresura a pasar el río en Peschiera y se lanza contra el ala derecha de Wurmser, establecida frente a esa plaza. Algunas fortificaciones apenas esbozadas fueron barridas con valor, y los enemigos tomaron por fin la decisión de regresar al valle del Adigio; el general Victor se distinguió en esa acción.

El 7 de agosto, a las diez de la noche, Napoleón entró en Verona y, en esta ocasión, el proveedor veneciano desempeñó el más cómico de los papeles: se pretendía neutral y le faltaba buena fe; quería demostrar fuerza contra un ejército victorioso y no tenía ni un solo soldado que quisiera combatir.

Wurmser marchó rápidamente, por primera vez; remontó el valle del Adigio hasta Alla. El general Bonaparte no dejó de ordenar que lo persiguieran y, por fin, el 12 de agosto, el ejército francés había recuperado todos los puestos que ocupaba antes del movimiento ofensivo del mariscal austriaco.

Tan pasmosos éxitos se habían obtenido a costa de la irreparable pérdida de toda la artillería pesada que el ejército había reunido con tantas dificultades ante los muros de Mantua. La división Serrurier, al mando del general Fiorella, regresó ante esa plaza; pero ya no se trataba de un asedio, fue necesario limitarse a un simple bloqueo; el general Sahuguet se encargó de ello.

En vez de rechazar a los franceses hasta Alessandria, el mariscal Wurmser había regresado al Tirol, con diez o doce mil hombres y unas cincuenta piezas de artillería menos; pero, y eso era mucho más importante, había perdido el honor de las armas.

Si aquel general hubiera tenido tanta instrucción como bravura personal, habría podido encontrar en la historia militar advertencias útiles. En efecto, en la misma escena de su derrota el príncipe Eugenio de Saboya llevó a cabo, en 1705, su admirable campaña contra el señor de Vendôme. Ese general, que tenía fama de ser uno de los más impetuosos entre los de Luis XIV, tenía en su poder Mantua y permitió que desbordaran su ala izquierda. El príncipe Eugenio tuvo la increíble audacia de llevar su infantería desde la orilla izquierda del lago a Gavardo, por medio de embarcaciones que navegaban por un lago que los vientos agitan como el mar. Ese singular movimiento no duró menos de seis días; Napoleón sólo habría necesitado la mitad de ese tiempo para destruir un ejército que se hubiera atrevido a intentar en su presencia semejante empresa. Debe reconocerse que, entre 1705 y 1796, apareció el gran Federico e introdujo la rapidez de la marcha en el arte militar.

Capítulo XI

Batalla de Roveredo

El 19 de agosto de 1796, el rey de España concluyó con la República un tratado de alianza ofensiva y defensiva. Este acontecimiento tuvo una saludable influencia sobre los gobiernos de Nápoles y de Turín. Debe recordarse lo que no dejó de ser cierto: el rey de Cerdeña podía destruir el ejército francés en caso de que éste sufriera un revés en el Adigio. A consecuencia de la impericia del Directorio, el ejército piamontés no combatía a las órdenes de Bonaparte; estaba intacto y una intriga de corte podía lanzarlo contra él.

Apenas los austriacos habían regresado al Tirol cuando Wurmser, con quien se reunieron algunos batallones, obtuvo de nuevo la superioridad numérica sobre los franceses. El mariscal recibió la positiva orden de liberar Mantua, y tan poco conocía el carácter de su adversario que imaginó poder lograr ese objetivo sin combate.

Davidowich, con veinte mil hombres, recibió el encargo de defender el Tirol; el propio Wurmser, con los veintiséis mil restantes, atravesó las montañas que forman el valle del Adigio hacia las fuentes del Brenta y siguió el curso de este río con el designio de caer, por Porto Legnano, sobre la retaguardia del ejército francés.

Quiso el azar que en el momento en que Wurmser penetraba en el valle del Brenta, el general francés que acababa de

443

recibir un refuerzo de seis mil hombres avanzase, por su lado, hacia el Tirol. Quería intentar encontrarse con el ejército del Rin. Algunos meses antes, tras la paz con el rey de Cerdeña, Napoleón había presentado esta idea ante el Directorio, pero Jourdan había sido derrotado; Moreau, comprometido, inició la retirada y ya no pudo pensar en penetrar en el Tirol.

Napoleón ignoraba la derrota de Jourdan, y también los movimientos de Wurmser sobre Bassano, cuando el 2 de septiembre avanzó por el valle del Adigio. Se libraron brillantes combates en Mori, en Talliano y una batalla en Roveredo. Los austriacos no aprendían de sus derrotas y cometían los mismos errores. Sus generales eran viejos; fieles al sistema de la antigua guerra, diseminaban sus tropas en pequeños destacamentos ante un hombre que actuaba en masa. Una táctica nueva hubiera sido tanto más necesaria para los austriacos cuanto el ejército francés, lleno de entusiasmo por la libertad, de orgullo militar y de confianza en su jefe, llegaba a muestras de bravura y de audacia casi increíbles.

Capítulo XII

Del arte militar

Durante aquel largo descanso del ejército de Italia, que duró dos meses, del 15 de septiembre al 15 de noviembre de 1796, vamos a permitirnos una reflexión.

Este libro, lo advierto, ofrece con demasiada frecuencia relatos de batallas. Pero ¿cómo evitar ese desfile si nuestro héroe comenzó por ahí, si el placer de adquirir gloria mandando soldados y venciendo con ellos formó su carácter?

Los relatos de combate parecerán algo menos desprovistos de interés si tenemos a bien considerar las siguientes ideas. A fin de cuentas, se habla sin cesar de guerra en nuestras sociedades modernas. En el porvenir no se combatirá ya por la posesión de una provincia, algo muy poco importante para la felicidad de todos, sino por la posesión de una Carta o de *cierto tipo de gobierno*. Finalmente, en este siglo de universal hipocresía, las virtudes militares son las únicas que no pueden ser ventajosamente reemplazadas por la hipocresía.

El arte militar, si lo queremos de buena fe y liberarlo de las grandes palabras, es muy sencillo de definir; para un general en jefe, consiste en lograr que sus soldados *sean dos contra uno en el campo de batalla*.

Esta frase lo dice todo; es la única regla; pero a menudo sólo se dispone de dos minutos para aplicarla.

Es una dificultad que no se supera en absoluto haciendo

de antemano provisión de sabias reflexiones y de hechos bien contados. Hay que inventar cosas razonables en dos minutos y, a menudo, en medio de gritos y emociones. En esas circunstancias, el mariscal Ney se convertía en un volcán de ideas razonables y firmes; en otra parte hablaba poco y mal, e incluso parecía turbado por la timidez.

Se necesita entusiasmo, si se quiere, para exponer la propia vida; se necesita entusiasmo para ser capitán de granaderos, para ser Gardanne lanzándose al Mincio, en Borghetto; pero, para un general en jefe, la guerra es un juego de ajedrez.

Ved esa elevada torre en una esquina de aquel castillo gótico; en el tejado de resbaladiza pizarra que lo corona, divisáis a un techador que parece pequeño porque está muy arriba; si cayera se deslomaría. Pero, arriba, tiene que hacer algo muy distinto a pensar en el peligro que corre; su trabajo es clavar bien la pizarra, lograr que no estalle al hundir su clavo y, en una palabra, fijarla con mucha solidez.

Si, en vez de pensar en fijar bien su pizarra, acaba pensando en el peligro que puede correr, nada hará que valga la pena.

Así, por poco que un general tenga la debilidad de pensar en el peligro al que está expuesta su vida, ya sólo cuenta con una atención a medias para dedicarla a su juego de ajedrez. Ahora bien, se necesita una atención profunda pues se trata de inventar grandes movimientos y a la vez de prever los inconvenientes en apariencia más pequeños, pero que pueden detenerlo todo.

De ahí el profundo silencio que reinaba alrededor de Napoleón; se dice que en las mayores batallas, a excepción del estruendo del cañón más o menos cercano, se hubiera oído volar una avispa en el lugar donde estaba; incluso se evitaba toser.

En el general en jefe se precisa una extremada atención a la partida de ajedrez y, sin embargo, no le está permitido ser natural, es preciso que sea un comediante y, ahí como en cualquier otra parte, el grado de grosería de la comedia se calcula por el ingenio de aquellos para quienes se representa.

Son conocidas las admirables payasadas del gran Suwaroff. Catinat, el único general razonable de los últimos años de

Luis XIV, tenía el aspecto de un frío filósofo en medio del fuego, lo que no se adecua al carácter francés. Es preciso impresionar a los soldados de esta nación con algo físico, fácil de captar: ser un magnífico comediante como el rey Murat (muy bien representado en el cuadro de la batalla de Eylau de Gros), o un hombre singular, único en su género, rodeado de generales abrumados por los bordados y vestidos con una levita gris, no de uniforme; pero esa levita gris será prescrita por la comedia, como los infinitos penachos del rey Murat, como el aire altivo del subteniente de húsares. En el ejército de Italia se adoraba incluso el aire enfermizo del general en jefe.

El amor no es exigente tratándose de las circunstancias en las que prende; cuando hay emoción, ya sólo es necesario lo singular.

Por lo general, hacia la edad de veintidós años es cuando el hombre tiene la facultad de decidir en dos minutos sobre los mayores intereses. La experiencia de la vida disminuye esta facultad, y me parece evidente que Napoleón era un general menos grande en el Moscowa, y quince días antes de la batalla de Dresde, que en Arcole o en Rívoli.

Para un general de división, el arte de la guerra consiste en causar el mayor daño posible al enemigo con su división y regresar con el menor perjuicio que pueda. El talento de un general de división aumenta con la experiencia y, si el cuerpo no ha contraído enfermedades en exceso enojosas, tal vez sea hacia los cincuenta años cuando su talento llegue al máximo.

De ahí se deduce cuán absurdo es hacer generales en jefe a viejos generales de división, y sin embargo así actuó Prusia en Iena; Kalkreuth, Mollendorf y el duque de Brunswick sólo eran viejos generales de división de Federico. Para colmo de miseria, varios de esos viejos generales eran cortesanos; es decir, sentían todos los días de su vida, desde hacía treinta años, con cuánta facilidad la más pequeña circunstancia puede romperle el cuello a un hombre.

Esta regla de hacer el mayor daño recibiendo el menor posible desciende, siempre por la misma pendiente, del general de división hasta el menor subteniente que mande un cuerpo de veinticinco hombres.

Cuando un general francés ataca a diez mil austriacos con un cuerpo de veinte mil hombres, no importa que a pocas leguas del campo de batalla los austriacos tengan un segundo cuerpo de quince o veinte mil hombres, si esos hombres sólo pueden llegar a socorrer al primer cuerpo atacado cuando éste ya haya sido destruido.

La experiencia muestra que mil hombres que se crean seguros de vencer derrotan a dos mil, o incluso, a cuatro mil que, aun siendo muy valientes individualmente, dudan del buen término del desenlace. Un regimiento de húsares propina un buen número de sablazos a seis mil infantes que huyen; pero si un general con sangre fría reúne a los fugitivos tras un seto, hace derribar ocho o diez árboles y dirigir sus ramas hacia la caballería, ésta huirá a su vez.

Pero esta excepción no destruye en absoluto la regla principal, y podríamos decir que única, que para un general en jefe consiste en ser dos contra uno en el campo de batalla.

El principio del general en jefe es exactamente el mismo que el de los ladrones que en una esquina de la calle se encuentran *tres contra uno* ante un viandante, a cien pasos de una patrulla de diez hombres. ¡Qué le importa al infeliz robado la patrulla que va a llegar dentro de tres minutos!

Cada vez que Napoleón cortó un ala del ejército enemigo, no hizo más que ser dos contra uno.

En Roveredo, en Bassano y en todos los combates de la campaña del Tirol, mil franceses derrotaban siempre a tres mil austriacos. (En concecuencia Napoleón no se adecuaba a la regla, pues situaba mil franceses frente a mil austriacos.)

La gran dificultad de la marcha de flanco es que, suponiendo siempre que los soldados de ambos ejércitos son igual de rápidos y bravos, el ejército que ejecuta la marcha de flanco puede ver cómo uno de sus cuerpos de ocho mil hombres es envuelto por dieciséis mil enemigos.

El mismo accidente puede ocurrir en el paso del orden defensivo al orden ofensivo. Un ejército que en el orden defensivo ocupa la orilla izquierda del Sena, de París a Honfleur, tendrá ochenta o cien puestos de cien hombres cada uno y cinco o seis cuerpos de dos o tres mil hombres. Para pasar al orden ofensivo contra un ejército procedente de Chartres, por ejemplo, es preciso que se reúna en un solo cuerpo o en dos, como máximo. Si para efectuar esta operación, cada uno de los pequeños cuerpos sigue la línea más corta, que es la del frente de banderas, está claro que si ese ejército aguarda demasiado para efectuar su movimiento, está llevando realmente a cabo una marcha de flanco ante los ojos del enemigo; lo que le brinda la ocasión de atacar a dos mil hombres con cuatro mil.

Poco importa que a cinco leguas del campo de batalla los dos mil hombres atacados tengan seis mil camaradas; éstos sólo podrán llegar cuando los dos mil atacados hayan sido destruidos (es decir, doscientos muertos, seiscientos heridos, cuatrocientos prisioneros y seiscientos desalentados, o desmoralizados, en lenguaje militar).

Así, el general Mack, en su campaña contra Championnet (1799), tenía razón; su único error cuando llegó de Nápoles para atacar a los franceses en Roma consistió en figurarse que tenía soldados. Este punto se admite en todas partes, seis mil napolitanos atacaron a tres mil franceses; un general en jefe no podía hacer más.

Hay un aspecto que arroja la confusión en todos los discursos de guerra, las lenguas modernas sólo tienen la misma palabra *ejército* para referirse a un ejército reunido de modo que pueda presentar batalla en una hora y un ejército diseminado para vivir y que ocupa veinte leguas de terreno. Por ejemplo, se llama ejército a cien mil hombres reunidos de ese modo: veinte mil en el arco de la Étoile, cuarenta mil hombres en el bosque de Boulogne, veinte mil en Boulogne y veinte mil en Auteuil; o al mismo número de soldados diseminados en todas las aldeas desde Boulogne a Ruán.

Es evidente que ese segundo ejército sólo puede presentar batalla cuando se haya reunido; pero para que este ejército se reúna en un espacio de dos leguas, en todas direcciones, como el bosque de Boulogne y sus alrededores, es preciso: 1.º, veinticuatro horas de plazo; 2.º, que el general en jefe haya hecho acopio de víveres previamente, o reúna en ese estrecho espacio cien mil raciones cada veinticuatro horas.

De ahí, dicho sea de paso, un medio seguro para hacer que los austriacos se muevan es atacar la ciudad donde tengan sus almacenes; para un ejército austriaco esa ciudad es siempre lo que Mantua fue para el ejército del general Bonaparte a finales de 1796: el centro de todos sus pensamientos.

Cada treinta años, según la moda haga prestar más atención a tal o cual *receta para derrotar al enemigo,* los términos de guerra cambian, el vulgo cree haber progresado en las ideas cuando ha cambiado las palabras.*

Véanse las admirables reflexiones de Napoleón sobre las campañas de Aníbal, Turena, Federico II, César, etc. Napoleón estaba lo bastante seguro de sus pensamientos para atreverse a ser claro. Estas reflexiones nos hacen sentir la ridiculez de la mayoría de frases sobre el arte de la guerra.

---

* Lo mismo ocurre en el arte de curar las enfermedades.

Capítulo XIII

> Ocupación de Módena por los franceses. Bolonia y Ferrara forman una de las dos repúblicas cispadanas, Reggio forma la segunda. Ocupaciones de Bonaparte desde el combate de San Jorge hasta el ataque de Caldiero. El general Gentili desembarca en Córcega, el 19 de octubre de 1796.

Napoleón consagró el mes de octubre a los cuidados que exigía el interior de Italia. La amenaza de invasión de Wurmser había reanimado las esperanzas de la corte de Roma, que no cumplía ya las condiciones del armisticio de Foligno. Era preciso negociar y amenazar a este respecto para dominar aquel peligroso poder; veinte meses más tarde, pudieron verse los prodigios que el cardenal Ruffo pudo llevar a cabo en Calabria con la exaltación religiosa.*

La regencia de Módena había violado escandalosamente las condiciones del armisticio, entregando a la guarnición de Mantua avituallamientos preparados de antemano; los franceses ocuparon Módena. Los patriotas de Reggio hicieron su propia revolución.

Se trató de formar repúblicas de acuerdo con el modelo de la de Francia. A consecuencia de un congreso provocado y sabiamente organizado por el general francés, Bolonia y Ferrara formaron una república; Reggio formó otra. Estas repúblicas que, aludiendo a los antiguos nombres de las provin-

---

* Véase el muy verídico Coletta: *Historia de Nápoles de 1736 a 1816*.

cias romanas, adoptaron el de Cispadanas, sólo existieron por algún tiempo. Bonaparte sólo intentaba establecer esos Estados por el interés de su ejército; le estaban prohibidas otras ideas de mayor enjundia por los prejuicios de Barras y Rewbell y por los de los propios italianos. Por aquel entonces, cada ciudad de Italia odiaba y despreciaba a la ciudad vecina; ese estado de cosas existía, según todas las apariencias, desde antes de la conquista de los romanos, y sólo se ha debilitado un poco con el establecimiento del reino de Italia, de 1802 a 1815. Este odio sigue siendo hoy el mayor obstáculo a la libertad o, por lo menos, a la independencia de Italia.

Prestándose al establecimiento de estas repúblicas provisionales, a Napoleón le hubiera gustado poder conservar algunos privilegios para la nobleza y el clero; pues deseaba, ante todo, no tener en su contra a las clases poderosas durante la lucha que iba a entablarse en el Adigio. Los reveses de los ejércitos de la República en Alemania le hacían contemplar ya muy próxima esa lucha decisiva; pero hubiera sido soberanamente imprudente hablar de algo más que de democracia pura a los jóvenes patriotas que formaban su ejército.

El justo temor a ser devueltos a Austria como compensación de Bélgica, durante la conclusión de la paz, enfriaba el entusiasmo de los milaneses. Por probidad política, el general Bonaparte intentó comprometer lo menos posible a esos pueblos que tan desgraciados podían ser si alguna vez Austria podía castigarlos por su amor a los franceses;* a este respecto, obedecía los puntos de vista del Directorio, razonables por una vez.

El objetivo real de toda aquella apariencia de organización política de la Alta Italia era entretener el amor propio de los pueblos e incitar a Lombardía a levantar algunas legiones a sueldo que, de común acuerdo con los Guardias Nacionales de las repúblicas del Po, mantendrían el orden en el inte-

* Los deportados a las bocas del Cattaro, en 1799; yo los vi regresar a Brescia en 1801. Véase la pintoresca historia de esta prisión por el pobre Apostoli c.d.l.a. En 1821, prisión del Spielberg en *Le mie Prigioni* de Silvio Pellico.

rior del país conquistado, y de ese modo una parte de las guarniciones francesas quedaría disponible.

El resto de Italia adoptaba un aspecto poco tranquilizador para el ejército; las negociaciones con Nápoles se prolongaban; la política del Piamonte parecía incierta. Resultaba milagroso que el rey Víctor-Amadeo no advirtiera que su posición era absolutamente la misma que la de su antepasado Carlos II en 1705, cuando se declaró en contra de los ejércitos de Luis XIV que estaban en el Adigio, lo cual acarreó su ruina.

El Papa, recuperado de su primer terror, no pensaba ya en la paz; el Senado de Génova, harto de las requisas llevadas a cabo para la subsistencia de las tropas francesas, fomentaba los disturbios que se declaraban en los feudos imperiales enclavados en su territorio.

Por lo que se refiere a Venecia, el odio que sentía por la República francesa era extremo; tenía medios para dañar infinitamente al ejército, pero casi del mismo modo carecía de las luces y el valor suficientes. Afortunadamente para Francia, los Morosini, los Dandolo, los Alviane no existían ya en aquel país. Sus débiles sucesores ni siquiera advirtieron que tenían en sus manos la suerte de aquel ejército que tanto temían.

Allí, como en otros lugares, la vieja Europa sólo podía oponer a la República agudeza y traiciones; la fuerza de la voluntad no existía ya fuera de Francia; no había más excepciones que la de Pitt y Nelson. Tal vez por ello Inglaterra, tan poco interesada en los debates de las viejas monarquías del continente con la República, acabó poniéndose a la cabeza de la coalición, pues no puedo creer que en 1786 la aristocracia inglesa tuviera algo que temer de los radicales.

De cualquier modo, Inglaterra está pagando aún hoy aquella satisfacción del orgullo que su aristocracia se permitió hace cuarenta años; existe una enorme deuda cuyos intereses hay que pagar.

Francia, que por aquel entonces tenía veinticinco millones de habitantes, cuenta hoy con treinta y tres (1837); aquí el pueblo se ha convertido en propietario; ha adquirido la abundancia, la moralidad y el ocio, mientras que diez millones de ingleses, de quince que son, se ven obligados a trabajar catorce horas diarias, so pena de morir de hambre en la calle. Así, Inglaterra es hoy el único país de Europa que se resiente de los males causados por la guerra de la Revolución, y Francia crece y se eleva, a pesar de su incertidumbre sobre el gobierno que tendrá en 1847.

Para hacer tolerable la situación de los nopropietarios, la aristocracia inglesa se ve obligada a desprenderse de sus privilegios; es preciso que conceda más libertad, y todo ello a riesgo de inminentes revueltas. He aquí, a mi entender, una terrible respuesta al señor Pitt: probablemente, un futuro próximo le reserve otra respuesta semejante al señor de Metternich.

En octubre de 1796, Napoleón intentaba sobre todo prolongar el sueño de Venecia; tenía como rival en esta empresa al procurador Pezaro que, a fuerza de instancias y tragándose mil humillaciones, promovió que un senado imbécil ordenara la leva de milicias esclavonias y que se armara una flotilla para la defensa de las lagunas.

La conducta de la corte de Roma se hacía intolerable y Bonaparte se disponía a marchar contra aquella ciudad cuando los movimientos de los ejércitos austriacos le obligaran a ocuparse únicamente de lo que iba a suceder en el Adigio.

El Directorio, que seguía negándose a comprender su verdadera posición en Italia, había hecho presentar al Papa un proyecto de tratado en sesenta y cuatro artículos, como el que habría podido imponerle si su ejército estuviera acampado en el Gianicolo.

Esta insolencia tuvo un desgraciado efecto para el ejército. La corte de Roma contempló el armisticio como no pertinente, y el dinero destinado a pagar la contribución de guerra se redujo.

Las novenas, las plegarias de cuarenta horas, las procesiones, todo se utilizó para inflamar el odio de una multitud ignorante y apasionada que más tarde daría a Francia excelentes soldados. El condestable Colonna levantó un regimiento de infantería; el príncipe Giustiniani ofreció uno de caballería; se consiguió así poner en pie de guerra a ocho mil hombres. Veremos más tarde la burlesca suerte de este ejército.

La posición del de la República mejoró un poco gracias

al tratado de paz con Nápoles, que se firmó el 10 de octubre; Napoleón había convencido a Carnot de la necesidad de esa paz, a la que los otros cuatro miembros del Directorio sólo consintieron a regañadientes. La Réveillère-Lepeaux tenía un alma noble y recta; Rewbell no carecía de talento administrativo; pero puede afirmarse que el Directorio nunca comprendió una sola palabra de los asuntos de Italia.

El viejo rey de Cerdeña murió; el nuevo rey Carlos Manuel respondió a las proposiciones de alianza solicitando que se le cediera Lombardía. El Directorio debía prometer, cuando menos, parte de esa provincia y autorizar a Napoleón a distribuir cuatro millones entre los cortesanos del nuevo rey. Algo que se guardó mucho de hacer; los directores parecían preparar a placer el gran acontecimiento que estuvo a punto de estallar en Arcole. Se obstinaban en no ver que el ejército de Italia corría riesgos, sin base de operaciones e incluso sin línea de retirada, si el Piamonte acababa cambiando de política.

En los momentos de mayor dificultad en el Adigio, Napoleón mandó un ayuda de campo al dux de Génova, con una serie de agravios cuya reparación exigía, amenazando con marchar sobre Génova en caso de negativa. No hubo nadie en la aristocracia genovesa que se riera en las narices del ayuda de campo y, el 9 de octubre, firmó un tratado por el que se ponía a disposición de la República francesa y se obligaba a pagar cuatro millones.

Los campesinos de los feudos imperiales estaban menos marchitos que esa aristocracia; encontraron valor al servicio de su odio; hubo un segundo levantamiento que fue dispersado por una columna móvil.

Los corsos, descontentos de los ingleses a quienes habían llamado a su isla, les dispararon tiros de fusil; el general inglés ocupó Porto-Ferrajo. Napoleón preparó con mucha habilidad la expedición del general Gentili, que a pesar de los cruceros enemigos logró desembarcar en Córcega con algunos soldados, el 19 de octubre de 1796. En muy pocos días Gentili expulsó a los ingleses y a los emigrados franceses.

Ésas fueron las ocupaciones políticas de Napoleón desde el combate de San Jorge, el 15 de septiembre de 1796, hasta el infructuoso ataque de Caldiero, el 12 de noviembre siguiente. No fue secundado en nada por el Directorio, que tal vez, en el fondo, deseaba su derrota. Así puede imaginarse que su correspondencia con aquel gobierno torpe y malevolente no fuera un modelo de franqueza.

Capítulo XIV

Aprietos de Bonaparte con respecto a los bribones que ocupaban la mayoría de empleos administrativos del ejército de Italia. El Directorio envía al general Clarke al cuartel general, para observar la conducta de Napoleón.

Napoleón no quería molestar al Directorio con detalles. En su ejército se robaba escandalosamente, con las requisas en especies impuestas a la región o con contribuciones en dinero. Los hombres que tenían la dirección de todos esos asuntos le habían sido impuestos por el Directorio y se decían parientes o protegidos de los directores. El general Bonaparte, que a menudo se veía obligado a no seguir las absurdas órdenes que recibía de París sobre asuntos de la más alta importancia, no hubiera deseado pelearse con los directores por naderías. En efecto, ¿qué le importaba al ejército que cierto primo de Barras robase dos o trescientos mil francos? Lo esencial era que le enviaran un refuerzo de dos o tres mil hombres.

Es imposible que Napoleón no tuviese, ya en aquella época, la idea, llevada a la práctica más tarde, de establecer un recaudador general, en cuya caja se habrían ingresado todas las contribuciones. Nada habría salido de esa caja sin la firma de un magistrado, nombrado ordenador en jefe o *intendente general*. En los informes del general en jefe al Directorio, puede verse que había encontrado para ese importante puesto a un hombre de talento y de irreprochable probidad: el ordenador Boinod. Por tanto, nada era más sencillo que organizar esta administración, pero:

1.º El general se habría creado una multitud de enemigos.

2.º En París la miseria y los apuros de dinero del Directorio eran inimaginables. En concepto de impuestos el Tesorro Nacional sólo recibía asignados cuyo valor numerario era ciento cincuenta veces menor a su valor nominal. El Directorio se veía obligado a pasar del régimen de los asignados al de la moneda en metálico. Ningún director estaba lo bastante instruido en economía política para confiar en la fuerza de las cosas y comprender que una gran nación, al tener en todo momento necesidad de una moneda para sus intercambios cotidianos, siempre concedería crédito, durante el tiempo que hiciera falta, a la propuesta del gobierno.

El Directorio creía tener la más acuciante necesidad del crédito de los hombres de negocios que tenía a su alrededor. Estaba convencido de que sin ellos Francia estaría perdida.

Barras protegía a la mayoría de esos agentes comerciales, que llegaban a Italia comisionados por el Directorio. Napoleón debía a ese director el puesto de general en jefe; había estado nominalmente a sus órdenes en la época del 13 de vendimiario, y su fortuna había comenzado entonces.

En la distribución interior del trabajo entre los miembros del Directorio, Barras se encargaba del personal de los ejércitos, como Carnot de su movimiento y de la parte de los planes de campaña.

Pero los empleados bribones, protegidos por el Directorio, no eran la única molestia del general en jefe. Por aquel entonces el ejército de Italia sufría las molestias de unos comisarios del gobierno en perpetua rivalidad con el general en jefe. Estos comisarios habían sido representantes del pueblo y todavía recordaban el gran papel que habían desempeñado en los ejércitos en tiempos del gobierno revolucionario. Entonces, con un simple decreto, arrebataban el mando a un general y lo mandaban ante el Tribunal Revolucionario, que no dudaba en hacer caer su cabeza.

Al parecer, los comisarios del gobierno destinados al ejército de Italia decidían el emplazamiento de las tropas.

Bajo sus órdenes, por ejemplo, una semibrigada era empleada en el ejército activo o se mantenía de guarnición en algún lugar de Liguria. Parece que esos comisarios tenían un poder muy extenso sobre las sumas procedentes de las contribuciones impuestas por el ejército a los pequeños príncipes de Italia. La correspondencia de Napoleón muestra que se permitían adoptar decretos de requerimiento contra generales de división del ejército de Italia;* es cierto que Bonaparte prohibía a sus generales que obedecieran esos decretos.

Los nombres de estos comisarios eran Garrau y Salicetti; el segundo fue hombre de rara sagacidad; más tarde fue primer ministro y ministro de la Policía de uno de los reyes franceses, en Nápoles; murió envenenado por uno de sus subordinados. En otra ocasión hicieron saltar su palacio.

A la política de Napoleón no le convenía entregarse a los impulsos de cólera que despertaban en él las bribonadas de los empleados y los proveedores protegidos por el Directorio, así como el desorden casi completo de las finanzas de su ejército. Y aún se atrevería menos a quejarse de las empresas de los comisarios del gobierno Garrau y Salicetti.

El Directorio le envió a un general, con el encargo de observar en secreto su conducta y mantener correspondencia sobre ese tema con el Directorio. Napoleón podía muy bien hacer que el general Clarke, encargado de tan singular misión, corriera grandes peligros. El procedimiento se hubiera adecuado por completo a las antiguas costumbres italianas. Pero Napoleón, que sentía sus impulsos en el fondo del corazón, sabía corregirlos mediante el imperio de la razón; prefirió ganarse al general Clarke, que más tarde se convertiría en uno de los instrumentos de su gobierno y del de Luis XVIII.

A finales de la campaña de 1797, el Directorio tuvo que tratar de igual a igual con Napoleón, y a tal fin le envió al señor Bottot, el favorito de Barras.

Los Directores sólo eran, es cierto, unos burgueses unidos por toda suerte de pequeñas pasiones. Bonaparte es un gran hombre; pero no hay que olvidar que acabó derrocan-

---

* *Oeuvres de Napoléon Bonaparte.* Pankouke, tomo I.

do el Directorio y la propia República; y que los directores están muy lejos de haber utilizado contra él toda la severidad de sus deberes.

Probablemente el lector piensa que todos los males que Francia sufrió desde las *Restauraciones* deben atribuirse a las cosas que Napoleón hizo tras la primera campaña de Austria, en 1805.

Pero Napoleón no preveía en absoluto la Restauración: sólo temió, siempre, a los jacobinos. Su educación fue extremadamente imperfecta, no le permitía ver las consecuencias históricas de las cosas. En vez de planteárselos fríamente, tenía la sensación de los peligros que él podía correr personalmente, y entonces su gran alma le respondía con la frase: *Entonces como entonces*.

Puede afirmarse que en las medidas que más contribuyeron a crear la posibilidad del regreso de los Borbones, Napoleón actuó puramente por instinto militar, para protegerse del miedo que le daban los jacobinos.

Más tarde actúa por vanidad pueril, para mostrarse digno del noble cuerpo de los Reyes en el que acababa de ingresar. Y, finalmente, para no merecer el reproche de ser un rey débil y cruel, incurrió en la práctica de una clemencia excesiva, que fue la causa inmediata de su caída.

He aquí lo que todo el mundo veía en Italia, a comienzos de 1796. Para resistir a sesenta mil hombres, Napoleón sólo tenía treinta y seis mil, fatigados tras haber vencido nueve batallas y por enormes marchas; además, todos los días un gran número contraía la fiebre en los alrededores de Mantua, tan malsanos a finales de otoño, y que sin embargo había que ocupar. Bonaparte escribió su posición al Directorio; le decía apesadumbrado que la República iba a perder Italia.

Capítulo XV

Batalla de Arcole

Durante aquellos dos meses, del 15 de septiembre al 15 de noviembre de 1796, las principales fuerzas del ejército francés permanecieron en observación a orillas del Brenta y del Adigio. La parte de ese ejército que bloqueaba Mantua fue atacada por fiebres epidémicas que atestaron los hospitales y disminuyeron considerablemente el número de combatientes; hubo hasta quince mil enfermos; la propia salud del general en jefe provocaba grandes inquietudes; ese ejército, bajo un mando distinto, muy pronto hubiera estado ante Alessandria, tal vez en el Var.

Los refuerzos llegaban sólo con extrema lentitud. El barón de Thugut, por el contrario, desplegaba una admirable actividad; quería volver a liberar Mantua a toda costa. El mariscal Alvinzi fue nombrado general en jefe del ejército austriaco en Italia y eligió como lugartenientes a Quasdanowich y Davidowich.

Tal vez el lector recuerde que, tras la derrota de Bassano, Quasdanowich, al no poder cruzar el Brenta siguiendo a su general en jefe Wurmser, se había replegado hacia Gorizia: su cuerpo alcanzó casi los veinticinco mil hombres. El del general Davidowich se elevó de nuevo a casi veinte mil.

Hay que admirar la firmeza y la constancia del consejo áulico o del ministro Thugut (ignoro de cuál de los dos). ¡Qué no hubiera hecho Napoleón de haber sido secundado por semejante gobierno!, pero su gloria hubiera sido menor y el pueblo francés no podría enorgullecerse eternamente de haber alumbrado al hombre que se atrevió a no iniciar la retirada la víspera de Arcole.

El general en jefe Alvinzi se reunió con el cuerpo de Quasdanowich y retomó la ofensiva dirigiéndose por Bassano, hacia Verona, donde esperaba unirse a Davidowich, que recibió la orden de bajar por el Adigio.

Si Napoleón avanzaba al encuentro de Alvinzi y se alejaba de Verona, daba a Davidowich la posibilidad de barrer a Vaubois, de reunirse con Wurmser ante Mantua y de ese modo establecer en su retaguardia un ejército superior en número a todo lo que hubiera podido reunir.

Si, por el contrario, se decidía a llevar el grueso de sus fuerzas hacia Roveredo, le abría al general Alvinzi el camino de Mantua; algo que, en sentido inverso, habría producido el mismo resultado.

Si el ejército francés se concentraba por entero ante Verona, Alvinzi y Davidowich podían reunirse por el valle del Brenta. Sin embargo, para que los franceses no fueran aniquilados, era preciso impedir la confluencia de esos dos generales tanto como la reunión de uno de ellos con Wurmser.

El problema parecía insoluble.

Vaubois era excesivamente inferior en número para poder defender la villa de Trento; Napoleón le ordenó tomar la ofensiva para intentar intimidar a Davidowich. El 2 de noviembre, Vaubois obtuvo cierta ventaja en San Miguel, en el valle del Adigio; pero se vio obligado a batirse en retirada al día siguiente, y se dirigió a Calliano. El día 4, Davidowich entró en Trento; aquel mismo día, el ejército de Alvinzi llegó a Bassano. Ante la proximidad del enemigo, Masséna se retiró por Vicenza y se estableció en Montebello.

La comunicación entre ambas partes del ejército austriaco parecía asegurada; pero, afortunadamente, los generales enemigos siguieron actuando por separado. Davidowich marchó sobre Calliano y Alvinzi sobre Verona.

Napoleón intentó derrotar a Alvinzi. Si lo lograba, pensaba remontar el Brenta para atacar por la retaguardia a Davidowich.

Avanzó hacia el Brenta con Augereau y Masséna; el enemigo ya estaba más cerca del río.

El 6 de noviembre, Masséna atacó en Carmignano el ala izquierda de Alvinzi, mandada por Provera; Augereau atacó la derecha en Lenove; pero sólo triunfaron a medias. Provera cruzó de nuevo el Brenta y el ala derecha austriaca se acercó a Bassano. Napoleón supo que Vaubois estaba muy acuciado en el valle del Adigio; entonces sintió la ausencia de los refuerzos prometidos por el Directorio. Si diez mil hombres, tomados de los que descansaban a las afueras de Estrasburgo, hubieran estado con Vaubois, nada se vería comprometido.

En el actual estado de cosas, fue necesario renunciar a todos los grandes proyectos. El 7 de noviembre, con gran asombro de la gente de la región, Napoleón se batió en retirada y tomó de nuevo el camino de Verona. Alvinzi lo siguió y llegó a Villa-Nova el día 11. Vaubois se retiraba sin dejar de mantener duros combates y, finalmente, el día 8 por la mañana, llegaba a la Corona.

Napoleón se dirigió a toda prisa a aquella división; hizo ciertos reproches a las semibrigadas 39 y 85, que habían cedido en Calliano.

Sin embargo, el ejército comenzaba a ser acosado en exceso; era preciso atacar so pena de quedar rodeados.

Alvinzi se había establecido en las alturas de Caldiero, a tres leguas de Verona. Son los últimos contrafuertes de los Alpes; descienden gradualmente hasta el Adigio, y la calzada de Verona a Vicenza pasa por su base. Estas alturas, de una pendiente muy pronunciada y cubiertas de viñas, flanqueadas a un lado por el Adigio y al otro por las altas montañas a las que se unen, forman una de las más notables posiciones militares; Alvinzi las había ocupado con mucho talento. El 12, Napoleón lo atacó con las divisiones Masséna y Augereau; por primera vez en su vida fue rechazado.

De regreso a Verona, se vio en una posición desesperada; era demasiado débil por todas partes y su ejército, creyéndose abandonado por la madre patria, se desalentaba. Cualquier otro general en su lugar sólo hubiera pensado en cruzar de nuevo el Mincio, e Italia hubiera estado perdida.

Los franceses sólo conseguían derrotar al enemigo, aun siendo a menudo uno contra tres, porque se creían invencibles.

El genio de Napoleón le hizo tomar una singular decisión, que lo exponía a un gran peligro; pero, a fin de cuentas, era la única que aún ofrecía cierta posibilidad de éxito. Decidió aislar a Alvinzi.

Alvinzi, al presentarse ante Verona por la carretera de Caldiero, tenía a su derecha unas montañas impracticables; a su izquierda, el Adigio; enfrente, una plaza fuerte cuyo recinto estaba al abrigo de un golpe de mano. El terreno que ocupaba, cerrado así por tres costados, por el lado de Vicenza no le ofrecía más salida que el desfiladero de Villa-Nova.

Al cruzar el Adigio, en Ronco, Napoleón amenazaba esa salida; forzaba al enemigo a combatir mirando hacia atrás, para abrirse paso; finalmente, el ejército francés estaría situado en un terreno pantanoso, donde sólo se podía combatir en tres diques; uno que remonta el Adigio a partir de Ronco, a lo largo de la orilla izquierda; el segundo que lo desciende, y el tercero que lleva al pueblo de Arcole es de Ronco.

En estos diques, Napoleón podía ponerse a la defensiva como mejor le pareciera; la cuestión del número de combatientes quedaba descartada y sacaba partido a la superioridad individual del soldado francés sobre el pesado alemán.

La batalla tuvo tres jornadas: el 15, el 16 y el 17 de noviembre, y la victoria sólo se obtuvo al finalizar la tercera. Napoleón no pensaba únicamente en el ejército de Alvinzi, que tenía ante él; todas las noches debía pasar de nuevo a la orilla izquierda del Adigio y pensar en tomar precauciones contra Davidowich, que podía caer sobre Mantua. No sólo se trataba de toda Italia para los franceses; pero la dificultad vencida es tal, y el interés dramático es tan grande, cuando se piensa que se trataba de la civilización de Italia, envilecida desde 1530 bajo el cetro de plomo de la casa de Austria, que se me permitirá descender a los más minuciosos detalles.

Napoleón había retirado del bloqueo de Mantua al general Kilmaine con dos mil hombres; confió a ese destacamento la defensa de Verona; allí se necesitaba un hombre seguro;

la menor falta hubiera permitido a Alvinzi dar la mano a Davidowich.

Por otro lado, y por poco audaz que fuera Davidowich, con sus diecinueve mil hombres podía hacer retroceder a Vaubois y caer sobre Mantua, o atacar y tomar Verona. Así pues, el resultado de todo lo que iba a intentarse dependía de un ataque de Davidowich.

El 14 de noviembre por la tarde, Napoleón partió de Verona con las divisiones Masséna y Augereau y la reserva de caballería, lo que formaba un total de unos veinte mil hombres. Descendió por el Adigio y llegó al pueblo de Ronco, donde hizo tender un puente sobre el río. Después del puente, encontraron ciénagas impracticables y, más allá, el pequeño riachuelo del Alpon, que procede de los Alpes, corre de norte a sur y pasa por Villa-Nova, el único punto por el que Alvinzi podía retirarse en caso de revés. Masséna llegó por el dique de la izquierda, que remonta el Adigio, hasta Porcil; Augereau tomó el del centro, que desemboca en el puente de Arcole, sobre el Alpon. Se trataba de pasar ese puente y no lo lograron.

Una brigada de croatas, destacada entre los flanqueadores, en el extremo izquierdo del Alvinzi, lo defendió muy bien. Augereau fue rechazado. La sorpresa con la que contaban no se había producido; Alvinzi, inquieto por su retaguardia, envió a Provera con seis batallones al encuentro de Masséna en Porcil y, por su parte, abandonó las alturas de Caldiero y retrocedió hacia San-Bonifacio con el grueso de su ejército.

Aunque el general francés no pudiera alcanzar Villa-Nova por la orilla izquierda del Alpon, podía llevar su ejército a Porcil y actuar directamente sobre la línea de retirada de Alvinzi; pero era preciso que se apoderase del pueblo de Arcole para asegurar su ala derecha y no quedar encerrado en aquellas ciénagas.

Hizo nuevos esfuerzos para tomar el puente de Arcole, la mayoría de los generales franceses habían sido heridos al querer alentar a sus soldados. El propio Napoleón se lanzó a la cabeza de los granaderos; éstos, acribillados por la metralla, retroceden; Napoleón cae a la ciénaga; por unos instantes está en poder del enemigo que no advierte en absoluto la presa que puede cobrarse; los granaderos vuelven a buscar a su general y se lo llevan; decididamente, resulta para ellos imposible tomar el puente de Arcole.

Sin embargo, hacia el anochecer, los austriacos abandonaron ese pueblo al acercarse una brigada francesa que avanzaba remontando la orilla izquierda del Alpon tras haber cruzado el Adigio por el vado de Albaredo. Pero ya era demasiado tarde; no podían caer ventajosamente sobre la retaguardia del sorprendido Alvinzi. Napoleón no quiso arriesgarse a pasar la noche con unas tropas hacinadas en las ciénagas, en presencia del ejército enemigo que estaba desplegado entre San-Bonifacio y San-Estefano; por otra parte, Vaubois podía ser atacado y, por lo tanto, era preciso hacer una marcha nocturna forzada, y llegar rápidamente al Mincio para impedir que Davidowich se encontrara con Wurmser.

Todo el ejército francés volvió a cruzar hacia la orilla derecha del Adigio, el 15 de noviembre por la noche. Napoleón sólo dejó en la orilla izquierda las tropas necesarias para custodiar el puente. Así transcurrió la primera jornada de Arcole. Como puede verse, no era favorable a los franceses.

Seguro de que Vaubois no había sido atacado el 15 por Davidowich, el 16 por la mañana Napoleón hizo cruzar de nuevo su ejército a la orilla izquierda del Adigio; los austriacos habían ocupado Porcil, Arcole y Albaredo; avanzaron hacia el puente de los franceses y fueron rechazados.

Masséna entró en Porcil; luego, dirigiendo hacia el centro una de sus brigadas, aisló en el dique a una columna de mil quinientos hombres que fueron hechos prisioneros. Augereau marchó de nuevo sobre Arcole; pero se reprodujeron las escenas de la víspera; los franceses sufrieron bajas y no pudieron tomar el puente. Llegó la noche, y por los mismos motivos que el día anterior Napoleón ordenó que su ejército volviera a cruzar el Adigio. Como puede verse, estaban muy lejos de haber ganado la batalla.

Davidowich había atacado la Corona el 16, y se había apoderado de Rívoli; Vaubois se había retirado, con bastante orden, hacia Castel-Novo. El 17, al apuntar el día, los franceses se pusieron de nuevo en camino hacia el puente.

Cuando iba a efectuarse el paso, una de las embarcaciones del puente se hundió. Aquel accidente podía echarlo todo a perder; por fortuna fue reparado rápidamente; el ejército pasó el Adigio y rechazó de nuevo a los austriacos hasta Porcil y Arcole; pero aquel tercer día, el fatal puente de Arcole sobre el Alpon sólo fue atacado por una semibrigada; era preciso alentar al enemigo para que se dirigiera hacia los franceses utilizando los diques. El propio Masséna condujo otra semibrigada hacia Porcil. El resto de la división se mantuvo en reserva cerca del puente.

La división Augereau fue a tender un puente sobre el Alpon, cerca de la desembocadura de ese afluente en el Adigio; continuación debía actuar contra el ala izquierda de los austriacos y tomar así Arcole por la retaguardia.

Los austriacos se habían reforzado en Arcole; el general Robert, que dirigía la semibrigada francesa, resultó muerto y su tropa fue vigorosamente rechazada hasta las proximidades del puente del Adigio; pero el enemigo la siguió con imprudencia; eso era lo que sobre todo deseaba el general francés. Esa profunda columna, orgullosa de su primer éxito, dio con el grueso de la división Masséna; una semibrigada, emboscada en los cañaverales, se arrojó muy a tiempo sobre su flanco y mató o capturó a tres mil hombres; el resto huyó en desorden hacia el puente de Arcole; había llegado el momento decisivo.

Tras haber cruzado el Alpon, la división Augereau se encontraba por fin ante el ala izquierda de los austriacos, que llegaba por su izquierda hasta una ciénaga. Napoleón había ordenado al oficial que mandaba la guarnición de Legnago que rodeara ese obstáculo y atacara la retaguardia del ala austriaca. Puesto que la artillería de aquellas tropas no se oía aún, Napoleón ordenó a un oficial inteligente que se deslizara por el cañaveral y llegara hasta la punta del ala izquierda austriaca con una veintena de jinetes y algunas trompetas.

Aquella pequeña tropa se mostró de pronto y cargó; la infantería austriaca perdió por fin el aplomo que había conservado hasta entonces. Augereau lo aprovechó para atacar a fondo. En aquel momento, los ochocientos hombres de Legnago llegaron por fin por la retaguardia del ala izquierda austriaca, lo que precipitó su retirada hacia San Bonifacio. Ganado ese punto, la división pasó el fatal puente, abandonado ahora, y llegó por Arcole y San Gregorio. Alvinzi no se atrevió a correr los riesgos de una segunda batalla con un ejército que en ese momento no tenía más de quince mil hombres en armas; finalmente, el día 18, se retiró hacia Montebello, y de ese modo se reconoció vencido. Los franceses habían perdido casi tanta gente como él; pero habían conseguido expulsarlo de Caldiero y tenían la posibilidad de volverse contra Davidowich.

Este general que durante ocho días había perdido el tiempo ante las fortificaciones de la Corona, por fin había atacado a Vaubois el 16; el 17, el general francés se replegó detrás del Mincio, que cruzó en Peschiera; el 18, Davidowich avanzó hasta Castel-Novo.

Napoleón tenía tan poca gente que sólo había podido seguir a Alvinzi con su reserva de caballería; el resto del ejército se retiró de Villa-Nova hacia Verona, donde nuestros soldados entraron triunfantes por la puerta de Venecia, tres días después de haber salido misteriosamente por la de Milán.

Augereau se dirigió de Verona hacia Dolce por las montañas, para cortar la retirada a Davidowich, amenazado de frente por Vaubois y Masséna. El general austriaco, que durante tres días había tenido en sus manos la suerte del ejército francés, sólo pudo escapar de la ruina completa apresurándose a llegar a Roveredo; su retaguardia quedó muy dañada.

Alvinzi, viendo que sólo era seguido por la caballería, regresó a Villa-Nova; pero Napoleón había terminado ya con Davidowich y se preparaba a llegar de nuevo a la orilla izquierda del Adigio por Verona. Alvinzi, aislado, no se atrevió a mantenerse en campaña y se replegó detrás del Brenta. Si hubiera sido obstinado, habría presentado batalla de nuevo y habría creado muchas contrariedades a Napoleón.

Por prudencia excesiva o, más bien, por ausencia de valor moral, mientras los grandes golpes se daban en el Adigio y la superioridad dependía de muy poco, Wurmser, tan valiente a título personal, había permanecido tranquilo en Mantua. Al iniciar sus operaciones, Alvinzi había calculado que sólo podría llegar ante esa plaza el día 23 y había conminado a Wurmser a salir sólo aquel día, pero aquel día Kilmaine había regresado ya a su puesto, y de ese nuevo el cuerpo de bloqueo rechazó a los sitiados con facilidad.

Mientras estos acontecimientos sucedían en Italia, Beurnonville permaneció ocioso durante dos meses (noviembre y diciembre), con ochenta mil hombres, teniendo sólo ante él a veinticinco mil austriacos. ¡Qué general y qué gobierno!

Capítulo XVI

Retrato de los generales: Berthier, Masséna, Augereau, Serrurier

Hacia el final de su carrera, Napoleón se complació describiendo el carácter de sus generales del ejército de Italia. Vamos a reproducir estos retratos, añadiéndoles algunos rasgos.

Se trata de Berthier, Masséna, Augereau, Serrurier y Joubert. Tres generales, de talento comparable al de Masséna, no habían llegado aún a comandantes en jefe de una división; se trata de Lannes, Duphot y Murat. Davoust, del que entonces se burlaban porque su carácter tenía cualidades de las que los franceses suelen carecer, a saber: sangre fría, prudencia y tozudez, y Lasalle, servían aún en grados inferiores. Kilmaine hubiera sido uno de los primeros generales de división del ejército; pero siempre estaba enfermo.

Todos estos generales eran igualmente valerosos; pero, en cualquier caso, el valor de cada cual adoptaba el color de su carácter. No obstante, en el curso de las maniobras que vamos a narrar, un general fue destituido a causa de su cobardía; y otro hubiera merecido serlo a causa de su ligereza.

Qué no hubiera hecho Napoleón de haber tenido a sus órdenes, por aquel entonces, a los generales Gouvion Saint-Cyr, Desaix, Kléber y Ney, y como jefe de estado mayor, en vez de Berthier, al general Soult.

Berthier tenía unos cuarenta y dos años de edad; había

nacido en Versalles; su padre, ingeniero-geógrafo de los reyes Luis XV y Luis XVI, se encargaba de establecer los planes para sus cacerías. Berthier, joven todavía, participó en la guerra de América como teniente; era coronel en la época de la Revolución, por un favor especial del rey. Mandó la Guardia Nacional de Versalles, donde se mostró muy reacio al partido jacobino. Empleado en Vendée como jefe de estado mayor de los ejércitos revolucionarios, fue herido. Después del 9 de thermidor, fue jefe de estado mayor de Kellermann en el ejército de los Alpes, y, habiéndole seguido al ejército de Italia, tuvo el mérito de hacer que el ejército tomara la línea de Borghetto, que detuvo al enemigo. Tal vez sea la única idea militar que Berthier tuviera nunca. Cuando Napoleón llegó como general en jefe del ejército de Italia, Berthier solicitó la plaza de jefe del estado mayor general, que ha ocupado desde entonces. Veremos más tarde cómo contribuyó a estropear el ejército, hacia 1805, y a sustituir en el corazón de los oficiales el entusiasmo de la gloria por el egoísmo.

En 1796 desarrollaba una gran actividad que luego perdió, seguía a su general en todos sus reconocimientos y en todas sus andaduras, sin que aquello redujera en absoluto su trabajo de despacho. Tras haber pasado la jornada en la calesa de su general, discutiendo todos los movimientos que podía desplegar el ejército y aventurándose sólo a dar un consejo tras haber sido formalmente invitado a ello, recordaba con toda exactitud lo que el general en jefe había decidido, y al llegar al acantonamiento daba las órdenes consiguientes. Sabía presentar con gran claridad los más complicados movimientos de un ejército. Leía muy bien la naturaleza del terreno en un mapa. Resumía rápidamente y con gran claridad los resultados de un reconocimiento y dibujaba, si era necesario, las posiciones de un modo muy comprensible. Su carácter indeciso y desprovisto de entusiasmo fue, tal vez, junto con su perfecta cortesía y la inferioridad de su talento, lo que le valió el favor de su general.

Hubo una época en la que la envidia que animaba a la gente del Antiguo Régimen, que no sabía qué objetar ante las pasmosas victorias del general Bonaparte, tomó la decisión de publicar que Berthier era su mentor y le proporcionaba sus planes de campaña. Berthier sintió mucho miedo ante aquellos rumores e hizo todo lo que pudo para lograr que cesaran. Bonaparte fue sensible al procedimiento. En resumen, Berthier era un hombre del Antiguo Régimen, agradable y cortés en las circunstancias ordinarias de la vida, y que se extinguía en las grandes ocasiones. A menudo tendremos oportunidad de hablar mal de él.

Masséna era un hombre muy distinto; era hijo de la naturaleza. No sabía nada, ni siquiera ortografía; pero tenía un alma firme y era inaccesible al desaliento. La desgracia parecía multiplicar la actividad de aquella alma enérgica, en vez de extinguirla. Nacido muy pobre, tenía la desgracia de que le gustaba robar, y en Roma su ejército se vio obligado a expulsarlo; pero su valor y su genio eran tales que a pesar de aquel horrible defecto, del que eran víctimas los soldados, no podían dejar de estimarlo. Siempre tenía una amante a su lado; por lo general era la más hermosa mujer de la región donde mandaba, y siempre procuraba que el ayuda de campo que le gustaba a su amante encontrara la muerte. Tenía un espíritu encantador cuando se encontraba a gusto. Pero era preciso perdonarle la mala construcción de sus frases. El busto colocado sobre su tumba en el cementerio del Père-Lachaise, en París, se le parece.

De hecho, era un nisardo (de Niza), más italiano que francés; nunca había tenido tiempo de procurarse la menor educación. Nacido en Niza, había entrado muy joven al servicio de Francia, en el regimiento Royal-Italien; ascendió rápidamente y se convirtió en general de división. Su audacia, su amor por las mujeres, su total ausencia de altivez, su enérgica familiaridad con los soldados estaban hechos para complacer, tenía mucho de ese carácter que la historia atribuye a Enrique IV. En el ejército de Italia sirvió a las órdenes de los generales en jefe Dugommier, Dumerbion, Kellermann y Scherer. Era de constitución fuerte, infatigable, día y noche a caballo entre roquedales y montañas. Ése era el tipo de guerra que conocía especialmente. En 1799 salvó la República, derrotada por todas partes, venciendo en la batalla de Zúrich. Sin Masséna, el terrible Suwaroff hubiera entrado en el Franco-condado, precisamente cuando los franceses estaban hartos del Directorio y, tal vez, de la libertad.

«Masséna», dijo Napoleón, «era decidido, bravo, intrépido, estaba lleno de ambición y de amor propio, su carácter distintivo era el empecinamiento; nunca estaba desalentado; olvidaba la disciplina y cuidaba poco la administración; era muy poco diestro para las disposiciones de un ataque; su conversación parecía seca y poco interesante cuando se encontraba con gente de la que desconfiaba; pero al primer cañonazo, entre balas y peligros, su pensamiento adquiría fuerza y claridad». En el ejército se creyó a menudo, y yo siempre lo he sospechado, que Napoleón estaba algo celoso de él.

Augereau, nacido en el *faubourg* Saint-Marceau (en París), era sargento cuando estalló la Revolución. Fue elegido para ir a Nápoles a enseñar instrucción a los soldados del país, cuando se produjo la Revolución. El señor de Périgord, embajador de Francia en Nápoles, lo hizo llamar, le dio diez luises y le dijo: «Regresad a Francia, allí haréis fortuna». Sirvió en Vendée y fue general en el ejército de los Pirineos Orientales. Tras la paz con España, condujo su división al ejército de Italia. Napoleón lo envió el 18 de fructidor a París; allí apareció cubierto de diamantes.

El Directorio, dijo Napoleón, le dio el mando en jefe del ejército del Rin. Era incapaz de comportarse; tenía poca profundidad de espíritu, poca educación y carecía de toda instrucción; pero mantenía el orden y la disciplina entre sus soldados; era amado por ellos.

Sus ataques eran regulares y los conducía con orden; dividía bien sus columnas, colocaba adecuadamente sus reservas, combatía con intrepidez; pero todo aquello sólo duraba un día; vencedor o vencido, solía estar desalentado por la noche, porque era cosa de la naturaleza de su carácter o por el poco cálculo y penetración de su espíritu.

Se vinculó al partido de Baboeuf. Sus opiniones, si las tenía, eran las de los más exagerados anarquistas: fue nombrado diputado del Cuerpo Legislativo en 1798; se metió en las intrigas del Picadero y a menudo quedó en ridículo.

Serrurier, nacido en el departamento del Aisne, era mayor de infantería al inicio de la Revolución; había conservado todas las formas y la rigidez de un mayor; era muy severo con la disciplina y pasaba por aristócrata, lo que le hizo correr muchos peligros en los campamentos, sobre todo en los primeros años. Como general, no se atrevía a encargarse de nada, y no era feliz.

Ganó, dice Napoleón, la batalla de Mondovi y tomó Mantua; tuvo el honor de ver desfilar ante él al mariscal Wurmser. Era valiente, personalmente intrépido; tenía menos impulso que Masséna y Augereau; pero los sobrepasaba por la moralidad de su carácter, la prudencia de sus opiniones políticas o la seguridad de su trato. El carácter de ese general se sentía poco inclinado por los jóvenes patriotas a los que mandaba.

Capítulo XVII

Regreso de Napoleón a Milán, el 19 de septiembre de 1796. Su profundo odio hacia los proveedores.

A su regreso a Milán, tras las batallas de Bassano y de San Jorge, Napoleón comenzó lo que denominaba la guerra a los ladrones. Aquellos caballeros de industria, que todavía abundan en París, protegidos en aquel entonces por Barras, que había reclutado una corte entre ellos, se habían dirigido presurosos a Italia ante el rumor de las riquezas de aquel hermoso país. Habían logrado introducirse fácilmente en las administraciones del ejército. Los comisarios del gobierno Garrau y Salicetti disponían de las contribuciones impuestas a las regiones conquistadas. Disponían, en cierto modo, del empleo de las tropas. Tenían poder sobre los proveedores y empresarios, de víveres o de carruajes; sólo de ellos dependía la soldada del ejército. Finalmente, esos comisarios habían usurpado casi por completo las funciones ordinarias que ocupa en un ejército el comisario ordenador en jefe o el intendente general.

Mientras la sencillez, la rudeza republicana y una noble pobreza reinaban en los ejércitos de Sambre-et-Meuse y del Rin, cierto lujo y afición al placer se habían apoderado de los oficiales, e incluso de los simples soldados del ejército de Italia. En aquella época, aquellos ejércitos hubieran estado muy bien representados por lo que se refiere a su apariencia exterior, unos por el sublime Desaix, que a menudo ni siquiera tenía uniforme y dejaba que se lo robaran todo, incluso su equipaje; el otro por el general Augereau, que nunca se mostraba sin llevar las manos y el pecho cubiertos de diamantes.

Los soldados de Italia, bien vestidos, bien alimentados, bien recibidos por las hermosas italianas, vivían entre placeres y abundancia. Los oficiales, los generales participaban de la general opulencia; algunos iniciaban su fortuna. Por lo que se refiere a los proveedores o empresarios, desplegaban un fasto que impresionaba tanto más cuanto a nadie se le había ocurrido algo semejante desde hacía varios años. Lo que más incitaba a los oficiales era que gracias al precio de sus especulaciones obtenían los mejores favores de las más fastuosas cantantes.

Por aquel entonces, Bonaparte, excitado por los comentarios del ejército, de los que era informado en su totalidad (nunca el general estuvo más al corriente de todo), comenzó a examinar las ventas y los demás convenios pactados por la República con los proveedores. Hacia el comienzo de la campaña de Italia, el Directorio carecía por completo de crédito, las arcas estaban vacías y la miseria del gobierno había llegado a tal punto que sería preciso un largo capítulo para hacer creíbles al lector los singulares detalles que pondríamos ante sus ojos. Por ejemplo, el día de su toma de posesión, el Directorio se había visto obligado a pedir prestados al conserje del Luxembourg una mesa, un escritorio y un cuaderno de papel de carta. Lo que siguió se correspondía con este comienzo.

En enero de 1796, la República se habría sentido muy feliz al encontrar especuladores osados que quisieran avituallar, al precio que fuera.

La extremada incertidumbre del pago debía admitirse como contrapeso de los enormes beneficios que podrían lograrse en cuanto se cobrase. He aquí lo que Napoleón, en su instintivo odio contra los proveedores,* nunca quiso com-

---

* Hay que recurrir a la actividad del interés particular, donde el gobierno no puede dominar a sus agentes por el honor. Ahora bien, los empresa-

prender. Habiendo reaparecido el crédito tras las victorias del ejército de Italia, los precios que se pagaban a los proveedores parecían excesivos; oficiales y soldados se sentían escandalizados por sus enormes beneficios. Nadie pensaba en la incertidumbre de los pagos a la hora de firmar contratos. Bonaparte se indignó ante esos beneficios y en su caso ese sentimiento llegó al exceso. Podemos decir que era uno más de sus prejuicios, como el odio hacia Voltaire, el miedo a los jacobinos y el amor al *faubourg* Saint-Germain.

Por sus cartas al Directorio puede verse que nunca quiso comprender que un proveedor, víctima de las bromas de todos, y a menudo de los robos del gobierno,* no avituallara por afán de gloria. Reprocha a los proveedores que abandonaran el ejército durante los días de peligro. Recomienda al Directorio que elija a hombres de una energía y probidad demostradas, sin pensar que tales hombres no van a meterse en semejante avispero. En su cólera, el general en jefe llega a proponer la institución de un sindicato que, con las atribuciones de un jurado, pudiese, por su simple convicción, castigar delitos que nunca son demostrables materialmente. Desde aquella época, Napoleón muestra odio por todo cuanto en el ejército concierne a proporcionar pan a los soldados. Veremos más adelante cómo ese poco reflexivo sentimiento produce las mayores desgracias.** La siguiente carta describirá, mejor que todo lo que podría decirse, el modo de actuar del

---

rios, proveedores, etc., de los que todos se burlaban en el ejército, y que por aquel entonces no eran admitidos en el beneficio del duelo, no podían acudir al ejército para adquirir honor. Es una reflexión que en la retirada de Moscú le oí hacer al príncipe mayor-general.

El odio de Napoleón contra los proveedores procedía de su cobardía ante el fuego; en su apasionado amor por Francia, le hería profundamente ver que producía hijos tan cobardes; en el momento de la retirada que precedió a Castiglione, uno de esos hombres emprendió la huida, recorrió cincuenta leguas con la posta y murió de miedo al llegar a Génova.

* Los vendedores de telas de Lodève, hacia 1808.

** A ese odio ciego pueden atribuirse, en gran parte, los desastres de la retirada de Moscú. El mariscal Davout (un gran hombre al que todavía no se ha hecho justicia) había organizado perfectamente su cuerpo de ejército: fue censurado por ello. Es una de las grandes faltas de Napoleón.

general en jefe con respecto a los proveedores. Las cosas llegaron hasta el punto de que los burgueses razonables, que con el nombre de directores gobernaban la República, llegaron a creer, de acuerdo con los informes de sus protegidos y parientes, a los que habían hecho emplear en el ejército de Italia, que el general en jefe quería apoderarse de los víveres para obtener dinero. Este crimen era uno de los que más horrorizaban a Napoleón. Puede afirmarse que en su espíritu tal afrenta venía inmediatamente después del crimen de Pichegru: hacer que sus soldados fueran derrotados adrede. El general Bonaparte había tenido la fortuna de encontrar a un comisario de guerra que unía su probidad republicana al raro talento de lograr que un gran ejército subsistiera (el señor Boinod). Hubiera podido darle el puesto de ordenador en jefe y reclamar del Directorio su confirmación en ese cargo; pero Napoleón se veía obligado, por consideraciones del más alto interés, a tratar con miramiento a los bribones, y Barras los protegía.

Capítulo XVIII

Cartas del general Bonaparte al Directorio

Invito al lector apresurado a saltarse las doce cartas que siguen. Son informes oficiales dirigidos al Directorio por el general en jefe del ejército de Italia. Hice de ellas un resumen que, aun presentando distintas verdades accesorias que Napoleón no podía incluir en sus cartas, era mucho más corto.

Pero acabo de advertir, verificando el resumen con los documentos originales, que carecía por completo de fisonomía. Napoleón es uno de esos hombres a los que no se puede abreviar, porque sus palabras describen sus sentimientos. Miente muy poco en las cartas. Ni siquiera muestra mal humor contra aquel Directorio al que despreciaba soberanamente e incluso odiaba un poco. Napoleón, que no era hombre que se complaciera con quimeras y exageraciones, después de Castiglione comenzaba a compararse con todo lo que le rodeaba tanto en la carrera militar como en la carrera administrativa. Empezaba a sentirse un gran hombre y ese gozo prevalecía sobre todo lo demás.

Vivir en la posteridad había sido la constante pasión de esa vida singular. Esta pasión sólo había sido interrumpida unos instantes por la que le inspiró Josefina. Supongo que esta pasión de amor se hizo secundaria en la época de Rívoli. Mi creencia no se basa en confidencia alguna que haya llegado hasta mí; Napoleón nunca reveló el fondo de su corazón con respecto a Josefina. Pero veo, por una anécdota que hoy no puedo contar, que hacia la época de Rívoli ese amor, tan poderoso sobre su alma en marzo de 1796, no fue reanimado y llevado al estado de locura ni siquiera por los celos.

Una de mis principales razones para aventurarme a colocar esas doce cartas ante los ojos del lector es que, si no siente el suficiente entusiasmo por el principal personaje para leerlas, puede saltárselas sin inconveniente. En general sólo presentan las razones que el general en jefe tenía para esperar y temer. Pero no ignoraba que algunos empleados del Directorio podían muy bien vender esas cartas a los agentes de Inglaterra o al ministro que la República de Venecia tenía en París. Así pues, con ese temor presente sin cesar en el espíritu, Napoleón escribe al gobierno del que dependía por tantas cosas esenciales y, entre otras, por el envío de los socorros de los que tan gran necesidad tuvo el ejército desde el comienzo de agosto de 1796 hasta comienzos de febrero de 1797.

Por lo demás, prescindir de la lectura de las doce cartas que siguen no perjudicará en absoluto la comprensión de la batalla de Rívoli que concluyó la de Arcole; la comprensión de la rendición de Mantua, de la batalla de Tagliamento y de la desastrosa retirada del archiduque Carlos que, con un ejército casi igual al de Napoleón, no supo retrasar el paso de los Alpes cubiertos de nieve.

Vemos que Europa no había aprendido aún de Napoleón el arte de la gran guerra; es increíble que Austria firmara la paz de Leoben en vez de enviar diez mil hombres y un general osado, como el señor de Kleman, en socorro de Venecia. Sólo hay dos jornadas por mar de Trieste a Venecia. He aquí una de las consideraciones que Napoleón debía guardarse mucho de incluir en sus cartas al Directorio.

Desde el asunto de Tagliamento hasta Leoben, la fortuna concedió a Napoleón lo que le había negado en la tercera jornada de Arcole, cuando tanto lo merecía. Lo aprovechamos para presentar esas doce cartas del intervalo de 58 días que transcurrió de Arcole a Rívoli. Ofrecidas antes, estas cartas llenas de detalles administrativos y políticos hubieran interrumpido los preparativos del terrible drama que se desencadenó por la timidez del mariscal Alvinzi, el tercer día de Arcole.

Capítulo XIX

Intervalo de Arcole a Rívoli (del 18 de noviembre de 1796 al 14 de enero de 1797). Situación política de Francia; actitud de los distintos partidos; debilidad del Directorio. Espanto ocasionado en Viena por la derrota de Arcole: grandes esfuerzos de Austria para atenuar sus resultados. Se cree envenenado a Napoleón; a pesar de sus grandes sufrimientos, su actividad se multiplica; origen de su enfermedad.

He aquí el estado de las cosas en diciembre de 1796. El interior de la República estaba bastante en calma; los partidos tenían la mirada fija en el escenario de la guerra, en Kehl y en el Adigio. La consideración y la fuerza del gobierno aumentaban o disminuían según las noticias que se recibían de los ejércitos. La última victoria, la de Arcole, había impresionado las imaginaciones francesas por lo novelesco de su relato, la increíble firmeza de ánimo del general Bonaparte y el extremado peligro que había corrido cuando cayó en la ciénaga, junto al puente de Arcole.

Sin embargo, estos milagros de genio y de bravura no habían tranquilizado en absoluto con respecto a la posesión de Italia: era sabido que Alvinzi se estaba reforzando y que el Papa se armaba. Los malevolentes afirmaban que el ejército de Italia estaba agotado; que su general, abrumado por los trabajos de una campaña sin igual y consumido por una extraordinaria enfermedad, ya no podía mantenerse a caballo.

Mantua no había sido tomada aún y podían concebirse inquietudes para el mes de enero.

La libertad de prensa reinaba entonces en Francia, lo que significa que se era libre, tanto como la general inexperiencia permitía serlo. Los diarios de ambos partidos declamaban con ardor. Por aquel entonces la Revolución sólo contaba con ocho años de existencia, los hombres de treinta años habían sido formados por la incierta monarquía de Luis XVI y la Enciclopedia, y los de cincuenta por la corrupta monarquía de madame Dubarry y de Richelieu.

Los periódicos de la contrarevolución, viendo que se acercaba la primavera, época de elecciones, intentaban agitar la opinión pública y disponerla en su favor. Los monárquicos, desde sus desastres en Vendée, habían decidido utilizar esa misma libertad para destruirla; querían apoderarse de las elecciones.

El Directorio veía ese proyecto y le daba miedo, pero sintiendo un miedo igual por los patriotas que habían gobernado y animado Francia durante el Terror, se mantenía en el *justo centro*.* En vista del desenfreno de los periódicos, estaba dominado por la inquietud, recordaba las pasiones que habían aparecido en Francia durante el gobierno revolucionario. Ninguno de los miembros del Directorio tenía el suficiente genio político para ver que esas pasiones que les asustaban ahora dormían, y que para despertarlas eran precisos hechos palpables y no vanos razonamientos de periódicos. Al parecer, mientras los hombres nacidos bajo el régimen de la censura sigan en este mundo, el destino de los gobiernos de Francia será sentir un miedo exagerado por la prensa y

* Expresión que tal vez resulte obscura hacia 1850; tipo de gobierno que pretende conducir una nación por medio de la parte mediocre y sin pasiones de los ciudadanos o, más bien, con la ayuda de las bajas pasiones y del deseo de ganar dinero de esa parte mediocre. El justo centro del Directorio se separaba, con igual cuidado, de la gente con talento y de las almas generosas del Partido Monárquico y del Partido Republicano. El Directorio sólo tenía a su lado a la gente para la que unos buenos salarios son la primera razón política, a los tímidos cuya única pasión es el miedo y a los fabricantes y comerciantes que no le piden a un gobierno que sea justo, ilustrado, honesto, sino que asegure, aunque sea con el despotismo acompañado por Spielberg o Siberia, una tranquilidad de diez años, durante los cuales se pueda hacer fortuna.

dar mordiente a las chanzas que se les lanzan con habilidad, mostrándose mordidos a su vez.

El atemorizado Directorio reclamó a ambos consejos que redactaran leyes sobre los abusos de la prensa. Se gritó, se afirmó que al acercarse las elecciones el Directorio quería impedir la libertad; se le negaron las leyes que solicitaba; sólo se concedieron dos disposiciones; una referente a la represión de la calumnia privada, otra dirigida a los vendedores de periódicos que, en vez de anunciarlos en la calle por su título, los publicitaban con frases sueltas, cuya brutal energía a veces recordaba la del *Père-Duchesne*, y despertaba los temores del Directorio.

Por ejemplo, se vendía un panfleto gritando por las calles: «Devolvednos nuestros miriagramos y largaos si no podéis procurar la felicidad del pueblo». (Debe recordarse que los salarios de los directores se contabilizaban, filosóficamente, por el valor de cierto número de medidas de trigo, o miriagramos.)

El Directorio habría querido establecer un diario oficial. Los Quinientos aceptaron, los Ancianos se opusieron.

La célebre ley del 3 de brumario, puesta a discusión, por segunda vez, en vendimiario, se había mantenido tras una tormentosa discusión. El lado derecho quería hacer que se revocara la disposición que excluía a los parientes de los emigrados de las funciones públicas, y ésa era la que los republicanos querían conservar. Tras un tercer ataque, los republicanos prevalecieron, y se decidió que el artículo se mantendría. Sólo se hizo un cambio en esa ley. Excluía de la amnistía general, concedida a los delitos revolucionarios, los delitos vinculados con el 13 de vendimiario. Ese acontecimiento, cuyos análogos se renovarían tan a menudo, estaba ahora demasiado lejos para no amnistiar a los individuos que hubieran podido participar en él y que, por lo demás, de hecho permanecían del todo impunes. Se aplicó la amnistía a los delitos de vendimiario, como a todos los demás hechos puramente revolucionarios.

Puede verse que el Directorio y quienes deseaban la República, con la Constitución del año III, conseguían mantener la mayoría en los consejos a pesar de los gritos de algunos patriotas locamente arrebatados y de numerosa gente vendida a la contrarrevolución.

La oligarquía de Viena había quedado consternada por la noticia de la batalla de Arcole, que llegaba inmediatamente después de tan hermosas esperanzas. Pero el miedo dio a esos buenos alemanes una actividad que no les resulta natural. La inmensa mayoría creía que los franceses llevaban con ellos la guillotina a todas partes, y la llegada de los republicanos a Viena parecía el peor de los males, incluso para la pequeña burguesía, tan oprimida en aquel país por la nobleza. El pueblo entero se decidió a intentar una nueva lucha e hizo cosas inauditas para reforzar el ejército de Alvinzi.*

La guarnición de Venecia partió destinada al Tirol, y el Emperador ordenó una nueva leva entre los valientes húngaros (esclavos descontentos de la casa de Austria).

Los vieneses, que profesaban un gran afecto por su emperador Francisco, proporcionaron cuatro mil voluntarios, y más tarde pudo verse a mil ochocientos de aquellos inexpertos burgueses dejándose matar en su puesto, cosa de la que a menudo se ha hablado en otra parte, pero que los buenos alemanes llevaron a la práctica. Se lo habían prometido a la emperatriz cuando ella les entregó unas banderas bordadas con sus propias manos. El consejo áulico o el señor de Thugut habían sacado del ejército del Rin algunos miles de hombres, elegidos entre las mejores tropas de Austria. Gracias a esa actividad, realmente notable en el seno de una vieja oligarquía (doscientas familias reinaban en Viena por aquel entonces), el ejército de Alvinzi se había visto reforzado con unos veinte mil hombres y ascendía a más de sesenta mil

---

* La conducta militar del gobierno austriaco fue sublime, de mayo de 1796 a Leoben, 18 de abril de 1797. Sin sentir las pasiones que inflamaban a los franceses de 1793 y 1794, la actividad de aquel gobierno fue semejante a la del gobierno republicano. ¿Pero de quién era el mérito de tal actividad? ¿Acaso del viejo barón de Thugut o del consejo áulico? Se ignora: justo castigo de los gobiernos enemigos del pensamiento y de la publicidad. Lo poco que dejan imprimir pasa por mentira e incluso sus hermosas acciones permanecen ignoradas: *Carent quia vate sacro.*

combatientes. Este ejército, descansado y reorganizado, contaba sólo con un pequeño número de nuevos soldados.

Inspiraba serias aprensiones al general Bonaparte; pero tenía otro motivo de inquietud. En París, los nobles, los sacerdotes, los emigrados y todos los que deseaban la humillación de nuestros ejércitos, anunciaban que estaba muriéndose de una enfermedad desconocida. Era muy cierto. Ya no podía montar a caballo sin un esfuerzo que requería valor, seguido por un completo abatimiento. Sus amigos lo creyeron envenenado; también él tuvo esa idea; pero, como no había remedio alguno, siguió cumpliendo con su deber sin pensar demasiado en su salud. Aquella alma grande recordó el *Decet imperatorem stantem mori* (un general en jefe debe morir de pie).

Tras haber estado muy mal, en los días de Arcole, se encontró mejor durante la corta campaña de Leoben, y el descanso de Montebello le devolvió las fuerzas. Más tarde, volvió a sentirse muy mal, y sólo muchos años después el señor Corvizart (uno de los primeros médicos del siglo y el hombre menos cortesano y más enemigo de los hipócritas que nunca haya existido) consiguió adivinar la enfermedad de Napoleón y posteriormente curarla.

Ante Toulon, Napoleón, viendo una batería cuyo fuego acababa de cesar, corrió hacia ella; no encontró a nadie vivo. Todos los artilleros acababan de morir bajo las balas inglesas. Napoleón comenzó a cargar él solo una pieza de artillería. Tomó el escobillón; resultó que el artillero que había manejado aquel instrumento antes que él sufría de sarna, y muy pronto Napoleón quedó cubierto de ella. Naturalmente, limpio hasta el escrúpulo, sanó muy pronto. Eso estuvo mal; hubiera sido necesario dejar que la enfermedad siguiera su curso. El virus, que no había acabado de expulsar, se alojó en el estómago. Al vivaquear junto a una ciénaga, cerca de Mantua, tuvo fiebre y muy pronto se encontró en ese estado de completo agotamiento que desesperaba a su ejército y alegraba a los monárquicos.

En ese estado de agotamiento, durante una de sus últimas batallas, tres caballos montados por él murieron de agotamiento. Sus hundidas y lívidas mejillas contribuían a destacar el mezquino efecto de su pequeñísima talla. Los emigrados decían, hablando de él: «Da gusto ver lo amarillento que está»; y se bebía por su próxima muerte.

Sólo sus ojos y su mirada fija y penetrante anunciaban al gran hombre. Aquella mirada había conquistado al ejército; éste le había perdonado su aspecto enclenque y lo amaba más por ello. Debe recordarse que aquel ejército estaba compuesto en su totalidad por jóvenes meridionales de fácil apasionamiento. Comparaban a menudo a su *pequeño cabo* con el soberbio Murat y sus preferencias se inclinaban por aquel hombre tan flaco, que ya estaba en posesión de tan alta gloria. Después de Arcole, las fuerzas físicas del general parecieron extinguirse; pero la fuerza de su alma le daba una energía que, día tras día, pasmaba aún más; y a continuación veremos lo que hizo en Rívoli.

Capítulo XX

Fermentación revolucionaria en los Estados de tierra firme de la República de Venecia. Batalla de Rívoli. Batalla de *la Favorita*.

Tras las duras pérdidas que el ejército había sufrido en Calliano, a orillas del Brenta, y en Arcole, Napoleón había dirigido las más vivas instancias al Directorio con el fin de obtener las fuerzas indispensables para poder mantener sus posiciones. El Directorio le envió seis mil hombres y empleó veinticinco mil en intentar un desembarco en Irlanda. Más simple hubiera sido mandar esos veinticinco mil hombres a Italia, derrotar a Austria, hacer la paz con ella y, luego, intentar un desembarco en Irlanda; pero el Directorio no sabía gobernar en absoluto y, por otra parte, estaba celoso de Napoleón.

La victoria de Arcole había resonado en Francia; se empezaba a comprender de qué había dependido la suerte de Italia. Obligado por el clamor público, el Directorio anunció al general en jefe que iba a mandarle las hermosas divisiones Bernadotte y Delmas, tomadas de los ejércitos del Rin. Aguardando la llegada de esas tropas, que a pesar del invierno tenían que atravesar los Alpes, Napoleón empleó el mes de diciembre en ponerse en guardia contra Venecia. Aquella vieja aristocracia, tan formidable en la Edad Media, seguía teniendo mucho ingenio; pero había perdido toda su energía. Cada vez más indispuesta por las cargas de la guerra que se hacía en sus Estados, aquella República aumentaba su armamento.

Si hubiera querido seguir los consejos del general francés, probablemente hoy seguiría existiendo, pero era difícil que unos vejestorios débiles, ajados por la vanidad, las riquezas y un siglo de inacción, vieran lo que de bueno había en los consejos de un joven general cuyos rápidos movimientos no podían sino escandalizarles. Su falta de tacto llevó hasta ver en él a un fogoso republicano y un hombre cuyos proyectos estaban destinados —sin excepción, pues no podía aspirar a tener aliados—, a intentar crearles contrariedades. Algunas sociedades patrióticas establecidas en Brescia, Bérgamo y Crema sembraron los gérmenes de la democracia en los Estados de Venecia. Por su lado, Venecia armaba su fuerza y distribuía dinero entre los fanáticos campesinos de las montañas del Bergamasco; Ottolini, *podestá* de Bérgamo, sobornó a treinta mil.

Bonaparte había decidido no ver nada y difirió cualquier explicación hasta después de la rendición de Mantua. Sin embargo, hizo que se ocupara la ciudadela de Bérgamo, que tenía guarnición veneciana, y alegó como razón que no la creía bastante bien guardada para resistir un golpe de mano por parte de los austriacos. En Lombardía y en Cispadania siguió favoreciendo el espíritu de libertad, reprimiendo al partido austriaco así como a los sacerdotes y moderando al partido democrático. Mantuvo las apariencias de la amistad con el rey de Cerdeña y el duque de Parma. Fue a Bolonia, para concluir una negociación con el duque de Toscana e imponerse a la corte de Roma. En cierta época, el gran duque de Toscana había entablado cuatrocientos procesos contra los jacobinos de sus Estados donde, según me parece, nunca los hubo. Pero muy pronto aquel príncipe filósofo tomó la sabia decisión de tolerar la Revolución Francesa y sus efectos.

Como hemos visto, las tropas de la República ocupaban Livorno. Se habían producido vivas discusiones entre la administración financiera del ejército y el comercio de aquella ciudad. Se trataba de las mercancías enviadas a Livorno en comisión (depositadas para ser vendidas) por comerciantes ingleses, y por las que, como suele hacerse, los comerciantes toscanos habían pagado adelantos. Esas mercancías que se arrancaban a duras penas a los comerciantes de Livorno a continuación eran muy mal vendidas, y además por una compañía que, según el general en jefe, acababa de robar de cinco a seis millones al ejército.

Napoleón pactó un convenio con el gran duque; se acordó que a cambio de dos millones, pagados al contado, los franceses evacuarían Livorno. En aquel arreglo veía la ventaja de que así quedaba disponible la pequeña guarnición que había colocado en aquella ciudad.

De entre las ideas que acudían en masa a aquella cabeza, ardiente y razonable a la vez, destacaremos la siguiente: se trataba de formar una barrera entre el Papa y el sitio de Mantua. ¿Acaso los ingleses no podían desembarcar cuatro mil hombres en Ancona o en Civita-Vecchia? Bonaparte quería tomar las dos legiones formadas en Bolonia y en Ferrara (la República Cispadana), unirlas a la guarnición de Livorno, añadir tres mil hombres y lanzar aquel pequeño cuerpo hacia la Romaña y la marca de Ancona. Se apoderaba de dos provincias del Estado romano, fijaba los impuestos, obtenía de ese modo la contribución que no había sido satisfecha y, sobre todo, imposibilitaba el proyecto de confluencia de Wurmser con el ejército papal.

Con la paz, podía devolverse Lombardía a Austria y formar una poderosa república, añadiendo la Romaña, la marca de Ancona y el ducado de Parma a las regiones de Módena, Bolonia y Ferrara. En ese caso se habría entregado Roma al duque de Parma, lo que habría complacido mucho al rey de España; puesto que el Papa no era apoyado ni por Austria ni por España, podía ser enviado a una isla, a Cerdeña, por ejemplo.

Bonaparte había comenzado a ejecutar su proyecto; se había dirigido a Bolonia con tres mil hombres y amenazaba la Santa Sede; pero Roma no tuvo miedo. El nuncio Albani le escribía desde Viena los milagros que la administración hacía ante sus ojos para formar un quinto ejército. Roma reunió tropas, esperó comunicarse por la parte baja del Po con Wurmser y expresó su deseo de ver al general francés avanzando más aún por sus provincias.

El cardenal secretario de Estado explicaba sus planes de campaña: «Si es preciso», decía, «el Santo Padre abandonará Roma e irá a pasar unos días a Terracina, en la más lejana frontera del reino de Nápoles: cuanto más avance Bonaparte y se aleje del Adigio, más se expondrá a los peligros de una desastrosa retirada y más favorables se volverán las opciones a la causa santa».

Nada más prudente que aquel razonamiento. Pero Napoleón no pensaba alejarse de Mantua. Tenía la mirada fija en el Adigio y aguardaba a cada instante un nuevo ataque.

El 8 de enero de 1797, supo que sus puestos avanzados habían sido atacados en toda la línea; cruzó de nuevo el Po, apresuradamente, con sus dos mil hombres y corrió en persona hacia Verona. Alvinzi avanzaba para liberar Mantua con cerca de cuarenta mil hombres; Mantua albergaba veinte mil, doce mil de los cuales, al menos, estaban armados.

Era la cuarta vez que el ejército de Italia debía combatir por la posesión de Mantua. Las divisiones Bernadotte y Delmas, que se esperaban del ejército del Rin, no habían llegado y, sin embargo, Alvinzi había reanudado la ofensiva.

El ejército ocupaba sus posiciones ordinarias: la división Serrurier ante Mantua; Augereau en el Adigio, desde Verona hasta más allá de Legnago; Masséna en Verona; Joubert con una cuarta división en la Corona y en Rívoli, cuyo nombre deberá su inmortalidad a la última de las grandes batallas ganadas por Bonaparte en Italia.

Cada una de esas cuatro divisiones contaba aproximadamente con diez mil hombres. El general Rey se encontraba en Desenzano con una reserva de cuatro mil hombres.

El enemigo avanzaba a la vez por Roveredo, por Vicenza y por Padua, es decir, atacaba al mismo tiempo el centro y las dos alas del ejército francés. Napoleón decidió mantener sus posiciones hasta haber adivinado cuál de esos tres ataques era el verdadero.

El 12 de enero de 1797, la columna que avanzaba por Vicenza se acercó a Verona y doblegó los puestos avanzados de Masséna; el resto de la división fue en su auxilio, desembocó en San Miguel y el enemigo fue rechazado con bajas; el general en jefe tuvo la certeza de que su fuerza no se concentraría en aquel punto.

Al día siguiente, por la tarde, supo que el general Joubert, atacado de frente por fuerzas superiores y amenazado en sus dos flancos por poderosas columnas, por la mañana se había visto obligado a evacuar la posición de la Corona (situada entre el Adigio y el Monte-Baldo, más allá del cual se encuentra el lago de Garda). Joubert se había replegado hacia Rívoli, desde donde pensaba proseguir su retirada hacia Castel-Novo. Ya no tuvo la menor duda; estaba claro que la columna de Vicenza y la que se dirigía a la parte baja del Adigio estaban destinadas a llevar a cabo una maniobra de distracción, para facilitar la marcha del cuerpo principal que descendía por el valle del Adigio. A ese cuerpo había que oponer, por tanto, el grueso del ejército.

Napoleón partió de Verona llevándose consigo la mayor parte de la división Masséna; dos mil hombres se quedaron en Verona para contener la columna de Vicenza; Rey recibió la orden de dirigirse de Salo hacia Rívoli, punto de reunión general. Siguiendo el método austriaco, Napoleón había adivinado que el mariscal Alvinzi habría dividido en varias columnas el cuerpo que llegaba por el valle del Adigio. Pensaba que, ocupando la llanura de Rívoli, donde acababan reuniéndose los distintos senderos que surcaban aquel paraje montañoso, tendría la facultad de actuar en masa contra columnas separadas entre sí por insuperables obstáculos.

Era un cálculo bien fundado, pero apenas tuvo éxito. El ejército francés era demasiado escaso para plantar cara por todas partes llevando a cabo marchas de increíble rapidez. Napoleón se encontró sin cesar en medio de las balas, y en ninguna de sus batallas estuvo expuesto durante tanto tiempo al fuego de los mosquetes. Sin duda, aquel ejército tan poco numeroso hubiera sido aniquilado si hubiese perdido a su general en jefe. Augereau nunca habría aceptado obedecer a Masséna; Lannes estaba aún en los grados inferiores y, además, la desafortunada ley de la antigüedad tal vez hubiese entregado el mando en jefe a Serrurier.

Napoleón ordenó a Joubert que se mantuviera a toda costa ante Rívoli, hasta su llegada.

Alvinzi, precisamente cuando abandonaba Bassano y se ponía en marcha para remontar el Brenta y lanzarse sobre el valle del Adigio, había enviado a Provera con ocho mil hombres hacia Legnago, y a Bayalitsch, con cinco mil, hacia Verona. Él mismo iba a la cabeza de unos treinta mil hombres, llegó por Roveredo a la Corona. Luego se le ocurrió la idea, realmente alemana, de subdividir aún más aquel pequeño ejército en seis columnas, cuando hubiera debido actuar en masa con treinta y ocho mil hombres; cinco mil bastaban, por lo demás, para inquietar el Adigio.

Mientras tres de aquellas seis columnas de Alvinzi, con un total de veinte mil hombres, presionaban a Joubert de frente, el general Lusignan, con cuatro mil hombres, cruzó el límite extremo del lago de Garda, al oeste del Monte-Baldo: Lusignan pretendía rodear el ala izquierda de los franceses con sus cuatro mil hombres.

Quasdanowich, con una quinta columna de ocho mil hombres, destinada a atacar el ala derecha, tomó el camino que flanquea la orilla derecha del Adigio. Debe observarse que la artillería y la caballería, que no podían seguir a las demás columnas debido a los malos caminos de montaña por los que debían pasar, marchaban con esa última columna por la hermosa carretera que flanquea el Adigio. Finalmente, para evitar cualquier contrariedad, Wukasowich, descendía por la orilla izquierda del Adigio con una sexta columna de cuatro mil hombres.

Si el lector quiere darse cuenta de la singularidad de aquel plan, puede verificar en un buen mapa geográfico que, por una sucesión de obstáculos naturales e invencibles, ninguna de esas columnas podía comunicarse con la vecina.

Empezando por la derecha del ejército enemigo, la cresta del Monte-Baldo impedía cualquier comunicación entre la columna de Lusignan, que flanqueaba el lago, y las tres columnas del centro; éstas estaban separadas de la de Quasdanowich, donde iban la artillería y la caballería, por las impracticables cumbres de San-Marco; y, por fin, el Adigio se encontraba entre Quasdanowich y Wukasowich.

Así, todas las columnas movilizadas por el enemigo llegaban a través de las montañas y sin cañones, mientras que, reunido en la llanura de Rívoli, el ejército francés podía recibirlas sucesivamente, incluso con cañones del doce. El genio de Bonaparte consistió en atreverse a adivinar un plan tan singular. Para que tuviera éxito, era preciso que todas las columnas austriacas pudieran llegar en el mismo instante y atacar con perfecta conjunción.

Cuando Joubert recibió las órdenes de su general en jefe, hacia la una de la madrugada, se encontraba en plena retirada. Regresó de inmediato a la posición de Rívoli que, afortunadamente, el enemigo aún no había tenido tiempo de ocupar. Napoleón se reunió allí con él dos horas después de medianoche; había un magnífico claro de luna; las hogueras de los vivaques austriacos se reflejaban en las cimas cubiertas de nieve del Monte-Baldo y Napoleón pudo asegurarse de la existencia de cinco campamentos enemigos, separados.

El 14 de enero por la mañana, el grueso de la división Joubert marchó hacia San-Marco por Caprino y San-Giovanni; atacó el centro de los austriacos; entretanto, una semibrigada situada en fortificaciones, por detrás de Osteria, cubría su derecha. Estaba destinada a detener a Quasdanowich, que probablemente intentaría subir por la llanura de Rívoli desde las orillas del Adigio, donde estaba situado. Masséna, que llegaba a marchas forzadas, recibió la orden de desprenderse de una semibrigada en su ala izquierda para contener a Lusignan que, probablemente, con un movimiento semejante, intentaría ascender hacia la llanura por las orillas del lago.

Joubert combatía vivamente; pero los austriacos lo recibían con extremada bravura; es una de las batallas que más honor les hace. El ala izquierda de los franceses, desbordada, cedió. Viendo aquel movimiento, el ala derecha, al mando del general Vial, retrocedió también; afortunadamente, el 14.º de línea aguantó admirablemente en el centro y dio tiempo para restablecer las cosas. Napoleón corrió hacia la izquierda de Joubert, a la cabeza de la columna de Masséna que acababa de llegar; el enemigo fue rechazado, y el ala izquierda recuperó las alturas de Trombalora.

Entretanto, en otra parte las cosas iban muy mal; el ala derecha era perseguida energicamente por los austriacos, que bajaban de las alturas de San-Marco. Quasdanowich había forzado las fortificaciones de Osteria y su columna, que llegaba del fondo del valle del Adigio, comenzaba a subir la pendiente que lleva a la llanura de Rívoli. Por otro lado, se veía a Lusignan, dirigiéndose hacia la retaguardia del ejército desde Affi.

De modo que el ejército francés estaba rodeado. A Napoleón no le extrañó; procuró barrer a Quasdanowich. Aquel general estaba obligado a pasar por un barranco muy profundo y dominado por nuestras baterías. Apenas apareció en la llanura la cabeza de su columna cuando fue atacada por ambos flancos por la infantería, y de frente por la caballería, que el intrépido Lasalle (muerto más tarde en Wagram) lanzó a la carga. El enemigo fue barrido y lanzado al barranco. El desorden ya era grande cuando un obús francés hizo saltar un furgón en el camino que flanquea el Adigio, donde se habían amontonado los austriacos: la confusión y el terror llegaron al límite; infantería, caballería y artillería retrocedieron desordenadamente por Incanale.

Napoleón, liberado de Quasdanowich, pudo pensar en socorrer a Vial (del ala derecha de Joubert), que estaba en plena retirada. Los austriacos lo perseguían a la desbandada; doscientos caballos que Napoleón lanzó contra ellos los pusieron a todos en fuga, algo que, increíblemente, se comunicó a todo su centro. Alvinzi sólo pudo reunir a los fugitivos detrás del Tasso.

Quedaba Lusignan. Ese general, al no encontrar seria resistencia, fue a situarse en el monte Pipolo para cortar por completo la retirada al ejército francés. Pero para ello habría sido necesario que primero hubiera sido derrotado.

Napoleón le opuso una parte de la división Masséna, que mantuvo el combate hasta la llegada de Rey. Puesto que la cabeza de la columna de éste había llegado finalmente de Orza por la retaguardia de Lusignan, se vio rodeado a su vez.

Su cuerpo de cuatro mil hombres fue destruido; regresó al Monte-Baldo sólo con algunos centenares de hombres.

La batalla estaba ganada: lo que sigue es, tal vez, más admirable aún.

La misma noche de la batalla de Rívoli, cuando los generales ordenaban el recuento de los prisioneros austriacos y cada semibrigada se aseguraba, pasando lista, de las enormes bajas que había sufrido Napoleón supo que Provera, forzando el centro de la división Augereau, que había salido de nuevo en pequeños destacamentos distribuidos a lo largo del Adigio, había conseguido cruzar el río, el 13 de enero por la noche; Provera se dirigía hacia Mantua, iba a liberar la ciudad. Napoleón calculó que Joubert, uniéndose a Rey, sería lo bastante fuerte para hacer retroceder los restos de Alvinzi, y volvió a partir de inmediato con la división de Masséna hacia Roverbella, adonde llegó el 15 por la noche. El 14, puesto que Augereau había tenido tiempo de reunir su división, había caído sobre la retaguardia de Provera y le había causado grandes daños.

El 15, Provera llegó ante Mantua; pensaba entrar por el arrabal de San Jorge; pero ya lo encontró ocupado por los franceses y fortificado; no pudo comunicarse con la plaza.

Batalla de la favorita

El 16 de enero de 1797, a las cinco de la madrugada, Provera atacó el puesto de la Favorita y Wurmser el de San-Antonio; Serrurier consiguió aguantar con la ayuda de los refuerzos traídos por el general en jefe. Wurmser regresó a la plaza.

Provera, atacado de frente por Serrurier, en el ala izquierda por la guarnición de San Jorge y en la derecha por el propio Napoleón, a la cabeza del resto de la división Masséna, se encontraba muy apurado cuando apareció en su retaguardia la división Augereau. Depuso las armas con los cinco mil hombres que le quedaban.

Por segunda vez en diez meses, el general Provera recurría a este modo de salir del mal paso. Aun cuando Napoleón había adivinado por completo a un general enemigo y lo sabía muy mediocre, no dejaba de alabarlo en cualquier ocasión como un adversario peligroso y al que era un honor combatir. Gracias a esta simple añagaza, no dejaban de oponerle a ese general.*

Mientras Napoleón ganaba la batalla de la Favorita, Joubert actuaba con una energía digna de su ilustre jefe.

La destrucción del cuerpo de Lusignan y la retirada de Quasdanowich hacia Rivalta dejaban sin esperanza de socorro a Alvinzi y su ejército del centro. El 15 de enero, Joubert hizo marchar dos columnas con extremada rapidez y consiguió rodear a Alvinzi por ambos flancos; las tropas austriacas, detenidas en su línea de retirada y adosadas a los precipicios de la Corona, fueron casi destruidas por completo antes de haber llegado a Ferrara. Casi cinco mil hombres depusieron las armas.

Puesto que el mariscal Alvinzi había perdido más de la mitad de su ejército, llevó lo que quedaba de él hasta detrás del Piave, dejando la defensa del Tirol únicamente en manos de unos ocho mil hombres. Las retaguardias austriacas fueron barridas por todas partes y, finalmente, a comienzos de febrero, el ejército francés se encontró en las posiciones que había ocupado antes de Arcole: Joubert en el Lavis; Masséna en Bassano; Augereau en Citadella. Venecia, con todas sus fuerzas, quedaba detrás del ala derecha del ejército francés.

Ésa fue la célebre batalla de Rívoli, en la que treinta mil franceses, actuando contra un bravísimo ejército, capturaron veinte mil prisioneros. Nunca el ejército francés ha hecho mejor las cosas; las semibrigadas republicanas superaron la tan alabada rapidez de las legiones de César.

Los mismos soldados que Napoleón hizo salir de Verona y que se batieron en San Miguel el 13 de enero, marcharon durante toda la noche siguiente hacia Rívoli, combatieron en

---

* Informe del 29 de nivoso del año V (18 de enero de 1797).

El general en jefe al Directorio.

... La confusión y el desorden dominaban las filas enemigas; caballería, artillería, infantería, todo estaba en pleno barullo; a la terrible 57.ª nada la detenía. En aquel momento, el respetable general Provera solicitó capitular, etc.

las montañas el 14, hasta que anocheció. Regresaron a Mantua el 15 y el 16 hicieron capitular a Provera.

Napoleón, muy enfermo por aquel entonces, se fue a Verona para descansar de tantas fatigas.

Capítulo XXI

El señor Biogi, joven pintor francés; buen carácter,
nobleza y sencillez

En su campaña del Mincio, Bonaparte había conocido a un joven francés, pintor de paisajes, que recorría los alrededores del lago de Garda para hacer algunos estudios. El general, rodeado de jóvenes que fingían entusiasmo o exageraban el que sentían realmente, quedó impresionado por el raro sentido común y la mansedumbre del pintor, al que nada parecía conmover y que no se deslumbraba ante nada. Aquel pintor tenía, por lo demás, una talla bastante aventajada y un rostro solícito. En aquel tiempo había algo que Napoleón execraba por encima de todo: las relaciones mancilladas por el gasconismo, que todo lo pintan todo como si fuera hermoso. Invitó a menudo a cenar al joven pintor, y quiso hacerle tomar partido por él. Berthier, e incluso Napoleón, a quien le gustaba discutir con él, le dieron a entender que muy pronto tendría un grado militar y que no debería quejarse de la fortuna. Aquel joven, que había mostrado valentía en el ataque por sorpresa de Gavardo, respondía al general con su acostumbrada sencillez que no condenaba en absoluto a los militares, que su profesión era, sin duda, noble y útil. Pero que, en resumidas cuentas, el oficio le parecía grosero y que mostraba al hombre en sus más deleznables aspectos, y que por nada del mundo querría comprometer en él su vida.

Tras haber pasado un mes en el cuartel general, extremadamente distinguido siempre por Napoleón, se despidió de él y prosiguió su gira por Italia.

En los tiempos de Arcole, Napoleón escribió al ministro de la República francesa en Florencia rogándole que entregara veinte luises al señor Biogi, pues sabía que había regresado allí, y que le rogara de su parte que fuera a verlo a su cuartel general.

El joven pintor respondió, con su natural tranquilidad, que tenía asuntos en Florencia y que aquel viaje, que no tendría utilidad para su talento, le contrariaba mucho. El ministro le mostró la carta de Napoleón, hizo valer la extremada cortesía con la que el general en jefe hablaba de él, lo avergonzó por rechazar semejante invitación, etc. Tanto hizo que el señor Biogi tomó un *vetturino*, salió de Florencia y se encaminó lentamente hacia el cuartel general de Verona, dibujando los hermosos paisajes que encontraba en su camino. Llegó a Verona poco después de la batalla de Rívoli y fue recibido a las mil maravillas.

—Si queréis ser oficial —le dijo Napoleón—, ahora hay muchas plazas vacantes; os tomaría a mi lado.

—No veis —añadió el general Berthier, que estaba presente en la entrevista— que el general en jefe se encarga de vuestra fortuna.

—Quiero ser pintor —respondió el joven— y lo que acabo de ver de los horrores de la guerra, los estragos que produce naturalmente y sin que pueda reprocharse nada a nadie, no me han hecho cambiar en absoluto de opinión sobre ese grosero oficio, que muestra al hombre en su más ruin aspecto: el del interés personal, exaltado hasta el furor, y por medio del cual el teniente ve caer, sin lamentarlo, al capitán, su íntimo amigo, etc.

Bonaparte combatió filosóficamente ese modo de ver las cosas y retuvo al artista hasta las dos de la madrugada. «Nunca he visto a un hombre que hablara tan bien», dijo el pintor. Lo invitaron a cenar al día siguiente y los demás.

El joven, a pesar de la tranquilidad de su carácter, sintió amistad por Napoleón y, finalmente, una tarde, se atrevió a preguntarle por qué no intentaba combatir con un régimen continuado el veneno del que, por desgracia para el interés de la República, él era víctima.

Berthier hacía muchas señales al joven pintor, para darle a entender que al general en jefe no le gustaba ese tipo de conversaciones. Pero, con gran asombro del jefe de estado mayor (que, en la intimidad, era tratado por su general como un pequeño empleado y sólo se atrevía a dar su opinión cuando se la pedía expresamente, lo que era muy raro), Napoleón comenzó a tratar el tema filosóficamente y en profundidad.

—Hay veneno, sin duda; pero ¿existe una medicina? Y si la medicina fuese una ciencia real, ¿no me prescribiría el reposo? Ahora bien, ¿hay para mí reposo? Suponed que olvido lo bastante mis deberes para entregar el mando en jefe a uno de los generales del ejército de Italia; retirado en Milán o en Niza, ¿acaso mi sangre no se inflamaría al saber de batallas que no podría juzgar, al estar alejado de ellas, y en las que me parecería que no se había hecho todo lo que podía hacerse con tan valientes tropas? En mi lecho de dolor, en Milán o en Niza, me sentiría cien veces más agitado que aquí donde, al menos, cuando mis tropas están bien situadas y los informes de los agentes son satisfactorios, puedo dormir en paz. Por otra parte, ¿qué es un hombre cuando está privado de su propia estima? Y, mientras tantos valientes granaderos se dejan matar con alegría, ¿qué sería un general en jefe que va a tenderse en algún lugar de la retaguardia porque le duele el estómago o el pecho? ¡Y qué humillante destino si los *barbets*, esos bribones de los Alpes, me asesinaran allí! No, no hay medicina y, aun cuando esta ciencia fuera tan segura como la mejor táctica, es preciso que el hombre cumpla con su deber; granadero o general en jefe, debe permanecer donde lo ha colocado el destino, etc.

Napoleón no despidió al joven hasta las dos de la madrugada. Durante una de las siguientes veladas, le dijo:

—Puesto que os obstináis en ser pintor, debierais hacerme el cuadro de Rívoli.

—No soy pintor de batallas —respondió el señor Biogi—, sino simple paisajista. He entrevisto los efectos del humo y el aspecto de las líneas de soldados, a veces, cuando os he seguido; pero no he estudiado bastante esas cosas para atreverme a representarlas. Sólo puedo pintar con ciertas posibilidades de éxito lo que conozco bien.

Napoleón intentó combatir aquellas razones, pero el joven se mantenía firme en sus palabras.

—Pues bien —dijo el general—, pintadme la llanura de Rívoli y las montañas circundantes, con el Adigio corriendo a lo lejos, a la derecha, por el fondo del valle, tal como los vi cuando realicé mi plan de ataque.

—Pero un paisaje sin hojas es algo muy triste y que no me placería en modo alguno pintar, ni a vos, general, cuando lo vierais —respondió el señor Biogi; a él, del ejército sólo le gustaba el general en jefe, y no le preocupaba en absoluto permanecer más tiempo con los guerreros—. Un paisaje sin hojas necesita ser animado por los detalles y las pasiones de una gran batalla, y eso no sé hacerlo; lamento mucho no poder pintar un cuadro para vos.

—Pues bien, lo haréis como vos queráis, y Berthier os proporcionará una escolta.

El general Berthier dibujó los distintos movimientos de la batalla: el Monte-Baldo a la izquierda, las alturas San Marco enfrente, el Adigio a la derecha.

Y en esta especie de plano improvisado Napoleón, que tenía muchas ganas de charlar y discutir, y Berthier intentaron hacer comprender al pintor los sucesivos movimientos que acabamos de contar. El pintor se sentía electrizado por tan hermoso relato hecho, según decía, con la mayor sencillez y sin el menor énfasis. Napoleón sólo había utilizado cierto énfasis al hablar de su deber y de su completa abnegación, a propósito del veneno. Sin duda Napoleón esperaba tener un cuadro de batalla. De otro modo, dijo el señor Biogi, para qué explicar con tanta claridad los movimientos de las tropas y, sobre todo, las diferencias de sus uniformes. Los artilleros, con sus piezas del doce, adentrándose por la derecha en el valle del Adigio y habiéndoselas con las tropas de Quasdanowich, de uniforme blanco, que pretenden subir a la llanura; los dragones, vestidos de verde, al mando de Lasalle, etc.

Se separaron más de dos horas después de la medianoche. A la mañana siguiente, el general Berthier asignó al señor Biogi una escolta formada por cuatro inteligentes granaderos elegidos en una de las semibrigadas que más habían actuado en la batalla, en la llanura de Rívoli. El señor Biogi se puso en camino con ellos y estuvo muy contento con su conversación. «Por su sentido común», dijo, «me recordaba la del general en jefe»; hubiera sido difícil mostrar más inteligencia que la de aquellos valientes jóvenes. Durmieron en una aldea; al día siguiente, el señor Biogi recorrió con ellos todo el campo de batalla. Cuando estuvo a la izquierda, en la garganta que desciende hacia el lago de Garda, el señor Biogi seguía avanzando; los granaderos, dos de los cuales se habían adelantado, se detuvieron y uno de los que se habían quedado con el señor Biogi le dijo:

—Ciudadano, tenemos orden de escoltarte. De modo que no lo hacemos en absoluto para poner trabas a tus acciones, te acompañaremos a donde quieras ir; pero si sigues bajando así hacia el lago vas a recibir tiros de fusil. Los campesinos de los alrededores son malvados.

El señor Biogi respondió que descendía hacia el lago por pura curiosidad y arrastrado por la belleza del paisaje. Regresó con ellos al pueblo de Rívoli y eligió el punto de vista para su cuadro junto a un pequeño muro recientemente demolido por el cañón. Los granaderos lo veían actuar y parecían no querer alejarse de su caballete, a causa de la consigna. Al cabo de una hora, uno de ellos le dijo:

—Aquí no corres peligro alguno; nuestro capitán murió trescientos pasos más adelante; era un hombre valiente; si no nos necesitas, quisiéramos ver de nuevo aquel lugar.

Instantes después, el señor Biogi, viendo que se detenían los cuatro y miraban atentamente el suelo, abandonó su dibujo y se reunió con ellos; los encontró con lágrimas en los ojos.

—Aquí cayó muerto el pobre capitán, estará enterrado muy cerca.

Comenzaron a hurgar con sus bayonetas en los lugares donde la tierra parecía recién removida y, por fin, se detuvieron sin decir palabra; habían reconocido a su capitán, cuyo pecho no estaba cubierto por más de tres dedos de tierra. El señor Biogi, conmovido a pesar de su habitual frialdad, los siguió más de una hora. Iban mostrándole todas las marchas y contramarchas que había hecho la compañía antes de que mataran al capitán.

El señor Biogi permaneció tres días con ellos en los alrededores del pueblo de Rívoli. Tomaba vistas del campo de batalla, en todas direcciones, creyendo que aquello podría resultarle agradable al general en jefe y, además, se complacía mucho con el trato de aquellos cuatro granaderos y comenzaba a perder algo de su antipatía por el estado militar.

«De hecho», decía en 1837, «los que no me gustaban eran los oficiales; el general en jefe y los granaderos me complacían mucho».

Regresó a Verona, donde pasó seis semanas consagrado a pintar su cuadro y siempre muy bien recibido por el general, que lo había animado a visitarlo cada día, al caer la noche, cuando ya no pudiera trabajar; el general solía invitarlo a cenar.

Cierto día, mientras el señor Biogi aguardaba en el salón la hora de la cena con varios coroneles, compareció el general Berthier y dijo con mal humor:

—¿Qué hacéis aquí, señores? No es éste vuestro lugar, marchaos.

Cuando el señor Biogi, algo desconcertado, se apresuraba a salir con los coroneles.

—Quedaos —le dijo Berthier—. No hablo por vos; al general le complace siempre mucho veros; debéis de advertirlo; os hace colocar a su lado, os habla.

Lo que Berthier desprendía cierto mal humor, pues el general en jefe sólo le hablaba, a él o a cualquier otro oficial, para formularle una pregunta en tono extremadamente seco. Berthier parecía única y exclusivamente un empleado encargado de distribuir órdenes.

«Nadie puede figurarse», decía el señor Biogi, «la cantidad de gente que todos los días, iba a hablar con el general en jefe. Había mujeres bien arregladas, sacerdotes, nobles, gente de toda condición; los pagaba bien; de modo que lo sabía todo».

Al señor Biogi le sorprendía la distancia que mantenía con sus generales, aun con los más distinguidos; les dirigía una frase, lo que se consideraba un favor, y para ellos la conversación de la velada consistía únicamente en eso.

«Nada menos seductor que el puesto que me ofrecían», añadió. «Era preciso tener ambición, sin duda, apenas me hubiera puesto el uniforme él no me habría hablado más. Y si hubiese continuado, ¡qué envidia!».

El general en jefe hablaba de buena gana con los soldados, siempre simple y razonablemente, procurando comprender bien sus ideas. A menudo prolongaba mucho la conversación con el señor Biogi; su mirada tenía mucha gracia, sobre todo cuando la velada iba avanzando, y era perfectamente cortés. Su alma adivinaba muchas cosas por lo que respecta a las bellas artes; no había leído absolutamente nada sobre ese género; citaba los cuadros de Aníbal Carracci como si fueran de Miguel Ángel.

Gros pintaba entonces su retrato, aquel en el que se le representa con una bandera y cruzando el puente de Arcole; es el único de aquella época que guarda un buen parecido. El general tiene el sable al costado y, puesto que hace un violento movimiento hacia adelante, la dragona del sable queda un poco retrasada. Berthier, que sin embargo sabía dibujar, preguntó a Gros por qué esa dragona no estaba en posición vertical. Nada más sencillo, dijo Napoleón, y explicó la razón.

«Gros es el único pintor», añadía el señor Biogi, «que se ha atrevido a plasmar las *pobrezas* (término de pintura) que en aquella época impresionaban por todas partes los ojos del general, que tenía el aspecto de un hombre muy enfermo del pecho. Sólo te tranquilizabas pensando en los enormes recorridos que hacía casi todos los días y en su rapidez. Su mirada tenía algo sorprendente; era una mirada fija y profunda, en absoluto de aspecto inspirado y poético. Esa mirada adquiría una infinita dulzura cuando hablaba con una mujer, o cuando le contaban algún hermoso rasgo de sus soldados. En total era un hombre aparte», proseguía el señor Biogi; «ninguno de sus generales se le parecía en modo alguno. Lemarrois tenía un rostro encantador, dulce, de buena sociedad, distinguido y, sin embargo, junto a su general, tenía un aire inferior. Murat era apuesto a caballo, aunque con una especie de grosera belleza. Duphot anunciaba mucho ingenio. Pero sólo Lannes recordaba, a veces, al general en jefe.

»Éste se hallaba rodeado de un profundo y silencioso respeto; era un hombre absolutamente sin igual y todo el mundo lo sentía. Todas las hermosas damas de Verona intentaban encontrarse con él en casa del proveedor veneciano, antiguo embajador y con porte de gran señor, pero que en presencia del general en jefe tenía el aspecto de un muchachito».

Cuando el cuadro que representaba la llanura de Rívoli estuvo terminado, el general quedó contento; tenía mucho de la verdad y la suavidad de Claude Lorrain. Lo pagó bien y el señor Biogi devolvió seis luises de los veinticinco recibidos en Florencia, diciendo que no había gastado más.

No hemos cambiado una sola palabra del relato del señor Biogi, que actualmente vive retirado en una pequeña ciudad de Bretaña.

Capítulo XXII

Fin de los tiempos heroicos de Napoleón

Tras haber decretado el Gran Consejo, bajo la presidencia del dux, el 12 de mayo de 1797, la abolición del gobierno, cuatro mil franceses tomaron posesión de Venecia el día 16.

La amabilidad de los venecianos, la extremada desgracia en la que han caído, el interés que este pueblo inspira en la curiosidad del filósofo por ser el más alegre que nunca haya existido,* todo hace considerar con profunda pesadumbre la decisión tomada por Napoleón. Si hubiera podido actuar de otro modo, tal vez Venecia seguiría existiendo hoy y la infeliz se vería menos asfixiada por el yugo de plomo de Austria. El señor de Metternich no poblaría el Spielberg con los más distinguidos italianos.** Pero no puede discutirse que la conducta del general francés fuera perfectamente legítima. Hizo todo lo humanamente posible para conservar Venecia; pero tuvo que vérselas con imbéciles en exceso rudos.

La ocupación de Venecia por los franceses concluye la parte poética y perfectamente noble de la vida de Napoleón. En adelante, para su conservación personal, tuvo que resignarse a medidas y gestiones, sin duda muy legítimas, pero que ya no pueden ser objeto de apasionado entusiasmo. Estas medidas reflejan en parte la bajeza del Directorio.

Aquí, pues, terminan los tiempos heroicos de Napoleón. Recuerdo muy bien el entusiasmo con que su joven gloria lle-

* Véase las obras del poeta Buratti, muerto en 1832; por ejemplo: *La Elefantiada*, sátira.
** *Memorias* de Silvio Pellico, de Borsieri, de Andrianne, etc.

naba todas las almas generosas. Nuestras ideas de libertad no estaban ilustradas, como hoy, por una experiencia de recientes bribonadas. Todos decíamos: «¡Ojalá quisiera Dios que el joven general del ejército de Italia fuera el jefe de la República!».

El francés no comprende fácilmente el mérito reflexivo y profundo, el único que conduce a éxitos frecuentes; le gusta imaginar algo de joven y aventurado en su héroe y, sin pensar en ello, entrar en lo que queda de la idea de lo caballeresco. En 1798, hasta cierto punto se creía que el general Bonaparte había ganado sus batallas como los literatos de provincias creen que La Fontaine escribía sus fábulas: sin pensar en ello.

Cuando se supo que Napoleón estaba en París y ante el Directorio, todo el mundo dijo: «¡Van a envenenarlo!». Esa idea comenzó a marchitar el entusiasmo que inspiraba el general del ejército de Italia; se lo vio reflexionando profundamente en París para escapar de las trampas del Directorio. Los tiempos heroicos de su gloria cesaron.

La nueva expedición de Egipto acabó realzando la idea que se tenía de la osadía de su genio, pero disminuyó la que nos hacíamos de su amor apasionado por la patria. La República, decíamos, no es lo bastante rica, no está lo bastante por encima de sus asuntos, para mandar a Egipto lo mejor que tiene. Napoleón se prestó a aquel proyecto por el doble temor de ser olvidado o envenenado.

Pero, volviendo a las batallas, hemos presentado, y casi siempre con palabras de Napoleón, las siguientes batallas:

Montenotte, Millesimo, Dego, Puente de Lodi, Lonato, Castiglione, Roveredo, Bassano, San Jorge, Arcole, Rívoli, la Favorita, Tagliamento, Tarvis.

Expresaremos con muchas menos palabras las que siguen: Chebreiss, las Pirámides... Waterloo.

Para ser explicada militarmente, una batalla exige cincuenta páginas; para ser mostrada, al menos claramente, se necesitan veinte. Es fácil ver que las batallas llenarían todo este libro. Por lo demás, a todo lector que tiene cierta idea de geometría le gusta leer las batallas en Gouvion Saint-Cyr, Napoleón, Jomini; en los autores o memorias que se han tomado el trabajo de comparar seriamente los boletines y las mentiras de ambos bandos.

Capítulo XXIII

Los jacobinos y Fouché

A Napoleón le daban miedo los jacobinos, a quienes no sólo arrebataba su poder sino también sus ocupaciones de cada día; estableció una policía para vigilarlos; hubiera deseado poder deportar a todos sus jefes; pero la opinión pública se hubiera rebelado ante esa medida y la fusión que deseaba operar se hubiera retrasado mucho tiempo. Aun exiliando a los jefes, le hubiera quedado el temor a los particulares, y bastaba una veintena de éstos para urdir una conspiración y poner su vida en peligro.

Los jacobinos tal vez sean los únicos seres a los que Napoleón haya odiado nunca. Cuando regresó de Egipto, encontró el poder real en manos de Sieyès (a quien miraba como a un jacobino); digo el poder real, pues el Directorio sólo seguía existiendo porque nadie se presentaba para asestarle el golpe mortal. Y Sieyès hubiera podido hacer con otro general lo que hizo con Napoleón.

Tras haberlo pensado bien, Napoleón creyó que debía confiar a un antiguo jacobino el cuidado de vigilar a los jacobinos.

Creyó haberse ganado a Fouché (y en eso se equivocaba); le encargó que:

1.º Otorgara grandes cargos a todos los jacobinos de mérito.

2.º Otorgara cargos secundarios a todos los jacobinos que hubiesen podido ser peligrosos por su actividad y su entusiasmo por la patria.

3.º Hiciese todo lo que les resultara personalmente agradable a los demás jacobinos. Así atacaba el entusiasmo virtuoso con el egoísmo. Napoleón estaba muy interesado en ver a los jacobinos muy activamente ocupados en sus nuevos cargos. Fouché debía decir a los más entusiastas: «Dejadme hacer; ¿no me conocéis, acaso? ¿No sabéis lo que quiero? Creedme, actúo por el bien del partido; mi cargo me pone en condiciones de ver lo que pueden los soldados; soy los ojos de todos sus movimientos. En cuanto se pueda actuar, os lo diré, etc.».

Fouché tenía que seguir viviendo con los jacobinos e incluso ver a quiénes se oponían personalmente; pues, de otro modo, ¿cómo hubiera podido vigilar sus acciones? Con respecto a muchos de ellos, era importante saber dónde se acostaban cada noche.

Fouché estaba encargado de vigilar los progresos del egoísmo en sus almas y, sobre todo, de proporcionar ocasiones para actuar a quienes aún poseían energía y ardor.

El Partido Monárquico era amado por Napoleón: *Esa gente es la única que sabe servir,* dijo cuando el señor conde de Narbonne, encargado de entregarle una carta, se la presentó en el reverso de su tricornio. Si se hubiera atrevido, Napoleón se habría rodeado exclusivamente de gente perteneciente al *faubourg* Saint-Germain.

De éstos, quienes eran admitidos en una especie de confidencia por el Emperador se extrañaban ingenuamente de sus miramientos con el partido de la revolución que, por ejemplo, reinaba abiertamente en el Consejo de Estado. Por aquel entonces era, con mucho, el primer cuerpo del Imperio. Lo que ocurría en el Senado y en el Cuerpo Legislativo sólo era una ceremonia.

Los confidentes, tomados del Partido Monárquico del que he hablado, siempre tuvieron miedo del Emperador cuando hablaban con él, y nunca pudieron comprender que él, el Emperador, tuviese miedo de algo.

Sintió mucho miedo, primero de todos los jacobinos;

cuando ese primer miedo se hubo calmado, tuvo mucho miedo de Fouché, intentó sustituirlo por el señor Pasquier y, finalmente, por el general Savary, duque de Rovigo. La buena predisposición a la tiranía, el valor y la diligencia no le faltaban a este último. Pero al haber vivido siempre en el ejército, no conocía en absoluto a los jacobinos.

El propio señor Pasquier sólo los conocía muy imperfectamente.

¿Hasta qué punto engañó Fouché al Emperador?

Capítulo XXIV

Caída de Napoleón. Berthier. El conde Daru

El Emperador pereció por dos causas:

1.º El amor que sentía por la gente mediocre desde su coronación.

2.º La reunión del oficio de emperador con el de general en jefe. Toda la velada que precedió a la jornada del 18 de junio de 1813, en Leipzig, fue dedicada al oficio de emperador; se ocupó de dictar órdenes para España, y no de los detalles de la retirada del día siguiente, que falló por falta de orden. Berthier, como de costumbre, nada había previsto, no se había atrevido a encargarse de nada. Por ejemplo, un oficial de ordenanza del Emperador habría debido ostentar el mando del puente del Elster y decidir el momento de hacerlo saltar.

En Leipzig, un ejército de ciento cincuenta mil hombres fue arrollado por un ejército de trescientos mil; no hubo en ello arte ni maniobra.

El ejército de ciento cincuenta mil hombres estaba compuesto por jóvenes soldados, molidos de fatiga y mandados por generales cansados y desgastados, que a su vez obedecían a un hombre genial, más ocupado en su imperio que en su ejército.

El general en jefe que se le oponía, hombre amable en sociedad, era estúpido a la cabeza de un ejército y, por lo demás, le molestaba la presencia de dos soberanos que en cualquier momento, incitados por sus cortesanos, pretendían corregir las faltas que le veían cometer. La absoluta impericia del amable príncipe Schwarzemberg y el desorden que era su consecuencia, permite creer que si se hubiera enfrentado con el general del ejército de Italia, ocupado sólo de su objetivo, el ejército francés se hubiera salvado. Pero para ello habría sido necesario un jefe de estado mayor activo, capaz de ciertas combinaciones y que se atreviera, en caso necesario, a tomar cuando menos algunas medidas secundarias; en una palabra, todo lo contrario de Berthier. Ya lo hemos visto en aquel tiempo, un hombre gastado por completo, muy ocupado como su dueño en su nuevo estado de príncipe, temiendo comprometer sus privilegios, siendo demasiado cortés en la forma de sus cartas. Este príncipe estaba tan desgastado y fatigado que, cuando iban a pedirle órdenes, a menudo lo encontraban arrellanado en su sillón, con los pies sobre la mesa y silbando por toda respuesta; no se advertía más movimiento en aquella alma desprovista de cualquier actividad que una muy pronunciada aversión por los generales que mostraban carácter y energía, algo cada día más raro en el ejército. ¿Es necesario advertir que no se trata de valor? Todos eran valerosos, y ya es bien sabido que los generales que carecen de energía en su oficio y que tiemblan ante la posibilidad de comprometer su situación, cuando hacen avanzar un batallón creen suplir lo que les falta con su temeridad personal.

Mientras que al Emperador le gustaba rodearse de chambelanes de elegantes modales, proporcionados por el *faubourg* Saint-Germain, el príncipe Berthier sentía una evidente predilección por los jóvenes oficiales que mostraban elegancia en el vestir y que conocían profundamente todos los matices de la etiqueta.

Puede afirmarse que el príncipe Berthier fue la causa directa de más de la mitad de los infortunios del ejército francés, a partir de la batalla de Eylau donde, por su culpa, un cuerpo de ejército no atacó (el cuerpo del mariscal Bernadotte).

Esa fatiga de una cabeza desgastada, en las marchas, solía producir amontonamientos de tropas en las mismas carreteras, en los mismos pueblos, y provocaba horrendos desórdenes que nos distanciaban cada vez más de los habitantes de la región, tan buenos y humanos por otra parte.

Si esa decadencia sólo fue visible en 1805 para los hombres que veían de cerca los asuntos, fue porque el Emperador había tenido la fortuna de conocer al conde Daru, antiguo ordenador del ejército de Masséna en Zurich. Ese hombre raro, prodigio de orden y trabajo, era tímido en todo lo que se relacionaba con la política y, sobre todo, era un gran enemigo de los jacobinos, que durante el Terror lo habían enviado a prisión. Con el nombre de intendente *general*, el Emperador había encargado al conde Daru gran parte de las funciones del mayor-general. A éste sólo le habían quedado los movimientos de tropas, e incluso ese cometido estaba por encima de sus fuerzas.

El conde Daru trabajaba directamente con el Emperador; pero, demasiado hábil y, sobre todo, demasiado ocupado para intentar luchar contra el mayor-general, le presentaba informes sobre una multitud de medidas que sometía a su aprobación. A menudo se veía al conde Daru respondiendo a una proposición con estas palabras: «Recibiré las órdenes del príncipe de Neufchâtel». (Era, como es sabido, el nuevo título del general Berthier.)

El conde Daru administraba:
1.º Los víveres.
2.º Las finanzas del ejército.
3.º Los países conquistados divididos en intendencias.

Los intendentes se seleccionaban entre los auditores del Consejo de Estado. Se advierte que la administración de los víveres y la de los países conquistados mantenían relaciones necesarias y continuadas con los movimientos de tropas. El señor Daru mantenía continuas conferencias con el príncipe mayor-general, y se atrevía a darle a conocer la verdad, que a menudo no era amable.

Los infortunios del ejército, procedentes de la absoluta falta de razón en los detalles, producían accesos de cólera al conde Daru, cuya brusquedad se hizo célebre en el ejército. Cosa única en su época, se atrevía a plantar cara a los mariscales. Era de una severa probidad; de modo que el Emperador le ofreció una dotación de setenta mil francos de renta; y cada primero de año le regalaba diez mil francos de renta.

Índice

Nota del editor 7

Vida de Napoleón

Introducción 11

Prefacio 41

Capítulo I. Nacimiento de Bonaparte. Su familia. El colegio de Brienne. La escuela militar. Regresa a Córcega. 43

Capítulo II. Papel de Bonaparte en Córcega. 47

Capítulo III. El sitio de Toulon. Bonaparte vuelve a París. Su matrimonio con Josefina. 48

Capítulo IV. Guerra de Italia. 51

Capítulo V. Bonaparte y Venecia. 53

Capítulo VI. Bonaparte y el Directorio. 54

Capítulo VII. Ideas políticas de Bonaparte. 56

Capítulo VIII. Retrato de Bonaparte. 57

Capítulo IX. Su regreso a Francia. 59

Capítulo X. Expedición a Egipto. 60

61	Capítulo XI. Continuación del mismo tema.
63	Capítulo XII. Justificación de la conducta de Bonaparte en Egipto.
65	Capítulo XIII. Continuación del mismo tema.
68	Capítulo XIV. Regreso a Francia.
69	Capítulo XV. Recepción en Francia.
70	Capítulo XVI. Ideas de Bonaparte en vísperas del 18 de brumario.
73	Capítulo XVII. Sieyès.
75	Capítulo XVIII. El 18 de brumario.
78	Capítulo XIX. Estado de Francia el 18 de brumario.
80	Capítulo XX. Dictadura de Bonaparte.
82	Capítulo XXI. Reorganización de Francia.
84	Capítulo XXII. El concordato. El código.
85	Capítulo XXIII. Constitución del año VIII. Política exterior.
89	Capítulo XXIV. La maquinaria infernal.
91	Capítulo XXV. Conspiración de Pichegru. El caso del capitán Wright.
94	Capítulo XXVI. Continuación del mismo tema.
97	Capítulo XXVII. Muerte del duque de Enghien.
101	Capítulo XXVIII. Continuación del mismo tema.
103	Capítulo XXIX. Continuación del mismo tema.
105	Capítulo XXX. Bonaparte y los Borbones.
106	Capítulo XXXI. Muerte del duque de Enghien.
108	Capítulo XXXII. Proyecto de desembarco en Inglaterra.

Capítulo XXXIII. Campaña de Prusia. 110

Capítulo XXXIV. Napoleón y Alejandro. 112

Capítulo XXXV. Campaña de Wagram. 114

Capítulo XXXVI. Sobre España. 117

Capítulo XXXVII. Entrevista en Bayona. 123

Capítulo XXXVIII. Continuación del mismo tema. 125

Capítulo XXXIX. Insurrección de Madrid. Abdicación del rey Carlos. Situación en España. 126

Capítulo XL. Paralelismo entre la conducta de Napoleón con España y la de los ingleses con Napoleón. 131

Capítulo XLI. Convención de Bayona. José reconocido rey de España. Guerra de España. 132

Capítulo XLII. Continuación de la guerra de España. 142

Capítulo XLIII. Transición. 146

Capítulo XLIV. La administración. 147

Capítulo XLV. El duque de Bassano. 149

Capítulo XLVI. Continuación de la administración. 151

Capítulo XLVII. Continuación. 153

Capítulo XLVIII. De los ministros. 155

Capítulo XLIX. Continuación de los ministros. 157

Capítulo L. La Legión de Honor. 160

Capítulo LI. Del Consejo de Estado. 161

Capítulo LII. De la corte. 167

Capítulo LIII. Del ejército. 179

Capítulo LIV. Sigue el ejército. 182

184	Capítulo LV. Proyecto de guerra contra Rusia.
185	Capítulo LVI. Guerra de Rusia.
190	Capítulo LVII. Retirada de Rusia.
192	Capítulo LVIII. Leipzig.
194	Capítulo LIX. Medidas interiores. Levantamiento de Holanda.
196	Capítulo LX. Debilidad del entorno de Napoleón.
198	Capítulo LXI. Creación de la Guardia Nacional. Cansancio general.
200	Capítulo LXII. Revista de la Guardia Nacional en el patio de las Tullerías (24 de enero de 1814).
202	Capítulo LXIII. Ideas sobre París.
203	Capítulo LXIV. Congreso de Châtillon.
204	Capítulo LXV. Campaña de Francia.
206	Capítulo LXVI. Marcha de los Aliados sobre París.
209	Capítulo LXVII. Toma de París.
210	Capítulo LXVIII. Entrada de los Aliados en París.
212	Capítulo LXIX. Intrigas de Talleyrand.
214	Capítulo LXX. Debilidad de los ministros del emperador.
215	Capítulo LXXI. Conversaciones en casa del príncipe de Talleyrand.
217	Capítulo LXXII. Napoleón se repliega a Fontainebleau.
218	Capítulo LXXIII. Marmont.
221	Capítulo LXXIV. Derrocamiento de Napoleón.
222	Capítulo LXXV. Constitución. Los ministros de Luis XVIII.

Capítulo LXXVI. Errores del gobierno de Luis XVIII. 224

Capítulo LXXVII. Servilismo de los ministros. 227

Capítulo LXXVIII. La Carta. 228

Capítulo LXXIX. Violaciones de la Carta. 230

Capítulo LXXX. Continuación del mismo tema. 233

Capítulo LXXXI. Continuación. 234

Capítulo LXXXII. Regreso al Antiguo Régimen. 236

Capítulo LXXXIII. Los bienes nacionales. 238

Capítulo LXXXIV. Napoleón en la isla de Elba. 240

Capítulo LXXXV. Regreso de la isla de Elba. 241

Capítulo LXXXVI. Juicio sobre Napoleón. 255

Capítulo LXXXVII. Conclusión. 258

Notas y aclaraciones 261

Memorias sobre Napoleón

Introducción 295

Señor librero 307

Prefacio para mí 309

Prefacio 311

Capítulo I 321

Capítulo II 338

Capítulo III 354

Capítulo IV 386

394 Capítulo V
397 Capítulo VI
402 Capítulo VII
421 Capítulo VIII
426 Capítulo IX
430 Capítulo X
443 Capítulo XI
445 Capítulo XII
451 Capítulo XIII
457 Capítulo XIV
461 Capítulo XV
470 Capítulo XVI
475 Capítulo XVII
479 Capítulo XVIII
481 Capítulo XIX
487 Capítulo XX
498 Capítulo XXI
506 Capítulo XXII
508 Capítulo XXIII
511 Capítulo XXIV

verticales de bolsillo es un sello editorial
del Grupo Editorial Norma para América Latina
y sus filiales Belacqva y Granica para España.

Vida de Napoleón
Título original: *Vie de Napoléon*
© de la introducción: Michel Wassiltchikov

Memorias sobre Napoleón
Título original: *Mémoires sur Napoléon*
© de la introducción : Lucien d'Azay

© de la traducción: Manuel Serrat Crespo

© de esta edición para América Latina:
Grupo Editorial Norma S. A., 2008
Avenida El Dorado No. 90-10, Bogotá, Colombia para
Verticales de bolsillo
www.librerianorma.com

Diseño de la colección: Compañía
Imagen de cubierta: Oronoz/COVER, Paul Delaroche, *Napoleón Bonaparte
en la isla de Elba*, 1845.
Adaptación de cubierta: Patricia Martínez Linares
Diagramación y armada: Luz Jazmine Güecha Sabogal

CC. 26000551
ISBN 978 958-45-1387-8

Reservados todos los derechos. Prohibida la reproducción total o parcial de
este libro por cualquier medio sin permiso escrito de la Editorial.

Impreso por Cargraphics S.A.
Impreso en Colombia – *Printed in Colombia*
Octubre de 2008

Este libro se compuso en caracteres Adobe ITC Garamond Light